CES GRANDES FIGURES QUI ONT FAIT L'HISTOIRE

DU MÊME AUTEUR EN FRANÇAIS

L'Opinion allemande sous le nazisme
Bavière 1933-1945
CNRS Éditions, 1995 ; rééd. 2010 ; « Biblio », 2020

Hitler
Essai sur le charisme en politique
Gallimard, 1995 ; « Folio », 2001

Qu'est-ce que le nazisme ?
Problèmes et perspectives d'interprétation
Gallimard, « Folio », 1992 ; rééd. augmentée, 1997

Hitler
I. 1889-1936. Hubris
Flammarion, 1999

Hitler
II. 1936-1945. Némésis
Flammarion, 2000

Le Mythe Hitler
Image et réalité sous le IIIe Reich
Flammarion, 2006 ; « Champs », 2008 ; nouvelle éd. 2013

Hitler
Flammarion, 2008

La Chance du diable
Le récit de l'opération Walkyrie
Flammarion, 2009 ; « Champs », 2014

Choix fatidiques
Dix décisions qui ont changé le monde (1940-1941)
Seuil, 2009 ; « Points Histoire », 2012

La Fin
Allemagne 1944-1945
Seuil, 2012 ; « Points Histoire », 2014

L'Europe en enfer
1914-1949
Seuil, 2016 ; « Points Histoire », 2018

L'Âge global
L'Europe, de 1950 à nos jours
Seuil, 2020 ; « Points Histoire », 2021

IAN KERSHAW

CES GRANDES FIGURES QUI ONT FAIT L'HISTOIRE

Charisme et politique au XXe siècle

TRADUIT DE L'ANGLAIS
PAR AUDE DE SAINT-LOUP
ET PIERRE-EMMANUEL DAUZAT

ÉDITIONS DU SEUIL
57, rue Gaston-Tessier, Paris XIXe

Ce livre est publié dans la collection
L'Univers historique,
fondée par Jacques Julliard et Michel Winock
et dirigée par Patrick Boucheron.

PHOTOS DE COUVERTURE : (De haut en bas, de gauche à droite) *Vladimir Ilyich Lenin*, David Cole/Alamy Stock Photo ; *Benito Mussolini*, Alamy Stock Photo ; *Adolf Hitler*, Alamy Stock Photo ; *Joseph Stalin*, Central Press/Hulton Archive/Getty Images ; *Winston Churchill*, Popperfoto/Getty Images ; *Charles de Gaulle*, Alamy Stock Photo ; *Konrad Adenauer*, Alamy Stock Photo ; *Francisco Franco*, Alamy Stock Photo ; *Josip Broz Tito*, Alamy Stock Photo ; *Margaret Thatcher*, David Cole/Alamy Stock Photo ; *Mikhail Gorbachev*, Bryn Colton/Getty Images ; *Helmut Kohl*, Alamy Stock Photo.

Titre original : *Personality and Power. Builders and Destroyers of Modern Europe*
Éditeur original : Allen Lane, Penguin Books Ltd

ISBN original : 978-0-241-53241-6

ISBN 978-2-02-148852-4

www.seuil.com

À la mémoire de Stephen

Préface

Démocrates ou dictateurs, certains dirigeants politiques à la personnalité marquante laissent naturellement une grande trace dans l'histoire. Mais qu'est-ce qui conduit ces fortes personnalités au pouvoir ? Et qu'est-ce qui favorise ou limite leur usage de ce pouvoir ? Quelles conditions sociales et politiques déterminent le type de pouvoir qu'elles incarnent et leur permettent, qu'elles soient autoritaires ou démocratiques, de prospérer ? Quelle importance revêt la personnalité elle-même, à la fois pour gagner le pouvoir puis pour l'exercer ? La télévision, les réseaux sociaux et le journalisme élèvent tous le rôle de la personnalité à quelque chose d'approchant une force politique élémentaire et incontrôlée qui impose le changement par la volonté d'un individu. Malgré tout, si puissants qu'ils puissent paraître, les dirigeants ne sont-ils pas en réalité contraints par des forces qui échappent à leur contrôle ?

Ce sont des questions fondamentales de l'analyse historique. Mais l'expérience récente du leadership de Donald Trump, Vladimir Poutine, Xi Jinping, Recep Tayyip Erdoğan et d'autres « leaders forts » leur a peut-être donné une nouvelle pertinence.

Des temps exceptionnels, pourrait-on dire, produisent des chefs exceptionnels qui accomplissent des choses exceptionnelles – souvent terribles. La crise systémique en est le facteur commun. Dictateurs ou démocrates, les dirigeants européens du XXe siècle présentés dans ce livre sont tous, sauf un, des leaders exceptionnels, que des conditions préalables exceptionnelles ont menés à leur exercice spécifique du pouvoir. Celui qui ne correspond pas à ce modèle est Helmut Kohl, à qui l'exceptionnalité s'est imposée lorsque l'effondrement du bloc soviétique a soudainement offert l'occasion d'unifier l'Allemagne. Jusque-là, c'était un dirigeant démocratique tout à fait ordinaire. Son cas prouve peut-être que, dans des conditions normales sans crise systémique, les dirigeants politiques ne font qu'appuyer un peu sur le levier du changement historique, poussés par des considérations électorales et les forces plus larges du changement économique, social ou culturel, qu'ils ne contrôlent que partiellement au mieux et sont heureux de suivre. Mes études de cas sont franchement centrées sur l'exceptionnel et n'analysent pas les actions peu spectaculaires, bien que parfois précieuses et bénéfiques, de dirigeants politiques européens qui ont introduit au cours du XXe siècle des changements partiels et progressifs. Consacré à des dirigeants plus « normaux », moins exceptionnels, le livre aurait été différent. J'ai dû faire un choix et on ne saurait nier que ceux que j'ai retenus ont changé de manière significative – souvent extrêmement négative – l'histoire européenne.

Ce qui suit est une série d'essais interprétatifs sur la conquête et l'exercice du pouvoir par un certain nombre de personnalités politiques marquantes. Ce ne sont absolument pas des mini-biographies. Chaque dirigeant retenu, du fait de son importance et de son impact considérable, a naturellement fait l'objet de nombreuses études biographiques, fondées sur de vastes recherches historiques. Je me suis appuyé sur ces biographies et sur d'autres travaux importants relatifs à ces individus. Je ne prétends pas avoir moi-même entrepris de nouvelles recherches les concernant, à l'exception de mon travail fouillé sur Hitler réalisé il y a quelques années, dont j'ai pu m'inspirer.

Chacun des chapitres suit le même schéma. Je considère d'abord les traits de caractère et les conditions préalables qui ont favorisé un type particulier de personnalité, permettant au chef d'acquérir le pouvoir. Puis j'explore de manière sélective les aspects de l'exercice de ce pouvoir et les structures qui l'ont rendu possible. Je conclus chaque chapitre en dressant un bilan de l'héritage du chef. L'introduction présente le cadre de l'enquête et un certain nombre de propositions générales sur les conditions et l'exercice du pouvoir, comparées ensuite dans la conclusion. J'ai réduit notes et références au minimum.

Il s'agit d'un livre d'histoire – bien que d'une histoire récente et souvent encore douloureuse. Depuis l'époque décrite ici et malgré ses redoutables problèmes actuels, l'Europe a évolué pour le mieux dans une très large mesure, en particulier au regard des horreurs de la première moitié du XXe siècle. De récents événements ont fait ressortir des sujets sociaux et politiques – racisme, impérialisme, esclavage, questions de genre et d'identité – sous de nouvelles formes d'expression, en tout cas différentes de celles du siècle précédent. Et la politique n'est plus un monde d'hommes, comme autrefois, ce dont il faut se réjouir. Seule une femme figure parmi les études de cas présentées dans ce livre, preuve que la politique au XXe siècle était une chasse gardée masculine. Aucune personne de couleur : la politique européenne alors n'était pas seulement réservée aux hommes, mais aux hommes blancs. Les changements de notre époque indiquent que des forces dépassant de loin le chef politique le plus puissant induisent une transformation à long terme.

L'histoire offre peu, voire aucune recette convaincante pour l'avenir. Elle suggère cependant que la politique entre les mains de personnalités puissantes qui prétendent détenir une panacée face aux maux actuels et proposent un changement radical en vue d'une amélioration radicale est rarement souhaitable. « Soyez prudents dans vos souhaits », c'est ce qu'il faut garder en tête quand on analyse les prétentions de leaders politiques en puissance. Pour ma part, j'éviterais totalement avec bonheur les personnalités « charismatiques » au profit de dirigeants qui, s'ils sont moins hauts en couleur, peuvent offrir une gouvernance compétente et efficace, sur la base d'une délibération collective, ainsi que des décisions rationnelles et bien fondées, en vue d'améliorer la vie de *tous* les citoyens. Mais c'est sans doute une autre définition de l'utopie.

Ian Kershaw
Manchester, octobre 2021

Introduction

Individu et changement historique

Dans quelle mesure les actions de dirigeants politiques ont-elles déterminé les turbulences européennes du XXe siècle ? Ces dirigeants ont-ils « fait » le XXe siècle européen ? Ou ont-ils été créés par lui ? Ces interrogations s'inscrivent dans un questionnement plus large : quelle est l'importance des individus dans le façonnage de l'histoire ? Modifient-ils fondamentalement son cours ? Ou, pour le moins, le détournent-ils vers de nouveaux canaux provisoires ? Nous présumons souvent, d'instinct et sans réserve, qu'à titre personnel – implicitement, parfois peut-être, voire exclusivement – les chefs politiques ont été plus ou moins responsables de la voie historique suivie. Mais comment et pourquoi ont-ils été en mesure d'agir comme ils l'ont fait ? À quelles contraintes ont-ils dû se confronter ? Quelles pressions ont-ils subies ? Quel soutien ou quelle opposition a conditionné leurs actions ? Dans quels contextes les chefs de systèmes politiques très différents ont-ils réussi à s'imposer ? Et quelle part a jouée leur personnalité ? À quel point a-t-elle influé sur des décisions politiques capitales, voire les a-t-elle déterminées ? Jusqu'où les dirigeants politiques ont-ils personnellement, en toute liberté de décision, opéré le changement qu'ils devaient représenter ? Autant de questions qui s'appliquent de la même manière aux dirigeants démocratiques et autoritaires[1].

L'impact de l'individu sur le changement historique a souvent et de manière récurrente préoccupé les historiens[2]. En réalité, pas seulement eux : Léon Tolstoï consacra de nombreuses pages de *La Guerre et la Paix* (son épopée publiée en 1869) à une réflexion philosophique sur le rôle de la volonté individuelle dans l'élaboration d'événements historiques, et, mettant l'accent sur le « destin », chercha à réfuter l'idée qu'ils sont déterminés par les « grands hommes »[3]. Le sujet a toujours été indirectement au cœur de la recherche historique depuis qu'elle s'est professionnalisée au XIXe siècle. Pour autant, souvent traité comme un problème théorique ou philosophique, il est rarement abordé directement et empiriquement.

Dans les années 1970, l'historien allemand Imanuel Geiss a réfléchi en termes généraux au rôle de la personnalité en Allemagne, dans un contexte de forte aversion pour l'histoire personnalisée. Cette aversion était en partie une réaction à la tradition des écrits historiques allemands qui mettaient en avant le rôle d'individus puissants, souvent visionnaires, dans le façonnement du destin germanique. Mais c'était surtout une réaction contre la catastrophe de l'histoire très récente de l'Allemagne, œuvre considérée implicitement, sinon explicitement, comme celle d'un seul homme, Adolf Hitler. Le culte du chef sous le Troisième Reich, qui attribuait à sa « grandeur » toutes les réalisations, puis le renversement de cette tendance après 1945, dans la volonté de rendre Hitler personnellement responsable du désastre entier qui s'était abattu sur l'Allemagne, avaient abouti dans les années 1960 à un dénigrement presque complet du rôle de la personnalité dans l'histoire. Ce fut le cas à la fois en Allemagne de l'Ouest, où les formes d'histoire structurelle vinrent à dominer, et, de manière extrême, en Allemagne de l'Est, puisque le marxisme-léninisme insistait sur la primauté absolue de l'économie. Geiss chercha une voie médiane entre exagération et rejet du rôle de l'individu. Mais il n'est pas allé bien au-delà d'abstractions – guère lucides. Ainsi, tranche-t-il : « La personnalité marquante ne fait pas l'histoire, mais permet plutôt de mieux la reconnaître par le biais de l'individualité. [...] Une forte personnalité, au mieux, marque son époque de son empreinte. » La question du rôle que joue la (forte) personnalité dans l'histoire, ajoute-t-il, conduit alors « inévitablement à celle des possibilités et des limites sociales, autrement dit collectives, ainsi qu'à celle de la liberté et de la contrainte dans notre existence humaine[4] ».

Insister sur les déterminants structurels du changement historique et réduire le rôle de l'individu a privé pour longtemps la biographie, élément traditionnel des écrits historiques anglo-américains, de son importance dans l'interprétation du passé en Allemagne. Toutefois, après la chute du Rideau de fer, cette situation s'est mise à changer en Allemagne et ailleurs. À la suite de l'effondrement du bloc soviétique, l'influence intellectuelle du marxisme déclina tandis que se diffusait la nouvelle « histoire culturelle », qui excluait tout « récit maître » ou grande théorie derrière le changement historique. Le résultat en fut une fragmentation, sans modèle sous-jacent ni sens caché, encourageant un regain d'intérêt pour la volonté, les actions et l'impact des individus. « Un virage général de l'abstrait vers le concret », a-t-on remarqué, entraîna un passage « du système et de la structure au sujet, à l'unique et à l'individuel »[5].

À l'aube du millénaire, Hans-Peter Schwarz, éminent historien allemand, produisit une longue « galerie de portraits » du XXe siècle, écrite avec élégance, chose qui aurait été impensable en Allemagne la génération précédente. À travers la « forme artistique de l'essai biographique », il compara son livre à une « promenade dans un musée historique [...] où l'on peut voir les portraits des grands personnages les plus variés du XXe siècle : le visage du siècle en une succession de visages ». Il reconnaissait que « le facteur de la personnalité n'est qu'un facteur parmi d'autres », mais ajoutait : « pourtant, qui en contesterait sérieusement l'importance ? »[6].

Les images du leadership politique sont naturellement loin d'être figées. Même parmi leurs partisans, les « leaders forts » d'aujourd'hui sont rarement imprégnés des caractéristiques « héroïques » d'« hommes du destin » dont les actes ont forgé le sort de leurs nations, comme au XIXe siècle, lorsque la foi dans le « Grand Homme » se nourrissait du romantisme de l'époque[7]. La célèbre série de six conférences que donna Thomas Carlyle en 1840 influença considérablement la diffusion de ces convictions. Sous le titre *Les Héros. Le culte des héros et l'héroïque dans l'histoire*, ses conférences ont contribué à aborder l'histoire au travers des « grands hommes » (les femmes n'y avaient aucune place). De son point de vue, l'histoire « est au fond l'Histoire des Grands Hommes qui ont travaillé ici-bas. [...] Toutes les choses que nous voyons accomplies dans le monde sont proprement le résultat matériel extérieur, la réalisation pratique et l'incarnation des Pensées qui habitèrent dans les Grands Hommes envoyés dans le monde ». Les « Grands Hommes », selon Carlyle, étaient des personnages entièrement positifs. Un « Grand Homme » n'était rien de moins qu'une « vivante fontaine de lumière, près de laquelle il est bon et agréable de se trouver [...], d'intuition native et originale, de virilité et de noblesse héroïques[8] ».

La plupart des « héros » de Carlyle sont issus de la religion (Mahomet et Luther) ou de la littérature (Dante, Shakespeare). Dans sa dernière conférence, cependant, il se tourne vers la politique, distinguant Cromwell et Napoléon, qui tous deux avaient rétabli l'ordre à la suite de chaos révolutionnaires. « Dans des âges de rébellion, quand la Royauté elle-même semble morte et abolie, Cromwell, Napoléon s'avancent de nouveau comme Rois[9] », écrit-il ainsi. Par sa force de volonté, le « héros » – ou « Grand Homme » – a façonné l'histoire : tel est le message sous-jacent. Il n'est guère surprenant qu'un siècle plus tard Hitler ait été un fervent admirateur de Carlyle – ou qu'aujourd'hui Carlyle soit si peu lu[10].

Jacob Burckhardt, l'éminent historien suisse de la culture au XIXe siècle, s'est également penché sur la question de la « grandeur historique » dans un essai fondé sur des conférences qu'il avait données en 1870, mais qui ne fut publié qu'après sa mort, en 1905. Tout en admettant que « la véritable grandeur est un mystère », il explique que nous sommes « fatalement enclins à tenir pour grands des personnages, morts ou vivants, dont l'action domine notre propre existence »[11]. Le « grand homme », déclare-t-il, se démarque en étant unique et irremplaçable[12]. Burckhardt s'intéresse surtout à la « grandeur » dans la culture (notamment chez les artistes, les poètes et les philosophes) et parmi les principaux personnages religieux (retenant également Mahomet et

Luther). Dans la sphère politique, il s'efforce de distinguer la « grandeur » du « simple pouvoir », et ne trouve aucune « grandeur » chez ceux qui « n'apportent que destruction et ruine [*die bloßen kräftigen Ruinierer*] »[13]. Ceux qui détruisaient mais ne créaient rien perdaient tout titre à la grandeur. Pour Burckhardt, les « grands hommes » étaient ceux qui pouvaient changer l'histoire en libérant la société des « formes de vie [...] mortes[14] ». Le facteur déterminant de la « grandeur » à ses yeux était plus que l'exécution de la volonté individuelle. C'était plutôt la façon dont la volonté d'un individu reflétait, selon le point de vue, celles de Dieu, d'une nation ou d'une époque[15]. Comment le définir reste obscur.

Carlyle et Burckhardt recherchaient tous deux la « grandeur » dans la personnalité, mais ils en donnaient des définitions nébuleuses. Si l'on fait du génie l'équivalent de la grandeur, il est peut-être effectivement possible d'en trouver des définitions objectives dans l'art et la culture. Dire que Michel-Ange, Mozart ou Shakespeare étaient de « grands » artistes se tient sans doute objectivement parce que l'évaluation par des experts de l'esthétique de leur génie et de leurs qualités artistiques montre à quel point ils s'élèvent au-dessus des œuvres de leurs contemporains. Suivant la suggestion de Burckhardt, la grandeur des artistes, des poètes et des philosophes résidait dans leur capacité à saisir l'esprit de leur époque, mais aussi à transmettre aux générations futures un cadre d'interprétation compréhensible en tout temps[16]. À un moindre niveau, mais où l'on peut mesurer précisément les résultats, il est possible d'évoquer de grands sportifs et sportives dont les performances dominent de loin celles des autres. C'est cependant s'éloigner beaucoup de la « grandeur » politique.

Spécialiste de l'histoire italienne moderne, Lucy Riall a récemment réexaminé le concept de grandeur historique, y voyant une construction politique et culturelle, une approche qu'elle a déployée dans sa biographie de Garibaldi[17] : « Pour les Italiens comme pour les non-Italiens, Garibaldi était et demeure le Grand Homme *par excellence*[18]. » Mais elle indique clairement qu'il s'agit d'une construction, d'une invention de la société italienne à laquelle Garibaldi lui-même contribua largement. Et de conclure : « En interrogeant le concept de grandeur, un biographe politique peut découvrir le processus grâce auquel la grandeur est acquise, manipulée et utilisée, voire peut-être offrir une explication à notre besoin de héros[19]. » Rares sont ceux qui nieraient l'intérêt d'explorer les raisons qui font qu'à certaines époques les sociétés – tout au moins en partie – étaient prêtes à voir de la grandeur chez leurs dirigeants politiques (trop heureux de la considérer en eux). Et comprendre comment les régimes ont pu manipuler et exploiter ces opinions est évidemment important. Pour autant, regarder dans quelles conditions les cultes du leadership sont créés et s'épanouissent laisse toujours ouverte la question de savoir si et suivant quels critères l'on peut juger « grands » des chefs politiques particuliers.

Dans le domaine politique, essayer de définir objectivement la « grandeur » me semble finalement un exercice futile. Quels sont les critères ? Burckhardt est prêt à déclarer que Gengis Khan a été « grand » parce qu'il a mené ses partisans d'une existence nomade à la « conquête du monde ». En revanche, il refuse ce qualificatif à Timour (Tamerlan), son héritier autoproclamé, le tenant pour un « formidable destructeur » qui laissa les Mongols dans un état pire qu'avant. Cette distinction vaut-elle autre chose qu'un jugement subjectif ? On redoutait à juste titre les deux souverains dont les armées se déchaînaient sur d'immenses territoires conquis, laissant dans leur sillage des milliers et des milliers de victimes. Moralement, l'un et l'autre étaient des modèles répugnants de cruauté sans bornes. Burckhardt n'en tient aucun compte pour estimer leur « grandeur ». Elle semble fondée sur l'efficacité de leurs conquêtes (pour les conquérants, pas les conquis) et n'imprimerait la rétine que d'observateurs très particuliers. Quoi qu'il en soit, considérer que Gengis est « grand » ou que Timour ne l'est pas aide-t-il à mieux comprendre leurs conquêtes et leur exercice du pouvoir ?

Peut-être peut-on laisser la morale de côté quand on évalue le passé lointain. En matière de jugement, elle s'estompe avec le temps jusqu'à disparaître complètement. Cela ne devrait sans doute pas être le cas, mais c'est un fait. Rares sont ceux qui retiennent l'ampleur des massacres face aux réalisations d'un conquérant remontant à plusieurs siècles. Mais qu'en est-il à l'époque moderne ? Choix moraux et positions idéologiques s'imposent invariablement au pouvoir politique. Ils aliènent ou suscitent l'admiration. À quel niveau l'opprobre moral s'oppose-t-il à la reconnaissance de la « grandeur » ? Dans l'histoire moderne, Hitler est sans conteste le plus honni des dirigeants politiques. Aujourd'hui, bien peu qualifieraient de « grand » le principal auteur d'une guerre mondiale, de l'Holocauste et de la ruine de son pays. Pourtant, il relèverait d'une « grandeur négative[20] », a-t-on laissé entendre. Reconnaître son impact immense (même catastrophique) et son importance historique indéniable compense de ce point de vue la répulsion morale. Si l'on écarte ce qui pourrait être perçu comme une apologie implicite, bien qu'involontaire, c'est montrer une fois de plus la vacuité de la notion de « grandeur » historique. Quand bien même pourrait-on la définir de manière appropriée, elle réduit à l'extrême les changements historiques aux actions des individus. C'est revenir à une personnalisation de l'histoire qui, si elle ne s'inscrit pas dans un cadre causal plus profond, limite grandement sa puissance explicative.

Définir la « grandeur » politique se heurte à une autre objection. Terme vague, il est également susceptible de changer de valeur. Dans le monde occidental, il n'y a guère de dirigeant politique moderne qui ait été davantage qualifié de « grand » que sir Winston Churchill[21]. Son leadership pendant la Seconde Guerre mondiale a été considéré à juste titre comme un élément essentiel de la victoire des Alliés occidentaux, de la liberté contre la tyrannie à l'Ouest. Mais à sa « grandeur » on opposa ses opinions sur la race et l'empire colonial, finalement perçues comme odieuses, au point qu'il a fallu protéger sa statue à Westminster contre les manifestants des Black Lives Matter (La vie des Noirs compte), qui voyaient en Churchill un impérialiste raciste. Son sentiment de la supériorité des Blancs sur les indigènes des colonies britanniques était propre à l'élite dirigeante de l'époque (et à bien d'autres d'ailleurs). Ses nombreuses remarques, qui étaient monnaie courante en son temps, allaient être jugées détestables.

(L'accuser d'avoir été responsable de la terrible famine qui a sévi au Bengale en 1943-1944 est cependant loin d'être justifié. Aurait-il pu faire davantage pour alléger ces souffrances épouvantables ? C'est encore un sujet de controverse, mais les priorités en matière de transport militaire en pleine guerre mondiale limitaient évidemment les possibilités[22].) Les positions de Churchill, plus âgé, concernant la race, tout comme son approbation de l'eugénisme, sont révoltantes. (Cependant, contrairement à de nombreux contemporains, il a toujours soutenu les Juifs, appuyé la déclaration Balfour pour leur donner une patrie et n'a jamais fait preuve d'antisémitisme.) Tout cela n'enlève rien à ses réalisations remarquables. Mais cela pose des questions morales qu'il est difficile de peser et d'évaluer de manière subjective pour juger de la « grandeur ».

Je pense préférable de ne pas rechercher la « grandeur » chez les dirigeants politiques. L'enjeu n'est pas de savoir si, partant d'une définition nébuleuse, un dirigeant était « grand » ou non, mais plutôt quels ont été son impact et son héritage historiques. Le jugement moral – un « grand » chef doit-il être une force du bien, ou une « grandeur négative » est-elle possible ? – disparaît alors (bien que l'historien use inévitablement d'un langage à connotations morales). Naturellement, le rôle de l'individu dans l'histoire reste encore une question ouverte.

La raison pour laquelle des individus sortent du lot, prennent de l'importance, parviennent au pouvoir et sont capables de l'exercer pour provoquer franchement un changement politique est étroitement liée à des traits de personnalité particuliers, à la perception des forces de caractère et des compétences. Dire que de tels individus sont « charismatiques » est un lieu commun. En soi, tout cela revient habituellement à dire qu'un individu est séduisant ou attrayant, d'une certaine manière – en général indéfinie. Mais ce qui séduit ou attire les uns repousse souvent les autres. Et pourquoi les traits de personnalité d'un individu particulier rebutent-ils sur le plan politique à un moment et plaisent-ils fortement à un autre ? À l'évidence, un contexte ou des conditions spécifiques qui font percevoir un individu « charismatique » participent amplement à son efficacité politique.

La façon dont le sociologue allemand Max Weber (1864-1920) développe la notion de « charisme » relie de manière utile le rôle d'un individu au cadre social et politique dans lequel sa personnalité s'avère particulièrement efficace. Weber n'utilise pas le terme « charisme » pour dire qu'un individu possède forcément des qualités extraordinaires qui en relèvent objectivement, même si certains dirigeants politiques font manifestement preuve de talents particuliers, par exemple pour s'exprimer en public, ou sont éventuellement dotés de traits personnels engageants et attirants. Il souligne plutôt ce que des « suiveurs » (la « communauté charismatique ») perçoivent des qualités exceptionnelles d'un chef proclamé. En ce sens, les « suiveurs » *créent* le « charisme » qu'ils trouvent dans l'« élu », voyant en lui de l'héroïsme ou de la grandeur ; un « appel » (ou message idéologique) qui leur plaît[23]. Dans les conditions politiques actuelles, le « charisme » peut être et est toujours fabriqué et entretenu par les médias et les partis de masse contrôlés par le gouvernement, si bien que ce que l'on tient pour du « charisme » est dans une large mesure le produit artificiel du « marketing » d'un individu *via* un mouvement politique, le profilage médiatique ou la propagande pure et simple. Les dictateurs consacrent beaucoup de temps et d'énergie à créer un culte de la personnalité qui, parallèlement à un appareil répressif, sert à consolider et à maintenir leur mainmise sur le pouvoir[24]. L'adulation massive du Chef dans les régimes dictatoriaux est artificielle et ne reflète pas ses véritables qualités.

Les personnages « charismatiques » peuvent gagner aussi bien que perdre leur aura particulière, en général à la suite d'un échec – parfois catastrophique – et de leur incapacité à répondre aux attentes. Enoch Powell, politicien britannique de droite, affirmait que « toutes les carrières politiques se terminent par un échec », mais il existe des exceptions évidentes. Toutefois, que des dirigeants politiques considérés comme exceptionnels échouent et soient rejetés ensuite confirme le rôle éphémère des individus et l'existence de forces indépendantes de leur volonté qui déterminent leur champ d'action et la nature plus large du changement historique. Évaluer le rôle de l'individu dans la « fabrique de l'histoire » devrait donc commencer par l'examen préalable de la personnalité mais aussi des conditions qui façonnent sa contribution.

Karl Marx, dès le début de son bref essai écrit dans les premiers mois de 1852, *Le 18 Brumaire de Louis Bonaparte*, aborde avec profit cette question, à l'opposé de la théorie du « grand homme ». D'où sa phrase célèbre : « Les hommes font leur propre histoire, mais ils ne la font pas de leur plein gré, dans des circonstances librement choisies ; celles-ci, ils les trouvent au contraire toutes faites, données, héritage du passé[25]. » Nul besoin d'être marxiste (je ne l'ai jamais été) pour voir ce que cela implique dans la compréhension du changement historique. Loin de considérer la « grandeur » historique, Marx s'efforce d'expliquer comment une personne insignifiante, voire un bouffon (ainsi voyait-il Louis Bonaparte, Napoléon III), avait pu assumer des pouvoirs dictatoriaux dans le coup d'État de décembre 1851. Il trouve la réponse dans l'incapacité d'une classe sociale à s'imposer dans la société française de l'époque – condition inhabituelle et forcément transitoire à ses yeux. Les ouvriers avaient été vaincus lors de la révolution de 1848, tandis que la bourgeoisie était divisée et affaiblie sur le plan politique. Au terme d'une « longue carrière aventureuse de vagabond », Louis Bonaparte, « vieux roué retors »[26], écrit Marx avec férocité, a profité de la faiblesse du prolétariat et de la bourgeoisie pour s'emparer de l'exécutif et corrompre, cajoler sinon manipuler le prolétariat des taudis et les petits paysans comme soutien populaire à sa dictature.

L'équilibre des forces sociales et politiques qui composaient le cadre structurel de sa prise du pouvoir conditionna ensuite ses possibilités de gouverner personnellement. Louis Napoléon y gagna une « relative autonomie » par rapport aux forces de classe ; il put agir un temps sans subir leur contrainte. Il est inutile de retenir cette interprétation de l'équilibre des classes. Mais souligner les conditions structurelles préexistantes met en évidence la possibilité que des dirigeants exploitent crises et turbulences dans des circonstances exceptionnelles et s'octroient un champ d'application extraordinaire pour exercer un pouvoir personnel, souvent tyrannique. Plus généralement, c'est apporter un correctif à l'exagération classique du rôle sans entraves de l'individu qui œuvre au changement historique. Commencer pour ainsi dire par le « mauvais » bout, en insistant sur le contexte et les conditions plutôt que sur la personnalité et les réalisations individuelles, encourage une analyse qui ne nie pas le rôle de l'individu, mais considère en premier lieu le cadre qui le rend possible. C'est sur cette base que le politologue Archie Brown a fondé son analyse stimulante et pénétrante du leadership moderne, dont le point de départ est que, « partout, les dirigeants opèrent au sein de cultures politiques historiquement conditionnées ». Il note qu'en particulier dans les démocraties pèsent « beaucoup de contraintes sur le responsable suprême, alors même qu'une attention excessive sur la personne qui occupe le haut de l'échelle est devenue bien trop répandue[27] ».

Tout le monde, naturellement, possède une personnalité : reflet de traits de caractère innés, modelés dès l'enfance et influencés par l'éducation, l'instruction, les occasions de la vie et l'environnement social. Mais toutes les personnalités ne se prêtent pas au leadership, que ce soit en politique, dans les affaires ou dans d'autres domaines de la vie. Les études psychologiques relatives aux types de personnalité et aux qualités de leadership, très utilisées dans les milieux d'affaires, sont peut-être de moindre valeur en matière de leadership politique. Les qualités attendues d'un chef d'entreprise sont sans aucun doute, en principe, la fiabilité, le sens des responsabilités, l'ouverture d'esprit, l'équilibre affectif, la sociabilité, l'assiduité, le tempérament agréable, le sang-froid sous pression et la volonté de collaborer[28]. Mais il est aisé de trouver des dirigeants politiques qui ne correspondent pas à ces qualifications, voire ne les jugent pas souhaitables, et ont été néanmoins (et sont encore parfois dans le monde d'aujourd'hui) très efficaces, au moins à un moment donné.

Les conditions permettant à un type particulier de personnalité de réussir à s'imposer politiquement varient tellement qu'elles ne facilitent pas les généralisations. Ce qui fonctionne dans une démocratie stable peut être totalement inefficace en cas de turbulence politique lors d'une crise grave. Les traits de personnalité d'un dictateur peuvent déplaire à la plupart des gens dans une société prospère et pluraliste, mais convaincre dans un temps de crise qui favorise son accès au pouvoir. Comment comprendre l'avènement de Hitler, par exemple, si l'on ne tient pas compte des effets déchirants et insoutenables de la Première Guerre mondiale et de la crise de 1929 sur la société allemande ? L'« efficacité » peut être brève et mener finalement au désastre, mais elle peut opérer un certain temps au moins et avoir d'immenses conséquences. Les conditions déterminent en grande partie l'impact d'un type de personnalité particulier.

Les conditions façonnent également le type de pouvoir qui peut être exercé. Suivant le schéma de Michael Mann, nous pouvons penser à quatre sources de pouvoir distinctes, bien que liées : idéologique, économique, militaire et politique[29]. Les circonstances dictent celle qui est amenée à prédominer à un moment donné. Un type particulier de personnalité peut percer, susciter un attrait populaire et un soutien institutionnel en fonction des circonstances et d'une certaine constellation du pouvoir. On exige des qualités de gouvernance très différentes selon qu'une idéologie institutionnalisée existe sans rivale ou que s'impose une situation d'instabilité, de crise politique ou de guerre.

Où règne la paix, où croît et s'étend la prospérité, et où l'on reconnaît généralement comme socle d'une société stable et civilisée les valeurs fondamentales des droits de l'homme, des libertés libérales, de la démocratie pluraliste, de l'État de droit, de la séparation des pouvoirs et d'une économie capitaliste relativement épargnée par la crise, un dirigeant accepte en toute probabilité, dans la plupart des cas, les contraintes institutionnelles sur l'action et ne cherche pas à transformer le système politique. Ces conditions ont prévalu après la Seconde Guerre mondiale jusqu'à maintenant en Europe occidentale et aux États-Unis. Cependant, les récentes tensions géopolitiques et les crises économiques révélant les fondements précaires de la mondialisation intensifiée, un leadership populiste d'un nouveau genre (incarné aux États-Unis par Donald Trump, et de façon bien moindre en Grande-Bretagne par Boris Johnson) s'est répandu, pour un moment au moins, sur un terrain fertile.

Dans les systèmes politiques en crise et sérieusement contestés, tels qu'il en existait dans de nombreuses régions d'Europe dans l'entre-deux-guerres, une tout autre sorte de personnalité, prête à préconiser et poursuivre un changement radical par le recours généralisé à la violence, avait plus de chances de l'emporter en popularité et en puissance. Au cours des deux guerres mondiales, les objectifs et les prérogatives militaires étaient évidemment les principaux déterminants. La puissance militaire, pendant une brève période mais très destructrice, a eu la priorité sur tout le reste. En pareilles conditions, les dictateurs tels que Hitler, Mussolini et Staline ont été eux-mêmes soumis dans une large mesure à ses exigences et ses contraintes. Les commandants de l'armée, dont les qualités différaient de celles des dirigeants politiques et bien que n'ayant qu'une relative autonomie par rapport à eux, exerçaient forcément en pratique une grande partie du pouvoir.

À la suite de Max Weber, on peut considérer le pouvoir individuel comme la capacité d'un chef à imposer sa volonté malgré la résistance[30]. Dans les démocraties libérales et pluralistes, cette volonté s'exprime habituellement sous forme de décision consensuelle émanant d'un cabinet ou de tout autre appareil gouvernemental, et le pouvoir est diffusé dans la société par un réseau d'institutions et d'organisations. L'opposition intervient en général dans le contexte d'un parlement ou d'une assemblée, par le biais des médias, parfois au travers de manifestations populaires et au sein même de l'appareil gouvernemental. Mais si elle peut être véhémente, voire enflammée, elle s'inscrit dans un système reposant sur un consensus, et un responsable gouvernemental peut le plus souvent accomplir sa volonté grâce à un cadre institutionnel qui pénètre la société. Pour citer Michael Mann, on peut donc définir le pouvoir comme « infrastructurel ». C'est le pouvoir *via* les États.

L'expression contraire du pouvoir, déployée dans les dictatures, est ce qu'il appelle le « pouvoir despotique », ou le pouvoir *sur* les États. Là, un chef autoritaire exerce directement le pouvoir, exige et attend complète obéissance aux ordres venus d'en haut (avec l'appui de niveaux de coercition très élevés)[31].

L'opposition est réprimée, l'opinion lourdement manipulée, et la volonté du chef est de manière évidente et directe plus déterminante pour exercer le pouvoir. Pourtant, même dans ce cas, le pouvoir despotique n'est pas totalement indépendant du pouvoir infrastructurel. Un chef a besoin d'un fort support institutionnel par l'intermédiaire de l'appareil militaire, de la sécurité, de la police et de la justice, et d'une panoplie d'organisations du parti. Même quand le pouvoir personnel du chef décline, comme celui de Hitler dans les derniers mois de la guerre, les mécanismes de soutien peuvent continuer d'assurer une force extrême à la dictature. La question de la personnalité et du pouvoir s'étend donc, au-delà de la biographie, des prédispositions psychologiques et des attributs personnels d'un chef, aux conditions qui circonscrivent le leadership.

Ce qui suit est un panorama de l'histoire du XXe siècle en Europe à travers le prisme de certains des personnages politiques les plus marquants, chefs d'État ou de gouvernement, pour le meilleur ou, plus souvent, pour le pire. Je limite les études de cas aux dirigeants européens qui ont eu un impact majeur et surtout au-delà de leur pays. On peut penser à bien d'autres. Après mûre réflexion, je n'en ai pas retenu certains – Willy Brandt et François Mitterrand, par exemple – qu'on pourrait juger bon d'inclure. Ils auraient pu faire partie d'un groupe différent de dirigeants politiques, pour la plupart sociaux-démocrates ou libéraux de l'une ou l'autre obédience, pour avoir contribué de manière importante, dans la seconde moitié du XXe siècle surtout, aux progrès de la justice sociale et des droits de l'homme. J'en détourne inévitablement l'attention, peut-être à tort, en insistant sur les conditions de crise, le type de leader qu'elles produisent et le rôle des individus à des moments cruciaux de changement. Quant à ceux que j'ai retenus, leur importance est évidente et il n'y avait guère de raison de les écarter.

On pourrait évidemment ouvrir sans mal l'éventail à des dirigeants hors d'Europe – aux présidents américains, de Woodrow Wilson à Bill Clinton en tête de liste, comme à d'autres figures mondiales telles que Mao ou l'ayatollah Khomeini – dont les actions ont contribué de manière importante, bien qu'indirecte, à façonner le XXe siècle européen. Personnalité intrigante et président américain sans conteste important, Franklin Delano Roosevelt m'a donné le plus à réfléchir. Inutile de souligner le rôle qu'il a joué dans l'histoire européenne et pas seulement américaine pendant la Seconde Guerre mondiale. Mais n'inclure qu'un seul dirigeant non-européen soulèverait une objection évidente : pourquoi s'arrêter là ? Cela impliquerait d'élargir l'enquête aux arènes politiques, et au rôle qu'y jouent des individus, bien au-delà du continent européen. Il faudrait donc tenir compte de la politique intérieure des autres pays, qui a façonné le chef mais qui n'a influé sur l'Europe que de manière tangentielle, dans le meilleur des cas. Ce serait déborder les limites de ce qui est possible ici.

Je ne traite pas non plus des personnes, si influentes soient-elles, qui ont marqué la politique – dans des mouvements d'opposition, de protestation ou de résistance – mais qui ne sont pas devenues chefs d'État. C'est pourquoi j'ai exclu Jean Monnet et Robert Schuman, ni l'un ni l'autre chef de gouvernement ou d'État, mais l'un et l'autre architectes de la future Union européenne, à coup sûr l'une des avancées les plus importantes du XXe siècle – bien que le projet relevât d'abord de l'effort collectif et non de la créativité individuelle. Au-delà du politique, on pourrait aussi songer à des personnages extraordinaires qui ont apporté des contributions indispensables aux arts, à la science, à la médecine, aux affaires, à l'économie et à bien d'autres domaines. Mais ils ne sont pas les sujets de ce livre.

Ensemble, cependant, les douze dirigeants européens dont il est question ici ont sans aucun doute influencé de manière significative le déroulement de l'histoire européenne au cours du XXe siècle. Ils l'ont fait pour la plupart en période de crise dans leur pays. Lénine surgit de la crise de l'autocratie tsariste pendant la Première Guerre mondiale. La guerre civile dévastatrice qui suivit la révolution bolchevique et la vacance du pouvoir après la mort de Lénine jetèrent les bases de l'avènement de Staline. Mussolini profita de la crise politique d'après guerre en Italie. Plus de dix ans après, le traumatisme persistant de la

Première Guerre mondiale permit l'ascension de Hitler, dans un contexte de crise générale de l'État et de la société qui a sapé la démocratie allemande lors de la Grande Dépression au début des années 1930. Franco est arrivé au pouvoir en vainqueur d'une guerre civile dans un pays en crise. Churchill fut nommé Premier ministre en pleine crise politique britannique, alors que l'armée allemande envahissait une grande partie de l'Europe occidentale. Deux crises distinctes, celle de la France vaincue puis occupée, puis celle de la guerre d'Algérie, furent à l'origine du pouvoir de De Gaulle. Tito consolida ses prétentions au pouvoir en dirigeant la résistance militaire lors de la crise multiforme d'une Yougoslavie ravagée par la guerre. Gorbatchev fut élu secrétaire général du Parti communiste soviétique quand l'URSS dut faire face à la crise profonde de son système économique et politique défaillant.

La crise a également engendré des dirigeants extraordinaires dans les démocraties d'après guerre. La situation critique de l'Allemagne, sortant détruite et occupée après 1945, ainsi que les tensions et les risques sérieux de la guerre froide ont encadré le leadership de Konrad Adenauer. La crise économique et, à certains égards, culturelle qui a frappé la Grande-Bretagne dans les années 1970 a forgé celui de Margaret Thatcher.

Le seul, parmi mes douze monographies, à ne pas émerger d'une crise nationale sous quelque forme que ce soit est Helmut Kohl. Il est entré en fonction dans la foulée des difficultés économiques liées au choc pétrolier de 1979 (le second après celui de 1973), mais dans des conditions sous-jacentes de stabilité politique et de prospérité. Chancelier d'Allemagne de l'Ouest depuis sept ans déjà – sans doute moins remarquable que ses prédécesseurs immédiats, Helmut Schmidt et Willy Brandt –, le voilà confronté à ce que l'on pourrait appeler une crise « bénigne » lorsque la guerre froide prit fin et que l'unification allemande devint un objectif réalisable. Et c'est dans ce contexte que Kohl est devenu à son tour une personnalité importante du XXIe siècle en Europe. Telle est l'affiche.

Les études de cas visent à tester un certain nombre de propositions générales :

Le champ de l'impact individuel est plus grand pendant ou immédiatement après de vastes bouleversements politiques, lorsque les structures du pouvoir s'effondrent ou sont détruites.

La quête résolue d'objectifs faciles à définir et l'intransigeance idéologique, accompagnée d'acuité tactique, permettent à une personne en particulier de se démarquer et de trouver des soutiens.

Les circonstances de la prise du pouvoir et de sa première phase de consolidation conditionnent fortement son exercice personnel et son ampleur.

La concentration du pouvoir renforce l'impact potentiel de l'individu, avec souvent des conséquences négatives, parfois catastrophiques[32].

Même les dirigeants politiques puissants subissent les contraintes écrasantes des forces armées en temps de guerre.

Le pouvoir et la marge de manœuvre du chef dépendent dans une large mesure du fondement institutionnel et de la force relative du soutien, d'abord parmi les circuits secondaires du pouvoir, mais aussi dans le grand public.

Le gouvernement démocratique limite au maximum la liberté d'action de l'individu et sa capacité à déterminer un changement historique.

Il n'existe pas de formule mathématique pour mesurer la part respective des facteurs personnels et impersonnels dans l'étude du changement historique. Se pencher sur des situations spécifiques – des décisions formatrices ou fatidiques, par exemple – où l'intervention personnelle a eu un impact important peut, cependant, aider à tirer des conclusions plus larges.

Ce livre traite du leadership historique au XXe siècle, et non dans la première partie du XXIe siècle. Néanmoins, les questions qu'il soulève sur les conditions d'accès au pouvoir de certains individus, sur les structures de gouvernement qui encadrent l'exercice du pouvoir et sur les circonstances dans lesquelles la personnalité de l'individu joue un rôle décisif dans l'évolution de l'histoire sont aussi pertinentes aujourd'hui qu'aux époques précédentes[33].

13
14
12

2
3
15
16
4
5
6
7
8
9
11
10

De retour après une longue maladie, Lénine préside une réunion très suivie du Sovnarkom (Conseil des commissaires du peuple) le 3 octobre 1922. Debout derrière lui, on aperçoit Alexeï Rykov (à gauche) et Lev Kamenev, tous deux ultérieurement victimes des purges staliniennes. Ce fut sans doute la dernière réunion du Sovnarkom pour Lénine, qui retomba gravement malade à compter de décembre 1922.

1

Vladimir Ilitch Lénine

Leader révolutionnaire, fondateur de l'État bolchevique

L'immense bouleversement produit par la Première Guerre mondiale eut, entre autres effets de grande portée, une conséquence qui devait se répercuter à travers l'Europe entière, et dans le monde, pendant plus de sept décennies : la révolution bolchevique de 1917. Au centre de ce séisme se trouvait un homme, Vladimir Ilitch Oulianov, connu dans l'histoire sous le pseudonyme qu'il avait adopté autour de 1902 : Lénine[1].

Lénine a plus d'un titre pour se retrouver au premier rang, ou tout près, de toute galerie des créateurs du XXe siècle en Europe. Cette simple affirmation soulève pourtant des questions évidentes. Dans quelle mesure un événement aussi ample (et son impact durable) que la révolution russe a-t-il dépendu d'un seul individu ? Quelle fut la contribution personnelle de Lénine à l'instauration, à la consolidation et aux effets persistants du régime bolchevique ? Après tout, ce n'est pas lui qui fut la force motrice révolutionnaire la plus dynamique en Russie à l'époque. Ce fut Léon Trotski, parfois décrit comme un « génie révolutionnaire[2] ». Et Lénine mourut en janvier 1924, après tout juste six années au pouvoir, dont les quinze derniers mois où il fut largement invalide des suites d'une série d'attaques. Que fit-il personnellement pour diriger la refonte révolutionnaire de la Russie ? Comment put-il s'assurer de l'exécution de ses décisions politiques dans un aussi vaste pays – plus grand que tout le reste de l'Europe ?

En tout état de cause, pourquoi Lénine s'imposa-t-il comme le chef de la révolution qui changea l'histoire russe et européenne ? Il était loin d'être isolé dans sa détermination à transformer la Russie. La désaffection à l'égard du régime tsariste et la propagation du marxisme dans l'Empire russe à compter des années 1880 avaient engendré de nombreux aspirants révolutionnaires, dont des personnages marquants dans les multiples groupes et factions politiques subversifs qui essaimèrent. Qu'y avait-il de singulier en Lénine ? Comment et pourquoi réussit-il à s'imposer comme le chef révolutionnaire dominant ? Quels sont les traits de personnalité qui le conduisirent au pouvoir suprême dans le nouvel État et lui permirent de tenir tout au long de la guerre civile sauvage qui suivit la révolution ? Et, dans un État dont la philosophie célébrait l'importance des déterminants impersonnels de l'histoire et minorait en conséquence le rôle de l'individu, comment expliquer son héritage profond et durable, tant en Union soviétique qu'à l'extérieur ? Ces questions montrent amplement que Lénine est un cas intrigant pour étudier l'impact de l'individu dans l'histoire.

Conditions préalables du pouvoir

La Russie de 1917 était mûre pour la révolution. Les pertes massives de la Première Guerre mondiale, la démoralisation croissante des soldats du front, les épreuves insupportables de la population civile, mais aussi le refus obstiné du tsar d'envisager des réformes avaient créé un climat d'insurrection imminente. Grèves, manifestations et émeutes du pain accompagnaient les appels bruyants à la paix et la dénonciation toujours plus forte du tsar. De fait, la révolution éclata cette même année, en février. Elle n'avait rien à voir avec Lénine, encore exilé en Suisse à cette époque.

En vérité, le pays avait déjà connu une éphémère tentative de révolution dans le courant de l'automne 1905, quand l'humiliante défaite essuyée dans la guerre russo-japonaise avait amplifié la désaffection interne. L'oppression de l'État associée à des concessions constitutionnelles largement cosmétiques en direction d'un gouvernement représentatif pallièrent le pire danger que le régime eût connu. Le pouvoir de l'autocratie tsariste demeura intact. Toutefois, loin de disparaître, les ferments de troubles ne furent que contenus.

En réalité, le système politique ne pouvait être fondamentalement changé par une réforme progressive. La société civile était faible, sans base juridique indépendante. La violence était courante. La classe moyenne de propriétaires était modeste, l'intelligentsia minuscule mais radicalisée de façon disproportionnée sous l'effet de l'oppression étatique et de la propagation des idées révolutionnaires. Au-delà d'une petite élite, peu se sentaient attachés au système socioéconomique ou au régime qui le soutenait. Les paysans représentaient plus de 80 % de cet immense pays très largement pauvre ; beaucoup étaient hostiles à l'État et à ses fonctionnaires. La plupart vivaient dans les conditions primitives des communes villageoises, économiquement dépendants de ceux qui possédaient la terre. Dans les grandes villes industrielles, qui avaient gonflé de manière spectaculaire au cours des deux dernières décennies, un prolétariat appauvri et opprimé n'avait aucun moyen légal d'obtenir réparation. À la différence de la classe ouvrière allemande, bien plus importante, que les marxistes considéraient comme la source probable de la révolution, et qui à la veille de la Première Guerre mondiale était représentée par le plus grand parti ouvrier d'Europe, le prolétariat russe urbain n'avait aucun intérêt dans la société russe ni aucun moyen politique de la changer, à part la révolution. Aussi était-il disponible pour une mobilisation révolutionnaire, pour peu que les circonstances fussent propices[3].

La Première Guerre mondiale les suscita. Les pertes désastreuses – plus de 2 millions de morts, à peu près deux fois plus de blessés – et les immenses épreuves de la guerre créèrent des conditions qui n'existaient pas en 1905. Si profonde qu'eût été alors la désaffection, les ouvriers en grève et les secteurs rebelles de la paysannerie n'avaient pas réussi à surmonter leurs divergences d'intérêts pour produire une force révolutionnaire cohérente et unifiée. En 1917, le potentiel révolutionnaire de la classe ouvrière rejoignit au moins temporairement celui de la paysannerie. Une autre différence fut d'une importance capitale. En 1905, l'armée, pilier du régime, et malgré certains troubles et des mutineries dans la marine à la suite de la défaite face aux Japonais, était demeurée majoritairement loyale au tsar. En 1917, rien ne put arrêter la crise qui couvait dans l'armée russe. Défaitisme, désertion et démoralisation nourrirent des demandes toujours plus stridentes de paix, allant de pair avec une colère croissante contre le tsar et son régime, naturellement tenus pour responsables de la calamité. L'extrême désaffection des soldats du front s'allia désormais à l'humeur révolutionnaire régnant parmi les ouvriers et les paysans, mettant gravement en danger le régime tsariste. De même qu'en 1905, une nouvelle tentative de révolution devenait en tout cas probable à un moment ou à un autre. Toutefois, si la guerre n'avait pas été le facteur d'union dans la campagne pour abattre le régime, celle-ci aurait pu une fois de plus avorter[4].

À cela s'ajoutait une autre différence fondamentale. Pour aboutir, une révolution nécessite leadership et organisation. La révolution de 1905 avait manqué d'un leadership capable de lui imprimer une direction et de galvaniser ses secteurs rebelles disparates en une seule force irrépressible. Et elle manquait d'organisation. En 1917, il y avait Lénine et son petit Parti bolchevique très soudé et implacable. La confluence entre le soulèvement et le chef révolutionnaires était loin d'être inéluctable. De fait, elle dépendait d'une contingence improbable – qui échappait au contrôle de Lénine – sans laquelle le cours (et très probablement l'issue) de la révolution russe eût été sans conteste différent. C'était, de toutes les conditions préalables, la plus directe.

Seul un remarquable coup de chance lui permit de profiter de l'énorme bouleversement qui suivit le soulèvement de Petrograd dans la dernière semaine de février 1917 et qui fut pour lui une surprise. S'il espérait tôt ou tard une révolution, en janvier 1917, Lénine pensait encore qu'elle ne se produirait pas de son vivant[5]. Cependant, le 2 mars, quand le tsar fut contraint d'abdiquer, il sut que la révolution tant attendue était arrivée.

Cette fois, contrairement à ce qui s'était passé en 1905, il dut regagner la Russie au plus tôt. En pleine guerre européenne, c'était plus facile à dire qu'à faire. C'est alors que la chance lui vint en aide et – peut-on dire sans outrance – changea le cours de l'histoire européenne.

Si le gouvernement allemand n'avait consenti, *via* des intermédiaires, à l'autoriser à regagner la Russie en train depuis la Suisse, accompagné d'une trentaine de ses proches, on voit mal comment Lénine eût été en position de retourner à Petrograd en proie à la révolution. Que les Allemands aient accepté d'aider Lénine est loin d'être le fruit du hasard. Ce n'est pas non plus une erreur de calcul incompréhensible. De plus en plus sous pression au fil de la guerre, ils virent un avantage à promouvoir la révolution en Russie afin d'ouvrir la voie à un cessez-le-feu sur le front est qui leur permettrait de concentrer leurs efforts à l'ouest. Mais s'ils ne l'avaient pas fait, et que Lénine n'avait pas regagné la Russie au printemps, il est douteux qu'il aurait eu parmi les révolutionnaires la légitimité pour prendre le leadership de la révolution plus radicale d'octobre. Trotski n'en pensait pas moins que la réussite de cette révolution dépendait de Lénine[6]. Or, par une curieuse ironie de l'histoire, sa présence sur le terrain pour la conduire dépendait du bon-vouloir des impérialistes allemands qu'il abhorrait.

En avril 1917, à son retour en Russie, Lénine était inconnu de l'immense majorité des Russes. Peu d'ouvriers connaissaient même son nom[7]. Le Parti bolchevique qu'il dirigeait était certes fanatique et implacable, mais il n'était encore à peine plus qu'une petite faction révolutionnaire sans base substantielle dans les masses et comptant tout au plus vingt-trois mille militants[8]. Dans l'extraordinaire transformation de ce noyau dur en un parti en pleine expansion qui allait détenir les rênes de l'État quelques mois plus tard, l'acuité et la détermination politiques de Lénine jouèrent un rôle décisif. Ni les Socialistes révolutionnaires ni les Mencheviks, les deux grands partis rivaux des Bolcheviks en 1917, n'avaient de chef doué de ses talents d'organisateur.

Au départ, les chances de Lénine d'accéder au pouvoir semblaient minces. La révolution de Février avait fait tomber le tsar et débouché sur la formation d'un gouvernement provisoire dont la mission était de jeter les bases pour introduire des libertés sociales généralisées et instaurer un régime constitutionnel. Cela se révéla rapidement illusoire. L'ampleur du bouleversement politique et de la ferveur révolutionnaire effaça tout espoir d'arriver à une forme stable de démocratie sociale reposant sur un cadre légal de gouvernement constitutionnel. Pour autant, cela ne signifiait pas que le gouvernement provisoire ait été dès le départ voué à laisser place à une seconde révolution sous la houlette des Bolcheviks. Des démarches pour mettre fin à la guerre auraient été populaires et auraient pu faire gagner du temps. Cela aurait permis de conjurer une révolution bolchevique[9]. Au lieu de quoi, alors que son autorité déclinait à vue d'œil, le gouvernement provisoire lança une nouvelle offensive militaire désastreuse, dont l'échec eut pour effet prévisible de le discréditer et de jeter de l'huile sur les feux révolutionnaires.

Au début, une révolution conduite par le Parti bolchevique de Lénine avait en fait paru improbable. Lénine n'arriva à Saint-Pétersbourg – Petrograd, comme on l'appelait alors – que dans la nuit du 3 avril. Pour la première fois depuis dix ans, il remettait les pieds dans son pays. Quelques semaines plus tard, il en était reparti. Pour éviter l'arrestation, il dut entrer dans la clandestinité le 6 juillet ; trois jours plus tard, il passa en Finlande sous un déguisement. On aurait pu croire que, pour lui, c'était la fin. En réalité, cela ne faisait que commencer.

Personnalité : émergence d'un leader révolutionnaire

Lénine était d'apparence un peu ingrate. Le journaliste américain John Reed, qui le vit de près au cours de la révolution de 1917, le décrit comme un homme petit et trapu, avec de « petits yeux, un nez camus, la bouche large, généreuse, le menton lourd ». Son costume était miteux. Pas vraiment « impressionnant », observe Reed, pour une « idole des foules », mais un « chef par la seule puissance de l'esprit [...], possédant le pouvoir d'expliquer des idées profondes en termes simples »[10]. Si quelconque qu'il parût, qui croisait son chemin ne pouvait l'oublier. Il n'y avait pas non plus l'ombre d'un doute quant à l'acuité de son intelligence (qu'il devait associer, au cours de sa carrière politique, à de grands talents politiques de manipulation et d'organisation). Il possédait une énergie étonnante et respirait le dynamisme. C'était un orateur électrisant (pour ceux qui étaient sur sa longueur d'onde), un polémiste doué dont l'esprit vif et le style de débat agressif lui permettaient de triompher dans la plupart des disputes verbales et écrites, un exposant magistral de la dialectique marxiste dans ses écrits prolifiques. Mais la qualité de son esprit n'était pas seule en cause. Il était aussi d'une grande force de volonté et sûr de lui. Du fait de son tempérament colérique, versatile, de son intolérance et de sa certitude d'avoir toujours raison, il était difficile à un esprit plus ouvert, moins dogmatique ou moins péremptoire d'avoir le dessus.

Il vivait pour la politique. Pas grand-chose d'autre ne comptait vraiment. Il ne se liait pas facilement d'amitié. De fait, il n'avait guère de véritables amis. Même plus tard, ses plus proches au sein de la direction bolchevique étaient des camarades engagés dans une cause politique, non des amis personnels. Son petit cercle d'intimes ne dépassait guère sa femme, ses sœurs et son frère cadet, et son ancienne maîtresse Inessa Armand qui, même après la fin de leur liaison en 1912, resta proche de lui jusqu'à sa mort en 1920. Obsessionnel, c'était un maniaque de l'ordre ; le seul fait de déranger ses crayons soigneusement disposés pouvait provoquer une explosion de colère. Ambitieux, il était intraitable et déterminé dans sa quête de la transformation révolutionnaire de la société russe. Intolérant, il était inflexible envers les idéologues marxistes qui défendaient des points de vue rivaux, même ceux qu'il avait autrefois tenus pour des alliés. De fait, il était quasiment certain qu'à un moment ou à un autre il se retournerait contre ses anciens associés et romprait avec d'autres théoriciens marxistes. Et, envers les ennemis de classe – catégorie très élastique –, il était sans merci, prônant franchement la terreur pour les détruire.

Tout au long de sa vie, il souffrit de problèmes de santé : migraines invalidantes, insomnies, tension nerveuse qui le conduisirent parfois au bord de l'effondrement, douleurs d'estomac et excès de fatigue (ce qui n'avait rien d'étonnant compte tenu de son rythme de travail exténuant) furent des problèmes récurrents qui trouvaient parfois un exutoire dans des explosions de colère volcaniques. Il souffrit aussi très certainement d'hypertension et d'artériosclérose – cause des diverses attaques qui devaient le tuer en 1924. Jusqu'à la prise du pouvoir en 1917, il pouvait récupérer des pressions qui produisaient ou exacerbaient ses épisodes de maladie en prenant des vacances prolongées, au cours desquelles il aimait faire de longues promenades, nager ou pratiquer d'autres exercices physiques[11]. La détente lui redonnait invariablement de l'énergie. Mais ce ne fut plus guère possible après 1917. On a suggéré de manière plausible qu'il pressentait qu'il mourrait jeune, comme son père. De longue date, il se croyait prédestiné. Peut-être l'anticipation de sa mort prématurée le rendit-elle d'autant plus pressé d'accomplir l'œuvre de sa vie en achevant la révolution au plus vite[12].

À première vue, ses origines ne le promettaient pas à un avenir de chef révolutionnaire. Il était né en 1870 à Simbirsk, à plus de sept cents kilomètres à l'est de Moscou, dans une famille solidement bourgeoise. Les Oulianov étaient cultivés, s'intéressant à la littérature, à l'art et à la musique. Leur foyer reposait sur les valeurs ordinaires de la bourgeoisie de l'époque : ordre, hiérarchie et obéissance[13]. Politiquement, ils n'étaient pas vraiment engagés. Ils se considéraient comme des sujets loyaux de l'empereur, tout en étant favorables à des réformes libérales, modernisatrices qui rapprocheraient la Russie des sociétés plus éclairées d'Europe occidentale : si respectés que fussent les Oulianov, les franges conservatrices de la bonne société de la ville voyaient d'un mauvais œil cette attitude.

Vladimir était le troisième d'une fratrie de six enfants survivants (deux étaient morts en bas âge) et demeura attaché à sa famille, surtout à sa mère, morte en 1916, à sa sœur aînée Anna, et à sa sœur cadette Maria, qui lui resta dévouée jusqu'à la fin. Ses parents étaient ambitieux pour leur progéniture et attachaient un grand prix à son éducation. Intelligent et studieux, il termina ses études au lycée en 1887 : meilleur élève, cette année-là, il obtint des notes exceptionnelles dans toutes les matières. Dès le mois d'août, il entra à l'université de Kazan, en amont de Simbirsk sur la Volga, pour y étudier la jurisprudence. Quatre mois plus tard, cependant, avec un certain nombre de camarades, il fut chassé de l'université à la suite de leur implication dans une agitation destinée à mettre fin aux restrictions pesant sur les sociétés d'étudiants. À cette date, il avait déjà pris contact avec des activistes révolutionnaires et commencé à explorer les idées relatives à la politique révolutionnaire.

En 1886, son frère Alexandre, qui s'était radicalisé en étudiant les sciences naturelles à l'université de Saint-Pétersbourg, se lia à un groupe d'amis qui rêvaient de transformer la société et complotaient de déclencher une révolution en Russie par un attentat contre le tsar Alexandre III. Le 1er mars 1887, l'échec de leur tentative d'assassinat conduisit à l'arrestation et à l'interrogatoire des membres du groupe par l'Okhrana, la police secrète tsariste. Ayant reconnu son crime, Alexandre fut condamné à mort et pendu le 8 mai. L'exécution de son frère inspira à Vladimir une haine brûlante envers les Romanov. Il se persuada de la nécessité de renverser le tsarisme. Peut-être la mort d'Alexandre déclencha-t-elle en lui des sentiments latents, mais ce ne saurait être qu'une conjecture. En tout état de cause, gardons-nous de la tentation de rechercher une explication psychologique de la suite des événements. Quelle que fût l'impulsion initiale, Vladimir se plongea bientôt dans des publications subversives. Son attachement à la future révolution devait l'accaparer au cours des trente années suivantes – la majeure partie de sa vie – avant son expérience brève, mais spcctaculaire, de praticien de la révolution après 1917.

Il commença à explorer la pensée marxiste et à fréquenter les petits cercles de révolutionnaires engagés. Au cours des années 1890, cela lui valut d'être arrêté par l'Okhrana et exilé dans une agréable région de Sibérie orientale où le rejoignit sa future épouse (ils se marièrent en 1898), Nadia Kroupskaïa, déjà dévouée à la cause révolutionnaire. À compter de 1900, la peur d'être à nouveau arrêté et emprisonné le conduisit à s'exiler à l'étranger où il vécut successivement à Zurich, Munich, Londres, Paris, Genève et Cracovie tout en visitant diverses villes d'Europe de l'Ouest[14]. Le futur leader ouvrier n'eut jamais à gagner sa vie par un travail régulier. Jusqu'à quarante ans passés, il reçut le soutien financier de sa mère, puis de plus en plus de riches bienfaiteurs du parti. Finalement, il put se verser un salaire sur les fonds des Bolcheviks : de quoi mener un train de vie relativement modeste et, loin de la Russie, réfléchir à la révolution et la préparer[15].

Vaguement perceptible dans ses premières années, la personnalité de Lénine trouva sa forme définitive au cours des longues années passées à écrire, à participer à des réunions ou des congrès, à engager des polémiques, à organiser et préparer le moment révolutionnaire qui ne manquerait pas d'arriver, même s'il n'y avait pas moyen de le faire advenir. Si infructueuse que cette vie parût souvent, elle façonna cependant ses titres au leadership aux yeux de ceux qui entraient en contact avec lui, mais aussi et surtout à ses propres yeux. Au fil de leur élaboration, ses idées lui donnèrent au sein de l'opposition révolutionnaire une certaine aura de leader visionnaire en puissance. Mais il apprit également de nombreuses astuces dans la compétition impitoyable pour la primauté dans le milieu des révolutionnaires en herbe.

Il commença à attirer une attention plus large en tant que principal théoricien russe de la révolution marxiste avec la publication en 1902 de son opuscule *Que faire ?* (reprenant le titre du roman antitsariste de Nikolaï Tchernychevski qu'il avait admiré dans sa jeunesse). Jusque-là, on avait surtout vu en lui un partisan de Gueorgui Plekhanov, théoricien marxiste en exil à Zurich. Plekhanov avait souligné qu'en Russie la révolution ne viendrait pas de la paysannerie (comme l'avaient prétendu les populistes, qui idéalisaient la commune paysanne), mais de la mobilisation de la classe ouvrière. De fait, Lénine avait quitté la Russie en 1900 pour rejoindre Plekhanov en Suisse. Mais leurs relations avaient vite tourné à l'aigre. Avec *Que faire ?*, Lénine (qui avait entre-temps adopté ce pseudonyme) sortit totalement de l'ombre de Plekhanov. Son livre jeta les bases pour transformer les théories marxiennes de la révolution en action politique tout en affirmant la nécessité d'un parti organisé et centralisé voué à la conspiration et formé de révolutionnaires engagés considérés comme l'avant-garde du prolétariat dans la lutte des classes. Le parti d'avant-garde avait besoin d'un chef. Lénine revendiquait ce leadership[16].

Il acquit aussi une précieuse expérience dans les luttes de faction. Le IIe Congrès du Parti ouvrier social-démocrate de Russie (parti formé en 1898 autour d'un programme marxiste), qui se tint à Londres en 1903, fut un épisode douloureux. Un conflit d'initiés autour des conditions d'adhésion au parti provoqua une scission entre les factions de Lénine et celles de Julius Martov, ancien ami maintenant devenu adversaire politique implacable. Une erreur de calcul de Martov, qui n'était pas aussi habile que Lénine dans les manœuvres politiques, se solda par sa défaite lors d'un vote sur la question secondaire de l'appartenance au comité de rédaction du journal marxiste, *Iskra* (L'Étincelle) – qui avait commencé à paraître en petit tirage en décembre 1900. Lénine l'emporta et qualifia sa faction de « Majoritaires » (*Bolcheviki*) – appellation qu'il se fit un plaisir de conserver alors même que, par la suite, sa faction devait le plus souvent se retrouver minoritaire. Martov tomba maladroitement dans ce piège linguistique, qui devait hanter sa faction par la suite, en acceptant l'appellation de « Minoritaires » (*Mencheviki*) – laissant entendre qu'ils étaient moins populaires[17].

Face à la révolution de 1905, qu'il n'avait suivie que de loin, Lénine avait réagi en radicalisant sa rhétorique, exigeant la création d'une « dictature démocratique révolutionnaire provisoire du prolétariat et de la paysannerie », appuyée par la terreur, après le renversement des Romanov[18]. Cela élargit la fracture avec les Mencheviks, lesquels insistaient sur le nécessaire leadership de la classe moyenne dans une révolution « démocratique bourgeoise » considérée comme la première étape vers le socialisme que Lénine entendait désormais contourner[19]. Cette scission fut temporairement et superficiellement surmontée, pour des raisons tactiques, en 1906, mais ne tarda pas à resurgir, plus âpre que jamais, avec de nouvelles divisions entre Mencheviks et Bolcheviks, jusqu'à la rupture officielle et complète de 1912.

Durant la majeure partie de la décennie précédant la révolution de 1917, les Mencheviks trouvèrent plus de soutiens en Russie que les Bolcheviks. Du côté bolchevique, cependant, le radicalisme extrême et inflexible de Lénine séduisait. Aux yeux de ses partisans, son intransigeance et sa belligérance dans les conflits théoriques et organisationnels acharnés étaient des atouts. Et son flot d'articles le gardait bien visible et rehaussait son statut de leader. Néanmoins, il n'était jamais que le chef en exil d'un petit parti révolutionnaire. La plupart des ouvriers russes en qui il voyait le fer de lance de la révolution se désintéressaient des impénétrables luttes de faction ou des écrits théoriques et n'avaient guère entendu parler de lui. Malgré ses harangues depuis l'étranger, Lénine était bien incapable de créer les circonstances dans lesquelles la révolution qu'il ne cessait de prêcher deviendrait réalité.

Quand en 1917, à l'âge de quarante-six ans, Lénine retourna en Russie après la révolution de Février et la déposition du tsar, cela faisait près de deux décennies qu'il n'avait pas vécu dans ce pays. Quoique quasiment inconnu de la plupart des Russes, y compris de ceux dévoués à la forme la plus radicale de révolution, les membres du Parti bolchevique, il passait pour un peu moins qu'un prophète : un gourou de la pensée révolutionnaire mais aussi l'organisateur charismatique d'un mouvement révolutionnaire dont l'heure était venue.

Conduire la révolution

Le 27 mars 1917, Lénine partit, traversant l'Allemagne, puis la Suède et la Finlande, en direction de la Russie. Il arriva à Petrograd dans la nuit du 3 avril. Au cours du voyage, il esquissa une stratégie radicale de prise du pouvoir par le prolétariat et les paysans pauvres : ses « Thèses d'avril ». Sitôt arrivé, il exposa son radicalisme intransigeant à la foule de partisans venus l'accueillir.

Il en appela à une « révolution socialiste mondiale » et, juché sur une voiture blindée que les Bolcheviks locaux avaient acheminée sur place, déclara que ses partisans ne devaient en aucune façon soutenir le gouvernement provisoire[20]. Après de longues années de vie à l'étranger, Lénine brûlait d'une ferveur révolutionnaire, qu'il transmit les jours suivants dans une série de discours. Il se distinguait par son objectif clair et déterminé, mais aussi par son aplomb. À ce moment-là, cependant, y compris parmi ses plus proches partisans, peu étaient prêts à une approche aussi radicale.

Le 4 avril, quand il expliqua ses « Thèses d'avril » dans une réunion de Bolcheviks, dénonçant ceux qui voulaient travailler avec les Mencheviks, il fut largement critiqué. Lev Kamenev, un des hommes les plus en vue du parti appelé à être un des principaux dirigeants après la révolution d'Octobre, estima que l'approche de Lénine relevait de la folie. Le 8, dans la *Pravda*, il qualifia sa « ligne générale » d'« inacceptable ». Sous Staline, deux décennies plus tard, c'eût été suicidaire. De fait, Kamenev allait être une des victimes de Staline dans les rangs des « Vieux Bolcheviks ». Mais 1917 n'était pas 1937, et Lénine n'était pas Staline. Toute velléité d'exclure l'opposition des rangs bolcheviques à son retour à Petrograd eût été impensable et, en tout état de cause, impossible. Tout au long de sa carrière de révolutionnaire, il avait livré un combat acharné et résolu pour défendre ses idées et contrer ses détracteurs. En 1917, il n'était pas en position de suivre une autre ligne de conduite. Et même si son autorité ne tarda pas à devenir bien plus grande, le pluralisme interne des interprétations rivales persista tout au long de ses années au pouvoir pour ne prendre fin que sous Staline.

Beaucoup de révolutionnaires qui avaient vécu les récents événements en Russie craignaient la précipitation et souhaitaient un accommodement avec le gouvernement provisoire. Le brio de Lénine, en tant que chef révolutionnaire, tenait pour une grande part à la souplesse tactique qui allait de pair avec un radicalisme idéologique inaltérable. Il ajustait son message en s'en tenant résolument à sa stratégie sous-jacente. Diluant la rhétorique de la « guerre révolutionnaire » et de la « dictature », il prôna des politiques qu'il savait largement populaires : nationalisation des banques et de l'industrie ; expropriation des terres agricoles ; paix ; et, plutôt qu'un régime parlementaire, le pouvoir aux soviets (conseils des ouvriers et des soldats)[21]. Il résuma astucieusement le cœur de son programme révolutionnaire dans un slogan concis et frappant qu'il semble avoir vu pour la première fois sur une bannière lors d'une manifestation de rue en avril : « Tout le pouvoir aux soviets »[22].

Au cours des semaines suivantes, Lénine martela inlassablement son message dans un tourbillon d'activités à Petrograd : quarante-huit articles dans la *Pravda* en mai, vingt et un discours en mai et juin[23]. Rien ne tempérait son ardeur militante. Il ne cessa de souligner que le Parti bolchevique devait devenir la force dirigeante dans les soviets, encore dominés par les représentants de partis révolutionnaires rivaux : les Mencheviks et les Socialistes révolutionnaires (parti fondé en 1901 et représentant surtout les intérêts des paysans). Il avait des lieutenants compétents, qui travaillaient sans relâche au sein du parti et devaient plus tard jouer des rôles importants dans le régime bolchevique, dont Lev Kamenev, Grigori Zinoviev, Nikolaï Boukharine, Joseph Staline et une importante recrue des Mencheviks, Léon Trotski[24]. Chacun d'eux avait des talents utiles pour un parti révolutionnaire. Trotski, notamment, était un brillant orateur doublé d'un redoutable agitateur et d'un organisateur hors pair. On se méfiait cependant de lui du fait de son passé menchevique et de sa conversion tardive au bolchevisme (en 1917 seulement). Il était aussi abrasif, arrogant et égotiste, et se faisait sans effort des ennemis. Aucun des paladins ne songeait à usurper la place de Lénine. Tous reconnaissaient sans réserve sa primauté.

La propagande incessante commença à porter ses fruits sous la forme d'un soutien croissant aux Bolcheviks en position d'exploiter le bouleversement général et les épouvantables conditions de vie alors que l'inflation s'envolait, que les denrées alimentaires se raréfiaient et que les soldats désertaient en nombre toujours plus grand[25]. Début juillet, lors des manifestations violentes contre le gouvernement, les têtes brûlées bolcheviques crurent que l'heure de l'insurrection armée avait sonné. Lénine était absent, récupérant du stress et de la fatigue à la faveur d'un court séjour sur la côte finlandaise. Il regagna Petrograd en colère, contraint de retenir les Bolcheviks d'une tentative, à ses yeux malencontreuse et prématurée, pour prendre le pouvoir alors qu'ils manquaient encore d'une organisation suffisante et d'un large soutien populaire.

Les Bolcheviks perdirent temporairement la face et le gouvernement lança une contre-offensive. Dénoncé comme un espion allemand, Lénine se trouva menacé d'une arrestation imminente (sans doute suivie d'un châtiment qui l'eût empêché de diriger la tactique bolchevique). Accompagné de Zinoviev, il se réfugia le 9 juillet en Finlande, où il séjourna clandestinement jusqu'à la fin du mois de septembre. Depuis son refuge, il n'était pas en position de contrôler ou d'infléchir les événements. Ceux-ci n'en évoluèrent pas moins dans sa direction – sans quoi Lénine n'eût sans doute été qu'une note en bas de page dans l'histoire de la révolution.

Le gouvernement provisoire assiégé fut lui-même responsable de son plus grand désastre : le 1er juillet, le ministre de la Défense Kerenski décida de lancer une offensive sur le front sud-ouest russe pour aider les Alliés sur le front ouest (troublés par les mutineries dans l'armée française), mais aussi dans l'espoir que la popularité résultant d'une victoire redresserait le moral des troupes et consoliderait un gouvernement menacé de toutes parts[26]. Dans un pays où la lassitude de la guerre était extrême et où l'agitation en faveur de la paix – pas seulement de la part des Bolcheviks – trouvait un terrain fertile, c'était une décision à haut risque qui ne tarda pas à se retourner contre ses auteurs. Au milieu du mois, l'offensive s'était effondrée et les forces russes battaient en retraite. Kerenski lui-même prit la tête d'un gouvernement dont la popularité fondait à vue d'œil. Ses problèmes s'aggravèrent quand, le 28 août, son commandant en chef, le général Lavr Kornilov, entra à Petrograd avec ses troupes. On ne sait trop s'il s'agissait d'une tentative de coup d'État ou s'il essayait simplement de forcer Kerenski à adopter une ligne plus dure envers les Bolcheviks. Quoi qu'il en soit, l'opération échoua rapidement. Kerenski fut contraint de rechercher l'aide des Bolcheviks pour dissuader les soldats de soutenir Kornilov, faisant ainsi le jeu de leur propagande suivant laquelle ils avaient été indispensables pour arrêter une contre-révolution.

L'épisode acheva de saper le gouvernement provisoire tout en renforçant les Bolcheviks. Leur base s'était considérablement élargie depuis le printemps alors que le soutien populaire du gouvernement et des partis qui y étaient entrés était en chute libre. Les ouvriers, pour beaucoup mis à pied par leurs patrons, prenaient en main la gestion des usines ; les paysans s'emparaient de la terre ; les soldats désertaient. Lénine décida que l'heure était venue. « Si nous attendons et laissons passer le moment présent, nous *ruinerons* la Révolution », souligna-t-il depuis son exil finlandais. Ses camarades de la direction étaient beaucoup moins assurés. Lénine fit montre d'une grande habileté politique et d'une remarquable force de conviction pour les persuader qu'il avait raison. Il précisa les points stratégiques dont il fallait se saisir au cours du soulèvement. « Si nous ne prenons pas le pouvoir maintenant, insista-t-il, l'histoire ne nous le pardonnera jamais[27]. »

C'est dans cette atmosphère fébrile, désormais propice à une révolution beaucoup plus radicale, que Lénine, déguisé et muni d'un faux passeport, retourna à Petrograd où il arriva le 7 octobre. Si tous les Bolcheviks voyaient en lui leur chef, il ne s'en heurta pas moins à une opposition – notamment de deux ténors du parti, Kamenev et Zinoviev – quand, au cours des jours suivants, il prôna une insurrection armée immédiate. Ses arguments solides, sa force de conviction et son statut reconnu de leader lui permirent cependant de l'emporter. Le 23-24 octobre, la rumeur que Kerenski faisait venir en ville des troupes loyalistes pour reprendre le contrôle de la situation précipita sa décision[28]. Dans un état de tension nerveuse, Lénine conclut qu'il était temps d'agir.

Les jours précédents, Trotski, président du soviet de Petrograd et, *de facto*, chef du Comité militaire révolutionnaire essentiellement bolchevique, avait joué un rôle clé dans la préparation d'une insurrection armée. Il fut aussi l'instigateur de la prise du pouvoir – largement improvisée – du 24-25 octobre. En dehors de Lénine, il était sans conteste l'homme le plus important de tout le mouvement révolutionnaire. De fait, lui-même reconnaissait la suprématie de Lénine : son leadership, en tant que fondateur du parti, n'était pas contestable. On a pu dire que Trotski était le chef des opérations ; Lénine, le commandant en chef[29].

Un seul jour, le 25 octobre, suffit au fond pour la prise du pouvoir, presque sans effusion de sang. Le gouvernement provisoire s'inclina. Peu imaginaient que le gouvernement qui le remplaça durerait longtemps. Dans les jours et les semaines qui suivirent, Lénine s'employa de manière décisive à ce qu'il tienne. Ses années de réflexion sur la révolution allaient maintenant nourrir sa pratique révolutionnaire. La première étape fut de faire accepter par le Congrès des soviets la composition d'un gouvernement révolutionnaire. Les Mencheviks et les Socialistes révolutionnaires s'y mêlant aux Bolcheviks, Lénine était loin d'être assuré d'avoir gain de cause. Quand le Congrès se réunit, la révolution était un fait accompli. Et le Comité central du Parti bolchevique, dont Lénine intimidait les membres, avait déjà décidé du gouvernement qu'il voulait[30]. Lénine proposa en fait à Trotski, qui avait mené l'insurrection, de prendre la tête du gouvernement. Apparemment, il voulait se concentrer sur la direction du parti et ne souhaitait pas diriger le gouvernement, ni même en faire partie. S'inclinant devant la primauté de Lénine, Trotski refusa l'offre[31]. L'histoire aurait pu suivre un cours différent si Trotski avait accédé à la demande de Lénine.

Le Congrès décida alors que Lénine serait le président – en fait, le Premier ministre – d'un Conseil des commissaires du peuple (le gouvernement, connu par son acronyme russe, Sovnarkom). Avec leurs six cent soixante-dix délégués, les Bolcheviks étaient le groupe le plus nombreux, mais n'avaient pas la majorité. Jouant de provocation, ils n'en réussirent pas moins à pousser les Mencheviks, les Socialistes révolutionnaires et d'autres à quitter le Congrès, leur laissant de fait les commandes. Ainsi fut créé un gouvernement composé uniquement de Bolcheviks

– même s'il n'était que provisoire, en attendant que se réunisse une assemblée constituante.

Rédigés à la hâte par Lénine, ses premiers décrets furent d'une immense portée[32]. Un décret de paix mit fin immédiatement à la guerre sur le front est en vue de négocier un traité de paix. Le décret sur la terre – plus connu sous le nom de « décret de Lénine »[33] – abolit la propriété foncière sans compensation et mit fin au marché de la terre. Ils s'accompagnèrent d'une censure de la presse et de l'envoi de commissaires bolcheviques pour instaurer un contrôle militaire. Les quinze jours suivants virent de nouveaux décrets : sur la journée de huit heures pour les ouvriers, la gratuité de l'enseignement et les droits des peuples de Russie (abolition des privilèges nationaux et religieux, protection des minorités ethniques et droit à l'autodétermination nationale). Les décrets aidèrent les Bolcheviks à gagner le soutien des soldats du front, des minorités nationales et, surtout, d'une bonne partie de la paysannerie (que Lénine avait besoin d'attirer à sa cause alors qu'ils soutenaient majoritairement les Socialistes révolutionnaires). Au sein de ses propres rangs, Lénine dut aussi vaincre l'opposition conduite par Kamenev et Zinoviev qui souhaitaient un gouvernement de coalition plus large. Une fois de plus, son intransigeance paya. Le reste du Comité central, noyau dur de la direction, l'approuva. Il consolida son emprise sur le Parti bolchevique à Petrograd, et son leadership sur le Sovnarkom demeura sans partage. Dans les premières semaines suivant la révolution, les Bolcheviks assirent leur pouvoir dans cet immense pays à travers les soviets locaux qu'ils pénétrèrent et dont ils prirent le contrôle. En cas d'opposition, les Gardes rouges imposaient la soumission[34].

Les résultats des élections du 12 novembre à l'Assemblée constituante – dernières ouvertement pluralistes durant plus de sept décennies – révélèrent cependant combien le soutien des Bolcheviks dans le pays était limité. Prévoyant un résultat négatif pour ses troupes, Lénine n'en avait pas voulu. En l'occurrence, pourtant, il céda à l'opposition de quasiment tout son entourage. Le gouvernement provisoire avait promis des élections démocratiques à une assemblée constituante. « Ça la ficherait mal » de bloquer d'emblée les élections, assura Iakov Sverdlov, l'un de ses plus fidèles alliés[35]. Les pressentiments de Lénine se trouvèrent confirmés. Les Bolcheviks ne recueillirent qu'un quart des 41 millions de voix. L'Assemblée constituante se réunit le 5 janvier 1918. Elle ne dura qu'un jour. Les Gardes rouges ouvrirent le feu sur les ouvriers qui manifestaient pour la défendre. Bilan : neuf morts et vingt-deux blessés. Le lendemain matin, ils empêchèrent les délégués de siéger[36]. Tout espoir d'une démocratie pluraliste était mort. Détenant le pouvoir, les Bolcheviks étaient déterminés à l'étendre et à le monopoliser, sans le céder à d'autres partis. La persuasion, la machination et la manipulation politiques ne suffisaient pas.

La marche vers une coercition accrue, la violence contre les adversaires et la répression terroriste pure et simple étaient inexorables. Depuis son refuge finlandais, dans l'été 1917, Lénine avait continué de travailler à son livre qui devait paraître l'année suivante, *L'État et la Révolution*. Il y soutenait que la violence restait nécessaire après la prise du pouvoir afin de détruire la classe capitaliste et d'instaurer la « dictature du prolétariat ». Ce n'est qu'après une période de temps indéfinie que cet État « dépérirait » et inaugurerait une société authentiquement communiste. En attendant, il fallait mener la guerre contre les ennemis du prolétariat avec les armes les plus implacables. Dès le début de sa carrière de théoricien révolutionnaire, Lénine avait célébré l'usage de la terreur comme arme commode. Le 7 décembre 1917, il avait fait créer par le Sovnarkom la « Commission extraordinaire », mieux connue sous le nom de Tcheka – la redoutable police secrète. Sous la direction de Félix Dzerjinski et d'une équipe d'abord restreinte, elle s'étoffa rapidement en sorte que l'été suivant elle était en passe de devenir un État dans l'État. Sa mission était d'éliminer l'opposition à la révolution même si la nature des « ennemis » contre-révolutionnaires restait nébuleuse – invitation évidente à l'élargissement de la terreur[37]. « Il faut encourager l'énergie et la nature de masse de la terreur[38] », devait écrire Lénine en juin 1918. À cette date, il était le chef d'un État luttant pour sa survie et engagé dans une guerre civile d'une brutalité inimaginable alors que le gouvernement révolutionnaire était confronté à une contre-révolution organisée et épaulée par des puissances étrangères. Dans ces conditions extrêmes, la terreur orchestrée par l'État devait se déchaîner.

Chef de l'État

Lénine n'exerça la plénitude du pouvoir sur la totalité de cet immense pays que durant un laps de temps très court, entre la fin de la guerre civile, à l'automne 1920, et la grave attaque de mai 1922, qui le laissa partiellement handicapé. Et, de là jusqu'à sa mort – des mois où il fut largement invalide –, il n'y eut guère plus qu'un an et demi.

Dans les mois de troubles immenses qui suivirent la révolution d'Octobre, il ne fut pas question que Lénine, même s'il avait cherché à le faire, agisse en despote. Dans la première phase postrévolutionnaire, le gouvernement était loin de la soumission servile à la tyrannie qui serait la sienne sous Staline. Il fallait largement improviser. Et Lénine dut s'adapter aux structures au moins embryonnaires du gouvernement révolutionnaire qui étaient déjà en place au moment où les Bolcheviks prirent le pouvoir. Il dut gérer les réunions immenses et tempêtueuses du Congrès panrusse des soviets, initialement pluripartite, qui était déjà en principe l'instance dirigeante suprême sous le gouvernement provisoire. Le Congrès s'était réuni pour la première fois en juin 1917, avant la révolution bolchevique, et cinq autres réunions eurent lieu entre novembre 1917 et novembre 1918. C'est seulement dans le courant de 1918 que les Bolcheviks assirent leur domination complète. Au fond, et même si au départ ce n'était pas une simple formalité, l'immense Congrès ratifia la politique convenue au sein du Comité central du Parti bolchevique, une institution qui remontait à 1898 et où les décisions étaient prises à la majorité. Là aussi, il y avait des débats enflammés, et Lénine devait souvent affronter une opposition farouche, qu'il devait vaincre par la persuasion et l'habileté politique plutôt que par ses diktats. Les factions n'allaient être officiellement interdites, dans l'intérêt de la discipline du parti, qu'au Xe Congrès du parti, en mars 1921.

La centralisation ne s'en renforça pas moins progressivement, avec la « ligne du parti » imposée d'en haut. De taille réduite au moment de sa création mais comptant dix-neuf membres en mars 1919, le Comité central était devenu trop peu maniable pour des décisions politiques rapides et efficaces. Il fut donc convenu qu'il y aurait un « bureau politique » (ainsi qu'un bureau de l'organisation et un secrétariat) pour officialiser ce qui existait de fait à l'état embryonnaire depuis la révolution d'Octobre. À compter du mois d'avril 1919 se tinrent des réunions hebdomadaires des cinq dirigeants du Politburo : Lénine, Trotski, Staline, Kamenev et le fidèle Bolchevik Nikolaï Krestinski, qui perdit sa position en 1921 en raison de sa proximité avec Trotski. Tel était le noyau dur qui déterminait la politique : un « super-gouvernement[39] », a-t-on pu dire. Ses attributions ne connaissaient aucune limite. Lénine faisait rarement des rapports au Politburo ; lors des réunions, il se contentait le plus souvent d'adresser de brèves notes manuscrites aux autres membres. À tout moment, cependant, il pouvait descendre en flèche une proposition. Dans cette instance réduite, sa position, son esprit de décision et la force de sa volonté suffisaient invariablement à imposer son point de vue. Dès lors que le Politburo avait accepté sa ligne, il devenait bien plus facile de gérer le Comité central et le Congrès.

Si tous, au sein du parti, reconnaissaient son autorité suprême, les décisions de Lénine étaient contestées et chaudement débattues. Son aura de vieux théoricien, et plus encore de chef révolutionnaire dont les calculs s'étaient révélés à maintes reprises judicieux, l'aidait à prendre le dessus dans les différends internes. Les débuts du culte de la personnalité autour du « grand chef », orchestré délibérément après l'attentat de 1918 pour dissiper les rumeurs qui le disaient mort, le décrivaient comme le « tsar du peuple » et embellissaient sa position personnelle[40]. Jusqu'à ce que les effets des attaques se fissent sentir, il demeura aussi un penseur et un débatteur agile, puissant et indomptable. Il obtenait généralement gain de cause. Les dirigeants bolcheviques – Trotski, Staline, Zinoviev, Kamenev et Boukharine – étaient assoiffés de pouvoir. Divisés, ils n'en devaient pas moins s'incliner devant Lénine, leurs luttes intestines ne faisant que consolider son pouvoir et son prestige[41]. Leur propre brutalité, et celle de leurs subordonnés dans la hiérarchie bolchevique, contribua à écraser l'opposition aux échelons inférieurs à travers le pays. Mais cela prit du temps. Au départ, l'opposition était étendue. La menace des ennemis de la révolution au cours de la guerre civile et la peur des représailles les plus rudes pour manque de docilité au sein même du mouvement bolchevique forcèrent progressivement les opposants à entrer dans le rang.

Avant que la Russie ne s'enfonce dans la guerre civile, le premier grand défi de Lénine, en tant que chef de l'État, fut de faire sortir son pays de la guerre mondiale. Il avait promis la paix dès le premier décret de son premier gouvernement, le 26 octobre 1917. L'immense majorité de la population, y compris la plupart des soldats d'une armée qui comptait encore plus de 7 millions d'hommes, désirait ardemment la fin des hostilités[42]. Mais Lénine se trouva en désaccord avec son parti sur la question de convertir l'armistice temporaire convenu avec les Puissances centrales à la mi-décembre en un règlement de paix. Il ne voulait pas de la paix pour la paix. Il y voyait un moment de répit, une étape en direction d'une guerre civile internationale et du triomphe de la révolution en Europe. Staline, Kamenev et Zinoviev étaient de ceux qui doutaient du potentiel révolutionnaire en Europe occidentale. Cependant, Trotski, commissaire aux Affaires extérieures, espérait lui aussi que la révolution se propagerait en Europe et pensait qu'une trêve prolongée lui laisserait le temps de fermenter ; mais il ne réussit pas à convaincre l'Allemagne ni l'Autriche-Hongrie de prolonger l'armistice. En janvier 1918, il transmit leur ultimatum à la direction bolchevique : trouver un accord ou s'exposer à une invasion.

Si Lénine était partisan de satisfaire leurs exigences, ses adversaires au sein du parti – à commencer par Boukharine – rejetèrent ses propositions de paix : pas question pour eux d'approuver le projet de traiter avec les puissances impérialistes honnies. Le problème était insurmontable. D'aucuns plaçaient leur confiance dans une « guerre révolutionnaire » pour se défendre contre les « impérialistes ». La plupart jugeaient cependant la chose impossible : une petite force révolutionnaire sans expérience n'aurait aucune chance contre la puissance de l'armée allemande. Ils se rallièrent donc à la position de Trotski – « ni guerre ni paix » – afin de gagner du temps pour fomenter la révolution en Europe. Là encore, ce choix se révéla intenable ; à la mi-février, les Puissances centrales, de plus en plus impatientes, renouvelèrent leur ultimatum : si la Russie ne consentait pas à la paix, ce serait l'invasion.

Le 18 février, Lénine finit par obtenir une légère majorité au Comité central alors que l'invasion avait déjà commencé. Malgré tout, la division sur la manière de procéder entrava l'action, et ce n'est que cinq jours plus tard, le Sovnarkom n'ayant que cinq heures pour accepter les conditions imposées, que la majorité se rendit à contrecœur aux arguments de Lénine (Trotski s'abstint). Lors de la réunion décisive du Comité central, Lénine déclara : « Il faut accepter ces conditions. Si vous ne les signez pas, c'est l'arrêt de mort du gouvernement soviétique que vous signerez d'ici à trois semaines. » Vraisemblablement, il n'exagérait pas. L'occupation allemande du cœur de la Russie aurait sans doute anéanti la révolution bolchevique[43]. Il aurait bien pu s'ensuivre rapidement un nouveau séisme révolutionnaire, même s'il aurait très probablement pris un cours différent.

Ni Lénine ni Trotski n'apposèrent leur nom sur le brutal traité de Brest-Litovsk signé le 3 mars 1918. La Russie perdit d'immenses étendues de territoire, un tiers de sa population et la moitié de ses ressources industrielles et agricoles. Que Lénine l'ait qualifié de « paix obscène[44] » n'est guère surprenant. Il n'y voyait cependant qu'une concession temporaire, nécessaire, à une force supérieure, avant que la révolution sociale n'ébranle les puissances impérialistes. Et ses adversaires de l'intérieur n'avaient offert aucune solution de rechange sérieuse. Trotski et Boukharine durent tous deux se rendre aux arguments inébranlables de Lénine. À cette époque, Trotski se trouvait juste après lui au faîte du régime. Il pouvait dire franchement son désaccord avec Lénine, et il lui arriva de le faire, mais il acceptait sa supériorité. Jamais il n'essaya de le supplanter.

Au cours de l'horrible guerre civile qui se déchaîna à l'été 1918 et ravagea la Russie plus de deux années durant, et alors que les forces contre-révolutionnaires épaulées par les Alliés occidentaux essayaient de détruire le nouveau régime, Trotski, en tant que commissaire du peuple aux Affaires militaires, joua un rôle déterminant. Par ses talents d'organisateur et sous sa direction, il transforma l'Armée rouge, fondée en février 1918, en une redoutable force de combat de 5 millions d'hommes en 1920. L'énergie inépuisable avec laquelle il parcourut la Russie en long et en large, le dynamisme dont il fit montre pour soutenir le moral des troupes, son inflexible détermination, et surtout sa dureté implacable, son habileté et son expérience croissantes en matière de tactique militaire se révélèrent décisifs pour la victoire finale de l'Armée rouge. La survie du bolchevisme, qui avait paru sérieusement menacé au début de la guerre civile, se trouva finalement garantie. Cela devait plus à Trotski qu'à quiconque, à l'exception de Lénine lui-même, qui contrôla la direction politique de la guerre depuis sa position de président du Sovnarkom et ses instances de décision internes, le Politburo et le Comité central[45].

Au sein de la direction du parti, d'autres – parmi lesquels Staline, dont l'insistance pour conduire à sa façon la défense de Tsaritsyne sur la Volga provoqua un heurt direct avec Trotski – jouèrent aussi des rôles importants. Au-delà de l'antipathie entre Trotski (que ses manières cassantes rendirent généralement impopulaire dans les échelons supérieurs du parti et au-delà) et Staline, le conflit ne cessa pour ainsi dire jamais entre les dirigeants bolcheviques. À la différence de Trotski, toujours en mouvement, Lénine ne s'aventura guère hors de Moscou (où le gouvernement s'installa en mars 1918). N'étant pas un autocrate, il n'obtenait pas toujours gain de cause dans les débats houleux du Comité central. Il devait passer par ses subordonnés. Mais son autorité, parfois renforcée par une menace de démission, avait généralement le dessus.

Une priorité était d'assurer l'approvisionnement alimentaire, alors que les pénuries s'aggravaient avec le contrôle des Puissances centrales sur de vastes régions du pays productrices de vivres. Le manque de nourriture poussait les ouvriers à fuir les villes affamées. Face à la thésaurisation, au marché noir et à l'envol des prix, Lénine imposa en mai 1918 une « dictature alimentaire ». Des brigades armées furent envoyées dans les villages pour réquisitionner les céréales. Tous les excédents agricoles devenaient propriété de l'État. Quand elles n'en trouvaient pas, les brigades s'en prenaient aux « koulaks » – les paysans riches –, accusés de cacher le grain. L'opération préfigurait l'offensive ultérieure de Staline contre les koulaks. Lénine lui-même donna le ton à une campagne violente par une rhétorique horrifiante. Il qualifia les koulaks de « vampires » qui s'étaient « enrichis sur la faim du peuple » et déclara : « Guerre implacable aux koulaks ! Tous à mort. »[46] Le 11 août 1918, il ordonna à la direction bolchevique de Penza sur la Volga de procéder à des exécutions de koulaks pour l'exemple et de saisir tous leurs grains : « Pendez (et veillez que les gibets soient *bien visibles de la population*) pas moins de cent koulaks, riches et vampires notoires[47] », exigea-t-il.

Le rationnement, le contrôle strict de la main-d'œuvre et la nationalisation de la grande industrie, s'accompagnant d'une croissance rapide de la bureaucratie, devinrent autant d'éléments du « communisme de guerre ». La contrainte envahissant la vie quotidienne dans tous ses aspects, la spirale de la terreur devint inexorable. L'escalade sauvage suivit la tentative d'assassinat du 30 août dont Lénine réchappa de justesse avec deux balles dans l'épaule. Le 5 septembre 1918, sur la foi d'un rapport du chef de la Tcheka, Félix Dzerjinski, le Sovnarkom promulgua le décret « Sur la Terreur rouge » stipulant que, « dans la situation présente, la sécurité à l'arrière par le moyen de la terreur [était] une nécessité absolue » et qu'il était « essentiel de protéger la République soviétique des ennemis de classe en les isolant dans des camps de concentration ». Récupérant des séquelles de l'attentat, Lénine n'était pas présent à cette réunion du Sovnarkom. Mais qu'il ait approuvé ce décret ne fait pas l'ombre d'un doute[48]. Le déchaînement de la guerre civile ne fit qu'amplifier sa fureur apoplectique contre les ennemis de la révolution et sa détermination à les soumettre à une terreur sans merci. Exigeant une « terreur généralisée contre les contre-révolutionnaires », il défendit la nécessité d'un « pouvoir sans retenue fondé sur la force, non sur la loi », tout en faisant des recommandations sur la manière dont la Tcheka devait traiter les prisonniers et en s'assurant que celle-ci veille à sa protection personnelle[49].

La Tcheka procéda à des dizaines de milliers d'exécutions sommaires (dont celle de la famille impériale dans la nuit du 16 au 17 juillet). Arrestations arbitraires et exécutions étaient courantes. Le nombre total des victimes de la Tcheka au cours de la guerre civile demeure inconnu, mais on l'estime à plusieurs centaines de milliers. La terreur était dès l'origine implicite dans la doctrine bolchevique. Durant la guerre civile, elle passa au centre du système[50]. Pour Lénine, elle faisait partie intégrante de la politique de l'État[51]. Aucun dirigeant bolchevique ne broncha. Approuver le recours à la terreur dans l'intérêt de l'État bolchevique était dans leur ADN. En 1920, Trotski écrivit que quiconque reconnaissait l'importance historique du système soviétique « devait aussi approuver la Terreur rouge[52] ». Sur ce point, Staline était entièrement d'accord avec son ennemi juré. Il devait plus tard porter l'usage de la terreur à de nouveaux sommets et, à la différence de Lénine, la retourner contre les Bolcheviks et leurs dirigeants eux-mêmes. Reste que la centralité de la terreur dans le régime bolchevique remonte clairement à Lénine.

Dans deux domaines, Lénine essuya des revers significatifs. Le premier se révéla durable et allait avoir des conséquences importantes pour la suite du développement soviétique. Il procéda directement de sa décision, prise en 1920, d'élargir la révolution. Le déclencheur en fut l'effort des Polonais, sous la conduite du maréchal Józef Piłsudski, leur commandant en chef, pour envahir l'Ukraine en vue de créer une union fédérale avec la Pologne. Le 7 mai, les troupes polonaises étaient à Kiev. En un peu plus d'un mois, l'Armée rouge parvint à les repousser. Mais Lénine voulut aller plus loin. Il vit là l'occasion d'une « guerre révolutionnaire » contre la Pologne qui, dans son idée, attiserait une révolution plus large en Europe. D'autres pays – à commencer par l'Allemagne – suivraient comme une série de dominos. Tout en étant favorable à la révolution mondiale, Trotski doutait que l'Armée rouge eût la capacité d'envahir la Pologne. Staline craignait que la dernière grande armée des Blancs ne menace la Russie méridionale en profitant du déploiement de l'Armée rouge dans une guerre avec la Pologne. Il n'était pas certain non plus que les ouvriers polonais patriotes approuveraient une attaque contre leur pays au nom de la révolution internationale. Lénine resta de marbre, il était sûr d'avoir raison. Il n'y eut de réunions officielles sur ce sujet ni au Sovnarkom, ni au Comité central, ni au Politburo. Pour de bonnes raisons, certains dirigeants importants du parti étant absents de Moscou. Et tout le monde s'accordait sur la nécessité de frapper Piłsudski. Sans opposition concertée, l'insistance de Lénine sur l'invasion de la Pologne était suffisante. Lénine ayant décidé, les autres dirigeants bolcheviques l'appuyèrent[53].

À la mi-août 1920, les forces de l'Armée rouge qui marchèrent sur Varsovie essuyèrent une défaite écrasante face à l'armée polonaise sur la Vistule[54]. Lénine essaya de se soustraire à son évidente responsabilité en exploitant la diversion créée par l'animosité entre Trotski et Staline. Le résultat était clair. La défaite retentissante de l'Armée rouge sonnait le glas du rêve d'une « révolution socialiste européenne[55] ». Ainsi s'amorça le passage à la politique du « socialisme dans un seul pays », dont Joseph Staline fut le principal avocat[56].

Le second revers s'avéra temporaire, mais uniquement dans les années suivant la mort de Lénine. La profonde détresse économique créée par les contraintes du communisme de guerre avait suscité de graves troubles : grèves dans les villes, révoltes paysannes dans les campagnes et, en mars 1921, soulèvement de la garnison de Cronstadt, près de Petrograd, où en 1917 les marins avaient été de fervents soutiens des Bolcheviks. Trotski réprima sauvagement le soulèvement. Les choses n'en étaient pas moins claires : s'il ne changeait pas de politique économique, le régime était en danger. De fait, tandis que se déroulait le soulèvement de Cronstadt, Lénine, devant le Congrès du parti, évoquait la nécessité d'une volte-face économique après en avoir plaidé la cause avec succès au Politburo le mois précédent.

Ce fut l'introduction de ce que l'on devait appeler la Nouvelle Politique économique (NEP), qui mit fin à la réquisition très impopulaire des denrées alimentaires. Après s'être acquittés d'un impôt en nature de 20 %, les paysans devaient être libres d'écouler leur excédent sur le marché libre[57]. Trotski, ainsi qu'il le rappela à Lénine, l'avait proposé l'année précédente, mais à l'époque ce dernier avait rejeté sa suggestion. Lénine ne s'en excusa jamais ni ne manifesta la moindre contrition. Le résultat n'en fut pas moins une politique qui, non contente de revenir sur les mesures draconiennes du communisme de guerre, allait contre tout un pan ancien de la doctrine de Lénine, qui n'avait jamais été favorable à la paysannerie. Bien entendu, il nia toute déviation idéologique par rapport aux préceptes du bolchevisme, et son autorité se révéla suffisante pour surmonter l'opposition considérable au sein du parti. N'ayant rien d'autre à proposer, ses adversaires s'inclinèrent devant la nécessité pragmatique. La NEP fut approuvée[58].

Les troubles paysans se calmèrent progressivement à mesure que la NEP entra en vigueur et stimula la croissance économique. Toutefois, elle se solda bientôt par des problèmes d'approvisionnement alimentaire, les paysans retenant leur production afin d'exploiter la demande. Inévitablement, la NEP demeura contestée au sein du parti et resta une source de clivage parmi les dirigeants bolcheviques. Lénine tenait la NEP pour une retraite tactique, mais aussi un programme qui consoliderait la révolution pour dix années ou plus. L'objectif restait la collectivisation de l'agriculture, avec une production concentrée dans de grandes coopératives (*kolkhozes*) et des contrats avec l'État afin d'assurer un approvisionnement alimentaire suffisant. En théorie, le processus à long terme de la collectivisation serait progressif et volontaire[59].

Quelques semaines après l'adoption de la NEP, la santé de Lénine, jamais vigoureuse, déclina fortement. Au milieu de l'été 1921, il tomba gravement malade et, non sans une réticence extrême, fut contraint de réduire son activité. Le chef des travailleurs révolutionnaires emménagea dans une demeure imposante sur un domaine situé à Gorki, à quelques kilomètres de Moscou. Tant qu'il fut encore capable de travailler, il se fit conduire au Kremlin à bord d'une Rolls-Royce Silver Ghost grise avec des chenilles de char et des skis lui permettant de parcourir les routes enneigées. Le 25 mai 1922, il souffrit d'une nouvelle attaque. Dans la seconde moitié de l'année, de nouveaux ennuis le laissèrent par moments invalide, paralysé du côté droit, à peine capable de parler ou d'écrire lisiblement.

Vers la fin de l'année, il dicta ce que l'on devait appeler son Testament politique, mettant en garde le Comité central au sujet de Staline. Jusque-là, cette même année, il avait été bien disposé envers lui et en avait même fait le secrétaire général du parti. Mais sa maladie le rendait terriblement colérique. Staline et lui devaient par la suite diverger sur le statut des républiques soviétiques non russes. (Le résultat, la création d'une Union des républiques socialistes soviétiques, ou URSS, nom suggéré par Staline, entra en vigueur à partir de 1924.) Les frictions avec Staline s'intensifièrent[60]. Sachant que ses jours étaient comptés et inquiet pour la suite, Lénine critiqua tous les prétendants à sa succession mais réserva sa réprobation la plus cinglante à Staline. Il avertit que ce dernier abuserait du pouvoir concentré entre ses mains, même si rien ne suggère qu'il redoutait le déploiement de la terreur. Probablement est-ce un appel injurieux de Staline à la femme de Lénine, Kroupskaïa, qui déclencha sa fureur. Peut-être, ainsi qu'on l'a suggéré, le Testament fut-il l'œuvre de Kroupskaïa elle-même, plutôt que la dictée de son mari invalide[61]. Il est néanmoins peu douteux que, approchant de la fin, Lénine ait voulu délibérément miner toute prétention de Staline à lui succéder. Son effort pour l'écarter du secrétariat général échoua, avec des conséquences funestes. En

1923, Staline déjoua son entreprise en manipulant subtilement le XIIe Congrès du parti auquel Lénine était trop malade pour assister. Par son Testament, néanmoins, Lénine reconnaissait peut-être que son pouvoir touchait à sa fin mais aussi, plus généralement, que le pouvoir échappait à l'État, *via* le Sovnarkom, le Conseil des commissaires du peuple, au profit du parti dont Staline contrôlait l'organisation[62].

Compte tenu de l'état de santé désespéré de Lénine, et même s'il avait vécu plus longtemps, la lutte pour le pouvoir était inévitable. Au milieu de l'année 1923, Lénine n'était plus vraiment capable de diriger la Russie. Le 21 janvier 1924, en début de soirée, une dernière attaque lui fut fatale[63].

Héritage

S'il n'exerça le pouvoir que brièvement, Lénine laissa un héritage profond en Russie, dans le reste de l'Europe et, au-delà, dans le monde. Le communisme – en 1918, Lénine avait suggéré que les Bolcheviks se rebaptisent Parti communiste russe (bolchevique) – devint une force centrale dans de nombreuses parties de la planète. En Union soviétique, les bases du système de pouvoir que Lénine instaura restèrent intactes jusqu'à l'effondrement de l'URSS plus de sept décennies après.

Dans l'idéologie qui sous-tendait ce système – son nom même, le marxisme-léninisme, rattachant Lénine à Karl Marx, considérés comme ses créateurs –, l'histoire était déterminée par des forces économiques impersonnelles et les relations de classe. Dans le même temps, le régime glorifiait son fondateur. Il n'y avait là aucune contradiction. Marx (puis Lénine) avait toujours souligné que le combat politique était nécessaire pour transformer les rapports de classe. Le rôle de Lénine en tant que chef dans ce combat lui valut évidemment une place spéciale dans le panthéon soviétique. Le culte de la personnalité et la vénération quasi religieuse de Lénine allèrent cependant beaucoup plus loin. Cela commença juste après sa mort par une grande vague d'intérêt public pour son corps. La décomposition fut interrompue tandis qu'était créée une « Commission pour l'immortalisation de la mémoire de Lénine ». La faction qui percevait la valeur politique de son embaumement triompha de ses adversaires (dont sa veuve, Kroupskaïa)[64]. La conservation de son corps pourvoyait à la nécessité de trouver un symbole d'unification : l'individu en tant que représentant de la vérité éternelle, « l'unique interprète authentique des lois de l'histoire[65] ». Et il avait tout pour séduire dans une société largement paysanne dont l'univers culturel, en principe athée, n'en reposait pas moins sur un mélange de croyances religieuses et de superstitions[66].

Lénine demeura jusqu'au bout la figure totémique du communisme soviétique. Le culte de la personnalité orchestré autour de lui dans ses dernières années s'épanouit pleinement après sa mort et servit de modèle au culte de Staline[67]. Son corps embaumé fut exposé dans un mausolée spécialement construit et offert à l'adoration des fidèles. Portraits, monuments, Petrograd rebaptisée Leningrad et maints autres signes de quasi-déification d'un prophète contribuèrent à construire le mythe d'un chef intouchable. « Lénine est mort, vive le léninisme[68] », lança Zinoviev aux obsèques. Histoire de confirmer sa place dans la succession apostolique, Staline cultiva lui aussi publiquement une version expurgée du mythe de Lénine, même si son propre culte de la personnalité, grotesque et outrancier, finit par rejeter dans l'ombre celui du fondateur du bolchevisme. En 1956, la dénonciation par Khrouchtchev des crimes de Staline restaura la sainteté de Lénine. En fait, l'héritage le plus direct de ce dernier avait été l'accession de Staline au pouvoir. Protégé de Lénine (malgré la mise en garde du Testament), il avait profité de la répugnance de celui-ci à nommer son successeur et, tout en déviant sensiblement de la voie tracée par son prédécesseur, il avait bâti sa tyrannie sur le cadre du léninisme. Or, voici que Khrouchtchev assurait que Staline avait rompu fondamentalement avec l'héritage de Lénine. La dictature de Staline n'était plus qu'une affreuse hérésie – un éloignement néfaste de la voie du véritable évangile. L'effet fut de rétablir la position sans rivale de Lénine. Il incarnait l'infaillibilité du Parti communiste. Ses préceptes idéologiques demeuraient pour ce dernier un phare. Même dans les années 1980, Gorbatchev commença par vouloir non pas détruire, mais faire respecter le léninisme.

D'après les résultats des enquêtes d'opinion autour du centenaire de la révolution bolchevique de 1917, plus de la moitié des personnes interrogées estimaient que Lénine avait joué un rôle positif dans l'histoire du pays – même si peu avaient une connaissance détaillée de ce qu'il avait réellement fait[69]. Il appartient désormais à un passé lointain, sans grand rapport avec la Russie actuelle. Pour le président Poutine, le spectacle macabre du corps embaumé de Lénine est fâcheux. Lénine symbolisait la révolution. Poutine, quant à lui, insiste sur la stabilité qu'il a instaurée après le chaos de l'ère Eltsine. Par ailleurs, beaucoup de Russes continuent d'admirer la force et le prestige de l'ère soviétique. Retirer Lénine de son mausolée risque d'ouvrir un nouveau débat sur le passé russe. Poutine préférerait sans doute l'éviter. Pour l'heure, tout au moins, Lénine reste donc où il est[70]. Sa dépouille sur la place Rouge a tenu bien plus longtemps que le système soviétique lui-même.

Hors de Russie, tout au long du XXe siècle, les mouvements insurrectionnels de nombreux pays et un certain nombre de régimes communistes adoptèrent au moins en partie l'idéologie léniniste. Le conflit entre capitalisme et communisme, au centre de l'histoire du siècle, fut esquissé par l'autre système étatique et son idéologie sous-jacente que Lénine contribua plus que quiconque à créer. L'affrontement meurtrier du fascisme et du communisme, qui aboutit à la guerre la plus catastrophique de l'histoire, fut la phase prépondérante d'un conflit qui dura au moins jusqu'à la fin de la guerre froide. Indirectement tout au moins, on peut dire que Lénine a influencé le cours de l'histoire jusqu'à la fin du XXe siècle et au-delà.

La révolution russe fut un épisode unique de l'histoire du XXe siècle. Et dans ce tournant décisif Lénine joua un rôle crucial. Porté par les courants révolutionnaires de son époque, il en fut le bénéficiaire, non le créateur. Mais la révolution russe n'était pas promise d'avance à suivre la trajectoire qui fut la sienne. La façon dont elle changea la Russie et l'Europe est inimaginable sans le leadership de Lénine. Il saisit l'occasion qui se présenta, sans jamais perdre de vue ses objectifs idéologiques précis. Sans lui, le XXe siècle eût été différent, même si nous ne pouvons guère imaginer en quoi. Lénine eut plus d'effet sur l'histoire que tout autre personnage de son époque. Il fut un des premiers créateurs de l'Europe au XXe siècle.

Octobre 1942 : encore débordant d'optimisme, Mussolini est accueilli par ses admirateurs. À l'époque, cependant, sa popularité déclinait fortement. L'effondrement de la situation militaire de l'Italie aboutit à son renversement en juillet 1943.

2

Benito Mussolini

Icône du fascisme

Pendant près d'un quart de siècle, Benito Mussolini a profondément marqué l'histoire de l'Italie et progressivement de toute l'Europe – par des conquêtes impérialistes et en tant qu'allié de l'Allemagne et du Japon pendant la Seconde Guerre mondiale, au-delà de l'Europe. En Italie, il mit en place une dictature qui dura plus de deux décennies. Avant que les effets de la guerre ne dévastent le pays, il bénéficia du soutien de millions d'Italiens et fut idolâtré par beaucoup d'entre eux. Dans d'autres pays européens de l'entre-deux-guerres, ceux qu'attirait le fascisme mais aussi de nombreux conservateurs l'encensaient[1].

Il voulait la guerre. Avec lui, l'Italie s'y était engagée diversement dans les années 1920 et 1930 à Corfou, en Libye, en Éthiopie et en Espagne. Mais lorsque la guerre européenne, puis mondiale, gagna l'Italie après 1940, le pays et les territoires qu'il dominait subirent misère, souffrance et dévastation. En conséquence, Mussolini fut destitué en 1943, puis, après une brève et très sanglante restauration sous l'égide de l'Allemagne, sauvagement mis à mort par les partisans en avril 1945. Le chef qui avait tenu en haleine des millions de personnes laissa derrière lui un pays en ruine.

« Un seul homme et un homme seul[2] » est responsable du sort de l'Italie, déclara Winston Churchill – qui avait un temps admiré Mussolini – dans une émission adressée au peuple italien le 23 décembre 1940. C'était une grossière simplification destinée à créer un fossé entre Mussolini et le peuple italien. La question demeure tout de même : son rôle dans le passage de la montée du fascisme à la calamité des années de guerre était-il incontournable ? En ce cas, d'autres questions se posent d'emblée d'elles-mêmes. Quelles furent les conditions lui permettant de prendre le pouvoir en Italie, puis de l'exercer de manière aussi funeste ? Qu'a-t-il entrepris lui-même pour y parvenir ? Et dans quelle mesure, une fois parvenu au sommet, décidait-il personnellement de la politique ? De quelle latitude disposait-il réellement durant les années catastrophiques de la guerre ? Agissait-il sous la pression croissante des Allemands, ballotté par des forces qui lui échappaient ? Ou ce point de vue occulterait-il et excuserait-il tout simplement l'aspect personnel et brutal de sa direction politique jusqu'au *finale furioso* ? Posant en machiste, l'incarnation même de la toute-puissance « virile », Mussolini offre une étude de cas intrigante quant à la part de contrôle qu'un individu exerce sur son destin et – plus important encore – sur celui de son pays.

Personnalité et émergence politique

Petit (un mètre soixante-huit seulement), trapu, chauve, à la gestuelle histrionique et incongrue, d'une « virilité » outrancière, se pavanant avec arrogance, le visage martial, roulant des yeux, la mâchoire saillant de manière agressive, jambes écartées, torse bombé, Mussolini était pain béni pour les caricaturistes. Son image de dictateur a contribué à entretenir l'impression que, sous ses fanfaronnades pompeuses, il n'était guère plus qu'un personnage absurde et clownesque, « un matamore vaniteux et balourd sans idées ni objectifs », tout au plus un « comédien doué » et un propagandiste[3]. Mais ce serait gravement sous-estimer sa méchanceté et sa cruauté, la bassesse de son caractère, la brutalité de sa politique et son agressivité contre l'humanité quand il dirigeait l'Italie[4].

Sa personnalité dominatrice s'est révélée dès le plus jeune âge. Très opiniâtre, il ne tolérait pas la contradiction, se montrait autoritaire, irascible, vindicatif et prônait la violence comme méthode politique. Doté d'un esprit vif et d'une excellente mémoire, il était incontestablement intelligent. Très sérieux, il avait un sens de l'humour limité. Il reconnaissait avoir peu d'amis véritables. À un âge plus avancé, peu de traits de son caractère paraissent avoir séduit. Mais, pour un grand nombre de ses contemporains, aliénés par des décennies de gouvernement de factions, inefficace et corrompu aux mains d'une triste oligarchie apparemment immuable de notables libéraux, Mussolini dégageait vitalité et énergie. Il apportait un dynamisme fébrile, de l'action sans compromis, une volonté inébranlable, un irrésistible esprit de changement révolutionnaire. Son apparence, ses tenues, ses manières, les postures qu'il prenait, sa rhétorique politique, tout offrait quelque chose de radicalement nouveau qui changeait totalement de la politique usée et morne de l'élite bourgeoise, une rupture nécessaire et décisive avec le passé. Il semblait représenter un âge moderne, celui des masses. Pour une clientèle engagée dans une révolution violente, surtout quand il prit le pli ensuite de l'image « héroïque » d'un « homme prédestiné » (lui-même se voyait ainsi), les particularités de son caractère pouvaient exercer un fort attrait. Son comportement de mâle, viril et martial, correspondait à un idéal largement admis de leadership fort[5]. Il n'a assurément jamais manqué d'admiratrices. Il était, semble-t-il, obsédé par le sexe[6]. Il cumulait des relations majoritairement éphémères depuis sa jeunesse, jusqu'à la dernière – forte cette fois – avec la femme qui partagera son sort en 1945, Clara Petacci. Sa femme, Rachele Guidi, qu'il épousa en 1915 et qui lui donna cinq enfants, toléra ce qu'elle ne pouvait changer en lui.

Il venait d'un milieu pauvre. Aîné de trois enfants, il vit le jour en 1883 dans le hameau de Dovia, district de Predappio en Émilie-Romagne, au nord de l'Italie, trou perdu de province mal relié aux villes les plus proches de Bologne et de Ravenne. Quoique pauvres, ses parents tenaient un certain rang dans la communauté. Son père, Alessandro, forgeron et petit paysan, fut un tout premier adepte du socialisme (teinté d'anarchisme), critique de l'Église, des propriétaires fonciers et de la classe politique, et fut un temps conseiller municipal à Predappio. Ses penchants socialistes et son tempérament colérique déteignirent sur son fils. Plus douce, sa mère, Rosa, était institutrice et, contrairement à son mari, pieuse catholique. Benito était un garçon intelligent qui lisait beaucoup et avait un certain talent musical. Mais, durant sa scolarité, son implication dans deux affaires mineures à l'arme blanche révéla déjà une tendance à la violence.

En 1902, il commença une carrière de journaliste, écrivant pour un hebdomadaire socialiste tout en affichant une aptitude à la provocation et à l'agitation qui lui valurent les années suivantes des affrontements avec la police, des arrestations et de brefs emprisonnements. Le style fougueux de ses articles, émaillés d'attaques véhémentes contre la classe politique, le fit connaître dans les cercles socialistes avant la Première Guerre mondiale. Il soutint l'aile révolutionnaire du Parti socialiste et – de manière étonnante à la lumière de ce qui allait suivre – s'opposa farouchement à la guerre coloniale de 1911 que l'Italie menait en Libye. Un an après, à l'âge de vingt-huit ans, il fut nommé rédacteur en chef du grand quotidien socialiste milanais, *Avanti!*

Quand la guerre éclata en 1914, Mussolini était encore un socialiste engagé, ce qui n'allait pas tarder à changer. Son socialisme était en réalité éclectique. Il connaissait son Marx. Mais il était prêt à s'inspirer d'autres idées, quand cela lui convenait, comme « la théorie des élites » de Vilfredo Pareto, la « volonté de puissance » de Friedrich Nietzsche et la « lutte contre la décadence » de Georges Sorel. Les idées en tant que telles lui importaient peu, à moins de mobiliser ou de porter au pouvoir. Ce n'était pas une question de pouvoir en soi. L'Italie, pays unifié depuis un peu plus d'une cinquantaine d'années, dont la monarchie nationale ne remontait qu'à 1861, était très polarisée politiquement et socialement. Sa classe dirigeante était une oligarchie étroite et corrompue. Aux yeux des socialistes, le pouvoir était nécessaire pour détruire la société bourgeoise et imposer une révolution sociale.

Au début de la Première Guerre mondiale, Mussolini défendait encore la neutralité italienne. Mais, dans toute l'Europe, les ouvriers s'enrôlaient dans leur armée nationale. Les Partis socialistes soutenaient la guerre. L'internationalisme marxiste, reconnut-il, avait échoué ; le socialisme serait incapable de détruire l'ordre ancien. Par ailleurs, l'attrait émotionnel de la ferveur nationaliste en Europe était énorme. La guerre, commença-t-il à se dire, pourrait bien être l'agent d'un changement révolutionnaire.

Marx l'avait lui-même affirmé. Des voix influentes, certaines de gauche, soutenaient que l'Italie devait rallier le conflit afin de rompre avec le passé et bâtir un avenir meilleur. Les doutes croissants de Mussolini sur le socialisme et la neutralité italienne se conjuguèrent dans sa conversion spectaculaire à la cause interventionniste.

Ce qu'il pensait personnellement entra alors en conflit direct avec sa position publique. En octobre 1914, il déclara soudain aux lecteurs d'*Avanti!* que ses opinions antérieures étaient erronées. Il en prit seul la décision, contre l'avis de la direction du parti (mais pas de tous ses membres, loin de là). Il dut démissionner de son poste de rédacteur en chef et fut peu après expulsé du Parti socialiste. Rapidement, il s'affirma comme l'un des principaux défenseurs de l'intervention (au moment où l'Italie entrait en guerre aux côtés de l'Entente – Grande-Bretagne, France et Russie – le 23 mai 1915). En quinze jours, il lança un nouveau journal pour soutenir la cause, *Il Popolo d'Italia*, dont le ton était encore de gauche à l'origine, mais avec le soutien financier d'industriels qui tiraient profit de l'entrée en guerre de l'Italie. En 1922, ce serait le journal officiel du Parti fasciste.

En décembre 1914, la rédaction d'*Il Popolo d'Italia* assura la publicité dont il avait besoin pour être le porte-parole de petits groupes – dont certains membres étaient d'ex-socialistes favorables à l'intervention – qui s'appelèrent « Faisceaux autonomes d'action révolutionnaire », sans grande influence à l'époque[7]. (*Fasci* signifiait approximativement « groupes », en référence aux verges en faisceaux qui symbolisaient l'ordre dans la Rome antique.) Dans l'esprit de Mussolini, la révolution nationale avait entre-temps remplacé une conception marxiste de la lutte des classes. Il envisageait la lutte non pas entre les classes mais entre les nations « prolétariennes » et « ploutocratiques ». Son nouvel évangile était de faire de l'Italie une grande puissance, non de lutter pour le triomphe du prolétariat. L'expansion et la conquête armée prouveraient la grandeur du pays. La puissance anéantirait la société « décadente » et la remplacerait par une nation résurgente fondée sur les valeurs de l'« homme nouveau » : force, vitalité, volonté, domination. Au contraire, le socialisme, en privilégiant la classe ouvrière plutôt que la nation, l'égalité de préférence au règne du plus fort, la paix internationale plutôt que la préparation de la guerre, devenait l'ennemi idéologique. Mussolini sentit le potentiel d'un nouveau mouvement capable d'exploiter l'extrême désorientation et le mécontentement issus de la guerre. En février 1919, un petit nombre d'individus révoltés mais sans racines politiques, principalement des anciens combattants très éprouvés, commencèrent à se rassembler en se donnant le nom de *Fasci di Combattimento* (Faisceaux de combat). Le 23 mars 1919, Mussolini en réunit une cinquantaine pour former un groupement de ce type à Milan, parmi les trente-sept de l'époque dans le pays[8]. Sous la direction de Mussolini, celui-ci allait être le noyau du Parti fasciste.

De là à la « conquête du pouvoir » en 1922, le parcours fut long et sinueux, et Mussolini le contrôla peu personnellement. La prise de pouvoir n'avait rien d'inéluctable[9]. Sans conditions sociales, économiques et politiques préalables, il n'aurait pu imposer sa dictature. Sans les effets très dommageables et très polarisants de la Première Guerre mondiale en Italie, sans la menace largement perçue d'une révolution socialiste qui provoqua un effondrement de l'ordre, ou encore sans l'empressement des élites conservatrices à le nommer Premier ministre, Mussolini ne serait jamais devenu dictateur.

Conditions préalables du pouvoir

Avant la Première Guerre mondiale, l'oligarchie libérale qui régissait le pays pouvait assez facilement exploiter, tout en la contenant, la montée du nationalisme et de l'impérialisme extrêmes sans être menacée. Le pouvoir social et politique des élites ne reposait sur aucune base populaire solide, du fait d'un suffrage très limité, mais n'affrontait pas encore de risque révolutionnaire venant de droite ou de gauche. Le Parti socialiste italien, fondé au début des années 1890, se développa mais resta modeste, largement confiné à la ceinture industrielle en expansion dans le Nord, et divisé entre les réformistes et une aile révolutionnaire (à laquelle Mussolini appartenait alors). La gauche n'était pas en mesure de défier l'ordre politique. La droite populiste n'existait guère.

La guerre changea tout cela. Elle laissa une population démoralisée, en colère contre ses dirigeants, humiliée par la faiblesse militaire. Les notables libéraux aux commandes avaient perdu toute prétention à la légitimité populaire. En décembre 1918, ils se sentirent obligés d'élargir l'électorat très restreint en accordant le droit de vote à tous les adultes masculins. Le mode de scrutin fut modifié pour introduire la représentation proportionnelle l'année suivante. Les socialistes enregistrèrent d'importants gains électoraux en novembre 1919, formant désormais le plus grand parti au Parlement, et déclarèrent vouloir détruire la bourgeoisie. L'autre grand vainqueur des élections fut le tout récent Parti populaire italien (les *Popolari*, représentant les intérêts catholiques). Les libéraux-conservateurs ne pouvaient donc plus contrôler ni manipuler la politique parlementaire. Face aux troubles qui montaient, l'instabilité du système gouvernemental ne permettait pas de tenir. L'ordre social et le pouvoir qui l'accompagnait semblaient menacés. La perspective d'une révolution socialiste – spectre effrayant aux yeux de beaucoup – pesait lourd.

Dans le même temps, quand les responsables alliés s'accordèrent sur la redistribution territoriale lors du traité de Versailles en juin 1919, la fureur de la droite ne connut pas de bornes. Nationalistes et fascistes clamaient haut et fort que l'Italie avait été spoliée de ses gains légitimes issus de la victoire, une « victoire mutilée », comme ils l'appelaient. En réalité, les gains n'étaient pas négligeables et renforçaient bel et bien les frontières italiennes avec le Tyrol du Sud (majoritairement germanophonc) ct la région côtière du Nord-Est, centrée sur Trieste, pris à l'Autriche. Mais les nationalistes extrêmes ne se calmaient pas. Ils réclamaient des profits impériaux à hauteur du statut présumé d'une « grande puissance » victorieuse. Leur ressentiment ciblait le manque d'acquis *extérieurs* à l'Italie. Ils voulaient la Dalmatie, un protectorat sur l'Albanie, une zone d'influence sur la côte adriatique de la Turquie, mais aussi étendre leur colonisation en Afrique. Le petit port de Fiume (Rijeka, aujourd'hui en Croatie), qui n'était que partiellement habité d'Italiens (espérant, grâce à leur appartenance à l'État-nation italien, retrouver la prospérité dont ils avaient bénéficié sous l'Empire austro-hongrois), devint le point-phare de l'agitation fasciste après avoir été occupé par une troupe italienne menée par le poète protofasciste Gabriele D'Annunzio en septembre 1919[10].

La turbulence sociale, politique et idéologique qu'avait fait naître la guerre aiguisa intensément le conflit de classe. Grèves, occupations d'usines, pillage de commerces et saisie de terres en 1919 et 1920 – les « deux années rouges » (*Biennio rosso*) – semblaient révéler un système politique dépassé. Les classes moyennes, qui voyaient leur épargne rongée par l'inflation et leur propriété menacée, voulaient de l'ordre. Les comptes rendus que brodait la presse de droite sur la terreur bolchevique en Russie leur faisaient redouter une révolution socialiste en Italie. En janvier 1921, la création d'un Parti communiste tourné vers la Russie de Lénine ne les tranquillisa pas davantage.

C'est alors que les divers groupuscules paramilitaires se faisant appeler « faisceaux » se révélèrent utiles. D'anciens combattants formèrent le noyau initial des mouvements fascistes qui surgirent dans les villes et villages d'Italie du Nord et du Centre. Prenant de l'ampleur, ils recrutèrent dans toutes les couches sociales, mais peu dans le prolétariat urbain, et les meneurs venaient principalement de la classe moyenne. Les étudiants (eux-mêmes issus majoritairement du milieu bourgeois) étaient largement surreprésentés dans ces escouades. Manifestement, le fascisme naissant était d'abord masculin et jeune[11]. Il n'avait pas d'idéologie cohérente, mais une rage intense contre l'élite libérale corrompue, et exigeait le recours à la violence pour détruire un État à ses yeux pourri, dont les dirigeants avaient trahi la nation. Ainsi se résumait le fascisme : destruction totale de l'ancien ordre politique et social ; promesses utopiques d'une société nouvelle ayant foi en la renaissance et la gloire nationales[12]. La violence occupait une place centrale. Les escouades paramilitaires fascistes multiplièrent les actes de brutalité politique, faisant des centaines de morts[13]. Le groupe fasciste milanais de Mussolini promut un programme d'apparence gauchisante qui ciblait cependant l'agitation populiste antiélitiste plutôt qu'il n'offrait un ordre du jour de mise en œuvre concrète. Il fut abandonné en 1921[14].

Les nombreux groupements fascistes, pas seulement celui de Mussolini, devinrent vite un moyen de réprimer le socialisme et d'éliminer tout frémissement de désordre social suscité par la gauche. Phénomène urbain au départ, le fascisme se répandit rapidement dans les campagnes de l'Italie du Nord. De jeunes meneurs provinciaux dynamiques, tel Italo Balbo à Ferrare, tissèrent des liens avec les propriétaires fonciers et les industriels locaux[15]. Les latifundistes virent l'intérêt de financer des bandes paramilitaires de voyous fascistes (*squadristi*) pour expulser les occupants gênants, casser les grèves, tabasser les opposants et terroriser les socialistes ou autres se dressant en travers de leur chemin. Les patrons se mirent à n'embaucher que des travailleurs adhérant aux organisations fascistes qui incorporaient d'anciennes milices antisocialistes de « défense citoyenne »[16]. En 1921, le gouvernement finança et arma les fascistes ; la police restait en attente lorsqu'ils passaient à tabac d'infortunés adversaires.

Mussolini était loin de dominer le mouvement fasciste qui s'étendait rapidement. De puissants chefs fascistes en province reconnurent son statut mais son autorité pouvait être contestée. Balbo à Ferrare, Dino Grandi à Bologne et Roberto Farinacci à Crémone, les plus forts d'entre eux, n'étaient pas prêts à lui obéir sans réserve. Avec les escadrons qu'ils contrôlaient, ils pesaient plus que Mussolini pour propager le fascisme[17]. En 1921, Mussolini redouta de perdre son emprise sur le fascisme rural. Il craignit également que la violence des escadrons, soutenue par leurs chefs locaux, devînt contreproductive et fît obstacle à l'espoir de conquérir le pouvoir. Les fascistes avaient emporté 35 sièges (sur 535) aux élections législatives de mai 1921, et ne formaient donc qu'une petite minorité à la Chambre des députés. Pour contrer cette faiblesse, sans consulter ou à peine, Mussolini proposa en juillet un virage politique inattendu et diamétralement opposé : une coalition parlementaire avec le Parti socialiste et le Parti populaire (toujours forts sur le plan électoral). S'ensuivirent en août un « pacte de pacification » et une crise dans les relations avec les notables de province.

Le pacte atterra les chefs fascistes de province. Grandi contesta ouvertement la prétention de Mussolini à être *padrone* (patron) de « notre mouvement »[18]. Mussolini, exigeant obéissance, démissionna. Les autres se réunirent sans lui et proposèrent au « héros » de Fiume, le poète fasciste D'Annunzio, de prendre leur tête. Mais celui-ci n'avait pas envisagé cette situation et refusa. La crise appelait un compromis. Mussolini fit marche arrière. Il reconnut son erreur tactique. Pour leur part, indépendamment de leur pouvoir dans leurs fiefs respectifs, les patrons de province admirent que seul Mussolini était en position au niveau national de préserver l'unité du mouvement fasciste dans son ensemble. C'était sa force et leur faiblesse. Ils prirent publiquement acte de son autorité, tandis qu'il acceptait la poursuite de la violence, réclamant toutefois de l'organiser désormais et de transformer les escadrons en milice nationale. Les faisceaux de leur côté devaient se coordonner sur le plan politique. Lors d'une manifestation théâtrale, le Parti fasciste fut officiellement créé en novembre 1921. Deux semaines après, Mussolini suggéra dans son journal que « le peuple voudra peut-être un dictateur[19] ».

Pendant ce temps, le gouvernement central continuait d'afficher sa faiblesse et son absence de soutien populaire. D'octobre 1917 à octobre 1922, il n'y eut pas moins de sept changements de gouvernement et cinq Premiers ministres[20]. Le fractionnement de la droite libérale et conservatrice ouvrait l'espace politique à la force croissante du fascisme[21]. Au mitan de 1922, le mouvement de Mussolini comptait plus de trois cent mille membres. C'est à ce moment-là que les élites conservatrices furent prêtes à lui confier le gouvernement. Leur faiblesse, bien plus que la personnalité ou le talent politique de Mussolini, a été la condition préalable et décisive de son pouvoir.

Sans l'appui des fascistes, raisonnèrent les membres du cabinet, il n'y avait aucun espoir de stabiliser la gouvernance du pays. La gauche socialiste les inquiétait bien plus que la droite fasciste et, quand les troupes de Mussolini écrasèrent une timide tentative de grève générale d'inspiration socialiste en août 1922, ils purent prétendre avec perversité que le fascisme défendait la loi – tout en sachant que Mussolini préparait une insurrection armée. Les conservateurs estimèrent ne pas pouvoir gouverner sans les fascistes. Et ces derniers, sans soutien gouvernemental, n'étaient pas assez forts pour prendre le pouvoir. La base de l'accord politique donnant le pouvoir à Mussolini prit forme. Les ministres crurent qu'ils pourraient le contrôler. Un peu plus d'une décennie après, l'élite politique allemande commettrait la même erreur au sujet de Hitler.

Mussolini joua double jeu. Sa duplicité politique compta pour beaucoup dans son succès. D'un côté, il encouragea la violence des brigades fascistes et incita ses militants à prendre le pouvoir par la force. De l'autre, il se présenta aux principaux membres du gouvernement comme le seul homme capable de restaurer l'ordre et de reconstruire l'économie du pays. En poste, précisa-t-il, il dissoudrait son armée paramilitaire. Il se réserva toutes les options et agit en délibérant peu, voire pas du tout, avec les responsables fascistes radicaux, ne pouvant compter sur leur accord pour autre chose qu'une insurrection armée. Aucun des meneurs fascistes de province n'aurait pu manœuvrer comme lui. Efficaces pour organiser brutalement des combats de rue, ils n'avaient pas l'habileté tactique et opportuniste de Mussolini.

Luigi Facta, Premier ministre libéral qui n'était en fonction que depuis février 1922, hésita jusqu'à la nuit du 27-28 octobre. La violence des escadrons fascistes (qui fit vingt-deux morts) s'était alors aggravée de manière inquiétante. Ils occupèrent des préfectures (qui contrôlaient la police), des bureaux de poste et des gares dans les grandes villes, et les principales voies d'accès à la capitale[22]. Facta accéda finalement à la demande du gouverneur militaire de Rome, imposa la loi martiale et déclara l'état d'urgence. L'armée avait prouvé que, quand elle le voulait, elle parvenait à réprimer les bandes fascistes ; dans la nuit, elle reprit facilement les bâtiments occupés. Et, surtout, le roi Victor-Emmanuel III accepta de signer la proclamation de l'état d'urgence. Puis il se ravisa. On l'avait informé à tort que l'armée ne pourrait pas défendre Rome contre la milice fasciste[23]. En réalité, elle n'aurait eu aucune difficulté à l'écraser, celle-ci étant faiblement armée, n'excédant pas trente mille hommes et positionnée à l'extérieur de Rome.

Dans une dictature, le mythe l'emporte souvent sur les faits. L'image du chef héroïque chevauchant en tête de ses légions dans une « marche sur Rome » triomphale a fondé la légende du règne de Mussolini, devenant un élément essentiel du culte du Duce. En fait, après avoir convenu avec le roi de diriger le gouvernement, et lui avoir promis que des dizaines de milliers de *squadristi* défileraient devant lui et le salueraient avant de retourner chez eux[24], Mussolini se rendit de Milan à Rome en train, vêtu d'un costume et d'un chapeau melon. Il ne s'était pas « emparé » du pouvoir ; on le lui avait remis. Le 29 octobre, le roi nomma Benito Mussolini Premier ministre.

Duce

Avant que Mussolini ne devienne dictateur, le terme « Duce » n'avait pas de signification particulière et désignait simplement un chef, sans les connotations mystiques acquises par la suite. Ses premiers partisans l'appelaient « Duce », mais comme c'était le cas pour d'autres chefs locaux[25]. Le véritable culte n'apparut qu'après 1925.

Auparavant, Mussolini cheminait à tâtons, tout en offrant déjà un nouveau style de gouvernement et en agissant avec dynamisme, une confiance grandissante et de l'audace. Le respect quasi total qu'observaient les élites libérales et conservatrices, l'armée et le roi sous son gouvernement l'y autorisa. Dès cette phase préliminaire, leur position allait de l'acquiescement passif à la complicité pure et simple. Les objectifs qu'il esquissa lors de son accession au poste de Premier ministre – mettre fin au désordre, équilibrer le budget et instaurer la discipline – auraient pu être ceux de toute administration conservatrice. Les méthodes pour y parvenir ne l'étaient pas. Le recours à la violence pour « rétablir l'ordre » était pourtant accepté – tant qu'elle visait à réprimer les « fauteurs de troubles » politiques de gauche. Les socialistes – intimidés, brutalisés, terrorisés – ne représentaient pas en fait un réel danger politique. Quant au Parti populaire, le deuxième parti le plus important au Parlement, il fut acheté par des subventions accrues destinées aux prêtres et aux évêques et un soutien à la politique sociale catholique.

Mussolini se montra plus prudent dans ses relations avec l'élite politique. Il s'exprimait parfois avec modération quand il sentait cela nécessaire ou menaçait de façon à peine voilée à d'autres moments. Il avait besoin du soutien parlementaire et les fascistes étaient encore très minoritaires à la Chambre des députés. Au-delà de sa fonction de Premier ministre, il assumait la responsabilité des Affaires étrangères et de l'Intérieur (ce qui lui donnait le contrôle de la police). Par ailleurs, son gouvernement se composait d'hommes qui n'étaient pas fascistes mais nationalistes, libéraux ou Popolari. Ses camarades fascistes s'estimaient lésés de ne pas récolter les fruits du pouvoir, mais Mussolini avait mûrement réfléchi et admis que, pour un temps du moins, il ne pouvait se passer du soutien des non-fascistes. Le 16 novembre 1922, il remporta un large vote de confiance (seuls s'y opposèrent les socialistes et les communistes) à la Chambre et au Sénat, qui lui accordèrent les pleins pouvoirs pour un an, lui permettant d'agir sans l'approbation parlementaire. Une innovation importante, qu'introduisit Mussolini en décembre 1922, rassura les responsables fascistes, tenus à l'écart du gouvernement : la création du Grand Conseil fasciste. Il dépendait exclusivement de Mussolini, qui en nommait les membres et décidait de son ordre du jour. Il permit au parti d'influer sur la mise en œuvre de la politique gouvernementale.

Pendant ce temps, les fascistes contrôlaient la rue. Les escadrons, reconvertis en milice nationale, faisaient office de police politique brutale. Mussolini prononça une amnistie générale pour gracier des milliers d'agresseurs qui s'en étaient très violemment pris à des socialistes et à d'autres. Il déclara que la violence cesserait ; en pratique, il en autorisa la poursuite. À dire vrai, il était loin de contrôler totalement les brigades que continuaient à mener des chefs locaux peu enclins à céder leur pouvoir. Les fondements d'un contrôle centralisé et étendu de l'État sur ses citoyens furent néanmoins posés dès le tout début du régime. La police, désormais sous la direction de Mussolini, et les autorités judiciaires se rendirent complices d'une coercition extrême et d'arrestations massives d'opposants politiques. Les élus locaux d'opposition furent déposés sans discussion et remplacés par des fascistes. La censure de la presse fut instaurée ; les journaux d'opposition ne furent pas encore interdits mais leurs journalistes fréquemment intimidés. Et le Parti fasciste, dont le nombre d'adhérents avait plus que doublé en un an, étendit ses tentacules pour assurer le contrôle social et permettre en même temps de renforcer le pouvoir et l'image publique de Mussolini[26].

Profitant de la confiance que lui avait accordée le Parlement, mêlant art de la manipulation et menaces, Mussolini imposa en 1923 le changement capital qui allait remplacer le gouvernement parlementaire par une dictature. En juillet, la grande majorité parlementaire qui n'était pas fasciste ratifia un stratagème politique qui devint à l'automne une nouvelle loi électorale. Tout parti qui remportait un quart des suffrages gagnait les deux tiers des sièges à la Chambre des députés. Aux élections qui suivirent en avril, après une campagne où les opposants subirent des violences, le bloc national dominé par les fascistes recueillit plus des deux tiers des suffrages. Les partis d'opposition furent réduits à l'état de croupions assiégés. Dès lors, le Parlement se borna à enregistrer la politique décidée par le gouvernement fasciste. Désormais, seuls comptaient la personnalité dominatrice de Mussolini et le cap politique qu'il fixait.

Deux mois après les élections, cependant, il affronta une crise majeure qui dura jusqu'au début de l'année 1925 et menaça un moment sa position ainsi que l'existence de son gouvernement. On y vit à l'époque la crise du fascisme[27]. Lorsque le chef du Parti socialiste, Giacomo Matteotti, fut enlevé par les fascistes le 10 juin 1924 puis assassiné, tout le monde crut que c'était sur ordre de Mussolini. Qu'il ait été au moins indirectement impliqué est presque sûr. La crise politique qui suivit dura six mois. Les socialistes perdirent complètement la main. Le boycott du Parlement en signe de protestation, avec les Popolari, ne profita qu'aux fascistes. Mussolini contribua à apaiser l'élite politique en confiant le ministère fondamental de l'Intérieur à l'ancien nationaliste « respectable » Luigi Federzoni et en faisant prêter serment de loyauté au roi par la milice fasciste[28]. La classe politique libérale et conservatrice, le roi, l'armée, les hommes d'affaires ainsi que le pape voyaient en Mussolini un moindre mal par rapport à la perspective d'un renouveau de la gauche et ne lui retirèrent pas leur soutien. Il était plus difficile pour lui de garder son propre parti sous contrôle. Le meurtre d'un député fasciste en septembre intensifia la fureur des radicaux, résolus à parachever la révolution fasciste. Au cours d'un automne tendu, Mussolini ne pouvait ignorer les divisions du parti et les explosions de violence renouvelées en province. Ce fut une épreuve de force. Il devait contrôler les patrons locaux et ce n'était possible qu'en établissant l'autorité suprême de l'État sur le parti[29]. Le 3 janvier 1925, il décida de régler la situation, acceptant officiellement que le Parlement endosse la responsabilité de tout ce qui s'était passé, calmant les radicaux en reconnaissant que « la force était la seule solution[30] ». De façon étonnante, Mussolini était sorti renforcé de la crise, et non affaibli. Dans ce qui équivalait à une « deuxième prise de pouvoir », les étapes s'enchaînèrent vers une dictature totale.

Les membres du cabinet qui n'étaient pas fascistes furent écartés. Mussolini ne s'octroya pas moins de huit ministères en 1929 (dont à nouveau l'Intérieur). Les partis d'opposition furent interdits en 1926. Une censure stricte de la presse fut mise en place, grèves et fermetures d'usines furent interdites, des dissidents arrêtés à mesure que l'État policier s'étendait. La dernière barrière à l'accomplissement de l'État fasciste tomba en 1929 quand furent signés les accords du Latran avec la papauté. Mussolini avait personnellement mené les négociations qui aboutirent à la reconnaissance de la souveraineté du Vatican, réglèrent les relations avec la papauté et confirmèrent le catholicisme comme religion de l'État italien. Le flot d'éloges – le pape Pie XI qualifia lui-même Mussolini d'homme envoyé par la « Providence » pour délivrer le pays de la fausse doctrine du libéralisme – hissa le prestige du leader italien à de nouveaux sommets[31].

Le Parti fasciste, source permanente d'instabilité interne et de troubles externes, avait été mis au pas en 1925 avec la nomination au secrétariat général de Roberto Farinacci, sans doute le plus indiscipliné, le plus extrémiste et le plus brutal de tous les chefs locaux de province. Le braconnier devenait garde-chasse.

Farinacci tenta d'imposer une discipline de fer mais ne parvint pas à contenir les explosions de violence. Au terme d'un peu plus d'un an, Mussolini le démit de ses fonctions pour le remplacer par des secrétaires du parti plus compétents sur le plan administratif et soumis sur le plan politique, le très loyal Augusto Turati puis Achille Starace. En 1927-1928, réduit à lui servir d'organe central d'organisation et de mobilisation politique, le parti ne défiait plus l'État au niveau institutionnel[32]. Il offrait aux élites locales une possibilité de gravir les échelons. Mais il avait perdu son adrénaline. Les « hommes sauvages » et les éléments indisciplinés du parti à ses débuts furent purgés ou maîtrisés. L'État finit par contrôler la violence[33]. L'élan du mouvement s'essouffla. Le parti se transforma dans une large mesure en instrument à acclamer le Duce, en principale agence de propagande et en moyen de contrôle social. Ce fut la base première du pouvoir mussolinien.

Le parti et ses organisations affiliées pénétraient pratiquement tous les domaines de la vie publique dans les années 1930 : aide sociale, associations de jeunes, activités de loisirs, clubs sportifs et bien d'autres. Près de la moitié de la population adhérait à un organisme fasciste en 1939. Il était de plus en plus difficile de situer la frontière entre le parti et l'État. Tout le complexe informe et imbriqué de leurs organisations et de leurs institutions respectives gravitait autour de Mussolini. Dans les années 1930, il agissait sans contraintes institutionnelles. Le Conseil des ministres et le Grand Conseil fasciste ne se réunissaient que quand il le voulait et se bornaient de fait à recevoir ses directives. En 1939, la Chambre des députés fut rebaptisée Chambre des faisceaux et des corporations. Mussolini était désormais constitutionnellement le « chef suprême[34] ».

Il décidait seul – bien que, en théorie du moins, il dût en référer au roi. On lui en reconnaissait le droit de tous côtés, y compris le roi et les chefs d'armée (qui n'avaient pas de voix collective et, quelles que fussent leurs réserves, ne se rebellaient jamais). Naturellement, de nombreuses décisions étaient en réalité préalablement formées avant de lui être soumises par ses subalternes lors de brèves audiences (pas plus d'un quart d'heure en moyenne). Il y en avait une dizaine par jour, prises souvent de façon impulsive, sans réflexion ni délibération. Mais sans son autorisation, la machine gouvernementale ne pouvait fonctionner. Il consacrait quotidiennement de longues heures aux affaires du gouvernement. Il lui était évidemment impossible d'avoir l'œil sur le travail de tous les ministères qu'il devait en principe superviser *a minima*. Il ne voulait pas déléguer. Il était par conséquent débordé, noyé dans un bourbier de sujets souvent mineurs qui nécessitaient son intervention[35]. La bureaucratie gonfla en conséquence, tout comme la possibilité pour les cadres du parti et les fonctionnaires d'anticiper, de devancer ou de deviner les intentions de Mussolini[36].

Ce qui dans le régime frappait le plus les observateurs étrangers était son énergie extraordinaire. Indépendamment des multiples défauts de son caractère, Mussolini dégageait une vitalité inépuisable. La propagande pouvait toujours exploiter les objectifs utopiques de modeler l'« homme nouveau », de bâtir une grande nation, d'œuvrer à la gloire impériale pour transmettre l'image d'initiative et de dynamisme insatiables qu'incarnait Mussolini. Il perçut quasiment avant tous le potentiel mobilisateur des médias, le pouvoir croissant d'influencer la population grâce aux journaux, à la radio et au cinéma. Son portrait figurait partout sous forme de cartes postales ou d'affiches. Les débuts de la radio permirent de relayer auprès de la population ses discours enregistrés en installant des haut-parleurs sur les places centrales des villes. Il fut le premier homme politique populiste de l'ère des médias.

Ce monopole de la propagande fabriqua l'élément unificateur le plus important de l'État fasciste : le culte du Duce, qui cimenta le tissu national mieux que toute autre chose. Il avait une forte dimension quasi religieuse. Beaucoup d'Italiens déifiaient pratiquement Mussolini[37]. Sa grandiloquence et sa gestuelle théâtrale lorsqu'il s'adressait à de vastes rassemblements – ridicules quand il vieillit – véhiculaient une image de vigueur, de détermination et de défi. Les manuels scolaires le montraient travaillant sans répit pour son peuple. Des photos de lui torse nu, à cheval, nageant, courant, dans des voitures de course, jouant avec des lionceaux, soulignaient ses qualités « viriles ». Des lettres d'Italiens ordinaires affluaient tous les jours, l'encensant jusqu'aux cieux, louant ses qualités merveilleuses, le remerciant pour ses réalisations glorieuses. Il se délectait manifestement des excès absurdes de ce culte, le présentant en nouveau César presque surhumain, en génie divin omnipotent et omniscient[38].

Il est impossible de dire combien de gens ont cru à ces inepties. Mussolini y a cru, et des millions d'autres aussi. Il était assurément populaire alors que le Parti fasciste, ses cadres et le régime en général ne l'étaient pas. Sa popularité atteignit un sommet après l'annonce de la victoire en Éthiopie en 1936, bien que le mécontentement populaire semble n'avoir été que provisoirement transcendé par les succès militaires[39]. La guerre avait été planifiée dès 1932. Avec les colonies d'Érythrée et de Somalie, l'Éthiopie, on l'imaginait, offrirait un « espace vital » à des millions de colons italiens et permettrait d'exploiter les riches gisements de minerais d'Afrique de l'Est[40]. En octobre 1935, Mussolini se sentit prêt à déclencher la guerre impérialiste qu'il désirait depuis longtemps. La guerre en Éthiopie, menée par une grande armée contre des forces très inférieures, fut d'une brutalité extrême, accompagnée de bombardements aveugles et de l'utilisation intensive de gaz toxiques. Il fallut pourtant attendre le mois de mai pour proclamer la victoire. La propagande vanta le génie militaire du Duce. Mussolini était au faîte de sa puissance.

Il avait cependant un talon d'Achille. Il n'apparut que bien plus tard, quoique présent dès le début du régime, ancré dans les conditions structurelles mêmes de la prise du pouvoir. Ainsi, en 1936, c'est le roi d'Italie, et non Mussolini, qui fut proclamé empereur d'Abyssinie (Éthiopie). C'était souligner que, si Mussolini dictait effectivement la politique, il n'avait pas le pouvoir absolu : il existait une autorité supérieure, une source alternative de légitimité. La monarchie se tenait discrètement en travers de son chemin vers le pouvoir total. Et s'il dirigeait les forces armées, c'était au chef de l'État, le roi, qu'elles devaient loyauté[41].

Victor-Emmanuel III était incontestablement faible, indolent, un être inexistant qui se félicitait en outre de la répression du socialisme, de l'écrasement de la démocratie et de l'établissement d'un État autoritaire. Mussolini le méprisait et ne réfrénait son républicanisme inné que par opportunisme. En audience avec Mussolini, le roi exprimait parfois des réserves qui transpiraient à l'occasion, ce qui irritait profondément le Duce. En privé, à diverses reprises, il fulmina, disant vouloir « se débarrasser [de la monarchie] à la première occasion[42] ». Mais il ne se sentit jamais assez fort pour le faire. Et, tandis que la guerre approchait, il ne pouvait risquer une dissension majeure, qui aurait menacé l'unité nationale et sapé la légitimité du régime. L'occasion ne s'est donc jamais présentée.

Tant que le régime était fort, comme au milieu des années 1930, la monarchie et les sources alternatives de légitimité qu'elle constituait étaient irritantes, guère plus. En outre, la victoire en Éthiopie semblait prouver que Mussolini avait eu raison contre les sceptiques, notamment les militaires. Son pouvoir en fut renforcé en conséquence. Mais, sans que Mussolini ou quiconque l'ait remarqué à l'époque, le point culminant de son pouvoir était en train de passer. En 1936, il entra dans l'orbite allemande, attiré à la fois stratégiquement et idéologiquement, et devint bientôt le satellite d'une puissance bien plus grande, qui se rapprochait toujours plus près du point de destruction. Sans s'en rendre compte, le dictateur s'affaiblissait. Quand il apparut être un obstacle à la survie nationale de l'Italie, la source alternative de pouvoir émergea de la quasi-invisibilité et le roi, très facilement, déposa le dictateur jadis puissant.

Dictateur faible

Voilà qui sonne de manière contradictoire. Appliqué à Hitler, comme il le fut initialement, le concept est inapproprié et trompeur[43]. Mais il convient bien mieux à Mussolini à partir du milieu des années 1930. Cela ne veut pas dire, naturellement, qu'il n'était plus décisionnaire en matière de politique ni qu'on lui contestait cette capacité. Néanmoins, l'existence d'une source alternative de loyauté dans la monarchie allait révéler une faiblesse fatale. L'Italie devenant de plus en plus dépendante de l'Allemagne, à partir de 1936 au plus tard, puis totalement au milieu de la guerre, le pouvoir de Mussolini fut gravement affaibli. Il ne pouvait plus s'extraire d'une subordination croissante à Hitler. C'est ce qui allait le détruire, en fin de compte. En ce sens, également, le dictateur s'affaiblissait de plus en plus.

Pouvait-il emprunter une autre voie ? Dans les années 1930, après tout, la plupart des dirigeants autoritaires européens ne se sont pas engagés volontairement dans un conflit militaire avec les puissances occidentales bien armées. Dans la péninsule Ibérique, le dictateur espagnol Francisco Franco et le dirigeant portugais António de Oliveira Salazar se sont tenus à l'écart de la Seconde Guerre mondiale et ont survécu jusque dans les années 1970. Mussolini aurait-il pu faire de même pour échapper aux griffes destructrices de l'Allemagne hitlérienne ? Il n'en a jamais été question. Cette rêverie contrefactuelle ignore que Mussolini *voulait* sincèrement s'allier à l'Allemagne. Il a résolument courtisé l'axe Rome-Berlin. C'était un choix idéologique, que n'imposaient pas des facteurs impersonnels[44]. Et la prétention arrogante a joué son rôle. Il se voyait en fondateur du fascisme qui avait dirigé l'Italie près de quinze ans, le meilleur partenaire dans les rapports avec Hitler – le « principal dictateur ». Manquer l'occasion, selon lui, d'un alignement avec l'Allemagne serait allé totalement contre sa personnalité et son élan idéologique. Dès le début, il voulait la guerre, la conquête militaire et l'empire. C'est sur ces objectifs qu'il avait bâti son régime en Italie. Le changement radical de la situation internationale au milieu des années 1930 offrait apparemment une option géopolitique favorable répondant à ses ambitions idéologiques. S'aligner sur l'Allemagne permettait à Mussolini de défier les puissances occidentales et de projeter une expansion impérialiste en Méditerranée et en Afrique du Nord, ce que le fascisme cherchait dès le départ.

Un alignement étroit paraissait improbable de prime abord après l'arrivée de Hitler au pouvoir en Allemagne en 1933. Derrière une façade de propagande pour le moins flatteuse, la première rencontre des deux dictateurs à Venise en 1934 fut peu cordiale, principalement en raison d'une tension sur le statut de l'Autriche[45]. La perspective d'une domination allemande en

Europe centrale, en particulier sur l'Autriche, constituait une menace pour Mussolini et, quand le chancelier Engelbert Dollfuss fut assassiné par des nazis autrichiens en juillet 1934, les troupes italiennes furent mobilisées pour garder le col alpin du Brenner. En avril 1935, Mussolini rejoignit la France et la Grande-Bretagne sur le « front de Stresa », en partie pour bloquer les mouvements allemands destinés à contrôler l'Autriche. L'opposition occidentale à la guerre éthiopienne et la neutralité allemande entraînèrent alors une évolution majeure. Mussolini signifia qu'il ne s'opposerait plus à ce que l'Autriche passât sous l'égide de l'Allemagne et donna son feu vert à la réoccupation allemande de la Rhénanie en mars 1936. À l'automne, les forces italiennes et allemandes testèrent leur armement en soutenant les nationalistes dans la guerre civile espagnole. Mussolini avait tourné le dos à l'Occident et s'était engagé en novembre 1936 dans le nouveau pacte de l'Axe proclamé entre l'Italie et l'Allemagne.

Sa visite officielle en Allemagne en 1937 modifia psychologiquement ses relations avec Hitler. Le Duce fut tellement impressionné par le Führer, par ce qu'il avait vu en Allemagne et appris de son réarmement, que son sentiment de supériorité se mua en complexe d'infériorité naissant[46]. Il ne tarda pas à se mettre au diapason de Hitler. Il ne put qu'avaliser l'annexion de l'Autriche et le démembrement de la Tchécoslovaquie en 1938. Lorsque les troupes allemandes envahirent ensuite le reste de la Tchécoslovaquie en mars, Mussolini se plaignit simplement qu'à « chaque fois que Hitler prend un pays, il m'envoie un message[47] ». L'annexion de l'Albanie par l'Italie en avril 1939 ne consola guère sa fierté blessée.

Mussolini fut l'élément moteur dans l'assujettissement fatidique des intérêts italiens à ceux de l'Allemagne. Il n'y a pas le moindre doute là-dessus. Généralement sans consulter ou guère, c'est lui qui a pris les décisions liant l'Italie de manière irréversible au sort de l'Allemagne. Sa personnalité – son sentiment de fierté, sa confiance en lui, son exubérance, son optimisme exagéré et la certitude que l'histoire évoluait en faveur de l'Axe – constituait une part importante du processus. Son impatience face aux avis sceptiques, et à plus forte raison critiques, son impulsivité et sa tendance à laisser l'émotion l'emporter sur la raison parasitaient son jugement. Le cours de la politique étrangère n'était cependant pas de son seul fait, pas plus que les décisions imposées en mode dictatorial aux secteurs réticents du régime.

La classe dirigeante – dont le corps des officiers, le parti, les chefs d'entreprise, les grands propriétaires fonciers, la bureaucratie de l'État, l'Église et le roi – avait soutenu la guerre en Éthiopie (dans un enthousiasme d'intensité variable sans doute) et l'évolution vers un alignement plus étroit sur l'Allemagne (mais avec plus d'appréhension)[48]. Gagner une guerre coloniale était une chose, s'engager dans une grande guerre européenne en était une autre. Les généraux qui avaient préconisé et conduit les bombardements de civils en Éthiopie puis en Espagne redoutaient de défier les puissances occidentales dans ce qui pouvait devenir une guerre longue pour laquelle l'Italie était mal équipée[49]. Ils n'étaient que trop conscients de la lenteur du réarmement. Le manque d'efficacité industrielle et de capacité financière constituait un sérieux obstacle au renforcement rapide de l'armée. Les exigences économiques nationales freinaient un gros effort d'armement. Les dépenses militaires devaient même diminuer de 20 % en 1937-1938, et le grand programme de réarmement qu'autorisa Mussolini dans l'été 1938 ne put compenser d'emblée ces faiblesses. Tout en désirant faire la guerre, le dictateur fut obligé de reconnaître que « l'Italie avait besoin de dix ans de paix[50] ».

Alors que l'agression de Hitler entraînait l'Europe au bord de la guerre, il était manifeste que l'Italie ne bénéficierait pas de ce moment. Les chefs d'armée s'inquiétèrent de plus en plus d'un engagement belliciste auquel ils étaient si mal préparés. Mais ils suivirent malgré tout la politique de Mussolini. Il n'y eut aucun semblant d'opposition collective. Mussolini savait que l'opinion populaire ne voulait pas de participation à une nouvelle guerre. Les rapports de police révélaient également que la foi dans le fascisme s'étiolait. Et le lien à l'Allemagne était franchement impopulaire[51]. Mussolini n'était pas un fanatique racial comme Hitler. Mais l'antisémitisme faisait néanmoins partie de sa mentalité.

Son racisme était ancien et, personnellement, il contribua fortement à intensifier une campagne antisémite afin de revitaliser la dynamique déclinante du régime. 1938 marqua le point culminant d'une législation antijuive perverse[52]. Elle exploitait un sentiment antijuif présent en Italie qui, bien que guère comparable à celui de l'Allemagne, s'était grandement amplifié depuis l'arrivée au pouvoir du fascisme[53]. Tenter d'exacerber l'antisémitisme ne pouvait cependant pas occulter l'aversion généralisée d'une nouvelle guerre.

L'Italie fut encore plus ligotée à l'Allemagne en mai 1939 avec la signature du Pacte d'acier, alliance militaire d'assistance mutuelle entre pays en cas d'entrée en guerre. De ce fait, Mussolini soutenait de façon inconditionnelle un conflit allemand sur lequel il n'avait absolument aucun contrôle. À la mi-août, alors que l'affrontement était imminent, le roi déplora de manière cinglante l'état « pitoyable » de l'armée et affirma catégoriquement que l'Italie devait rester en dehors de la guerre. Il entendait être impliqué dans toutes les « décisions suprêmes[54] ». Mussolini ne pouvait prendre le risque d'un conflit que les forces armées n'étaient pas en mesure de mener. Alors même que les troupes allemandes étaient mobilisées, il dut admettre, à son grand embarras, que l'Italie n'était pas prête à se battre. Son prestige en prit un coup. Par la force des choses, il se contenta du statut inédit de « non-belligérance » – piètre publicité pour les valeurs martiales du fascisme.

Mussolini s'efforça de masquer sa grande déception de ne pouvoir participer à la guerre. Son bellicisme ne diminua en rien. Mais il lui fallait accepter que les préparatifs militaires prissent quelques années. La victoire étonnamment rapide de l'Allemagne sur la France en mai-juin 1940 modifia radicalement la situation. Le roi et les chefs d'armée, son gendre également, le comte Ciano, ministre des Affaires étrangères depuis 1936, tous se déclarant jusque-là contre l'intervention, virent désormais l'occasion de profits immédiats dans une guerre que l'Allemagne était certaine de gagner, semblait-il. Le 29 mai, Mussolini informa ses chefs d'armée de la décision – qu'il avait prise sans concertation – d'entrer en guerre.

Il n'y eut pas d'opposition. L'Italie s'engagea dans le combat le 10 juin, espérant gagner des territoires substantiels tout en évitant d'être entraînée dans un conflit prolongé. Mais il fallait une victoire rapide.

Le manque de préparation de l'Italie à une guerre longue ne se limitait pas au défaut de modernisation de son armement, à son déficit de production, à ses faibles réserves de matières premières et à la médiocre infrastructure industrielle de son économie. Le commandement militaire était un autre obstacle. Le 29 mai 1940, Mussolini avait pressé le roi de lui donner le commandement de la conduite politique et militaire de la guerre. Le roi avait cependant insisté pour se réserver le commandement suprême. C'était alors purement théorique. Mais, en 1943, cela s'avèrerait capital[55]. En l'occurrence, Mussolini assuma son rôle de chef militaire en amateur. La guerre l'occupait six à sept heures par jour. Il trouvait encore beaucoup de temps pour jouer au tennis, monter à cheval, améliorer son allemand, passer des vacances estivales sur la côte adriatique en 1940 et, surtout, son fort appétit sexuel ne diminuant en rien, inviter toutes sortes de partenaires à partager son lit l'après-midi[56]. Il ne se soucia guère de planifier une stratégie coordonnée, et les chefs des armées de terre, de l'air et de la marine n'étaient concrètement soumis à aucune intervention tranchante de la part du chef d'état-major, le maréchal Badoglio[57]. Les forces armées ne s'étaient pas suffisamment adaptées aux exigences d'une guerre d'un type nouveau, plus mobile. Le conservatisme enraciné et les tergiversations de Badoglio ainsi que des chefs des armées s'accordaient mal à l'impulsivité de Mussolini, à son impatience d'agir, à son savoir de dilettante en matière opérationnelle et à son insistance sur des notions aussi nébuleuses que la volonté et l'« énergie extrême[58] ». Mussolini fut le principal responsable de la conduite désastreuse de la guerre. Mais les militaires en furent les complices volontaires. La catastrophe prévisible fut celle de tout un système et non d'un seul homme.

Le chemin vers l'abîme est bien connu. La décision d'attaquer la Grèce, que Mussolini prit seul et de manière irréfléchie à la mi-octobre 1940 malgré les avertissements de l'armée, tourna à l'humiliation. (Au moins, l'ordre que donna Mussolini de raser toutes les villes grecques de plus de 10 000 habitants ne put être exécuté.) L'Italie perdit la guerre maritime, ses faibles défenses aériennes permettant aux bombardiers britanniques de détruire les navires de guerre italiens à Tarente à la mi-novembre 1940. Le pire restait à venir. Sur les 230 000 hommes envoyés combattre dans les étendues glacées d'Union soviétique, la moitié ne revint pas. Les atermoiements militaires en Afrique du Nord permirent aux forces britanniques de prendre finalement le dessus, entraînant une défaite désastreuse des Italiens dont 400 000 soldats environ furent faits prisonniers par les Alliés[59]. La force d'occupation italienne en Croatie, en dépit d'une grande barbarie[60], se révéla incapable de vaincre le mouvement partisan. Les raids aériens s'intensifièrent sur les villes italiennes dans la première moitié de 1943, la défense s'avérant lamentablement insuffisante. Les bombardements intensifs des grands centres industriels en Italie du Nord – Gênes, Turin et Milan – sapèrent le moral et augmentèrent les troubles qui prirent un tour ouvertement politique parmi les ouvriers des grandes usines d'armement. Croissant dès l'automne précédent, le sentiment contre la guerre et l'hostilité envers le régime mussolinien, accompagnés d'une dégradation dramatique des niveaux de vie, entraînèrent des grèves dommageables, notamment dans les gigantesques usines Fiat à Turin en mars-avril 1943[61]. Le 10 juillet, les Alliés débarquèrent en Sicile. Le bombardement de Rome, le 19 juillet, fut à la fois un choc et le signal clair que le leadership de Mussolini menait l'Italie à la ruine totale. Les chefs d'armée et le roi lui-même cherchaient désormais à prendre leur distance avec la catastrophe imminente et à nier leur responsabilité en jetant le blâme entier sur Mussolini.

Au-delà de la monarchie comme alternative légitime se profila alors une autre faiblesse structurelle de la dictature de Mussolini. Le Grand Conseil fasciste n'avait été jusque-là qu'un organe d'acclamation sans pouvoir. Devenu institution d'État en 1928, il enregistrait simplement les décisions du Duce qui le convoquait rarement et accaparait la plus grande partie du temps de parole quand il le réunissait. Il demeura néanmoins un foyer potentiel d'opposition collective en cas de mobilisation pour une action indépendante. C'est précisément ce qui arriva en 1943.

En coulisse, les chefs fascistes cherchaient un moyen d'échapper à la ruine qui s'annonçait et ne souhaitaient pas être descendus en flammes avec les radicaux du parti. Mussolini ne s'opposa pas à un rassemblement du Grand Conseil. Il s'attendait à des critiques mais ne craignait rien de plus. Et l'assemblée forcerait ses détracteurs à se déclarer. Curieusement, il ne pressentit pas ce qui allait venir. Peut-être les troubles gastriques sévères dont il souffrait depuis quelques mois émoussèrent-ils sa vigilance et ses forces. Il fut en tout cas inhabituellement passif. Au cours des dix heures de séance dans la nuit du 24 au 25 juillet, passé les affirmations rituelles de loyauté, son leadership fut fortement critiqué. Le dictateur se déclara prêt à ce qu'on rétablît le roi en tant que commandant en chef effectif. Dino Grandi, ancien chef de Bologne, brièvement ministre des Affaires étrangères puis un temps ambassadeur à Londres, parvint à proposer une motion restituant certains pouvoirs à la monarchie. Fait remarquable, Mussolini autorisa le vote et perdit : sur les vingt-huit dirigeants fascistes, pas moins de dix-neuf approuvèrent la résolution de Grandi.

À ce stade, Mussolini semblait encore inconscient de la gravité de sa situation. L'après-midi du 25, il se rendit auprès du roi pour lui faire un bilan de la réunion du Grand Conseil, sans aucun pressentiment. Lors de la courte audience, cependant, le roi lui déclara qu'il était devenu l'homme le plus haï d'Italie, que la guerre était perdue, que le moral de l'armée s'effondrait et qu'il le remplaçait par le maréchal Badoglio au poste de Premier ministre. À sa sortie, les gardes qui l'attendaient l'arrêtèrent et le placèrent en détention. Tout cela avait été préparé en secret depuis un certain temps. Il n'y eut aucun soulèvement fasciste pour sauver le Duce. Son pouvoir s'évapora tout bonnement. Limité au rôle d'accessoire consentant pendant plus de vingt ans, le roi se surprit peut-être lui-même par la facilité avec laquelle il put écarter le dictateur jadis puissant.

La nécrologie politique de Mussolini avait cependant été écrite de façon prématurée. Le 12 septembre – quatre jours après la reddition de l'Italie aux Alliés –, les Allemands l'évacuèrent de manière spectaculaire de son lieu d'internement dans une station de ski des Apennins. Il fut bientôt rétabli dans ses fonctions, son quartier général se situant près de Salò, au bord du lac de Garde, dans le nord de l'Italie, mais en tant que chef de gouvernement d'un État fantoche allemand dans la moitié du pays que les Alliés n'avaient pas encore conquise. Il avait beaucoup maigri, souffrant de douleurs gastriques presque constantes, et était affaibli dans tous les sens du terme. Il avait cependant récupéré une grande partie de son énergie. Il se voyait raviver le fascisme, éliminer les traîtres et laver l'Italie de son humiliation[62]. Il gardait l'illusion d'être celui qui conduirait le renouveau national.

Dans ces derniers mois, il revint aux racines radicales avec lesquelles il n'avait jamais complètement rompu. Sous son autorité, la République de Salò (officiellement République sociale italienne) incarna le fascisme sous sa forme la plus sanglante, la plus brutale et la plus impitoyable. Les Allemands ont assurément soutenu son régime mais n'ont ni imposé ni ordonné ses actions. Alors qu'ils n'avaient pas besoin d'encouragement, il incita la milice, les formations policières et les fascistes fanatiques à exécuter sans pitié les partisans antifascistes. Les escadrons de la mort terrorisaient tous ceux qui semblaient présenter une menace ou être un adversaire potentiel. Le régime était violemment antisémite. En novembre 1943, il déclara les Juifs « membres d'une nation hostile ». Le mois précédent, les Allemands avaient initié et mis en œuvre la déportation des Juifs de Rome. Averti depuis 1942 du programme d'extermination nazi, Mussolini resta silencieux. Sa police de sécurité aida à rafler les Juifs et à les remettre aux Allemands[63]. Dans sa dernière phase, la dictature de Mussolini se résuma à une guerre civile au cours de laquelle des dizaines de milliers de fascistes et d'antifascistes s'entretuèrent[64]. Sans l'aide militaire et financière de l'Allemagne, la République de Salò n'aurait pu tenir tout au long de 1944 et jusqu'en 1945. L'imminence de la défaite allemande sonna son effondrement inéluctable. La fin approchant, les conditions de vie se dégradèrent considérablement, les partisans prirent le dessus et le soutien à

Mussolini se désagrégea, à l'exception de quelques dangereux jusqu'au-boutistes et fanatiques résiduels. Le dictateur autrefois puissant reprocha aux Italiens de ne pas être dignes de lui. Son sort fut scellé lorsque les Allemands, à son insu, arrangèrent un cessez-le-feu pour l'Italie avec les Alliés.

Vêtu d'un uniforme allemand, Mussolini s'enfuit vers le nord mais fut arrêté avec sa maîtresse, Clara Petacci, par les partisans près du lac de Côme et exécuté le 28 avril 1945. On ramena leurs cadavres à Milan, Piazzale Loreto, où s'était rassemblée une grande foule qui s'en moqua, les conspua et leur fit subir les derniers outrages avant de les pendre par les pieds dans une station d'essence à proximité.

Héritage

Mussolini légua un pays en ruine. Il avait précipité l'Italie dans une guerre causant une catastrophe nationale, ainsi que la mort et la destruction dans certaines régions d'Afrique et des Balkans. La classe politique italienne tout entière, malgré quelques réticences, l'avait soutenu plus de vingt ans. Bien que difficiles à comptabiliser, un grand nombre d'Italiens, au-delà de ceux qui s'étaient engagés dans le Parti fasciste, l'avaient appuyé à l'apogée de sa puissance. S'il n'était pas seul en cause dans la catastrophe italienne, Mussolini en a cependant été le principal moteur et de toute évidence le premier responsable. Sans lui, le cours de l'histoire italienne aurait été moins désastreux, certainement différent.

Une partie de cette histoire, qui a contribué à rendre Mussolini possible, se trouve dans les prétentions de l'Italie à devenir une grande puissance. Il a profité de ces aspirations, les a magnifiées au travers de la conquête impérialiste, mais a fini par les anéantir une fois pour toutes. Après la guerre, l'avenir de l'Italie consista à nier pratiquement tout ce que Mussolini avait défendu. Principalement sous égide américaine, la reconstruction abolit la monarchie, instaura une démocratie, l'État de droit, le pluralisme et une économie de marché (même si l'État intervenait encore largement) qui ouvrit l'Italie au commerce extérieur. Alors que Mussolini avait recherché la conquête et la domination, l'Italie d'après guerre s'est orientée vers la coopération internationale et, en 1951, a été l'un des membres fondateurs de l'entité supranationale qui est devenue la Communauté économique européenne (puis, bien plus tard, l'Union européenne). Cependant, la corruption de la politique et de la vie publique, présente avant Mussolini et qui s'épanouit sous son régime, persista. Il en fut de même de l'anticommunisme, élément de l'arsenal rhétorique du Duce, exploité dans une large mesure comme produit dérivé de la guerre froide. Les communistes furent donc chassés du gouvernement en 1948 et la démocratie chrétienne conservatrice resta dominante, soutenue par l'Église catholique comme l'avait été le fascisme.

Le chaos qui suivit la fin de la guerre fut le legs immédiat de Mussolini. Les partisans se vengèrent d'abord férocement[65]. Dès la fin de 1945, toutefois, en partie sous la pression des Américains, les purges « sauvages » furent canalisées vers des procédures judiciaires. Trop de gens avaient un intérêt direct à éviter que l'on continuât à remuer les braises ardentes de leur complicité avec le fascisme. La plupart des crimes de guerre furent amnistiés en juin 1946, ce qui permit aux fonctionnaires, aux policiers et aux juges qui avaient servi sous les ordres de Mussolini de poursuivre généralement une vie publique[66]. Au sommet de la hiérarchie, les plus compromis avec le régime fasciste lui survécurent presque indemnes. Le roi Victor-Emmanuel III abdiqua et s'exila en Égypte. Le maréchal Badoglio, protégé par les Alliés, se retira dans sa maison de campagne et vécut assez longtemps pour écrire ses Mémoires égocentriques. Condamné en 1950 à dix-neuf ans de prison, le maréchal Rodolfo Graziani, surnommé le « boucher d'Éthiopie », fut relâché au bout de trois mois. D'autres responsables militaires et industriels s'en sortirent également sans grand dommage[67]. Reconstruire le pays – politiquement, économiquement, socialement – passait avant toute tentative approfondie de prolonger le jugement sur le passé. Cela correspondait à l'état d'esprit national. Après les traumatismes et les bouleversements, la plupart souhaitaient retrouver un semblant de « normalité ». Tirer un trait sur le passé fasciste convenait à la majorité des Italiens.

La droite et la gauche, dans leur désir de réhabilitation nationale, se sont curieusement accordées pour interpréter l'histoire. Des personnalités qui avaient joué un rôle important dans le parti, le gouvernement ou l'armée s'empressèrent de publier des Mémoires rejetant la faute sur Mussolini et les disculpant. La gauche mit en valeur la « véritable » Italie de la résistance antifasciste qui racheta l'honneur du pays, si gravement souillé par Mussolini. L'ancien dictateur et le soutien à son régime échappèrent ainsi à toute analyse sérieuse jusqu'à la parution de la gigantesque biographie de Mussolini en plusieurs volumes par Renzo De Felice, à partir des années 1960[68]. L'ouvrage donnait de Mussolini une image sympathique : un dictateur qui avait unifié une société très profondément divisée, contraint par les Allemands à abandonner sa stratégie pertinente de concentration sur la Méditerranée, qui ne partageait pas l'obsession antijuive de Hitler, mais que la subordination à son alliance avec l'Axe finit par conduire à sa perte[69].

Peu d'Italiens ont parcouru ces milliers de pages biographiques. Mais, d'une certaine manière, l'énorme publicité accompagnant la publication de De Felice a marqué[70]. Il était commode de voir en Mussolini un dictateur essentiellement modéré qui, en dépit de ses erreurs, avait voulu le meilleur pour son pays. Les crises gouvernementales endémiques ont sans aucun doute nourri *un* courant sous-jacent, au sein de la culture politique pluraliste italienne, disposé – en théorie du moins – à accepter une main forte pour éradiquer la classe politique corrompue et imposer l'ordre[71]. Une part importante de l'opinion publique était prête à passer outre les défauts de personnalité et les décisions désastreuses d'un chef populiste promettant une réforme de fond et un renouveau national. On retrouve ce courant dans les années 1990, à la suite d'un énorme scandale de corruption, avec le personnage burlesque de Silvio Berlusconi : sa vie privée haute en couleur, le contrôle des médias, le style populiste et la création d'un nouveau parti (Forza Italia) pour défier l'establishment, faire entrer des néofascistes au gouvernement et revitaliser le pays sont autant d'échos au passé. Près de la moitié des personnes interrogées en 2019 souhaitaient un homme fort au pouvoir, qui n'ait de compte à rendre ni au Parlement ni au corps électoral, preuve que le fantôme de Mussolini n'était pas encore complètement exorcisé[72].

L'héritage politique de Mussolini est directement préservé par un parti néofasciste, fondé en 1946, le Movimento Sociale Italiano. S'il a rarement obtenu plus de 6 % des suffrages aux élections, il a nourri des courants plus larges de la politique italienne. Les luttes intestines entre factions et les adaptations politiques ont entraîné ces dernières décennies des modifications de nom et une certaine distanciation par rapport à Mussolini. Les niveaux de soutien résiduel au néofascisme sont restés dans l'ensemble inchangés.

Un noyau dur restreint de sympathisants fascistes irréductibles a continué d'aduler Mussolini. Chaque année, des milliers d'entre eux se rendent encore en pèlerinage sur son lieu de naissance dans la commune de Predappio. Après sa mort, de fervents néofascistes avaient découvert et exhumé sa dépouille d'une tombe anonyme dans un cimetière milanais. Très secrètement conservée dans un couvent franciscain près de Milan pendant onze ans, elle fut ensuite réinhumée dans la crypte familiale de son hameau natal en 1957. Pour le centième anniversaire de sa naissance, en 1983, plus de trente mille néofascistes sont allés lui rendre hommage. S'ils ne sont plus aussi nombreux, ils continuent de s'y rendre. Mussolini mort rentabilise les affaires de Predappio[73].

Les visites d'un tout petit nombre d'Italiens à ce sanctuaire ne sont que des voyages sur le chemin de la nostalgie pour ceux qui ne veulent rien apprendre ou un aspect du tourisme lié à Mussolini. Son ombre plane toujours sur l'Italie d'aujourd'hui, mais elle est floue et s'estompe. Peu d'Italiens se souviennent concrètement de lui et il n'occupe pas ou guère leur vie quotidienne. Selon un sondage de 2018, près des deux tiers en ont une vision négative[74]. Ils reconnaissent, comme le monde extérieur, son rôle dans la guerre, la souffrance et le désastre qui frappèrent leur pays et au-delà, dans des régions d'Afrique et en Europe.

Le 20 avril 1944, à l'occasion de son cinquante-cinquième anniversaire : Hitler en pleine discussion lors d'une réception au Berghof, sa résidence alpine de l'Obersalzberg, près de Berchtesgaden. Les festivités furent discrètes en raison de la dégradation rapide de la situation militaire. À gauche, on reconnaît Hermann Göring.

3

Adolf Hitler

Instigateur de la guerre et du génocide

« En toute modestie, je dois nommer ma propre personne : irremplaçable. […] Le destin du Reich dépend de moi seul[1]. » Le 23 novembre 1939, Hitler exhortait ses officiers à se préparer à attaquer sans délai la France et la Grande-Bretagne. À ses yeux, il marchait dans les pas des « grands hommes de l'histoire allemande ». Beaucoup d'Allemands eussent reconnu que Hitler était irremplaçable. Et plus que jamais à la suite de la victoire étonnante sur la France, au mois de juin suivant, ils eussent souscrit à sa prétention à la « grandeur ».

Cinq ans plus tard, nombre de ceux qui l'avaient loué le condamnaient. Si 10 % des personnes interrogées par sondage continuaient de l'approuver en 1950, la plupart des Allemands s'étaient retournés contre lui au moment des procès de Nuremberg, où furent jugés les grands criminels de guerre (novembre 1945-octobre 1946)[2]. D'autres nazis éminents, dont certains s'étaient, comme Hitler, suicidés à la fin de la guerre, étaient bien entendu aussi tenus pour responsables de la « catastrophe allemande ». Mais le « principe du Führer », qui avait sous-tendu le régime nazi, permit aux chefs nazis subalternes qui survécurent de prétendre n'avoir fait qu'obéir aux ordres. Les chefs militaires proférèrent la même excuse : malgré leurs objections, leur serment d'allégeance à Hitler les avait obligés à exécuter les « ordres du Führer ». La Wehrmacht n'avait pas trempé dans les crimes de guerre et le génocide, protestèrent-ils ; ils étaient l'œuvre de Hitler, de son chef de la police ultra loyaliste Heinrich Himmler et des SS. Les grands commis de l'État prétendirent avoir simplement accompli leur devoir en exécutant les ordres et avoir fait leur possible pour atténuer l'effet de ce qui était inhumain. Les gens ordinaires déclarèrent avoir été impuissants dans l'État policier totalitaire que Hitler avait construit. D'une manière ou d'une autre, Hitler était l'alibi d'une nation.

Une réaction violente à la personnalisation extrême de l'interprétation historique survint au cours des années 1960. Le rôle de Hitler se trouva de ce fait dilué : à peine plus qu'un représentant et un défenseur de puissants intérêts – politiques, économiques, sociaux et militaires. Loin d'être un dictateur ayant exercé le pouvoir seul et sans entraves, on tendait à considérer qu'il avait agi en réponse à des pressions internes et externes structurelles. Nul ne doutait de ses dons pour la propagande démagogique. En dehors de cela, cependant, il apparaissait comme l'archétype de « l'homme sans qualités ». S'il était résolu à défendre son prestige et son autorité, il était par ailleurs indécis et incertain et, pour les questions fondamentales, sous l'influence de son entourage : bref, un « dictateur faible[3] ».

Hitler, semblait-il, avait été soit tout-puissant, soit à peine plus qu'un numéro. Les interprétations se polarisaient dans un jeu à somme nulle. Était-ce inévitable ? On pouvait certes considérer Hitler comme le facteur décisif de la politique suivie tout en acceptant qu'il ait été sujet à d'autres forces, intérieures et extérieures, que la dictature était loin d'être un « one-man show ». La question essentielle est de savoir comment opérait le pouvoir de Hitler : où son rôle soutenait d'autres intérêts dans la structure de la dictature, où il les recoupait, les servait ou les éclipsait. Tout essai de réponse devait tenir compte de la personnalité de Hitler. Mais elle ne saurait être l'unique ressort. Dans quelle mesure fut-elle importante dans son ascension au pouvoir puis dans le fonctionnement de la dictature ? Prit-il personnellement les décisions cruciales ? En ce cas, exprima-t-il un consensus préexistant ou passa-t-il outre à l'opposition ? Était-il capable de dominer les forces qui l'entouraient ? Aurait-il pu agir autrement, adopter d'autres politiques ? Était-il vraiment en position, comme il le prétendit en 1939, de déterminer le destin de l'Allemagne ? Et, en ce cas, comment cela fut-il possible ?

Personnalité et débuts politiques

Parmi tous les responsables politiques du XXe siècle, Hitler possédait peut-être le visage le plus reconnaissable. Il a fini par représenter la figure du mal en politique avec sa moustache en brosse à dents et sa mèche de cheveux raides tombant de droite à gauche sur le front, son regard fixe et son air dur et fermé. Pour ses adversaires, ses traits se sont toujours prêtés aux caricatures, au mépris et au ridicule. Pour ses millions de partisans, dans le Troisième Reich, il était en revanche le visage de la grandeur politique. Pour eux, il représentait l'autorité, la force de la volonté, des qualités « viriles », un courage intrépide et un paternalisme austère. Il incarnait le triomphe sur l'adversité, la grandeur nationale et la puissance militaire allemande. Quels que fussent les portraits et la façon dont ils étaient perçus, l'image elle-même était un produit des techniques suggestives de la propagande moderne. Sur les photos de ses premières années, le visage de Hitler ne se distingue en aucune façon : ni beau ni repoussant, juste quelconque[4].

Il était d'une taille moyenne (un mètre soixante-douze, un peu plus grand que Mussolini ou Staline). Il n'avait pas un physique athlétique et, à la différence de Mussolini, évitait toute pose sportive qui pouvait susciter la moquerie. Au début des années 1920, il avait paru bizarre quand il était apparu dans les salons de Munich avec son long trench-coat, ses guêtres et sa cravache. À l'époque, quand il se détendait en Bavière, il aimait porter la culotte courte traditionnelle (*Lederhose*). Pour se donner un air martial, il portait souvent l'uniforme du parti puis, au cours de la Seconde Guerre mondiale, un uniforme militaire. Autrement, il semblait gauche en costume-cravate, surtout quand les occasions officielles exigeaient une tenue de soirée.

Ses premières années avaient été troublées. Au moment de la naissance d'Adolf, en 1889, son père, Alois, était un petit fonctionnaire des douanes installé à Braunau am Inn, de l'autre côté de la frontière bavaroise. C'était un homme dur, irascible et autoritaire. En compensation, sa mère douce et soumise, Klara, couva le garçon, surtout après la mort de son mari en 1903. Elle mourut d'un cancer en 1907. Pour Adolf suivirent des années malheureuses à Vienne. Ayant dépensé tout l'argent dont il avait hérité, force lui fut d'entrer dans un foyer pour vagabonds et de vivoter en vendant des peintures de monuments. Il partit pour Munich en 1913. Le début de la guerre, l'année suivante, donna une cause au nationaliste allemand passionné qu'il était déjà.

Pour lui, c'était une cause assortie d'un but raciste. Les souffrances et sacrifices immenses en vaudraient la peine, vitupéra-t-il en 1915, si la patrie en sortait « purifiée et nettoyée des corps étrangers » et que « l'internationalisme intérieur » était brisé[5]. On conçoit que la mort et les destructions dont il fut quotidiennement témoin dès les premiers jours de la guerre amplifièrent son indifférence aux souffrances humaines et approfondirent la brutalité sans pitié qu'il manifesta par la suite en abondance. Il ne fut pas un « soldat du front », comme il le prétendit par la suite, mais resta derrière les lignes comme estafette. Les troupes du front méprisaient les estafettes, qui « se la coulaient douce » à leurs yeux, mais livrer des dépêches sur le front était parfois une mission dangereuse. On n'a aucune raison de douter que Hitler ait été un soldat scrupuleux et engagé. Blessé en 1916, il reçut la croix de fer de première classe en 1918 et, temporairement aveuglé par le gaz moutarde, finit la guerre à l'hôpital, où il séjournait quand il fut traumatisé par la nouvelle de la défaite de l'Allemagne[6].

De retour dans l'armée à Munich au milieu des troubles révolutionnaires, les mois suivants marquèrent son éveil politique. En avril 1919, l'éphémère « République des conseils » de Munich, sur le modèle soviétique, fut un tournant. Dès lors, ses supérieurs de l'armée virent en lui un talent utile pour contrer le socialisme et inculquer aux troupes un sentiment nationaliste. Ses préjugés et ses ressentiments, avec en leur cœur une haine extrême des Juifs, se figèrent en une idéologie – ou une « vision du monde », comme il disait – qui anima sa vie politique. D'où vint à Hitler son antisémitisme pathologique est une question qui n'admet pas de réponse définitive. Ses origines sont cachées, conjecturent les explications psychologiques. Mieux vaut y voir un processus : son exposition aux phobies antijuives quand il était à Vienne (une des villes les plus antisémites à l'époque), l'approfondissement de sa haine alors qu'il partageait avec tant d'autres l'idée que les Juifs étaient responsables de la défaite de l'Allemagne et de la révolution de 1918, puis sa cimentation comme pierre d'angle de sa « vision du monde » politique à Munich au cours de la première année de l'après-guerre. Kurt Eisner, le chef du gouvernement révolutionnaire bavarois assassiné en février 1919, était juif, tout comme plusieurs dirigeants (est-européens liés aux Bolcheviks) de la République des conseils, encore plus radicale, en avril. Le lien entre Juifs et révolution socialiste se grava définitivement dans l'esprit de Hitler.

La signification de l'antisémitisme pour la conduite ultérieure du parti et de l'État hitlériens est autrement plus importante que les conjectures sur ses origines. L'obsession de détruire la puissance des Juifs (telle qu'il la voyait) et, finalement, de détruire les Juifs physiquement en vint à former le cœur de sa motivation politique personnelle. On ne pourrait restaurer la grandeur perdue de la nation qu'en détruisant leur pouvoir et leur influence. Dans sa pensée pervertie, les Juifs étaient la cause de l'humiliation nationale à la fin de la Première Guerre mondiale. Ils avaient fomenté des troubles à l'intérieur. Dans sa rapacité, le « capital financier juif » avait immensément profité de la guerre aux dépens du peuple allemand. Dans son idée, le pouvoir des Juifs était envahissant : il fallait donc les détruire partout. Une autre guerre serait nécessaire pour détruire les destructeurs, défaire le passé, réécrire l'histoire et asseoir la domination allemande en Europe. Tout cela appartenait à l'avenir, mais le noyau de sa réflexion remontait aux années qui suivirent la Grande Guerre.

Dès septembre 1919, manifestement considéré dans ses cercles militaires comme un « expert » de la « question juive », il soutenait que le « but final » d'un gouvernement national devait être « l'élimination complète des Juifs »[7]. Ce n'était pas un projet d'Holocauste, mais il s'était convaincu que les Juifs étaient la racine de tout mal. L'idée acquit dans son esprit une force explicative universelle. Leur puissance avait apporté la défaite et la révolution sociale en Allemagne. Bientôt, il devait voir leur puissance derrière le capitalisme anglo-américain, qui avait financé l'effort de guerre allié, mais aussi leur force dominante dans la menace croissante du bolchevisme. Quand il écrivit les deux volumes de *Mein Kampf* entre 1924 et 1926, il avait ajouté une seconde clé de voûte à son édifice idéologique[8]. Il s'était convaincu que, pour assurer son avenir économique, l'Allemagne devait conquérir un « espace vital » à l'Est. Or, l'Europe orientale et la Russie étaient parsemées de peuplements juifs. Une guerre pour l'« espace vital », même si Hitler ne devait l'exprimer clairement que des années plus tard, signifiait implicitement une guerre pour détruire les Juifs[9]. Ces idées jumelles – destruction des Juifs et acquisition de l'« espace vital » – formaient le noyau d'une idéologie qui devait rester foncièrement la même jusqu'à sa mort en 1945, dans le bunker de Berlin.

La transformation progressive de cette « vision du monde » personnelle en politique de l'État après l'accession de Hitler au pouvoir fut loin d'être un processus linéaire. La personnalité de Hitler n'en fut qu'un élément. En tout état de cause, il n'est pas toujours facile de la séparer de l'imagerie qui l'enveloppa du jour où il devint célèbre et, surtout, après qu'il eut acquis le pouvoir de l'État. Certains traits de caractère durables et saillants, peut-être proches de ceux de son père, n'en sont pas moins discernables dans ses premières années. Il était déjà autoritaire, colérique, intolérant et égocentrique. Pointaient des signes d'amertume et de rancœur, mais aussi de fortes aversions qui pouvaient aisément se muer en haine. Étaient-elles le fruit de son expérience personnelle, d'une humiliation profonde ayant laissé une marque indélébile, de sa déchéance de vagabond à Vienne ? À travers les brumes du temps, il est impossible de repérer ce qui aurait pu blesser son amour-propre au point de nourrir en lui une haine aussi profonde et dévorante.

Sans être forcément attachants, d'autres traits ne trahissaient guère un individu susceptible de changer le monde. Totalement dépourvu d'humour, il était prude, obsédé par la propreté. Il avait des idées grandioses – et très dogmatiques – en matière d'architecture, d'art et de musique ; mais s'il s'y connaissait vraiment, il était loin d'avoir l'esprit ouvert. Assurément intelligent, il était doué d'une excellente mémoire. Mais il manquait de diligence et d'application à l'école et, par la suite, ne fit aucun effort pour obtenir un diplôme d'art ou d'architecture après avoir échoué aux sévères conditions d'admission de l'Académie des beaux-arts de Vienne en 1907. Comme d'autres autodidactes, c'était un Je-sais-tout aux opinions arrêtées plus ou moins sur tout et prompt à les exprimer.

Il était peu liant dans sa jeunesse. Sa personnalité était plutôt rebutante. Sans surprise, peut-être, il avait peu d'amis proches. Son seul ami d'enfance semble avoir été August Kubizek, qui l'écoutait, admiratif, pontifier sans fin sur l'architecture ou les opéras de Wagner. Quelques années plus tard, Hitler eut un autre ami intime, Ernst Schmidt, qui servit avec lui comme estafette du régiment tout au long de la guerre et semble avoir été impressionné par sa « nature artistique »[10]. Il s'entendit assez bien avec les autres estafettes, qui le trouvaient cependant un peu bizarre. Après ses débuts en politique à la suite de la guerre, son entourage demeura presque entièrement dominé par les hommes. Avant l'entrée en scène d'Eva Braun en 1931 (elle resta avec lui jusqu'à leur mort commune dans le bunker), il n'eut pas d'amies intimes durables. Ses rares relations (par exemple, avec Maria Reiter au milieu des années 1920, puis avec sa nièce Geli Raubal, qui se suicida en 1931 dans son appartement de Munich) furent de courte durée et avec des femmes bien plus jeunes que lui (c'était aussi le cas d'Eva Braun). Impossible de déterminer la part de vérité dans les allégations scabreuses de ses ennemis politiques au sujet de ses perversions sexuelles. La sexualité de Hitler a toujours suscité des spéculations, sans qu'on puisse apporter de réponses définitives[11]. En tout état de cause, elles ne sauraient expliquer en quoi que ce soit l'impact de sa personnalité sur le cours politique suivi par l'Allemagne et l'Europe vers la guerre et le génocide.

Une fois Hitler entré en politique, ses traits de personnalité purent devenir des atouts : les opinions tranchées, l'intolérance et un extraordinaire talent pour la rhétorique démagogique invisible dans la première moitié de sa vie caractérisèrent l'étoile politique montante. Jusqu'en 1919, cependant, personne n'était très impressionné ni n'attachait d'importance à ce qu'il disait.

Cela devait bientôt changer. Dans l'été 1919, chargé par l'armée de donner des cours aux hommes sur le point d'être démobilisés, Hitler commença par leur montrer comment chauffer le public par une rhétorique enflammée. Cette capacité se manifesta de nouveau quand, en septembre 1919, il assista à Munich à un meeting du Parti ouvrier allemand, chargé par ses supérieurs de rendre compte de ses activités. Après son adhésion ce même mois à ce petit parti – à l'époque, l'Allemagne comptait soixante-treize partis de ce type –, il ne tarda pas à devenir son orateur vedette dans les brasseries munichoises. Le 24 février 1920, dans un discours caustique devant deux mille personnes, il exposa en vingt-cinq points le programme du parti désormais rebaptisé Parti ouvrier allemand national-socialiste, ou Parti nazi. Sa « carrière » politique était lancée.

Son auditoire n'aurait pu imaginer que, treize ans plus tard, il serait nommé chancelier du Reich. Pour que cela se produise, il fallait que le pays subît une transformation fondamentale. Certes, la personnalité de Hitler y joua un rôle mais, sans les changements qui balayèrent l'Allemagne, il n'aurait pas été en position d'influencer le destin du pays.

Sans l'impact cuisant de la Première Guerre mondiale sur l'Allemagne, Hitler serait resté un néant politique. Sans l'effet dévastateur de la crise du début des années 1930 sur le pays, jamais on n'aurait vu en lui un possible chef de gouvernement. Et sans l'empressement de la petite mais influente section de l'élite politique qui avait l'oreille du président du Reich, Hitler n'aurait pas été nommé chancelier. Telles furent les conditions préalables essentielles dans lesquelles la personnalité de Hitler s'imposa.

Conditions préalables du pouvoir

L'Allemagne fut traumatisée par l'héritage de la guerre, la défaite et la révolution – le pays parut parfois au bord de la guerre civile. La peur du communisme s'amplifiait tandis que la presse de droite se répandait sur les horreurs en Russie. La vie politique se polarisa. La jeune démocratie se trouva en danger. En mars 1920, une grève générale empêcha un coup d'État de droite. Peu après, l'armée écrasa une « Armée rouge » des travailleurs dans la Ruhr. En 1921, la police prussienne réprima une tentative de soulèvement communiste dans la Saxe. Les violences paramilitaires étaient courantes. Les assassinats politiques, le plus souvent du fait de l'extrême droite, se comptaient par centaines. La haine du traité de Versailles (conclu en juin 1919), qui avait imposé au pays vaincu des pertes de territoire importantes et des réparations colossales, entretint la fièvre politique. Le pays connut une nouvelle ébullition en 1923 quand un défaut de paiement sur les réparations se solda par l'occupation française de la Ruhr et l'hyperinflation.

La personnalité de Hitler commença à avoir une influence dans la pépinière politique de Bavière, qui devint le havre de l'extrême droite antirépublicaine. Sa rhétorique enflammée convenait parfaitement à l'atmosphère. Son style oratoire attirait les foules dans les brasseries de Munich et le rendit indispensable au petit mouvement nazi en pleine expansion. Sa condamnation tapageuse de la nouvelle démocratie et son nationalisme raciste à l'extrême étaient ce que son public voulait entendre. Attiser la violence contre les ennemis politiques et lancer des attaques au vitriol contre les Juifs, cause de tous les maux du pays, s'accordaient aux préjugés de ses auditeurs. Hitler parlait leur langage. Son talent de tribun procédait de sa capacité à transmettre en termes simples, directs et chargés d'émotion la colère, le ressentiment et la haine qui brûlaient sa psyché.

En 1921, dans une première manifestation de ses caprices de *prima donna* – trait de sa personnalité –, Hitler profita de ce qu'il était indispensable pour prendre le contrôle absolu de la direction du parti. En 1923, il manœuvra pour jouer un rôle dirigeant sur l'imposante scène paramilitaire de Bavière. Ce fut le tremplin de sa tentative de putsch ratée du 9 novembre. Son arrestation, son jugement et son emprisonnement auraient dû sonner le glas de sa carrière politique. Convaincu de haute trahison, il aurait dû purger dans le meilleur des cas une longue peine de prison, voire être condamné à mort[12]. En fait, la clémence des autorités bavaroises lui permit de transformer son procès en tribune de propagande pour la cause nationaliste et de profiter de son incarcération particulièrement courte – juste cinq ans, mais il fut remis en liberté conditionnelle après huit mois – pour asseoir sa domination sur l'extrême droite. Dans sa cellule confortable, Hitler écrivit le premier volume de *Mein Kampf* et reçut des messages chaleureux de ses partisans, ce qui le renforça dans son sentiment déjà croissant d'être le Chef que l'Allemagne attendait. En réalité, peu l'attendaient vraiment. Le Parti nazi interdit avait éclaté en factions rivales. La stabilité économique se rétablit ; la démocratie en sortit ébranlée, mais intacte. Après tout, il semblait qu'elle eût un avenir. La perspective de voir Hitler approcher des portes du pouvoir paraissait lointaine.

Si la crise économique ne s'était pas installée à partir de 1930, l'Allemagne aurait été épargnée par la dictature de Hitler et tout ce qui s'est ensuivi. Aussi longtemps que les progrès économiques se poursuivirent, jusqu'en 1929, l'accès au pouvoir resta fermé à Hitler. La crise était son oxygène. Sans elle, il ne pouvait séduire qu'une frange politique radicale. Et, à moins d'accéder au pouvoir dans un avenir prévisible, son magnétisme se dissiperait ; très probablement sombrerait-il de nouveau dans l'insignifiance. Si la démocratie s'était consolidée, le mouvement nazi – refondé en 1925 et toujours enclin aux luttes de factions – aurait bien pu se désintégrer. Les élections générales de 1928 semblèrent indiquer que l'Allemagne était sur la bonne voie : les partis attachés à la démocratie avaient obtenu de bons résultats, les nationalistes étaient nettement battus, et le Parti nazi paraissait en passe de sombrer dans l'oubli ou de devenir surnuméraire. C'est le début d'une crise économique dévastatrice qui le sauva.

Jusque-là, Hitler n'avait pas vraiment réussi à influencer le cours des événements. En revanche, il avait su transformer le Parti nazi reconstitué en un « parti de chef ». L'obéissance inconditionnelle à sa volonté et la loyauté quasi féodale étaient les liens qui soudaient les éléments potentiellement centrifuges du mouvement[13]. L'« idée » du national-socialisme – sa vision de la renaissance nationale plutôt qu'un programme bien défini – devint inséparable de sa personne. Il jeta les bases de l'émergence du culte du Chef, encore confiné à ce stade aux petits effectifs des fidèles du parti. C'était, bien entendu, un produit fabriqué, soigneusement entretenu par la direction du parti et promu par une propagande incessante. Mais il reposait sur les attentes d'un « leadership héroïque » présentes dans les milieux nationalistes et populistes allemands dès avant la Première Guerre mondiale, avant de se répandre à droite à la faveur des épreuves de la démocratie dans les années 1920. On pouvait percevoir un ton presque messianique dans ces propos d'un théologien protestant nationaliste en 1932 : « Le véritable homme d'État unit en lui la paternité, l'esprit martial et le charisme. [...] Le véritable homme d'État est donc tout à la fois souverain, guerrier et prêtre[14]. »

Toutefois, la voie d'accès au pouvoir était loin d'être claire. La seule chose possible était une agitation incessante, et la conviction qu'il se passerait quelque chose, que les événements, le moment venu, prendraient un tour favorable. L'organisation du parti était aussi plus efficace qu'avant le putsch. Le mérite en revenait non pas à Hitler, mais à son principal lieutenant de l'époque, Gregor Strasser (qui s'était hissé au premier rang quand Hitler était incarcéré, en 1924). Les effectifs des membres du parti croissaient. Quand la Dépression commença à frapper l'Allemagne, autour de cent mille militants étaient prêts à exploiter la crise naissante.

Ce qui survint entre 1930 et 1933 fut bien plus qu'un marasme économique catastrophique : une crise globale de l'économie, de la société, de la culture et de l'État[15]. Les divisions aiguës à l'œuvre après la guerre, mais apparemment surmontées avec l'amélioration de la situation, resurgirent avec une force redoublée. Le fossé idéologique entre la gauche et la droite ouvrit un espace politique au populisme nationaliste le plus cru, quotidiennement martelé par un mouvement nazi en plein essor et accompagné par l'escalade de violence de son aile paramilitaire. Ce fut très efficace.

Sur le plan électoral, le Parti nazi connut une progression météorique : 2,6 % des voix en 1928, 18,3 en 1930, 37,4 en 1932 – ce qui en fit de loin le premier parti au Reichstag. En 1932, Hitler échoua de justesse à empêcher la réélection à la présidence du Reich de Paul von Hindenburg, le héros de guerre vénéré. Quand il accéda au pouvoir, en janvier 1933, le Parti nazi comptait près de 850 000 membres, et son aile paramilitaire, la SA (*Sturmabteilung*, Section d'assaut), 400 000 hommes, pas tous membres du parti. Le mouvement nazi était donc plus de trois fois plus grand que ne l'était le Parti fasciste quand Mussolini était arrivé au pouvoir en 1922.

La crise s'installant, Hitler s'imposa comme agitateur populiste, fustigeant les ennemis de l'intérieur et les injustices du « système » en partant de l'idée que la « haine est la seule émotion stable[16] ». Son style de campagne était moderne. En 1932, il fut le premier politicien à se rendre de ville en ville en avion pour prendre la parole dans les rassemblements où se pressaient des dizaines de milliers de personnes désormais attirées par son message. Quant au message en question, il le gardait délibérément ouvert : détruire ceux qui ruinaient l'Allemagne, mais aussi la démocratie qu'ils représentaient, et bâtir une nouvelle société – une « communauté du peuple » – sous son leadership. Il parlait moins directement des Juifs qu'une décennie auparavant, mais ne dissimulait pas ses vues, implicites dans sa dénonciation effrénée du système politique allemand. Les masses l'acclamaient en l'entendant prôner l'intolérance et affirmer sa détermination à balayer la démocratie. Pour ce faire, il lui fallait hériter du gouvernement, ce qu'une simple victoire électorale ne pouvait lui assurer.

En vertu de la constitution, c'est le président du Reich (le chef de l'État) qui nommait le chancelier (le chef du gouvernement). C'était un pouvoir réel, non une subtilité formelle. En août 1932, après la victoire retentissante du Parti nazi aux élections du mois précédent, Hindenburg refusa la chancellerie à Hitler. Cinq mois plus tard, en novembre 1932, après de nouvelles élections où le Parti nazi *perdit* 2 millions de voix et se retrouva par la suite dans une crise profonde, Hindenburg se ravisa et nomma Hitler chancelier du Reich le 30 janvier 1933. Ce sont les circonstances qui avaient changé, pas Hitler. Les semaines précédentes, celui-ci avait tout parié sur la chancellerie : pas question de se contenter de moins. Si le noyau dur de l'establishment politique n'avait pas été disposé à lui remettre ce qu'il voulait, probablement n'aurait-il rien eu.

La classe dirigeante nationale et conservatrice aida à creuser sa propre tombe entre 1930 et 1933[17]. Loin d'améliorer la situation, les coupes claires du chancelier Heinrich Brüning aggravèrent la crise économique. La démocratie devint ingérable, et le gouvernement recourut de plus en plus aux décrets d'urgence promulgués par le président. Le pays s'enfonçant dans la crise, Hindenburg remplaça Brüning par des chanceliers clairement antidémocrates : d'abord Franz von Papen puis le général Kurt von Schleicher. Aucun des deux ne réussit à offrir une solution à la crise multidimensionnelle sans faire entrer les nazis au gouvernement. Ils étaient disposés à le faire, mais pas à offrir la chancellerie à Hitler. Ils ne s'en trouvaient pas moins dans l'embarras. Ils pouvaient miner la démocratie, et ils le firent. Mais ils ne pouvaient la remplacer par le gouvernement autoritaire de leurs vœux, dirigé par la toute petite caste politique traditionnelle. Hitler avait le soutien des masses qui leur manquait. Il joua sur l'incapacité de l'élite conservatrice à garder le pouvoir sans son concours. Mais son prix restait élevé. Il réclama obstinément d'être nommé chef du gouvernement afin d'utiliser les pouvoirs du président du Reich pour contourner ceux du Parlement en promulguant des décrets d'urgence. Telle était la principale pierre d'achoppement dans les profondeurs de la crise de l'État.

En décembre 1932, face à la proposition d'entrer au gouvernement, sans la chancellerie, le Parti nazi faillit se disloquer quand Gregor Strasser se montra prêt à rejoindre le cabinet Schleicher en qualité de vice-chancelier. Hitler demeura intraitable : la chancellerie ou rien. Dans son bras de fer avec Strasser, Hitler triompha. Le parti lui confirma sa loyauté. Ce fut un moment crucial où l'histoire aurait pu suivre un autre cours. Vaincu, Strasser abandonna ses fonctions au sein du parti. Il appartenait au passé. De manière caractéristique, Hitler démantela la structure que Strasser avait construite[18]. La finalité du parti, stipula-t-il, était la propagande, la mobilisation et la loyauté envers l'idée incarnée dans le Chef. Contrairement à la dictature italienne, où le Grand Conseil fasciste finit par renverser Mussolini, le Parti nazi ne laissa jamais se développer un cadre institutionnel susceptible de défier en aucune façon la suprématie absolue de Hitler.

Dans l'impasse politique de janvier 1933 fut enfin trouvé l'accord qui donna à Hitler ce qu'il voulait. Le patronat, les gros propriétaires terriens et surtout l'armée – avant tout soucieuse de ne pas être entraînée dans la guerre civile qui menaçait –, tous recherchaient une solution autoritaire, mais pas nécessairement un gouvernement nazi. Von Papen finit par négocier l'accord qui donna la chancellerie à Hitler, mais l'entoura de conservateurs qui « l'apprivoiseraient » – du moins le pensait-il – quand il détiendrait les rênes du gouvernement. À midi, le 30 janvier 1933, jour fatidique pour l'Allemagne et l'Europe entière, le président Hindenburg nomma Hitler chancelier.

Dictateur

La rapidité avec laquelle Hitler consolida son emprise sur le pouvoir ne laissa pas d'étonner. Quelques mois lui suffirent pour accomplir ce qui avait demandé des mois à Mussolini.

Dans les semaines qui suivirent la prise du pouvoir, une vague de terreur vit la police, épaulée par des paramilitaires nazis et sans s'encombrer de subtilités légales, emprisonner des dizaines de milliers de communistes et de socialistes dans des prisons et des camps de fortune où ils étaient soumis à d'abominables traitements. Quiconque se mettait en travers du chemin des nazis était en danger. À cette époque, la principale cible était les ennemis politiques, mais les Juifs étaient déjà exposés aux attaques des brutes nazies et durent bientôt faire face au boycott de leurs commerces et à une législation discriminatoire.

Le 27 février 1933, dans la nuit, un pyromane incendia le Reichstag (le Parlement allemand) sans que l'on n'ait jamais pu établir clairement les responsabilités[19]. L'identité de l'auteur du feu a moins d'importance que ses conséquences : le lendemain, un décret d'urgence suspendait *sine die* les libertés civiles. Le 23 mars, une loi d'habilitation donna à Hitler des pouvoirs dictatoriaux, initialement pour quatre ans. Deux jours auparavant, il avait offert une image d'humilité et de modestie en s'inclinant devant le président Hindenburg à la théâtrale « Journée de Potsdam » – la cérémonie d'ouverture du Parlement mise en scène par le maestro de la propagande, Joseph Goebbels. Beaucoup de non-nazis, d'abord hésitants, furent conquis. Ils se félicitèrent du « renouveau national » (y compris de la répression brutale de la gauche) et se montrèrent prêts à donner une chance à Hitler de prouver qu'il n'était plus le fanatique d'un parti fauteur de troubles, mais qu'il avait la stature d'un homme d'État. Les mois suivants virent une avalanche de mesures : dissolution des partis d'opposition et interdiction des syndicats, tandis qu'en juillet le parti nazi resta le seul parti autorisé. Par une combinaison d'intimidations, de flatteries et d'enthousiasme pour le nouveau régime, les organisations et institutions qui avaient formé la base d'une vie sociale richement pluraliste furent nazifiées de force – ou s'empressèrent de se nazifier. Hitler eut étonnamment peu d'autres choses à faire que d'édicter le cadre de l'action pour accomplir en Allemagne cette transformation spectaculaire.

En juin 1934, cependant, il se vit contraint d'agir, et le fit implacablement pour écraser la seule menace restante pour son régime. Le chef des SA, Ernst Röhm, avait commencé à exiger bruyamment le parachèvement de la révolution nazie. Il entendait faire des SA la force dominante de l'État. Son ambition de transformer l'immense organisation paramilitaire en milice populaire constituait une menace évidente et directe pour un pilier essentiel du régime : l'armée (*Reichswehr*). La direction de l'armée lui ayant laissé croire qu'un putsch des SA était imminent, Hitler frappa férocement. Röhm, proche camarade de longue date, compta parmi les quelque deux cents victimes de la purge, de même que Gregor Strasser, l'ancien chancelier Kurt von Schleicher et un certain nombre de personnages qui avaient croisé Hitler dans le passé. Hitler assuma publiquement la responsabilité de cette meurtrière « action de nettoyage ». Fait remarquable, il en sortit incroyablement renforcé. L'étalage de cruauté révéla un régime qui, de toute évidence, ne s'arrêterait devant rien. Plus encore : la direction de l'armée était maintenant redevable à Hitler et impatiente de lui manifester son soutien loyal ; la justice approuva la tuerie extrajudiciaire au nom des intérêts de l'État ; et surtout, la SS (*Schutzstaffel*, « escadron de protection »), qui avait conduit l'« action », apparut comme le grand vainqueur et élargit sa base au sein du régime. Heinrich Himmler, son chef fanatique, reprit à Hermann Göring la direction de la police politique. La SS se transforma en une organisation unique, associant des pouvoirs légalement illimités sur la police et les camps de concentration à un statut de corps d'élite dont le dynamisme idéologique visait à éradiquer les ennemis de l'intérieur et à bâtir une société racialement pure.

Début août 1934, à la mort de Hindenburg, Hitler saisit l'occasion pour devenir chef de l'État. Son pouvoir était désormais absolu. Il ne pouvait être écarté que par un coup d'État hautement improbable de l'armée ou des SS ou un assassinat commis par un inconnu (ainsi en novembre 1939, quand l'attentat échoua de justesse). La puissance de l'État signifiait le pouvoir du Chef. Aucune loi ne primait sur l'expression de sa volonté[20]. Selon Hans Frank, le principal juriste nazi, l'autorité de Hitler en tant que Chef reposait non pas sur sa position institutionnelle, mais sur ses « réalisations remarquables[21] ». Dans la terminologie de Max Weber, on parlerait d'« autorité charismatique » : le « leadership héroïque » qu'investissent ses partisans dans le chef. Inutile de souligner que ce « charisme » était un produit fabriqué[22]. Son effet était bien réel. En pratique, il soustrayait le pouvoir de Hitler à toute contrainte légale.

Sur la scène intérieure, Hitler n'eut pas grand-chose à faire pour entretenir la dynamique du régime. Suggéré par un officiel nazi, le principe du « travailler en direction du Führer » pour répondre à ses vœux[23] signifiait qu'il n'y avait pas besoin d'un flot de directives du sommet. Les initiatives radicales à tous les échelons étaient encouragées pour anticiper les intentions présumées de Hitler. Par tempérament, ce dernier était hostile à la bureaucratie. Son style de gouvernement consistait à se tenir aussi loin que possible des décisions politiques clivantes. Il détestait les forums collectifs de débat, où ses vues pouvaient être contestées, et les réunions du cabinet – instance centrale du gouvernement du Reich – se raréfièrent pour disparaître totalement à partir de 1938. La coordination des affaires gouvernementales était assurée par le chef de la Chancellerie du Reich, Hans Heinrich Lammers, qui avait souvent du mal à obtenir une audience auprès de Hitler. Dans de nombreux domaines, les décisions étaient donc inefficaces et aléatoires. L'administration du parti était affreusement bureaucratique mais diffuse, tout au moins avant que la fuite de Rudolf Hess en Écosse, en 1941, ne permette à Martin Bormann de lui insuffler plus de dynamisme idéologique et de coordination.

Hitler n'était jamais plus détendu que lors de ses longs séjours au Berghof, sa résidence alpine au-dessus de Berchtesgaden où, dans la « cour » de ses admirateurs, ses longs monologues ne souffraient aucune opposition[24]. L'opulence du Berghof démentait l'image de simple « homme du peuple ». Les énormes royalties de la vente de *Mein Kampf* lui permirent, en bon populiste, de soutenir qu'il ne touchait aucune rémunération de l'État. Et, pour maintenir la fiction que toute sa vie était exclusivement consacrée au peuple allemand, seuls les membres de sa « cour » du Berghof furent mis dans la confidence de sa liaison avec Eva Braun.

Tant que les choses évoluaient en accord avec les grands principes idéologiques qu'il représentait – reconstruction de la nation, destruction des ennemis de l'intérieur et préparation à la guerre –, il n'avait pas besoin de s'en mêler. Il avait constitué son équipe de satrapes : des subordonnés tributaires de lui dans leurs sphères de pouvoir et qui étaient donc de fidèles lieutenants. Rudolf Hess, son vieux et fidèle acolyte, était chargé du parti. Joseph Goebbels contrôlait totalement le crucial appareil de propagande. Heinrich Himmler dirigeait le prospère empire de la SS. Hermann Göring assuma la préparation de l'économie à la guerre après que l'ancien ministre de l'Économie et magicien de la finance Hjalmar Schacht eut orchestré la reprise économique. Robert Ley présidait l'immense Front du travail nazi, qui avait remplacé les anciens syndicats libres. L'étoile montante était le jeune architecte Albert Speer, que son talent, son sens de l'organisation et son goût esthétique firent rapidement entrer dans les bonnes grâces de Hitler.

Ce dernier disposait de puissants instruments de pouvoir. Une bureaucratie d'État complexe et sophistiquée s'efforçait d'accomplir ce que les fonctionnaires comprenaient des intentions de Hitler. Dans le même temps, le parti prit un essor considérable, ses organisations satellites pénétrant tous les aspects de la société. Il était une immense force de mobilisation, promouvant sans relâche l'adulation du Chef et veillant au conformisme et au contrôle politique. La SS se considérait comme une élite raciale, un corps entièrement voué à la poursuite de la pureté raciale et de la sécurité intérieure. Bien que non nazifiée, la direction de l'armée se tenait derrière un Chef qui lui assurait des fonds illimités pour son réarmement. Les grandes entreprises encaissaient les profits que faisait entrer la reprise économique et bénéficièrent de l'écrasement du militantisme de gauche. Les Églises chrétiennes s'opposèrent aux incursions dans leur domaine sans représenter un danger politique pour le régime. S'il existait un mécontentement populaire – par exemple au sujet des conditions sociales, de la politique du travail ou des attaques contre les Églises –, il ne pouvait trouver d'expression organisationnelle. Et la série de spectaculaires succès de politique étrangère qui ponctuèrent les premières années de Hitler au pouvoir suffit à le désamorcer. Le battage autour des triomphes tels que la réoccupation de la Rhénanie, en mars 1936, renforçait le culte pompeux du Führer. L'approbation de son leadership coexistait avec le mépris pour les représentants subalternes du régime nazi. Beaucoup pressentaient, et redoutaient, une autre guerre. Mais il y avait aussi l'euphorie, surtout chez les jeunes, face aux opportunités que leur offrait une Allemagne vibrante, forte et dynamique.

Hitler est loin d'avoir été un dictateur passif. Le régime nazi créait des tensions et des pressions. Mais lorsqu'elles atteignaient un point critique, l'intervention de Hitler était décisive. La campagne idéologique antijuive se solda par une spirale de persécutions. En 1935, alors que les violences antijuives des têtes brûlées du parti menaçaient de nuire à l'économie et que le hooliganisme suscitait des critiques populaires, Hitler décida de canaliser l'agression par une législation discriminatoire incisive : les fameuses lois de Nuremberg. L'année suivante, quand un jeune Juif tua un officiel nazi en Suisse, Hitler ordonna de contenir les violences antijuives. L'année des Jeux olympiques de Berlin, dont il voulait faire une vitrine de la nouvelle Allemagne, les radicaux du parti furent bridés. Deux ans plus tard, en revanche, ce fut une tout autre histoire. En septembre 1937, Hitler avait donné le ton à un nouvel assaut contre les Juifs par son discours incendiaire au rassemblement de Nuremberg. L'été suivant, alors que les tensions croissaient sur la scène extérieure, les attaques contre les Juifs s'intensifièrent. Goebbels fut l'instigateur des pogroms de la sinistre « Nuit de cristal » du 9 au 10 novembre 1938. Mais Hitler avait donné son autorisation. Il prit soin de rester à distance de la destruction gratuite et très impopulaire des biens – synagogues et maintes maisons et affaires juives – cette nuit-là, mais aussi des violences qui firent des centaines de morts ou de blessés parmi les Juifs. Il n'en approuva pas moins les mesures extrêmes qui suivirent immédiatement, expédiant trente mille Juifs dans les camps de concentration, poussant des dizaines de milliers à fuir à l'étranger, les privant de tout moyen de gagner leur vie, les transformant en parias. La politique antijuive fut confiée au Service de sécurité dirigé par le bras droit de Himmler, Reinhard Heydrich.

La prise de décision personnelle de Hitler n'était nulle part plus claire qu'en politique étrangère. Bien entendu, il lui fallait répondre aux pressions tant extérieures qu'intérieures, exprimées par les Affaires étrangères, les chefs de l'armée et le grand patronat. La politique extérieure était soumise à de nombreuses influences. Mais la moindre n'était pas la personnalité de Hitler. Qu'il ait lui-même pris les décisions essentielles est incontestable. Début 1936, par exemple, il perçut que le désarroi des démocraties occidentales face à la guerre d'Italie en Éthiopie lui offrait l'occasion d'une réoccupation spectaculaire de la Rhénanie. Malgré la frilosité des diplomates et des chefs militaires, il décida d'aller de l'avant. Il mit ainsi à nu la faiblesse des puissances occidentales qui se contentèrent de protester contre la violation flagrante des traités internationaux. La réaction euphorique en Allemagne à son triomphe consolida encore sa stature dans le pays et à l'étranger.

Il se montra opportuniste en matière de politique étrangère, quoique dans le cadre de paramètres idéologiques immuables. Il saisissait le bon moment d'agir. Mais toutes ses décisions menaient dans la même direction : la guerre au plus tôt, sans tarder. Entre 1933 et 1935, il avait publiquement professé son désir de paix tout en préparant déjà la guerre. Dans le courant de l'été 1936, il dut faire un choix stratégique entre l'effort de réarmement et les dépenses de consommation : des canons ou du beurre. Dans son mémorandum sur le Plan quadriennal, au mois d'août, Hitler trancha : priorité aux canons. Göring fut chargé de veiller à ce que l'armée et l'économie allemandes se préparent au plus vite à la future épreuve de force avec le bolchevisme. En février 1938, Hitler profita de scandales sexuels à la direction des forces armées pour procéder à d'importants changements de structure et de personnel. (Le ministre de la Guerre, le feld-maréchal Werner von

Blomberg, avait épousé une ancienne prostituée, tandis que le chef de l'armée, le colonel-général Werner von Fritsch, fut accusé à tort d'homosexualité.) Il renforça sensiblement son contrôle sur l'armée et, avec la nomination de Joachim von Ribbentrop aux Affaires étrangères, plaça un faucon parfaitement docile à un poste clé alors que la guerre paraissait toujours plus proche. Au cours du printemps et de l'été, Hitler prit la décision capitale d'annexer l'Autriche puis, alors que la guerre semblait presque certaine, il força les démocraties occidentales – affaiblies de longue date par leur politique d'apaisement – à lui céder le territoire des Sudètes et à démanteler la Tchécoslovaquie (opération achevée par l'occupation allemande en mars 1939).

Au printemps 1939, il décida d'attaquer et de détruire la Pologne dès l'automne. Ses triomphes de politique extérieure, de pair avec l'adulation des masses et la flagornerie constante de son entourage – sous-produits de l'extravagant culte du Führer – l'avaient conduit depuis longtemps à croire à son propre mythe. Ses projets de construction grandiose étaient des signes de sa mégalomanie. Il se croyait infaillible : un génie à ranger à côté des grandes figures de l'histoire. La Pologne ne serait qu'un commencement.

Au fil d'un nouvel été de tensions, la volonté de guerre de Hitler ne rencontra pas d'obstacles intérieurs significatifs. À la tête de l'armée, ceux qui, l'été précédent, s'étaient inquiétés d'un conflit avec les puissances occidentales montrèrent moins de scrupules en 1939 (et aucun pour la destruction de la Pologne). L'inéluctabilité de la guerre, qui ne fit plus l'ombre d'un doute après la signature du pacte de non-agression avec l'Union soviétique en août, était la conséquence des politiques suivies par Hitler au cours des années passées. Il ne cessait de plaider que le temps ne favorisait pas l'Allemagne : la guerre ne pouvait attendre. Les pressions économiques, militaires et diplomatiques s'étaient bel et bien amplifiées au point que rien ne pouvait arrêter l'élan vers le conflit. La personnalité de Hitler était cependant une partie de l'équation. Si profondément que ces sentiments fussent enracinés dans sa psyché, l'agression débridée, le désir de revanche, la peur de perdre son prestige, la répugnance à envisager le moindre compromis, le dénigrement de toute critique de son jugement : tout alimenta la dynamique de la guerre. Dans les derniers jours fébriles avant l'attaque de la Pologne, Hermann Göring en personne, numéro deux dans la hiérarchie nazie, suggéra qu'il n'était peut-être pas nécessaire de « jouer le tout pour le tout ». Hitler répliqua : « Toute ma vie, j'ai toujours joué le tout pour le tout[25]. »

Chef de guerre

Que, dans l'automne 1939, les deux obsessions personnelles de Hitler – la guerre et l'élimination des Juifs – fussent devenues des objectifs centraux du régime n'était guère un hasard. C'était cependant loin d'être l'œuvre du seul Hitler. Chaque secteur du régime s'était voué à la poursuite de ces buts. Mais l'élan idéologique émanant de sa personne, au faîte du régime, avait été déterminant. Hitler avait intégré le mouvement nazi, mobilisé les activistes et légitimé les initiatives des autres. Ses obsessions idéologiques personnelles étaient devenues la force motrice de la politique gouvernementale. Une propagande incessante avait inculqué à une bonne partie de la société un nationalisme extrême et la haine des Juifs. Et voici que la guerre désirée était arrivée, permettant de poursuivre les objectifs raciaux de façons que les contraintes internationales rendaient impossibles en temps de paix.

Hitler était impatient d'agir. Il fallait gagner cette guerre tant que les démocraties étaient faibles et avant que les États-Unis, neutres mais de plus en plus hostiles à l'Allemagne, fussent en position d'intervenir. Sitôt la Pologne défaite, dans l'automne 1939, il voulait se tourner contre l'Ouest. À ce stade, ses généraux étaient encore capables de le dissuader en lui expliquant que les forces armées n'étaient pas prêtes pour attaquer la France. Il ne s'était pas mêlé des opérations militaires en Pologne. Il intervint plus activement dans l'invasion du Danemark et de la Norvège en avril 1940 (même si, malgré la victoire rapide, les chefs des forces armées eurent un premier avant-goût des lacunes, à leurs yeux, de son jugement militaire). Désormais, son intervention personnelle dans la conduite de la stratégie, et même de la tactique, allait se révéler décisive dans l'effort de guerre allemand.

Au printemps 1940, son insatisfaction face à la préparation stratégique de l'offensive cruciale à l'ouest le rendit réceptif à une suggestion audacieuse du général Erich von Manstein : attaquer la France par la forêt des Ardennes, où l'ennemi s'y attendait le moins. La stratégie paya. Mi-juin, le monde observa, stupéfait, la victoire sur la France après une campagne dévastatrice de moins de cinq semaines. Un triomphe sans pareil qui eut une conséquence capitale : les généraux de Hitler durent reconnaître que ses instincts stratégiques, dans la préparation de l'attaque, étaient fondés. De ce fait, ils ne se trouvèrent plus en position de force pour formuler la moindre critique à l'égard de ses futures directives militaires. Le mépris de Hitler pour ses généraux était entre-temps devenu le pendant du sentiment ineffable de sa propre grandeur. Quand le 31 juillet, moins d'un mois après son retour à Berlin à la suite de son triomphe en France, il leur annonça sa décision de préparer la guerre contre l'Union soviétique pour le printemps suivant, certains eurent des appréhensions qu'ils gardèrent pour eux. Un large accord se fit sur les objectifs stratégiques qu'esquissa Hitler. Nul n'exprima la moindre opposition.

Pour Hitler, les impératifs idéologiques étaient au-dessus de tout. Mais ses conseillers économiques lui disaient que les ressources de l'Allemagne n'étaient pas suffisantes pour mener une guerre longue. On ne pourrait persuader la Grande-Bretagne (soutenue par son empire) de trouver un arrangement, pas plus qu'on ne pourrait la soumettre par des bombardements ou la conquérir militairement. Et il était clair que, sous peu, l'Allemagne devrait affronter la puissance des États-Unis. Pour asseoir la domination sur l'Europe entière, les ressources de l'Union soviétique étaient vitales. L'offensive délibérée lancée le 22 juin 1941 porta des coups si rapides et dévastateurs à l'Armée rouge qu'une victoire complète parut un temps imminente. Début décembre, cependant, il était clair que la guerre à l'est serait longue alors qu'à l'ouest les États-Unis, avec leurs incomparables ressources économiques et militaires, rejoignaient le conflit. La déclaration de guerre aux États-Unis, le 11 décembre 1941, était au fond, de la part de Hitler, un geste désespéré, quoique non dépourvu de finalité stratégique. Son espoir était que les États-Unis seraient enchaînés par la guerre avec le Japon (engagée par l'attaque japonaise du 7 décembre sur Pearl Harbor) et que les sous-marins allemands empêcheraient la livraison de matériel de guerre à la Grande-Bretagne. Fin 1942, ces espoirs s'étaient évaporés, la guerre dans le désert d'Afrique du Nord était perdue tandis que la victoire soviétique de Stalingrad avait marqué un tournant décisif sur le front est. Il ne restait plus à l'Allemagne qu'à livrer un féroce combat d'arrière-garde pour conjurer la défaite. Pour la suite du conflit, le leadership de Hitler devint un passif pour ses chefs militaires qui, eux-mêmes divisés, n'avaient pas de mécanisme collectif pour contester ses ordres, à plus forte raison pour refuser de les exécuter. Plus encore, son pouvoir indestructible était un obstacle insurmontable à toute tentative de fin négociée à la guerre. En juillet 1944, après l'échec de l'attentat désespéré contre Hitler, la défaite militaire totale apparut comme la seule issue à son pari du tout ou rien.

Le génocide ne fut pas un sous-produit accidentel de la guerre, mais un élément central. Au fil de six années de régime nazi, l'érosion de la légalité, l'essor d'une police arbitraire et les ambitions des dirigeants SS, focalisés sur des projets de purification raciale en Europe, avaient acquis une dynamique propre.

Toutefois, les étapes cruciales en direction du génocide avaient encore besoin de Hitler : pour donner le ton, mais aussi fournir l'aval nécessaire. Il autorisa personnellement la barbarie extrême qui se déchaîna après l'invasion de la Pologne, pour l'essentiel instiguée, initiée et mise en œuvre par la SS. Aucune restriction légale ne devait entraver le « rude combat ethnique » de Pologne, avait déclaré Hitler le 17 octobre 1939 à un petit groupe de dirigeants nazis[26]. À la même époque, en Allemagne même, il avait autorisé par écrit l'« action d'euthanasie » qui se solda par la tuerie de milliers de malades mentaux et d'handicapés physiques.

Les gigantesques plans de réinstallation ethnique, improvisés à la hâte en Pologne et exécutés avec une barbarie indicible, créèrent des problèmes d'organisation insurmontables aux suzerains nazis. La possibilité d'un génocide fut envisagée. Pour éliminer les Juifs, l'idée de les envoyer croupir à Madagascar fut brièvement évoquée en 1940 mais vite abandonnée. Toutefois, quand Hitler confirma en décembre que l'attaque contre l'URSS aurait lieu en mai suivant, de nouvelles perspectives se dessinèrent. Les préparatifs de l'invasion envisageaient une extension massive du « nettoyage » racial. Avec l'aval de Hitler, les dirigeants SS commencèrent à planifier la déportation de millions de Juifs dans les friches glaciales de l'Union soviétique où vivaient déjà des millions d'entre eux. La guerre gagnée – on l'imaginait de courte durée –, il serait temps de penser à une « solution finale » de la « question juive ». Visiblement, les Juifs étaient destinés à mourir là-bas. En 1942, les plans génocidaires de la SS pour son empire racial de l'Est envisageaient la déportation de 31 millions de gens, surtout des Slaves, voués à dépérir en Sibérie. Il n'était pas question des Juifs, qui auraient été déjà « liquidés »[27].

L'été 1941 vit une spectaculaire escalade des massacres de Juifs en Union soviétique, après que Hitler eut donné à Himmler de larges pouvoirs de police et de sécurité à l'Est. Hitler demanda aussi à être tenu informé du travail des groupes chargés de la tuerie[28]. La méthode d'exécution par balles en masse était cependant peu satisfaisante pour les tueurs nazis. Des expériences furent donc engagées avec des gaz toxiques, à partir de techniques déjà déployées dans l'« action d'euthanasie ». Quant à ce qu'il adviendrait des Juifs hors de l'Union soviétique, la question restait en suspens. Quand il apparut que la guerre de l'Est ne pouvait être gagnée rapidement, alors que les patrons nazis continuaient sans relâche leurs pressions pour déporter les Juifs de leurs domaines, la recherche d'une « solution » prit un caractère pressant et carrément génocidaire.

Adoptée en septembre 1941, la décision de déporter les Juifs du Reich à l'Est – décision émanant de Hitler, reconnurent des dirigeants nazis – poussa l'élan génocidaire vers une nouvelle étape. Suivirent bientôt des préparatifs pour tuer les Juifs en Pologne dans de petits centres d'extermination. Le premier gazage de Juifs eut lieu à Chelmno, dans la région annexée de Pologne occidentale, au début de décembre 1941. La dynamique génocidaire redoubla juste après la déclaration de guerre contre les États-Unis, le 11 décembre. « Voici la guerre mondiale », déclara Hitler le lendemain aux chefs du parti. « L'anéantissement des Juifs doit en être la conséquence nécessaire[29]. »

Hitler faisait allusion à sa prophétie du 30 janvier 1939 au Reichstag, quand il avait brandi la menace d'un « anéantissement de la race juive en Europe » en cas de nouvelle guerre mondiale[30]. Il répéta sa « prophétie » dans quatre allocutions radiodiffusées à la nation en 1942, alors que les camps de la mort tournaient à plein régime en Pologne, et au total à plus d'une dizaine d'occasions. Les subalternes nazis se servirent de la conviction que la guerre entraînerait la destruction finale des Juifs en Europe comme d'un aiguillon pour transformer les désirs de Hitler en réalité. La répétition de la « prophétie » était aussi un moyen de rendre publique, de façon programmatique, l'extermination des Juifs sans divulguer le moindre détail sur un projet entouré de secret (probablement par incertitude quant à la réaction de la population allemande si elle avait connaissance du massacre des Juifs). Même dans son cercle rapproché, Hitler évitait de parler du destin des Juifs autrement qu'en termes elliptiques. Cependant, toutes les décisions clés nécessitaient son autorisation[31]. Et il discutait directement, en privé, de la politique d'extermination avec Himmler, qui prétendit à diverses reprises agir sous l'autorité de Hitler[32].

Ce dernier porte la responsabilité générale de ce que les générations ultérieures ont appelé l'Holocauste[33]. Mais il s'impliqua aussi directement. Il donna personnellement licence, autorisa, approuva et légitima ce que faisaient ses sous-fifres. À partir de 1933, un processus complexe de radicalisation avait conduit à la brusque embardée de 1941 vers le génocide. L'approbation de Hitler – plus encore, la justification idéologique qu'il fournit à chaque organe du régime – avait été essentielle à chaque étape cruciale. L'équation est directe : sans Hitler, pas d'Holocauste.

Dans ses discours d'octobre 1943 aux chefs de la SS et du parti, Himmler veilla à ce qu'ils fussent pleinement conscients de leur complicité dans le programme d'extermination. Les ponts avaient été brûlés. Pas d'issue possible. Cette complicité contribua à lier les subalternes à Hitler alors que la situation militaire se dégradait inexorablement et que la défaite devenait plus que jamais certaine. L'armée savait, elle aussi, qu'elle ne pourrait échapper à son implication dans la terrible barbarie du front oriental. La peur de ce que leur réserverait une défaite entre les mains de l'Armée rouge fut une motivation extrêmement forte pour continuer le combat, alors même qu'il était de plus en plus patent que tout était perdu.

Durant les deux dernières années de guerre, les relations de Hitler avec ses chefs militaires furent désastreuses. Ses interventions dans les domaines tactiques aussi bien que stratégiques se multiplièrent. Ses explosions de colère volcaniques se firent plus fréquentes alors que ses ordres impossibles ne pouvaient être exécutés. Si le limogeage de généraux compétents ne pouvait produire d'amélioration objective de la situation militaire ni arrêter le déclin des fortunes de guerre de l'Allemagne, il permit à Hitler de trouver des boucs émissaires de ses propres insuffisances en tant que chef militaire. La défaite devenant plus inéluctable, il n'avait rien d'autre à offrir que le recours de moins en moins convaincant à la volonté de puissance et à la détermination – partagée avec tout son entourage – que, quoi qu'il advienne, il n'y aurait pas de capitulation comme en 1918. « Nous ne capitulerons pas, jamais ! », se souvint l'avoir entendu dire Nicolaus von Below, son aide de camp de la Luftwaffe. « Nous pouvons périr. Mais nous emporterons un monde avec nous[34]. »

À l'été 1944, la calamité militaire croissante, avec le succès du débarquement des Alliés en France et l'Armée rouge qui balayait l'Europe centrale depuis l'Est, poussa un groupe d'officiers conduit par le colonel Claus Schenk Graf von Stauffenberg à tenter un coup d'État en assassinant Hitler. Son échec et les terribles représailles qui suivirent garantirent qu'il n'y aurait plus d'autres tentatives de l'intérieur pour renverser Hitler. Tous les Allemands allaient endurer la dernière phase catastrophique de la guerre. Le régime hitlérien ne pouvait être détruit que de l'extérieur – par une défaite militaire totale.

L'élite du pouvoir qui, auparavant, avait soutenu la politique de Hitler et en avait profité, qui s'était impliquée dans les crimes de guerre et le génocide, n'avait plus nulle part où aller. La peur des Alliés et surtout de la vengeance soviétique la soudait à Hitler alors que l'ennemi avançait implacablement et que le Reich se disloquait. Il n'y avait pas de cadre institutionnel, pas de mécanismes de pouvoir, pas de volonté collective d'arrêter Hitler dans sa conduite de l'Allemagne à sa perte. Compte tenu de l'ampleur de la répression terroriste, un soulèvement de la base était impensable. Il ne restait donc qu'à souffrir le pire dans les derniers mois de la guerre et à attendre avec appréhension les répercussions d'une défaite complète.

Dans la dernière phase de la catastrophe imminente, l'insistance bipolaire constante de Hitler – victoire totale ou défaite totale – trouva son dénouement logique. Ce ne pouvait être que la défaite totale. En ce cas, pour Hitler, rien ne méritait d'être sauvé. Son ego monstrueux était totalement délirant. Soutenu par des médicaments et des stimulants, il n'était plus qu'une épave physique mentalement déséquilibrée. Il retourna sa destructivité vengeresse contre les Allemands. Ils s'étaient révélés indignes de lui, conclut-il ; ils méritaient leur destruction. Par intérêt, le ministre des Armements, Albert Speer, qui avait des liens étroits avec les grands industriels, veilla à ce que l'ordre de la « terre brûlée » donné par Hitler ne soit pas exécuté. À l'approche de la fin, d'autres dirigeants nazis s'enfuirent pour sauver leur peau ou reconnurent, comme Hitler, qu'il ne leur restait qu'à se suicider. La plupart pensaient déjà à leur alibi : tout était de la faute de Hitler ; ils n'avaient fait qu'exécuter les ordres. Dans le bunker de Berlin, Hitler s'accrocha à ses illusions avant de se rendre à la réalité et de choisir une sortie facile, et évidente. Ce côté autodestructeur, suicidaire, était de longue date un trait profond de son caractère. Alors que l'ennemi soviétique était quasiment à sa porte, il emprunta la seule issue restante et se tua.

Héritage

La Seconde Guerre mondiale et l'Holocauste marquèrent le xxe siècle plus que tout autre épisode. Dans les deux cas, Hitler en fut le principal auteur. Il serait absurde de réduire des événements capitaux qui définissent une époque aux actions d'un seul homme. Il serait tout aussi absurde de nier le rôle central de Hitler. La force motrice de sa personnalité avait préparé l'Allemagne à livrer une nouvelle guerre mondiale pour effacer l'humiliation nationale de la première, et éradiquer la minorité ethnique, les Juifs, qu'il tenait de façon insensée pour la cause de cette catastrophe et de tous les maux qui s'étaient abattus sur son peuple. Il n'avait pas fait mystère de ses intentions, et cela bien avant de prétendre au pouvoir politique. En pleine crise complète de l'État et de la société, l'élite politique allemande n'en avait pas moins permis à cet homme d'accéder au pouvoir suprême. Les années suivantes, chaque organe de pouvoir politique s'était inextricablement lié à lui. Jusqu'à l'effondrement de sa popularité dans les dernières années de guerre, des millions d'Allemands l'avaient acclamé et avaient soutenu à des degrés divers les politiques qui finirent par conduire à l'abysse. En très peu d'années, l'Allemagne se transforma d'une société cultivée, civilisée et démocratique en une société prête à faire montre d'une inhumanité inimaginable : sa descente fut si rapide que son héritage durable dépasse l'incompréhension. Le traumatisme ne saisit pas seulement une nation entière, mais tout un continent. Ce traumatisme persistant est indélébilement lié au nom de Hitler.

Derrière lui, Hitler ne laissa rien de constructif, de même que, plus d'un siècle plus tôt, un autre conquérant de l'Europe, Napoléon. La modernisation économique des années 1930 avait été subordonnée aux besoins des préparatifs de guerre. Son pays fut si totalement détruit que, sous l'occupation ennemie, il fut reconstitué quatre ans après sa mort en deux États mutuellement hostiles qui ne furent réunis que quatre décennies plus tard. Les villes et les métropoles bombardées étaient les signes évidents de la dévastation physique de l'Allemagne, la population disloquée et les familles brisées, un reflet des pertes humaines. L'amer héritage hitlérien de ruines et de souffrances fut ressenti à travers l'Europe entière, tout spécialement en Europe orientale et en Union soviétique. Et la quasi-totalité des pays se retrouvèrent encombrés d'un autre legs : la collaboration avec les forces d'occupation nazies.

La destruction des Juifs, élément central de son idéologie et au cœur de la guerre allemande qu'il avait déclenchée, fut le seul objectif qu'il fut tout près d'atteindre. Les communautés juives qui enrichissaient la culture européenne depuis des siècles furent effacées. Israël et les États-Unis furent les principaux bénéficiaires de l'émigration juive forcée. Sans l'Holocauste, la fondation de l'État d'Israël aurait très probablement eu lieu tôt ou tard, mais l'assaut meurtrier de Hitler contre les Juifs européens accéléra le mouvement et légitima moralement un phénomène d'une importance capitale pour l'histoire mondiale après la guerre.

La guerre et le génocide donnèrent à l'héritage de Hitler une dimension mondiale. D'autres dictateurs commirent des crimes abominables, démesurés et terribles, pour l'essentiel sur la population de leurs pays. Ceux de Hitler eurent une dimension continentale et, dans leurs implications, mondiale. Les non-Allemands furent bien plus nombreux que les Allemands à souffrir de son régime. La quête de l'empire racial avait soumis des millions d'hommes à la terreur nazie. L'histoire de chaque pays européen et, au-delà de l'Europe, surtout celle des États-Unis portent la marque ineffaçable de la mémoire de la Seconde Guerre mondiale, de l'occupation allemande et des pertes familiales. Hitler est synonyme d'un credo : haine raciale, agression hypernationaliste, effort de domination d'une race de maîtres et inhumanité indescriptible.

Hitler détruisit totalement la vieille Allemagne. Les provinces orientales du Reich, s'étendant à travers la Pologne jusqu'à la frontière de la Russie, furent à jamais perdues, et avec elles les grands domaines de l'aristocratie allemande dans ces régions. Disparu aussi l'État jadis puissant de la Prusse et, avec lui, l'ethos militaire qui avait si fortement marqué la culture politique allemande. D'autres vieilles traditions, loyautés et structures sociales furent aussi irrémédiablement brisées ou abîmées[35]. En fin de compte, Hitler avait bien accompli une révolution politique et sociale, mais à travers la destruction qu'il avait causée : aux antipodes de la révolution qu'il avait voulue.

Au fil des décennies suivantes, l'Allemagne et, plus largement, l'Europe se remirent matériellement et politiquement des dévastations hitlériennes. Antithèse absolue des valeurs de l'ère hitlérienne, l'Allemagne moderne est la pierre angulaire du système de valeurs constitutionnel, libéral et démocratique européen. Depuis les années 1950, l'Allemagne de l'Ouest (puis, à partir de 1990, l'Allemagne unifiée) a été au centre du « projet » européen d'intégration supranationale : la force motrice la plus engagée de ce qui est devenu l'Union européenne. L'affrontement du passé nazi a été un processus long et inachevé, de longues années entravé en RFA par la poursuite judiciaire lente et limitée des crimes nazis[36]. Si profondément troublant et difficile qu'il ait été (et reste encore), il a été un élément essentiel de transformation politique et sociale. La plupart des autres pays ont affronté leurs passés sombres avec moins de courage et plus d'hésitation.

La souillure morale laissée par Hitler n'en a pas moins été plus dure à effacer que les ruines matérielles qu'il légua. Près de deux décennies durant après sa mort, elle a été pour une large part refoulée, de manière consciente ou subconsciente, en Allemagne de l'Ouest par une population soucieuse de laisser derrière elle les horreurs du passé récent. En Allemagne de l'Est, elle a été noyée sous une interprétation marxiste-léniniste qui attribuait l'effondrement de la civilisation à l'agression impérialiste du capitalisme monopoliste et insistait sur le triomphe du communisme soviétique. C'est la génération des petits-enfants qui allait braquer les projecteurs sur l'ampleur de la complicité dans les crimes de l'ère nazie et attirer l'attention de l'opinion sur la centralité de l'Holocauste : le plus grand de tous les crimes. L'âpre « querelle des historiens » qui occupa la presse ouest-allemande pendant des semaines en 1986 tournait autour de la place de l'Holocauste dans la culture politique contemporaine. C'était un signe clair de l'ombre épaisse de Hitler sur la conscience sociale et politique allemande.

Bien entendu, le néonazisme existe toujours en Allemagne et dans bien d'autres pays du monde. Son noyau dur continue de vénérer Hitler. Le sentiment de domination sur les êtres présumés inférieurs et de puissance qu'il incarnait ne sera sans doute jamais totalement effacé dans une petite minorité de la société. La croyance en Hitler et au nazisme a une toute petite résonance électorale même si, en tant que force politique clandestine, elle est toujours capable de promouvoir des violences raciales inquiétantes. La droite populiste qui a gagné du terrain ces dernières années dans de nombreux pays européens, y compris en Allemagne, tout en ralliant des néo nazis parmi ses soutiens, doit avancer avec la plus grande prudence pour éviter toute association avec Hitler. Tout lien exprès ruinerait ses espoirs politiques. C'est pourtant un signe supplémentaire du stigmate moral que porte encore le nom « Hitler » en Allemagne, mais aussi bien au-delà.

Plus de soixante-dix ans après la mort du Führer, des résidus de la souillure morale resurgissent encore régulièrement au XXIe siècle. Ainsi du retour d'une peinture précieuse, volée à ses propriétaires juifs sous le Troisième Reich. Ou d'une remarque malheureuse lâchée par un politicien. Tout commentaire pouvant laisser croire à l'approbation d'une chose que Hitler a dite ou faite – en réalité, tout, en dehors d'une condamnation franche et totale – pourrait sonner le glas d'une carrière politique ou médiatique.

Le XXe siècle européen a eu ses côtés positifs aussi bien que négatifs, mais sa première moitié fut particulièrement terrible. Et, plus que tout autre individu, Hitler symbolise l'horreur de cette époque. Qu'il ait personnellement contribué de manière aussi funeste à la fabrique de cette histoire demeure incontestable. Il fut la force motrice de l'effondrement le plus fondamental de la civilisation que l'histoire moderne ait connu. D'autres dirigeants européens – Churchill et Staline avant tout – imprimèrent des marques indélébiles sur l'Europe du fait de leur guerre victorieuse contre Hitler. Mais celui-ci avait plus qu'aucun autre causé cette guerre. Son impact colossal sur l'histoire européenne au cours de cette période est incomparable.

5 juin 1946, place Rouge, à Moscou : Staline conduit le cortège funèbre de Mikhaïl Kalinine, ancien président du Présidium du Soviet suprême. Juste derrière lui (de gauche à droite), Lavrenti Beria, Gueorgui Malenkov et Viatcheslav Molotov. Ils avaient encore des raisons de craindre le dictateur jusque dans ses dernières années.

4

Joseph Staline

Terreur de son peuple, héros de la « Grande Guerre patriotique »

Staline fut, à tous points de vue, l'un des créateurs les plus importants de l'Europe au XXe siècle. Sa principale contribution fut de remodeler la société et l'économie russes avant de conduire son pays à la victoire sur l'Allemagne nazie dans la Seconde Guerre mondiale, puis de refaçonner fondamentalement l'Europe en imposant le régime soviétique à presque toute la partie orientale du continent. La division allait durer jusqu'à la fin de la guerre froide. L'extraordinaire élan vers la victoire de l'Armée rouge, se remettant des défaites initiales écrasantes, et la formidable résilience de la population soviétique, qui surmonta des souffrances inimaginables et des pertes stupéfiantes, furent cependant, tous deux, les produits du régime qui avait pris forme en Union soviétique sous Staline – un système dont l'inhumanité défie presque l'entendement.

La terreur, d'une échelle colossale et surtout dirigée contre les citoyens de son propre pays, fut la marque du régime stalinien. Les personnes exécutées, emprisonnées, incarcérées dans les conditions barbares des camps de travail, déportées dans des environnements hostiles ou condamnées à mourir de faim pour des raisons politiques se comptent en millions. Au faîte de la terreur de 1937-1938, nul ne pouvait se sentir en sécurité. La peur régnait dans le pays. La cruauté extrême fit partie intégrante de l'effort de guerre soviétique. Après la guerre, la répression massive s'amplifia fortement une fois de plus, pour ne retomber qu'après la mort de Staline.

Dans sa dénonciation tonitruante de Staline au XXe Congrès du Parti communiste de l'Union soviétique, le 25 février 1956, le premier secrétaire du parti, Nikita Khrouchtchev, imputa les crimes inhumains du régime au seul dictateur. « Tout dépendait de la volonté d'un seul homme[1] », déclara-t-il. Le rôle de l'individu dans l'histoire a rarement été à ce point caractérisé.

Toutefois, l'attaque cinglante de Khrouchtchev contre l'homme qui dirigea l'Union soviétique de 1929 jusqu'à sa mort, en 1953 – afin d'exonérer les autres dirigeants du parti (dont lui) et d'innombrables citoyens soviétiques de leur rôle dans l'horreur –, soulève une question évidente : comment a-t-il été possible que la seule « volonté » de Staline crée une inhumanité aussi extrême ? Quels étaient les mécanismes du régime ? Pourquoi s'est-il trouvé tant d'hommes, dans des parties éloignées de cet immense pays, disposés à appliquer (ou anticiper) les ordres d'un dictateur qui s'aventura rarement hors de Moscou, si ce n'est pour se rendre en villégiature à Sotchi, sur la mer Noire ? La question de savoir si ce fut une conséquence logique de la révolution bolchevique ou une aberration imputable à la personnalité du dictateur a toujours été au centre des débats qui n'ont jamais cessé autour de l'ère stalinienne. La répression et la terreur étaient-elles dans la nature même du système ? Ou furent-elles un effet horrifique de l'esprit perverti du dictateur, une rupture redoutable, mais liée à l'époque, avec les structures du régime soviétique imaginées par Lénine ?

Personnalité

Si la personnalité complexe de Staline a mystifié les contemporains, les analystes ultérieurs n'ont jamais réussi à la pénétrer pleinement[2]. On admet généralement qu'il souffrait de troubles de la personnalité importants[3]. Mais leur nature et leur origine demeurent nébuleuses. Les conjectures psychologiques ne se fondent sur aucune preuve médicale. Malgré tout, il existe d'innombrables indices de sa nature excessivement méfiante, allant jusqu'à la paranoïa pure et simple. Il voyait la trahison partout et était obsédé par les menaces d'assassinat (même si, pour autant qu'on le sache, personne n'essaya d'attenter à sa vie)[4]. Vers la fin, il confia à Khrouchtchev ne plus faire confiance à personne, pas même à lui[5].

Même sous cet aspect, pourtant, il ne manquait pas de contradictions. En public, il ne portait pas de gilet pare-balles. Il serrait la main des curieux venus le saluer à Sotchi. Un soir de 1935, il lui arriva même de prendre le métro de Moscou, alarmant ses gardes du corps mais appréciant visiblement la compagnie des autres passagers. Si extrême que fût sa paranoïa, elle n'était pas totalement irrationnelle : beaucoup *auraient* aimé avoir l'occasion de s'en prendre à lui. Il n'était pas purement et simplement fou, comme l'ont souvent supposé des observateurs extérieurs au cours de la Grande Terreur de 1937-1938. Il restait maître de ses émotions. Rarement il élevait la voix ou laissait éclater sa colère. Il était lucide et calculateur[6]. Reste que, de quelque manière qu'on l'aborde, sa méfiance paranoïde de tous et de tout était au cœur de sa personnalité et fut un déterminant essentiel de son comportement de chef de l'URSS. Elle s'accordait avec un autre trait de personnalité capital : très rancunier, il était froid et sans pitié envers ses innombrables victimes. S'ils faisaient partie de sa personnalité, sa paranoïa et son désir de vengeance s'amplifièrent avec le temps, sans nul doute sous l'effet de l'insécurité aiguë de sa vie de jeune révolutionnaire, puis de dirigeant bolchevique au cours de la révolution et de la guerre civile. Ses penchants naturels associés au contexte spécifique de son accession au pouvoir, avec les dangers réels aussi bien qu'imaginaires accompagnant une vie au sommet du système, nourrirent sa paranoïa au-delà de toute limite.

Il ne mesurait qu'un mètre soixante-cinq. Son visage cireux et grêlé (séquelle de la variole contractée à l'âge de six ans) était dominé par sa moustache épaisse, ses dents décolorées et ses yeux jaunâtres, sous un front dégagé et des cheveux coiffés en brosse. Dans les réunions, il parlait peu, mais écoutait attentivement, d'un air impénétrable – et parfois chargé d'une menace à peine voilée pour son entourage. Il portait habituellement une vareuse d'ouvrier (avant d'endosser un uniforme de maréchal de l'Union soviétique durant la guerre) et s'exprimait posément avec un accent géorgien. Gros travailleur, c'était un homme très intelligent. Lecteur vorace, il aimait s'instruire des cruautés d'Ivan le Terrible et appréciait le cynisme du *Prince* de Machiavel. Intellectuel à sa façon, il était rompu aux subtilités de la dialectique marxiste-léniniste sur laquelle il écrivit beaucoup (tout en se présentant invariablement comme l'élève de Lénine).

Son ambition de prendre le pouvoir et, l'ayant conquis, de le conserver avec une brutalité absolue n'avait pas de limite. Mais il ne s'agissait pas du pouvoir pour le pouvoir. Il était profondément idéologue. Jeune homme, il avait avalé les dogmes de l'interprétation léniniste du marxisme. À la doctrine centrale de la lutte des classes, Lénine avait ajouté un ingrédient essentiel : la « dictature du prolétariat » dirigée par un parti révolutionnaire d'avant-garde qui mènerait la campagne pour éradiquer le pouvoir de la classe exploiteuse. La variante stalinienne de ces principes aboutit aux premiers désaccords (sur l'application pratique, plutôt que sur les fondements) avec Lénine et aux heurts brutaux avec ses rivaux lorsqu'il se hissa au pouvoir puis le consolida. Dans sa vie, il y avait peu de place pour autre chose que la lutte pour le pouvoir et sa base idéologique.

Toute sa vie personnelle était subordonnée à la cause révolutionnaire et à son ambition. Fils unique, il était jeune quand il perdit tout contact avec son père (mort en 1909, d'un coup de poignard, dit-on, dans une rixe de bar). Par la suite, il vit rarement sa mère (qui vécut encore trente années après la mort de son mari) et n'assista pas à ses obsèques. Sa première femme, Ekaterina Svanidzé, mourut probablement de tuberculose en 1907, moins de deux ans après leur mariage. Sa seconde épouse, Nadia Allilouïeva, âgée de seulement seize ans lorsqu'ils se marièrent en 1919, se suicida en 1932 : d'une santé chancelante, elle était désemparée d'être dédaignée et négligée par son mari. Il avait de mauvaises relations avec ses deux fils : Iakov, mort en Allemagne en captivité, et Vassili, officier de l'armée de l'air mais débauché qui déçut cruellement son père[7]. Staline étouffa sa fille Svetlana de son affection dans son enfance ; par la suite, il se montra dominateur, possessif, parfois brutal, et leurs relations restèrent troublées. À compter de la fin des années 1930, il eut pour compagne sa gouvernante Valentina Istomina, femme simple et tranquille, non menaçante, qui demeura toujours dans l'ombre[8]. Toutefois, aucune relation ne lui était indispensable. Il pouvait se passer de quiconque ne servait pas ses desseins.

Imaginer que son inhumanité ultérieure s'expliquerait par son enfance et son éducation serait trop simple. Les conditions primitives et la pauvreté de son enfance à Gori, en Géorgie, où Joseph Djougachvili est né en 1878 (« Staline », « l'homme d'acier », est une invention ultérieure), fils de Vissarion, cordonnier, et d'Ekaterina, blanchisseuse, couturière et cuisinière pour les nantis étaient certes terribles, mais peu différentes de celles de maintes autres familles à l'époque. Et, si pauvres fussent-ils, la plupart des Géorgiens n'ont pas évolué comme Staline. Les raclées reçues de son père aviné donnent cependant une idée de la brutalité de son enfance. Il détesta son père, même si l'on a dit qu'il tenait de lui sa rancune. En revanche, du moins à l'époque, il était très attaché à sa mère, qui l'idolâtrait – elle avait déjà enterré trois enfants quand il est né – et souhaitait qu'il reçût l'éducation dont elle avait manqué. Elle espérait le voir devenir prêtre.

Écolier doué, c'est en 1894, à l'âge de quinze ans, qu'il entra au séminaire théologique de Tiflis (Tbilissi), où il se rebella contre la discipline stricte qu'il subit jusqu'en 1899. Il avait alors perdu la foi, pour en trouver une nouvelle dans le marxisme. Se plongeant dans la littérature marxiste, il commença à se familiariser avec les écrits de Lénine. Il héroïsa le chef marxiste en exil, sans pour autant gober sans esprit critique tout ce qu'il écrivait. Avant la fin du siècle, il se lança dans la propagande marxiste à Tbilissi. Dès avant la révolution de 1917, il sortit de l'obscurité pour devenir une des figures de proue du mouvement révolutionnaire, d'abord au Caucase, puis, plus largement, dans l'Empire russe. Il se choisit alors le surnom de Koba, manière de s'identifier avec un hors-la-loi géorgien romantique qui vengeait les opprimés.

Lénine, qui depuis 1900 vivait surtout en Europe occidentale, ne tarda pas à admirer ses talents d'organisateur et de propagandiste. En 1912, il le fit entrer au Comité central du parti, où l'une de ses tâches fut de s'occuper du nouveau quotidien, la *Pravda.* Le milieu trouble, violent et déchiré par les dissensions du mouvement révolutionnaire paracheva la formation de son caractère. Staline – ainsi qu'il devait s'appeler à partir de 1912 – eut souvent maille à partir avec une police tsariste brutale, fit de la prison et fut exilé (il vécut longtemps en Sibérie au cours de la Première Guerre mondiale). Entre autres activités, il monta des vols à main armée. Si la brutalité était profondément enracinée dans son personnage d'abord formé à Gori et à Tbilissi, ses années de jeune révolutionnaire, puis son expérience des rudes réalités de la révolution et de la guerre civile firent de lui la figure historique que l'on connaît.

L'appui de Lénine lui assura une place au premier rang de la direction bolchevique en 1917, mais il agit surtout en coulisses plutôt que sur le devant de la scène. D'autres révolutionnaires, notamment le dynamique Léon Trotski, Grigori Zinoviev, Lev Kamenev, Alexeï Rykov et Nikolaï Boukharine, menaçaient de l'éclipser. Leurs rivalités allaient se manifester pendant et après la révolution d'Octobre qui porta les Bolcheviks au pouvoir. Trotski observa cruellement que Staline n'avait joué qu'un rôle mineur dans la révolution, le traitant de « médiocrité hors pair de notre parti[9] ». En privé, Staline bouillait de ressentiment. Mais il n'en laissa rien paraître. Aucun de ses principaux rivaux ne devait survivre à ses années au pouvoir. L'antagonisme avec Trotski était manifeste dès la révolution et la guerre civile. Devenu emblématique des ennemis de l'intérieur menaçant l'Union soviétique, Trotski devait être finalement traqué puis assassiné au Mexique en 1940.

La terrible guerre civile qui suivit la révolution bolchevique accentua les traits de personnalité déjà prononcés de Staline et le renforça dans ses convictions idéologiques. Le soutien des Alliés aux forces blanches contre-révolutionnaires le conforta dans l'idée que le monde était divisé en deux camps : l'impérialisme et le socialisme[10]. Staline déploya une violence extrême pour arracher les céréales aux paysans récalcitrants et terrorisa la population pour la soumettre aux exigences des Rouges. Si tous les dirigeants bolcheviques approuvaient la terreur envers les ennemis de classe, Staline se distinguait par sa férocité[11]. Il voyait de la trahison partout et l'extirpait sans merci pour détruire ceux qu'il tenait pour des traîtres. Pour lui, la vie humaine n'avait de valeur que pour faire avancer la cause révolutionnaire. Et il jouissait visiblement du pouvoir qu'il s'arrogeait, quitte à défier les ordres de Moscou (et en montrant un mépris particulier pour Trotski).

La direction bolchevique laissa paraître très tôt des signes de crainte que Staline n'abuse du pouvoir. Lénine agonisant (voir chap. 1) avait mis en garde dans un document produit en mai 1923 et considéré comme une partie de son Testament : « Le camarade Staline, en devenant secrétaire général, a concentré un pouvoir immense et je ne suis pas sûr qu'il sache toujours en user avec suffisamment de prudence. » Un postscriptum revenait à la charge : « Staline est trop brutal, et ce défaut, pleinement supportable dans les relations entre nous [communistes], devient intolérable dans la fonction de secrétaire général » (le poste puissant à la tête du parti auquel Staline avait accédé en 1922)[12]. L'authenticité du document a été contestée[13]. Authentique ou non, cependant, le résultat fut le même : le grand chef en personne avait miné les prétentions de Staline à la succession. Lecture fut donnée du texte assassin aux délégués du XIIIe Congrès du parti, en mai 1924. La position de secrétaire général de Staline se trouva menacée. S'il put conserver son poste crucial, ce fut grâce à Zinoviev et Kamenev, soucieux d'empêcher Trotski d'accéder au pouvoir. Pour Staline, qui prétendit par la suite avoir hérité du manteau du héros révolutionnaire, le verdict foudroyant de Lénine fut un facteur persistant d'insécurité, une incitation durable de plus à sa paranoïa.

Eût-il mis fin aux espoirs de Staline que l'histoire aurait sans nul doute pris un tour différent, et peu se seraient beaucoup intéressés à la biographie d'un acteur relativement mineur de la révolution bolchevique et de ses suites immédiates[14]. Au cours du quart de siècle suivant, toutefois, Staline allait jouer un rôle majeur dans la détermination de l'avenir de l'Union soviétique mais aussi du continent européen. Il n'en demeure pas moins difficile d'expliquer comment cela fut possible. L'impact historique de Staline supposait tout simplement le transfert de sa paranoïa personnelle aux mécanismes du système étatique. Ce processus dépendait à son tour du type de société qui était prête à mettre en œuvre son régime, mais aussi des façons dont Staline accéda au pouvoir puis parvint à le monopoliser.

Conditions préalables

Staline ne put asseoir sa suprématie absolue en Union soviétique qu'en sortant triomphant des cinq années de lutte pour le pouvoir qui suivirent la mort de Lénine en 1924. Pour gagner la bataille de succession, il devait préalablement s'assurer le contrôle de l'organisation du Parti communiste après en être devenu secrétaire général en 1922. Cela lui donna un moyen de maximiser son pouvoir avec lequel personne au sein du parti ne pouvait rivaliser. Mais il fit aussi montre d'un grand talent politique de manœuvrier.

Une condition préalable à la façon dont Staline put exercer le pouvoir après 1929 est le type de société apparu après presque trois décennies de troubles et de bouleversements immenses[15]. Ces décennies avaient produit une révolution ratée contre le régime tsariste en 1905 ; des pertes massives au cours de la Première Guerre mondiale ; le renversement du tsar à l'occasion d'une révolution inachevée en février 1917 ; la révolution bolchevique en octobre, avec ses incitations à la terreur contre les ennemis de classe – catégorie vague comprenant la bourgeoisie, le clergé et les paysans riches (koulaks) ; la sauvagerie absolue de trois années d'une guerre civile qui coûta la vie à près de quatre fois plus de Russes – plus de 7 millions au total – que la guerre mondiale ; des réquisitions brutales de grains menant à la famine et à des exécutions massives de paysans rebelles en 1921-1922 ; puis une reculade des premières politiques de coercition extrême au profit d'une « Nouvelle Politique économique » (NEP) qui dura jusqu'en 1928, permettant un certain degré d'économie de marché pour les produits agricoles mais suscitant des troubles urbains contre les profiteurs et la corruption.

C'était une société sans équivalent en Europe. Les bouleversements et la dislocation immenses dont Staline hérita ouvrirent la voie à l'explosion de terreur des années 1930. Dès avant qu'il n'accède au pouvoir, l'Union soviétique (créée en 1922, elle prit effet en 1934) était une société extraordinairement violente où la vie humaine ne valait pas grand-chose, et où la terreur arbitraire ainsi que la répression exercée par la police, l'État et le parti étaient endémiques. La légalité, telle qu'on l'entendait à l'Ouest, n'existait pas, mais ce n'était pas une innovation de la Russie soviétique. L'exposition à un pouvoir policier illimité et la condamnation aux travaux forcés, voire la déportation dans les friches de Sibérie où des milliers de personnes devaient périr, avaient été largement répandues dans l'État tsariste. Au cours de la révolution, la Tcheka (police secrète) avait fait des centaines de milliers de victimes. Et, à la fin des années 1920, s'était constituée une armée de cadres du parti et d'apparatchiks – sous contrôle central par une organisation entre les mains de Joseph Staline.

La mort de Lénine déclencha des luttes de faction acharnées que sa présence et sa position de chef incontesté avaient pu contenir de son vivant. Quoique officiellement interdites, les factions étaient une caractéristique endémique du bolchevisme. Les débats entre marxistes étaient aussi âpres et sujets aux accusations d'hérésie que les controverses théologiques au Moyen Âge. Il existait des différences d'interprétation significatives sur l'avenir de la révolution : industrialisation accélérée et révolution mondiale (qui avaient les faveurs de Trotski et de ses partisans), poursuite de la NEP en s'appuyant sur les paysans (prônée par Boukharine) ou « socialisme dans un seul pays » (que Staline et Boukharine allaient approuver). Mais les rivalités et les ambitions personnelles, tout en étant mêlées aux querelles de factions, étaient plus fortes encore que les différences idéologiques. En pratique, les positions n'étaient pas figées. Lénine avait averti que l'antagonisme entre Staline et Trotski déchirerait le parti. Et ce fut certainement un aspect de la course au pouvoir qui suivit la mort du dirigeant.

Excellent orateur, bon organisateur, populaire dans les rangs du parti et de l'Armée rouge, Trotski s'était fait des ennemis puissants au point d'unir temporairement ses rivaux. L'empressement à bloquer ses chances de succéder à Lénine souda la troïka (ainsi qu'on l'appelait) formée de Staline, Zinoviev et Kamenev. L'union négative qui les rapprochait était cependant fragile. Et il y avait d'autres factions. Staline rechercha aussi le soutien de Boukharine, qui comptait de nombreux partisans. Là encore, c'était un choix purement tactique.

En 1924-1925, la troïka bloqua Trotski. À la fin de l'année 1925, cependant, Zinoviev et Kamenev craignaient désormais davantage Staline que son rival et changèrent d'allégeance pour joindre leurs forces à celles de Trotski. N'étant pas de taille à affronter la puissante opposition combinée de Staline et de Boukharine, ils furent tous trois chassés du parti en 1927 avec leurs fidèles. Zinoviev et Kamenev furent réintégrés l'année suivante, humiliés et contrits[16]. En revanche, Trotski fut exilé en 1928 puis carrément chassé d'Union soviétique en 1929. Tenant les rênes de l'organisation du parti et rompu aux manœuvres tactiques, Staline se retourna alors contre Boukharine et ses partisans – ultime obstacle à son pouvoir. À la fin de 1929, Boukharine et les siens n'avaient plus aucune base au sein du parti. Plus rien ne s'opposait à la suprématie de Staline[17].

Ces intrigues et machinations en haut lieu dépassaient l'immense majorité d'une société paysanne largement illettrée. L'issue de ces luttes pour le pouvoir n'en devait pas moins affecter radicalement son existence. La NEP avait été une réussite jusqu'en 1926, où la production industrielle avait retrouvé son niveau de 1913. Un débat enflammé persistait néanmoins sur la question du rythme de la modernisation de l'URSS ; fallait-il recourir à l'industrialisation forcée (impliquant nécessairement de serrer la vis à la paysannerie) ou investir dans la production agricole ? Dans le même temps, la NEP traversait des difficultés. Principal partisan de sa poursuite, Boukharine était affaibli. Les paysans retenaient leurs produits plutôt que de les vendre aux cours officiels trop bas. Des profiteurs exploitaient les pénuries alimentaires et écoulaient la marchandise au marché noir. La réponse de Staline fut caractéristique. Il renoua avec les méthodes brutales de la guerre civile. En 1928, il se rendit en Sibérie pour y superviser la confiscation du grain thésaurisé arraché à la paysannerie dans de grandes violences[18]. Cette même année, il lança le Premier Plan quinquennal d'industrialisation rapide, accepté par le Congrès du parti en 1929.

Staline avait alors triomphé de ses rivaux. Fort du soutien du parti, il avait gagné la bataille concernant la future direction de l'économie soviétique. Ainsi avaient été jetées les bases de l'émergence de son pouvoir personnel et du déploiement d'une terreur sans précédent à tous les niveaux de la société.

Radicalisation cumulative

Le concept de « radicalisation cumulative », inventé pour expliquer le développement interne du régime nazi[19], peut s'appliquer tout aussi bien, sinon mieux, au régime stalinien des années 1930. Des années de bouleversement révolutionnaire avaient déstabilisé la société. Depuis sa création, en effet, l'Union soviétique avait vécu dans un état d'urgence permanent. Staline en profita tout en le prolongeant. Le sentiment d'une société en ordre de bataille contre de puissants ennemis de l'intérieur et de l'extérieur qui cherchaient à la détruire encouragea la croyance aux fantômes : des opposants d'une telle force qu'on ne pouvait les combattre que par une terreur extrême. Ennemi juré de Staline, Trotski devint le croquemitaine tapi derrière tous les complots présumés dont les partisans se cachaient dans toutes les crevasses, prêts à collaborer même avec l'ennemi de classe du capitalisme impérialiste international pour abattre l'Union soviétique. Tel était le climat dans lequel la paranoïa personnelle de Staline put devenir celle de tout un système étatique, s'exprimant par des niveaux inédits de terreur contre tous les opposants présumés.

Staline fut sans conteste au centre de l'horreur croissante. Il initia, encouragea, autorisa ou confirma directement toutes les grandes décisions qui mirent en branle la radicalisation de l'inhumanité la plus brutale. Il intensifia la pression pour étendre la terreur. Il approuva en personne les ordres d'exécutions massives. Mais, dans un aussi vaste pays, la mise en œuvre des impératifs nécessitait un appareil élaboré, avec des agents prêts à exécuter les directives, si inhumaines fussent-elles, à tous les niveaux d'une bureaucratie de l'État et du parti en pleine expansion[20].

Cela fut rendu possible par un système de commandement vertical, très centralisé, qui exigeait une obéissance aveugle aux ordres des supérieurs à tous les échelons et la conviction absolue que « le parti a toujours raison ». Et le parti, véhicule de la « dictature du prolétariat », dominait l'État. Staline n'y occupa aucun poste avant de devenir Premier ministre en 1941, quand il succéda à son fidèle acolyte Viatcheslav Molotov, qui exerçait ces fonctions depuis 1930. Ce qui comptait, c'était sa position de secrétaire général du parti. À mesure qu'il consolida son pouvoir absolu, les institutions du parti s'atrophièrent. Annuels sous Lénine, les congrès se raréfièrent. Staline en fit de simples assemblées destinées à l'acclamer. Instance souveraine du parti, le Comité central ne devait plus servir qu'à entériner ses décisions. Le Politburo, équivalent du gouvernement en Occident, allait de plus en plus enregistrer ses diktats[21]. Ses membres dépendaient de ses faveurs et vivaient dans la peur de tomber en disgrâce. Au centre de la toile se trouvait le cercle restreint des acolytes de Staline : pas plus d'une poignée de vieux courtisans, choisis pour leur servilité et tous conscients d'être inférieurs au chef. Outre Molotov, les plus importants étaient Lazare Kaganovitch (principal organisateur de la collectivisation), Kliment Vorochilov (chargé de la Défense) et Anastase Mikoïan (commissaire au Commerce extérieur) : hiérarques avec le soutien de Staline, rien sans celui-ci. Ce groupe – et donc, en fin de compte, Staline lui-même – avait la main sur toutes les nominations de poids au sein du parti et de l'État. La pyramide descendante du pouvoir et du clientélisme était énorme.

Au pied de la pyramide, les membres de l'immense conglomérat des bureaucrates et des fonctionnaires, des patrons despotiques des chaînes de production et des agents du redoutable commissariat du peuple aux Affaires intérieures, le NKVD, devaient littéralement leur existence à leur empressement à exécuter les ordres, voire à les anticiper. Bien entendu, ils n'agissaient pas uniquement sous l'effet de la peur, si envahissantes que fussent l'insécurité et la méfiance qui l'accompagnaient. L'idéalisme allait de pair avec l'opportunisme carriériste : le sentiment, surtout dans la masse des nouveaux jeunes membres du parti, d'aider à bâtir une société nouvelle. Staline, à leurs yeux, rendait tout cela possible. Qu'ils aient gobé les excès du culte fabriqué du grand chef ou qu'ils y aient cyniquement déféré par conformisme, l'effet fut de créer une idole intouchable au sommet du système soviétique[22]. Avec le renouvellement considérable des membres du parti (largement du fait des purges, des exécutions et des incarcérations), plaçant des nouveaux membres jeunes et ambitieux à des postes d'autorité et de pouvoir local, il ne manquait jamais de mini-despotes disposés à appliquer aveuglément les directives.

Son sentiment viscéral d'insécurité transforma Staline en un micro-gestionnaire obsessionnel qui intervenait à tous les échelons du gouvernement. Pour ce faire, cependant, il avait besoin d'un flot de rapports venus de services de toutes les parties du pays. Les plus importants émanaient du NKVD, la police secrète, qui était au fond un État dans l'État – à ceci près que même les États autoritaires respectent habituellement (pas toujours) des règles (sans parler de la légalité) autres que les ordres du chef. De surcroît, pour contenter Staline, il fallait prendre l'initiative de trouver des victimes et remplir les quotas d'« ennemis » et de « traîtres » à éradiquer. Les rapports du NKVD à Staline reposaient souvent sur des dénonciations et détaillaient avec toujours plus d'ampleur la croissance apparemment alarmante du nombre des ennemis de l'intérieur. Staline les lisait avidement et méticuleusement, autorisait les arrestations massives, approuvait les listes d'exécution (383, avec les noms de 44 000 personnes dans la seule année 1937-1938)[23] et encourageait la police à élargir le filet et à multiplier le nombre de victimes à exécuter, emprisonner ou expédier pour de longues peines dans les camps de travail du goulag (relevant de l'empire en pleine expansion du NKVD).

La police secrète prit un essor considérable sous Staline. En 1938, ses effectifs tournaient autour de 1 million[24]. Ses agents bénéficiaient de fortes hausses de rémunération, et ses chefs touchaient des récompenses, sans compter d'autres émoluments et avantages annexes du pouvoir. Mais même pour le NKVD et les bourreaux en chef du régime terroriste, il n'y avait pas de sécurité. Dans les années 1930, alors que la paranoïa gagnait tout le système, le NKVD fut incité à dénoncer, arrêter et exécuter de nombreux membres de son personnel.

La terreur faisait partie du système soviétique dès l'origine. Mais son explosion monstrueuse, au cours des années 1930, fut un reflet direct du leadership personnel de Staline dans des conditions spécifiques qui encouragèrent et facilitèrent sa propagation à travers toutes les strates de la société.

La radicalisation commença avec l'implacable collectivisation forcée de l'agriculture au début des années 1930. Staline n'avait pas été le seul, loin de là, à prôner cette politique. Elle aurait pu être suivie sous un autre dirigeant. En revanche, la manière ultraviolente, brutale et intransigeante dont elle fut mise en œuvre porte sa marque[25]. On estime à 4 ou 5 millions le nombre de personnes exécutées, déportées ou emprisonnées[26]. Des dizaines de millions d'autres paysans furent contraints de quitter leurs terres pour entrer dans des fermes collectives. Beaucoup furent réduits à la famine alors que la production de céréales chutait. En 1932, Staline décréta personnellement la peine de mort pour quiconque était pris à voler du grain dans une ferme collective[27]. Conséquence directe de décisions politiques, plutôt que de catastrophes naturelles, la famine fit plus de 5 millions de morts. L'incitation à une violence débridée pour éradiquer les « koulaks » (arbitrairement définis) acclimata une société déjà habituée aux brutalités et aux massacres perpétrés sous prétexte d'extirper les prétendus ennemis de classe.

En 1934, l'assassinat de Sergueï Kirov, populaire chef du parti à Leningrad (et proche de Staline), par un mari jaloux de la liaison de sa femme avec la victime, déclencha une nouvelle poussée d'intensification de la terreur. Rien ne prouve que Staline soit impliqué. Toutefois, les failles évidentes de la sécurité nourrirent ses soupçons de trahison. Il donna des instructions au NKVD, qui réagit de manière prévisible, imaginant rapidement l'existence d'organisations terroristes à Leningrad et à Moscou et les reliant aux vieux rivaux du dictateur, Zinoviev et Kamenev. La chasse aux sorcières de leurs partisans se solda par des centaines d'arrestations, l'exil de milliers d'autres et l'expulsion du parti de plus de 280 000 membres[28]. Le NKVD arracha des « confessions » de projets pour tuer Staline et finit, inévitablement, par impliquer dans des « activités terroristes » Trotski, exilé au loin, et ses partisans, mais aussi, plus près du centre, Boukharine. Dès lors, la paranoïa allait se propager rapidement à tout le système. Sous peu, elle gagnerait les hautes sphères du parti, de l'armée et même de la police secrète.

Le basculement dans la phase la plus aiguë de l'offensive contre des « ennemis de l'intérieur » toujours plus imaginaires – ce qu'on a appelé à juste titre la « Grande Terreur » de 1937-1938 – survint alors que la probabilité croissante d'une guerre générale en Europe soulignait la menace que faisaient planer sur le pays des « puissances impérialistes agressives ». Les soupçons quant à l'influence de Trotski s'amplifièrent encore. Dans chaque anfractuosité de l'Union soviétique, on subodorait la présence d'une « cinquième colonne » d'« espions et d'ennemis fascistes ».

C'est dans cette atmosphère fébrile que s'accomplit la purge de l'élite du parti et de la direction de l'Armée rouge. La « vieille garde » des Bolcheviks du temps de Lénine fut éliminée, l'élite du parti détruite. Le grand procès de Boukharine en 1938, puis son inévitable exécution, suivit ceux de Kamenev et de Zinoviev (fusillés après un grand procès en 1936). Autour de 30 000 officiers de l'Armée rouge furent victimes de ces purges. Quelque 20 000, dont le principal stratège militaire, Mikhaïl Toukhatchevski, furent exécutés, laissant la direction de l'armée gravement affaiblie (tout en encourageant les ennemis de l'Union soviétique à sous-estimer ses capacités de combat). La purge s'étendit au Renseignement extérieur, ce qui eut pour effet de réduire ses moyens mais aussi de diminuer la confiance de Staline dans ses rapports. Le NKVD lui-même devait être soupçonné. Des centaines d'agents, dans le pays ou à l'étranger, furent purgés. Son ancien chef, le répugnant Guenrikh Iagoda, fut exécuté en 1938, deux ans après son limogeage et son arrestation, sous des accusations bizarres : il aurait abrité des espions et des traîtres au sein du NKVD. Son successeur, Nikolaï Iejov, encore plus abominable, presque aussi paranoïde que Staline, et son principal bourreau au cours de la « Grande Terreur », fut lui-même dénoncé fin 1938 par son bras droit, Lavrenti Beria. Absurdement accusé de livrer des secrets d'État à des espions étrangers, il fut torturé sous la supervision de Beria puis finalement exécuté en 1940[29].

Fin 1938, quand Staline arrêta la « Grande Terreur », on comptait autour de 700 000 exécutions et 1,5 million d'arrestations. Près de 3 millions de personnes croupissaient dans les camps. La nécessité était évidente de reconstituer les cadres du parti mais aussi, de manière bien plus urgente, la direction de l'Armée rouge et d'éviter de nuire davantage à la production industrielle alors que la priorité absolue était de préparer la défense du pays.

La terreur menée par Staline dans les années 1930 était dirigée contre son peuple. Indirectement, cependant, ses ramifications s'étendirent bien au-delà des frontières. Dans l'Europe entière, les Partis communistes et leurs compagnons de route, au premier rang desquels nombre d'intellectuels occidentaux, fermèrent délibérément les yeux sur les crimes contre l'humanité de Staline ou les ignorèrent, emportés par leur enthousiasme pour l'alternative radicale qu'offrait l'URSS à un capitalisme occidental en pleine crise et au fascisme. Quand bien même ils reconnaissaient l'inhumanité, ils y voyaient un moyen regrettable mais nécessaire pour avancer vers une fin louable : la construction d'une société socialiste. À cela s'ajoutait une retombée internationale plus perverse. La réaction contre le stalinisme s'insérait facilement dans l'arsenal idéologique de la droite radicale de nombreux pays européens, notamment en Allemagne. Le fascisme profita du stalinisme. De surcroît, la propagation potentielle du bolchevisme, illustrée par l'engagement soviétique dans la guerre civile espagnole, alarma la droite conservatrice aussi bien que fasciste. Mais c'est à l'extrême droite, surtout dans la rhétorique stridente de l'Allemagne hitlérienne, que furent jetées les bases d'une épreuve de force avec l'Union soviétique stalinienne.

Dans l'été 1939, alors que la guerre en Europe devenait certaine, Staline savait que son pays était loin d'être prêt à se défendre contre une attaque de l'Allemagne (peut-être alliée à d'autres « puissances impérialistes ») qui ne faisait plus de doute. Les démocraties occidentales s'étaient montrées disposées à trouver un arrangement avec l'Allemagne nazie. Il n'y avait aucune aide à attendre de ce côté-là. C'est la nécessité de gagner du temps qui poussa Staline, en août 1939, à signer un pacte avec son ennemi idéologique juré (également utile à l'Allemagne qui voulait d'abord détruire la Pologne avant de se retourner contre l'Ouest). Si le programme intensif d'industrialisation, moyennant la collectivisation brutale de l'agriculture, s'était soldé par une augmentation considérable de la production d'armes, l'industrie ne pouvait encore répondre à la demande croissante d'armements. En outre, du fait des purges, il manquait d'officiers expérimentés. En 1939-1940, la guerre d'Hiver contre la Finlande mit en évidence la faiblesse militaire de l'Armée rouge, tandis qu'en décembre 1940 un rapport accablant du commissaire à la Défense fit prendre conscience à Staline des graves lacunes des forces armées[30]. La production d'armements s'accélérait désormais à vue d'œil, et les effectifs des forces armées avaient plus que triplé depuis 1938. Staline savait néanmoins que, militairement, l'Union soviétique ne serait pas prête à affronter une invasion avant 1942 au plus tôt.

Quand l'invasion survint, en juin 1941, Staline en fut profondément ébranlé malgré les nombreux rapports détaillés qu'il avait reçus faisant état d'une attaque imminente. Sa calamiteuse méprise sur les intentions allemandes avait des causes systémiques aussi bien que personnelles. Tout le système reposait sur la flatterie : personne n'osait contredire Staline. Personne ne défia donc sa dénégation délibérée des projets allemands d'invasion. Et, pour lui, presque tous les rapports des services secrets tenaient de la « désinformation ». La méfiance qui régnait dans le système l'amena donc à rejeter les renseignements solides qu'il recevait de diverses sources bien placées. Son extraordinaire erreur de jugement eut des conséquences catastrophiques. Dans les premières semaines qui suivirent l'invasion du 22 juin se produisit une indicible calamité militaire. En décembre, les pertes de l'Armée rouge s'élevaient à 2 663 000 morts et 3 350 000 prisonniers (la plupart devaient mourir captifs en Allemagne)[31].

Staline lui-même mais aussi les failles endémiques du système qu'il dirigeait étaient responsables de la catastrophe. En l'espace de quatre ans, cependant, l'Union soviétique devait remporter sans doute la plus grande victoire militaire de l'histoire. Si Staline fut responsable de la calamité de 1941, faut-il aussi lui rendre hommage pour la victoire de 1945 ?

Chef de guerre

Sans la stupéfiante contribution soviétique à la défaite de l'Allemagne nazie, la victoire alliée de 1945 – tournant décisif du xxe siècle – n'aurait sans doute été possible qu'après la reddition du Reich à la suite de la destruction de Berlin, de Munich et d'autres villes par la bombe atomique. L'ampleur des pertes soviétiques est à peine imaginable : au moins 25 millions de morts, dont 17 millions de civils ; parmi les 34,5 millions d'hommes et de femmes mobilisés, 84 % de morts, de blessés ou de prisonniers[32]. Il n'est pas de facteur unique qui explique l'exploit soviétique. Au centre, il y eut certainement l'empressement à défendre sa famille, son foyer et son pays contre un envahisseur barbare menant une guerre d'anéantissement. L'insistance nouvelle sur le patriotisme, de pair avec une plus grande tolérance religieuse, joua aussi son rôle. Le désir de se venger de ce qu'un ennemi sans pitié avait fait aux siens donna une forte motivation supplémentaire. À tout cela s'ajoute la lutte primordiale pour la survie, la motivation la plus élémentaire de tous les soldats, avec la loyauté envers les camarades les plus proches dont leur survie dépendait. La victoire soviétique fut celle de toute une société, au prix de pertes et de sacrifices phénoménaux. Mais elle eût été inconcevable sans leadership, impliquant un effort collectif de mobilisation, militaire et civile.

Quelle fut donc la contribution personnelle de Staline à ce leadership et au triomphe soviétique ? Plus tard, il reçut les hommages, jouissant de la gloire du héros de guerre, s'assurant que les lauriers de la victoire ne soient pas « usurpés » par le légendaire chef militaire, le maréchal Gueorgui Joukov[33]. Si absurde que fût son désir de revendiquer pour lui seul le crédit de la victoire, on imagine mal qu'elle eût été possible sous un autre dirigeant. Surtout après l'ampleur des premières pertes ayant suivi l'invasion allemande de 1941, il fallait un leadership personnel fort au sommet pour transformer ce qui avait tout l'air d'une défaite assurée en une force militaire croissante, en succès retentissants et en triomphe ultime. Staline eut un impact direct dans plusieurs domaines cruciaux de l'effort de guerre soviétique : terreur, propagande, commandement militaire et négociations diplomatiques. À chaque fois, sa personnalité joua un rôle significatif.

La terreur des années 1930 avait modelé la société et contraint à la soumission par peur des châtiments draconiens de toute forme de désobéissance ou de non-conformisme. Si la terreur contre les citoyens soviétiques fut réduite au cours de la guerre, elle demeura à un niveau stupéfiant pour peu qu'on la mesure à une autre aune que celle des années 1930. Elle reçut l'imprimatur exprès de Staline.

La peur s'insinuait à tous les échelons de l'armée. Les commandants craignaient Staline. Ils avaient bien raison. Le commandant suprême sur le front est, le général Dmitri Pavlov, et les trois généraux qui lui étaient immédiatement subordonnés furent arrêtés, soupçonnés de trahison, torturés et exécutés à la suite des immenses pertes soviétiques et de la chute de Minsk (ouvrant la porte de Moscou) lors de la dévastatrice avancée allemande au cours de la première semaine de guerre. Pavlov fut le bouc émissaire de l'erreur calamiteuse de Staline, qui n'avait pas voulu entendre les avertissements relatifs à l'invasion allemande. L'exécution d'un aussi haut gradé envoya cependant un signal clair. Les commandants traitaient brutalement leurs subalternes. Plus tard, dans la guerre, le commandant de la 62e armée à la bataille de Stalingrad, Vassili Tchouïkov, devait personnellement agresser des gradés subalternes qui lui déplaisaient[34]. La désobéissance parmi les soldats du rang était passible de châtiments exemplaires. Être accusé de lâcheté ou de trahison valait une exécution sommaire. Les soldats avaient donc de bonnes raisons de craindre leurs supérieurs. Des centaines de milliers de soldats soviétiques furent arrêtés pour désertion et condamnés à mort, affectés à des bataillons pénitentiaires ou expédiés dans des camps (dans les deux cas, l'équivalent d'une peine de mort). Des unités du NKVD postées derrière la ligne de front étaient prêtes à abattre les déserteurs. Beaucoup de soldats estimaient moins risqué d'avancer vers les canons allemands que de faire face aux armes du NKVD. Les soldats repris à l'ennemi étaient emprisonnés et souvent exécutés[35].

Alors que la politique de la terre brûlée ordonnée par Staline en juin 1941 détruisait leurs foyers, leurs fermes et leurs villages, les civils sans toit étaient exposés au dénuement et à la famine[36]. Les « ennemis de l'intérieur » – vaste catégorie comprenant les vagabonds, les prostituées, les Gitans ou les petits délinquants – étaient exécutés ou déportés en Sibérie. Des centaines de milliers d'ouvriers furent emprisonnés pour menues infractions aux lois draconiennes sur le travail. Un simple retard pouvait avoir les conséquences les plus terribles[37].

Les citoyens non soviétiques vivant dans les régions frontalières et jugés menaçants pour la sécurité étaient eux aussi en danger. En mars 1940, Staline approuva personnellement (comme ses proches) la proposition de Beria d'exécuter 25 700 officiers polonais, dont on découvrit plus tard les restes dans la forêt de Katyn. Sur ordre de Staline, à la suite de la division de la Pologne entre l'Allemagne et l'Union soviétique, des centaines de milliers de Polonais avaient alors été déportés de Pologne orientale vers la Sibérie ou l'Asie centrale. Plus tard, au cours de la guerre, Staline déporta vers des régions inhospitalières d'Asie centrale plus de 3 millions d'habitants appartenant aux minorités ethniques de l'Union soviétique, dont les Allemands de la Volga, les Tatars de Crimée, les Kalmouks et les Tchétchènes, soupçonnés de sympathies pour l'Allemagne[38].

La terreur stalinienne durant le conflit ne fut pas une rupture, mais prolongea la politique d'avant guerre. Son approbation et, dans bien des cas, ses ordres exprès ne font pas l'ombre d'un doute. Bien entendu, la terreur ne fut pas l'unique raison pour laquelle les Soviétiques combattirent avec tant d'acharnement. Elle n'en fut pas moins un élément indispensable de l'effort de guerre soviétique. Pour les esprits libéraux, il est troublant de penser qu'il eût été impossible de vaincre l'Allemagne nazie sans la terreur stalinienne.

Staline dirigea aussi la campagne de propagande pour mobiliser le soutien et entretenir l'empressement à combattre. « Les gens ne se battront pas pour la révolution mondiale ni pour la puissance soviétique », confia-t-il à l'ambassadeur américain Averell Harriman. « Peut-être se battront-ils pour la Russie[39]. » Dès le départ fut consenti un gros effort pour cultiver l'image d'un combat patriotique en en appelant au sentiment national afin de nourrir la résistance à l'envahisseur[40]. Le 3 juillet 1941, dans son premier discours de la guerre au peuple soviétique, Staline mêla les menaces de représailles implacables contre les « lâches, déserteurs et paniquards » à une rhétorique patriotique truffée d'appels à la famille, à « ses frères et sœurs », aussi bien qu'aux « camarades » et aux « citoyens »[41]. Il y eut aussi un retour à Dieu. Les églises rouvrirent, les popes revinrent des camps, et les troupes furent envoyées au combat avec la bénédiction de Dieu. Staline reçut même le chef de l'Église orthodoxe russe, lequel apporta publiquement son soutien à la défense des « saintes frontières de notre mère patrie[42] ».

Le culte de Staline s'amplifia encore pour encourager l'unité du peuple et de son chef. Il ne fut pas loin de déifier le « grand leader » en s'appropriant la croyance paysanne séculaire et simpliste au « père tsar » autoritaire et austère, mais bienveillant. L'importance capitale de Staline pour la stabilité du régime apparut clairement au moment le plus critique d'une année cruciale, avec la panique croissante des Moscovites, à la mi-octobre, quand la capitale parut sur le point de tomber entre les mains des Allemands. Tout était prêt pour que Staline parte se mettre en sécurité au-delà de l'Oural. Alors que son train l'attendait à la gare, sous pression, il décida à la dernière minute de ne pas monter à bord. La nouvelle se répandant qu'il restait à Moscou, à la tête de son peuple et aux commandes, le moral remonta rapidement. Non sans dramatiser, peut-être, Molotov conjectura par la suite que l'Union soviétique se serait effondrée si Staline était parti. Il n'en reste pas moins que sa décision joua un rôle certain pour soutenir l'effort patriotique à un tournant vital[43].

Sa principale contribution à la victoire soviétique réside dans la préparation et la direction des opérations de l'Armée rouge à partir de 1942. En tant que commandant suprême, à compter de juillet 1941, il avait la responsabilité totale de la conduite de la guerre. Ses relations avec les chefs militaires étaient d'une importance majeure. Elles furent profondément transformées en 1942-1943.

Les terribles bévues et l'incompétence militaire de Staline durant les premiers mois catastrophiques du conflit avaient été aggravées par l'absence d'une structure de commandement coordonnée au moment de l'invasion, mais aussi l'inexpérience des planificateurs et des commandants sur le terrain[44]. Début 1942, après que l'Armée rouge eut arrêté l'avancée allemande sur Moscou, Staline commit une nouvelle erreur stratégique coûteuse. Son obstination n'était pas seule en cause. Ses chefs militaires étaient partagés sur la stratégie à suivre. L'état-major n'en avait pas moins conclu que le niveau de l'équipement et des réserves entraînées disponibles exigeait au cours des mois suivants une « stratégie défensive » focalisée sur le « secteur central » du front (les abords de Moscou). Staline passa outre et réclama des frappes offensives « sur un large front[45] ». Une conséquence en fut la perte désastreuse de la ville ukrainienne de Kharkov en mai 1942 (malgré la supériorité numérique de l'Armée rouge). La situation empira avec la perte complète de la Crimée début juillet. Au total, ces deux épisodes coûtèrent quelque 370 000 hommes et des quantités d'armes inouïes[46]. Un nouveau désastre survint avec la chute de Rostov, le 23-24 juillet, ouvrant la route, par-delà le Don, vers les champs de pétrole du Caucase. Devant la grave situation militaire de l'été, Staline lui-même reconnut que son erreur personnelle était au moins partiellement responsable de la débâcle[47]. Sa réaction n'en fut pas moins caractéristique : un ordre du 28 juillet rappela qu'il était du devoir de tout soldat de se battre jusqu'à la dernière goutte de sang ; « pas un pas en arrière ». Il fallait éradiquer les « paniquards », les « lâches » et les « traîtres »[48].

Fin août 1942, Staline nomma le général Joukov commandant suprême adjoint : autrement dit, il en fit son subordonné immédiat et lui confia le commandement de la région vitale de Stalingrad, où les Allemands menaçaient de percer. L'appui de Staline à la tactique de Joukov et du chef d'état-major, le général Alexandre Vassilievski, fut décisif dans la victoire de Stalingrad. Toutefois, il ne faut pas sous-estimer le rôle de Staline lui-même. Joukov fut impressionné par l'attention de ce dernier, sa connaissance de la situation et son souci des détails[49].

À compter de Stalingrad, il écouta plus volontiers les conseils de ses généraux, même s'il ne pouvait s'empêcher d'interférer. De surcroît, ce tournant de la guerre sur le front est inaugura une série stupéfiante de victoires soviétiques au cours des deux dernières années du conflit, jusqu'à la prise de Berlin. Les défaites des dix-huit premiers mois avaient amplifié la tension entre Staline et ses généraux. Les victoires des deux dernières années et demie se soldèrent, naturellement, par de meilleures relations de travail. Staline avait soutenu sans réserve ses principaux commandants, procédant à peu de changements de personnel au cours de la phase victorieuse de la guerre. Le mérite des succès militaires revient, bien entendu, aux chefs de l'Armée rouge, à commencer par Joukov. La direction militaire acquit de l'expérience, tira les leçons de ses erreurs et innova en matière de technologie, d'armes et d'organisation. Staline appuya ces changements et, par ses exigences implacables envers l'industrie et la main-d'œuvre, s'assura que les fournitures nécessaires, les réserves et la puissance de feu fussent toujours disponibles. Il demeura responsable en dernier ressort de la stratégie et de toutes les décisions militaires vitales tout en se montrant disposé à suivre les conseils de ses principaux commandants[50].

La défaite de l'Allemagne devenant plus évidente, les dirigeants alliés se réunirent pour décider de la forme de l'Europe après la guerre. Staline, Roosevelt et Churchill se retrouvèrent d'abord à Téhéran en novembre 1943 – la première fois que

Staline quittait l'Union soviétique depuis qu'il avait pris le pouvoir. Une deuxième rencontre capitale, alors que la guerre en Europe approchait de la fin, eut lieu à Yalta, sur la mer Noire, en février 1945. La troisième se déroula à Potsdam, en août 1945, à la suite de la victoire des Alliés en Europe. À chaque fois, Staline fut le personnage central. C'est pour une grande part au cours de ces trois conférences que se décida à quoi ressemblerait l'Europe pour les quatre décennies et demie suivantes. À Yalta, les conquêtes de l'Armée rouge avaient largement établi les rudes réalités qui sous-tendaient la diplomatie, mais les décisions prises à cette occasion avaient été, pour l'essentiel, préfigurées à Téhéran[51]. Aucune décision définitive n'y avait été prise, mais on s'était entendu sur le remodelage crucial des frontières de la Pologne. On s'était aussi accordé sur le principe d'une division de l'Allemagne après la guerre. Alors qu'une bonne partie de l'Europe orientale était sous contrôle soviétique, Yalta confirma que Moscou façonnerait de fait l'avenir de la Pologne. Potsdam confirma la division de l'Allemagne.

Au cours des délibérations des « Trois Grands », Staline était en position de force du fait des exploits de l'Armée rouge. Informé et adroit, il n'en parvint pas moins à ses fins en menant des négociations habiles grâce à sa maîtrise des détails et de la géopolitique, mais aussi la force de sa personnalité. Roosevelt et Churchill quittèrent Téhéran et Yalta en imaginant avoir obtenu des résultats satisfaisants. Ils pensaient avoir gagné l'amitié de Staline et pouvoir lui faire confiance. Tous deux avaient fini par aimer le dictateur soviétique. Or, Staline était un bon comédien doublé d'un charmeur, un homme jovial qui avait un sens aigu de l'humour (noir). Il réussit à les embobiner.

Il impressionnait ses interlocuteurs. Anthony Eden, le secrétaire britannique aux Affaires étrangères, observa que Staline serait son premier choix dans une équipe de négociateurs[52]. Averell Harriman, qui eut souvent affaire à lui entre 1941 et 1946, l'estimait mieux informé que Roosevelt et plus réaliste que Churchill[53]. Le général Alan Brooke, chef de l'état-major impérial, donne un résumé clairvoyant de ses pensées dans son journal à l'occasion de sa visite à Moscou avec Churchill en août 1942 :

> [Staline] est un homme remarquable, aucun doute à ce sujet, mais pas attrayant. Il a un visage désagréablement froid, roublard, mort et, chaque fois que je le regarde, je l'imagine envoyer des hommes à leur perte sans broncher. Par ailleurs, il ne fait pas de doute qu'il a le cerveau rapide et saisit parfaitement les éléments essentiels de la guerre[54].

Staline était un homme monstrueux, qui dirigea un régime monstrueux façonné à son image. Mais cette monstruosité même conduisit son pays à la victoire sur l'Allemagne et rendit possible la victoire plus large des Alliés. En imposant une répression terroriste implacable au service d'un effort de guerre colossal, tant civil que militaire, en incarnant le combat patriotique pour libérer la Mère-patrie, en dirigeant avec succès le cours de la guerre à partir de 1942 et en négociant des gains territoriaux majeurs pour l'Union soviétique, son leadership personnel avait été indispensable. La guerre finissant, son prestige, en URSS et à l'étranger, était à son apogée.

Dernières années

Le 24 juin 1945, Staline se tenait sur le balcon du mausolée de Lénine en héros conquérant savourant l'adulation d'une immense foule en liesse. Le maréchal Joukov entra sur la place Rouge chevauchant un étalon blanc, suivi des rangs serrés des régiments de l'Armée rouge saluant le grand chef et jetant devant lui les étendards pris à l'ennemi vaincu[55]. Un moment de gloire et de réjouissance sans retenue, mais rien de plus qu'une distraction passagère avant l'immense effort de reconstruction d'un pays complètement dévasté par la guerre. Les dernières années de Staline devaient infliger à son pays de nouvelles épreuves et souffrances terribles. Le dictateur lui-même ne s'attarda pas sur les gloires passées. Sa personnalité, ses instincts et sa méfiance viscérale restèrent inchangés. Tout comme, au fond, le système auquel il présidait avant la guerre et qu'il avait transformé en despotisme personnel.

La victoire hissa le culte déjà grotesque du grand chef à des niveaux d'absurdité inédits. Staline protesta contre ses excès sans rien faire pour le modérer. Il se disait disciple de Lénine, mais la propagande envahissante le plaçait sur un piédestal plus haut que le légendaire chef des Bolcheviks. Les souvenirs susceptibles de ternir son aura héroïque étaient dangereux. Quand en 1946, avec l'aval officiel, Anna Allilouïeva – la sœur de Nadia, la seconde épouse de Staline – publia des Mémoires donnant des détails inoffensifs mais peu flatteurs sur la jeunesse du dictateur, elle fut condamnée à dix ans de goulag pour diffamation[56]. Le culte dissimulait à quel point Staline était coupé de son peuple dans les dernières années. Il n'apparaissait guère en public, prononçait peu de discours et se retirait derrière les murs impénétrables de la sécurité au point de devenir quasiment invisible des citoyens ordinaires.

Sa main de fer sur tous les leviers centralisés du pouvoir au sein du parti et de l'État, de la police de sécurité et de l'armée – les piliers essentiels de son régime – resta néanmoins intacte. De même que sa confiance dans les rapports émanant des agences du ministère de la Sécurité de l'État (MGB) et d'individus de toutes les institutions du régime prêts à transformer rivalités et jalousies personnelles en dénonciations ou critique politique préjudiciable. Sa méfiance n'épargnait personne. Même le domicile des membres du Politburo était sur écoutes. Personne, encore moins les dignitaires qui auraient pu représenter une menace, ne pouvait se reposer en paix. Le maréchal Joukov, le grand héros de guerre dont les exploits semblaient menacer la popularité de Staline, fut affecté dans la lointaine Odessa puis, début 1947, carrément limogé. Beria fut écarté de la sécurité de l'État, où il aurait pu devenir dangereux pour le dictateur, et fut chargé de travailler à la mise au point de la bombe atomique[57]. Molotov, Mikoïan, Jdanov, Malenkov, Kaganovitch et Beria avaient tous des raisons de craindre l'imprévisibilité de Staline dans ses dernières années.

La répression s'intensifia. Les camps de travail servile s'étendirent de nouveau. Parmi leurs 5 millions de détenus se trouvaient plus de 1 million de soldats revenant des conditions terribles de leur captivité en Allemagne : leur seul crime était d'être tombés entre les mains de l'ennemi, faisant douter le régime de leur loyauté. Comme auparavant, avantages matériels et privilèges servaient à acheter les agents de la coercition implacable. S'il n'y eut pas de retour à la Grande Terreur de 1937-1938, la purge circonscrite de la direction du parti de Leningrad en 1949 indiqua que l'imprévisible courroux du dictateur pouvait s'abattre à tout moment. Juste avant sa mort, on redoutait des purges plus larges aux plus hauts échelons du parti. Dans ses derniers mois, Staline vit une fois de plus des menaces partout. Sa paranoïa s'amplifia. Il imagina que Molotov et Mikoïan, deux de ses plus loyaux acolytes, étaient des agents de puissances étrangères, et que les médecins du Kremlin (portant des noms aux consonances juives) complotaient de le tuer.

Seule sa mort, le 5 mars 1953, après une attaque et une forte hémorragie de l'estomac, mit fin aux peurs de ses plus proches. La lutte pour la succession qui s'engagea aussitôt aboutit finalement à l'ascension de Khrouchtchev et, en 1956, à sa dénonciation du chef qu'il avait si longtemps servi et aux crimes contre l'humanité duquel il avait volontiers participé.

Héritage

À peine le dictateur était-il mort que ses anciens séides s'efforcèrent de réformer le régime[58]. La bataille pour le pouvoir se calma progressivement, avec la victoire finale de Khrouchtchev. Après avoir désavoué le culte de la personnalité de Staline en 1956, il relâcha l'emprise suffocante de l'ère stalinienne sur la société. Plus de 4 millions de détenus revinrent des camps et des colonies pénitentiaires. La vie devint beaucoup moins précaire. Le niveau de vie s'améliora, tout en demeurant modeste en comparaison de ce qu'il était en Occident. La rupture officielle définitive avec le culte de Staline survint en 1961, quand la dépouille de l'ancien dictateur fut retirée du mausolée de Lénine.

Était-ce pour autant une rupture avec le stalinisme ? Selon certains experts de renom, le stalinisme était un « système à part entière », une déviation radicale par rapport aux objectifs du bolchevisme[59]. De manière plus plausible, on peut voir dans la dictature stalinienne moins un « système » distinct qu'*une* possibilité implicite dans le bolchevisme, qui prit une forme extrême et radicale dans les conditions d'un état d'urgence permanent (peur des ennemis de l'intérieur et de l'extérieur, menace de guerre croissante). Ce ne fut aucunement un accident, une déviation par rapport à la « vraie route » du bolchevisme. Pas davantage ce ne fut un fruit inéluctable de la révolution bolchevique. Plus d'une route était concevable après la mort de Lénine. Si Boukharine était devenu le chef, la voie suivie eût été différente de celle de Staline. La collectivisation et l'industrialisation auraient pu se produire sans les extrêmes du dictateur, et sans doute accompagnées d'une grande brutalité, mais pas à l'échelle stalinienne. La réduction des structures du pouvoir en vecteur du despotisme personnel (épaulé par un culte extravagant de la personnalité) et la destruction des cadres du parti ne découlaient pas immanquablement du style de leadership de Lénine. Si la terreur était partie intégrante du système léniniste, Staline lui donna une dimension entièrement nouvelle. Lénine ne l'avait pas retournée contre le parti, comme le fit Staline. Les conditions préalables du régime stalinien avaient bel et bien été créées sous Lénine[60]. Qu'elles aient pu donner naissance à la tyrannie de Staline était inscrit dans le système dont il hérita. Les extrêmes qu'il lui imprima, cependant, n'ont pas produit un nouveau système ou une rupture avec le léninisme, mais une déviation qui porte clairement sa marque personnelle.

La rapidité des changements sitôt Staline disparu révèle à quel point le système, au cours de ses longues années de pouvoir, s'était pénétré de ses traits de personnalité paranoïdes. Une fois le dictateur mort, il put se libérer des distorsions. Avec son décès et la dénonciation traumatique du culte de la personnalité sous Khrouchtchev, le système perdit son dynamisme horrifique. Dans ses structures fondamentales, cependant, il demeura le même. Sous Brejnev, il se mua en un autoritarisme répressif, mais stable et conservateur. S'il n'y eut pas de retour à la terreur de masse, il resta visiblement le système de gouvernement qui avait pris forme sous Staline. Pour reprendre la terminologie marxiste, Staline mutila – et en partie détruisit – la superstructure, mais garda la base. À peine était-il mort que la superstructure put être remodelée sur une base solide, dans ses éléments essentiels, jusqu'à l'effondrement de l'État soviétique près de quatre décennies plus tard.

À la mort de Staline, l'Union soviétique n'était plus une société paysanne arriérée et un État faible exposé à la menace d'une invasion de pays ennemis à l'est comme à l'ouest. Du creuset de la guerre, l'Union soviétique avait émergé sous la forme d'une superpuissance naissante. Naturellement, ce n'était pas l'œuvre du seul Staline, même s'il y était pour beaucoup. Si le dictateur n'avait pas été au pouvoir, l'Union soviétique aurait-elle pu s'industrialiser, se militariser et s'organiser aussi rapidement pour vaincre les armées de Hitler ? Cela paraît peu probable. À un coût à peine imaginable s'était produite une transformation sociale et économique phénoménale. En 1953, en possession d'un arsenal nucléaire naissant, l'URSS rivalisait avec les États-Unis : géante sur la scène mondiale, elle serait bientôt capable d'envoyer un homme dans l'espace. La transition d'une société paysanne au rang de superpuissance ne fut pas l'élément le moins important de l'héritage de Staline.

La guerre froide fit, bien entendu, partie de ce même héritage. La méfiance mutuelle entre l'Union soviétique et ses anciens alliés du temps de la guerre était inévitable et ne tarda pas à se manifester. Les pays d'Europe centrale et orientale tombés dans la sphère d'influence soviétique eurent bientôt à leur tête des gouvernements fantoches staliniens, amplifiant en Occident la peur de l'expansionnisme soviétique. Dans son fameux discours de 1946 sur le « Rideau de fer », Churchill insista sur la responsabilité de l'URSS dans la division de l'Europe. Les angoisses occidentales s'amplifièrent. Toutefois, la priorité de Staline en Europe était de créer une zone tampon sûre, non l'expansion. Ainsi, par exemple, n'aida-t-il pas les communistes grecs à prendre le pouvoir. Pas davantage n'apporta-t-il un soutien tangible aux puissants Partis communistes français et italien. (Il en alla autrement en Extrême-Orient : son soutien fut important dans l'accession des communistes au pouvoir en Chine[61].) Dans l'immédiat après-guerre, il veilla à ne pas provoquer l'Occident, sachant que son pays dévasté ne pouvait rivaliser avec la force militaire américaine et redoutant que les États-Unis ne se servent de leur arsenal nucléaire pour attaquer l'Union soviétique. La méfiance mutuelle des anciens alliés se durcit au point de se figer à partir de 1947. Du jour où Staline refusa l'aide du plan Marshall pour les pays du bloc de l'Est – l'accepter eût miné la domination soviétique dans ces États satellites –, la guerre froide prit sa forme définitive. Elle allait menacer la paix mondiale pendant plus de quarante ans.

L'impact personnel de Staline sur le régime des satellites de l'Est était évident. De son vivant, les dirigeants des États derrière le Rideau de fer étaient sous son emprise, avec leurs populations implacablement assujetties par les appareils répressifs de la police et du parti. Après sa mort, le climat changea brusquement. Trois ans après, des soulèvements contre le régime soviétique survinrent en République démocratique allemande et en Hongrie, tandis que de graves troubles éclatèrent en Pologne. Même après Staline, cependant, les systèmes dont il avait si fortement influencé la construction se révélèrent assez puissants pour se perpétuer – non sans degrés de difficultés divers – jusque dans les années 1980.

Des décennies durant après sa mort, le jugement sur la place de Staline dans l'histoire fut presque entièrement et universellement négatif. En Occident, les apologistes soviétiques essayèrent de le présenter comme une aberration historique. L'URSS elle-même tenta de l'effacer de son passé. Ces deux entreprises échouèrent. Staline devait être de plus en plus perçu comme partie intégrante de l'histoire soviétique : non pas une rupture, mais le produit des conditions uniques des années 1920, dont le despotisme fit payer le prix fort à son pays tout en le conduisant à une victoire historique, laissant un héritage qui le façonna jusqu'à la fin. À juste raison, Gorbatchev condamna Staline comme un des plus grands criminels de l'histoire. Eltsine poursuivit le dénigrement. Poutine, en revanche, changea de ton en louant les réalisations de l'État soviétique à l'époque du dictateur, sans pour autant le réhabiliter, et en invoquant la continuité du glorieux passé russe et soviétique[62]. La stratégie poutinienne pour refaire de la Russie (principale héritière de l'URSS) une grande puissance mondiale et refaçonner les attitudes envers le passé soviétique a changé le regard sur Staline. En 2003, pour le cinquantième anniversaire de sa mort, une enquête d'opinion réalisée auprès de 1 600 Russes révéla que 53 % approuvaient Staline ; 27 % seulement convenaient qu'il avait été un « tyran cruel et inhumain, responsable de millions de morts[63] ».

Ces vues trahissent les caprices d'une opinion manipulée. Toutefois, malgré la masse des matériaux rendus disponibles depuis la fin de l'Union soviétique, l'évaluation historique de Staline – ce qui l'a rendu possible, ce qui lui a permis de dominer si longtemps par la terreur un immense pays, comment apprécier ses réalisations – est devenue à bien des égards moins franche, plus ouverte à des interprétations divergentes. De quelque côté que l'on penche, ce qui semble clair, cependant, c'est que Staline, tout en étant une personnalité abominable qui a plongé son pays dans les massacres et les bains de sang, a marqué plus profondément l'histoire européenne du XXe siècle que quiconque, hormis Hitler peut-être. Dans un contexte unique réunissant les conditions structurelles nécessaires, Staline offre un cas flagrant de l'importance de l'individu dans l'histoire.

Churchill sur le pont du cuirassé HMS *Prince of Wales*, lors de la Conférence de l'Atlantique au large de Terre-Neuve en août 1941, au cours de laquelle il discuta de la stratégie de guerre avec le président Roosevelt. Les deux dirigeants s'accordèrent sur les objectifs britanniques et américains pour le monde d'après-guerre, établis par la Charte de l'Atlantique.

5

Winston Churchill

Héros de guerre britannique

Dans les démocraties européennes, probablement aucun homme politique n'a exercé autant de pouvoir que Winston Churchill entre 1940 et 1945. Assurément, nul ne s'est vu décerner de tels honneurs. On l'a souvent présenté comme la quintessence de la grandeur historique, le sauveur de la nation, plus encore : le sauveur de la liberté dans le monde occidental. Rarement, voire jamais dans l'histoire, la puissance de la personnalité n'a été élevée à un rôle aussi déterminant, de façon positive, à l'inverse de l'impact catastrophique de celle des dictateurs.

Pourtant, avant 1940, Churchill était globalement en échec politique. Et son leadership dans la décennie qui suivit 1945 – dans l'opposition politique jusqu'en 1951, puis de nouveau Premier ministre jusqu'en 1955 – n'aurait pas suscité les effusions de louanges sans réserve envers un titan politique, indépendamment de ce qui avait précédé. La part de la personnalité et du pouvoir dépend donc ici fortement de l'appréciation du rôle que Churchill a joué pendant la Seconde Guerre mondiale. Il en était lui-même si conscient que, dans ses Mémoires de guerre en six volumes, il a volontairement façonné le regard de la postérité sur son leadership dans cette période. *The Second World War*, publié entre 1948 et 1954, toucha plusieurs millions de lecteurs dans le monde[1].

Personnalité et style de leadership

C'est dans les conditions exceptionnelles de la démocratie britannique en guerre que la personnalité de Churchill joua un rôle capital. Si souvent inefficaces avant guerre et soumises après guerre à des facteurs économiques et géopolitiques qu'il ne put maîtriser, ses qualités propres étaient taillées sur mesure aux conditions d'urgence du conflit. Elles étaient fonctionnelles dans une démocratie, mais une démocratie que la crise avait exceptionnellement assouplie pour le leadership d'une personnalité dominatrice.

Churchill était extrêmement égoïste – très opiniâtre et doté d'une confiance en lui typique de ses origines d'aristocrate britannique. Son milieu social lui donnait aussi un sens aigu du devoir et de la détermination, avec ce sentiment inné d'habilitation et d'autorité que possédait un membre de l'élite dirigeante. Il était de tempérament guerrier. Instinctivement, il privilégiait l'offensive à la défensive. Il était résolu, impitoyable et courageux physiquement. Son inclination à décider rapidement et avec audace lui a longtemps valu la réputation de manquer de prudence et de jugement. Il avait en lui une assurance inébranlable, avec une tendance à la fébrilité et, bien ancrée, à l'autorité. Sa vivacité d'esprit et ses réparties, souvent sarcastiques, lui permettaient de l'emporter lors de débats. Et il en fallait beaucoup pour contrer sa force de conviction et son pouvoir de persuasion. Impatience et accès de mauvaise humeur accompagnaient son énergie et son dynamisme. Clementine, sa femme, dut même le reprendre en 1940 sur ses « manières rudes, sarcastiques et dominatrices », son « irascibilité et son impolitesse »[2]. Mais il savait aussi être généreux et magnanime. Il inspirait une affection et une loyauté profondes dans son entourage. « Agir aujourd'hui » devint sa devise. Il pilota le gouvernement sans relâche.

Quand tout fut subordonné à l'effort de guerre, les organes de contrôle démocratique sur le pouvoir exécutif du gouvernement, par la voie parlementaire et surtout par le biais de l'opinion publique, virent leur champ d'intervention plus limité.

Naturellement, le Parlement siégeait toujours, les comités du cabinet se réunissaient, les journaux paraissaient, la radio était plus importante que jamais. Mais la censure officielle et, plus forte encore, l'« autocensure » supprimaient ou omettaient tout ce qui semblait antipatriotique.

Principal organe du gouvernement, le cabinet se réunissait régulièrement. Mais Churchill lui faisait perdre du temps en ne lisant pas les documents pertinents au préalable ou en digressant sur un détail qui avait retenu son attention. Un Cabinet de guerre, restreint à cinq membres au début puis à huit, prenait les décisions importantes. Churchill y dominait, affirmant rapidement et totalement son autorité. Il écoutait les conseils et en tenait compte souvent. D'après une opinion largement répandue et justifiée, il dépendait trop de l'avis de deux proches, lord Beaverbrook (chargé de la production de guerre) et Brendan Bracken (ministre de l'Information), qui ne faisaient pas partie du Cabinet de guerre[3]. La forte influence de son conseiller scientifique en chef, Frederick Lindemann, professeur de physique à Oxford, passait mal aussi. La gestion des crises en temps de guerre laissait libre cours à ses tendances dictatoriales innées. Ce côté qualifié d'impulsif ou imprudent auparavant s'avérait désormais décisif et dynamique.

En tant que ministre de la Défense et Premier ministre, l'orientation de la guerre relevait de son domaine. Les questions extérieures étaient en principe confiées à Anthony Eden, nommé ministre des Affaires étrangères en décembre 1940 à la place de lord Halifax (devenu ambassadeur britannique à Washington). Mais c'était bien Churchill qui gérait également, de fait, la politique étrangère. Il s'intéressait peu aux affaires intérieures, amplement déléguées aux travaillistes qu'il avait intégrés à son gouvernement : Clement Attlee, chef du Parti travailliste et coordinateur très efficace sur ces questions ; Ernest Bevin, que Churchill nomma au poste clé de ministre du Travail ; et Herbert Morrison, ministre de l'Intérieur et de la Sécurité depuis octobre 1940. Leur travail essentiel sur le front intérieur libéra Churchill, qui consacra toute son énergie à conduire la guerre.

Son sens de la stratégie, souvent imparfait, appelait des correctifs de la part de ses chefs d'état-major. Dans la seconde partie de la guerre, son pouvoir fut de plus en plus contraint par les impératifs américains dans la planification stratégique autant que géopolitique. En fait, quand eurent lieu les conférences des « Trois Grands » qui devaient établir l'ordre en Europe après la guerre, le véritable pouvoir fut exercé par Joseph Staline, le dictateur soviétique, et non par Churchill ou Roosevelt. La personnalité importait moins que les réalités militaires.

Le long et sinueux chemin vers le pouvoir

Winston Churchill est né le 30 novembre 1874 à Blenheim Palace, près d'Oxford. Le palais avait été offert à son illustre ancêtre, le duc de Marlborough (dont il écrira la biographie), en récompense de sa célèbre victoire sur les Français à la bataille de Blenheim en 1704. Le père de Winston, lord Randolph Churchill, devint chancelier de l'Échiquier puis fut pressenti pour les fonctions de Premier ministre, avant que des imprudences et des erreurs politiques missent fin à sa carrière. Il mourut en 1895 à l'âge de cinquante-cinq ans seulement, d'une maladie probablement liée à la syphilis. Sa mère, Jennie Jerome, née en Amérique, mondaine d'une beauté remarquable, collectionnait les amants (dont le prince de Galles) et se remaria deux fois après le décès de lord Randolph, s'éteignant à son tour en 1921. Ses parents étaient distants, faisant passer leur carrière et leur vie sociale avant leurs enfants, Winston et son jeune frère Jack. Malheureux durant ses années de pensionnat à Harrow, l'un des principaux collèges privés d'Angleterre, Winston quêtait amour et attention dans les lettres, tristes et plaintives, qu'il envoyait chez lui. Il était indiscipliné et ne brillait pas par ses résultats. La plupart de ses missives restaient sans réponse. Les rares qu'il recevait étaient d'un style froid et dédaigneux, infiniment cruelles. Néanmoins, au fil des années, Winston se rapprocha de sa mère. Il idolâtrait son père, dont il recherchait vainement l'encouragement. Le désir de l'imiter puis de surpasser ses réalisations ne l'a jamais quitté. Même âgé, il continuait de se justifier auprès de son père décédé, qui avait été convaincu que son fils serait un raté[4].

Les quarante-cinq années qui suivirent la mort de son père, jusqu'en 1940, n'ont effectivement pas été très brillantes. Jeune officier et correspondant de guerre, il avait envie d'action et se fit connaître en s'évadant de captivité pendant la guerre des Boers. Entré en politique en 1899, rapidement reconnu pour son talent précoce, il noua des relations en haut lieu pour favoriser sa promotion. En 1907, il prédit qu'il serait Premier ministre au terme d'une dizaine d'années au moins[5]. Il était déjà sous-secrétaire d'État au ministère des Colonies depuis l'année précédente sous le gouvernement libéral. (Fervent partisan du libre-échange, il avait quitté les conservateurs en 1904 sur la question des tarifs douaniers frappant les importations de marchandises extérieures à l'empire.) Il rejoignit le cabinet en tant que président du Board of Trade (Commission du commerce) en 1908, devint ministre de l'Intérieur en 1910 et Premier lord de l'Amirauté en 1911 (poste qu'il chérissait particulièrement). En 1917, il fut nommé ministre de l'Armement ; en 1919, secrétaire d'État à la Guerre et à l'Aviation et, brièvement, en 1921-1922, secrétaire d'État aux Colonies. Entre 1924 et 1929, il occupa la haute fonction de chancelier de l'Échiquier dans le gouvernement conservateur dont il avait rejoint le parti en 1924.

Ses longues années passées au gouvernement avant d'entrer dans l'opposition à la suite de la défaite des conservateurs aux élections législatives de 1929 lui avaient permis d'acquérir une expérience exceptionnellement vaste. Mais les reproches relatifs à son manque de jugement le poursuivaient. Stanley Baldwin, trois fois Premier ministre entre 1924 et 1937, avait confié en privé :

> Quand Winston est né, de nombreuses fées se sont penchées sur son berceau, chargées de dons : imagination, éloquence, zèle, compétence ; puis en vint une qui déclara : « Personne n'a droit à tant de dons. » Elle s'empara de lui, le secoua et le renversa en tous sens si bien qu'avec tous ces dons il se vit refuser ceux du jugement et de la sagesse[6].

L'idée que Churchill avait de grandes capacités mais manquait de discernement était très répandue et le suivit tout au long de sa carrière. Avant le bouleversement du contexte extérieur à la fin des années 1930, son ambition de devenir Premier ministre ne paraissait pas réalisable.

Son entêtement l'avait en effet amené à commettre de graves erreurs. Lourdement responsable de l'opération navale tragique dont l'objectif était de forcer le passage des Dardanelles en 1915 mais qui se solda par la désastreuse campagne de Gallipoli, faisant plus de dix mille victimes, il dut quitter sa fonction chérie de Premier lord de l'Amirauté dans l'humiliation. Un journal conservateur le qualifia cette année-là de « danger pour le pays[7] ». Chancelier de l'Échiquier, il décida en 1925 de revenir à l'étalon-or, ce que l'on jugea à l'époque, et par la suite, préjudiciable à l'économie. Churchill en convint plus tard, il avait été un mauvais chancelier[8]. Il ne tenait pas ce que promettaient ses riches premières années.

Rien ne présageait, malgré tout, qu'il serait écarté du gouvernement toute une décennie. Ses années de « désert » (suivant son expression) semblaient clore une carrière qui s'annonçait pleine d'espoir. Au moins put-il consacrer plus de temps à l'écriture, notamment au quatrième volume de sa biographie de Marlborough, ainsi qu'à ses nombreux passe-temps, la peinture, la maçonnerie et l'apiculture. Même privé de son salaire de ministre, il gagnait un revenu plus que convenable grâce à sa production littéraire prolifique. Toutefois, il n'avait aucun mal à le dépenser, et plus encore, avec son style de vie extravagant, les coûts d'entretien et de restauration de la maison et du domaine de Chartwell dans le Kent (sa résidence depuis le début des années 1920), ses divertissements somptueux, les salaires de quatorze domestiques et les besoins de sa famille (Clementine, sa femme, et leurs quatre enfants désormais adultes et coûteux).

Le sens de l'histoire était central chez Churchill. Issu de l'aristocratie anglaise, imprégné des valeurs du temps de la reine Victoria et du roi Édouard, il voyait dans l'histoire le progrès de la civilisation humaine, qui avait atteint son apogée dans les institutions parlementaires de la Grande-Bretagne et dans l'Empire britannique, alors qu'il approchait de l'âge adulte. À certains égards, il appartenait davantage au XIXe siècle qu'au XXe siècle[9]. Écolier, il s'imprégnait déjà des exploits des grands héros anglais d'antan qui avaient mené le pays à la suprématie. Sa foi en l'empire était la pierre angulaire de tout ce qu'il entreprenait, sa défense, sa principale motivation. Il partageait avec la plupart des gens de son époque – et assurément de la classe dirigeante – l'idée que la « race blanche » était supérieure aux « indigènes », pour lesquels il éprouvait un sentiment de devoir paternaliste. Tout au long de sa vie, il employa fréquemment des formules racistes qui révulseront les générations suivantes[10].

Sa mentalité impérialiste déjà obsolète explique son rejet catégorique de toute réforme constitutionnelle en Inde, même limitée, ce qui le mit en porte-à-faux avec la majorité de son parti. Soutenant fermement Édouard VIII lors de la crise d'abdication en 1936, il se retrouva du mauvais côté de l'orthodoxie gouvernementale. Mais ce qui le rendit de plus en plus impopulaire fut surtout sa demande réitérée d'un grand réarmement en urgence. Informé par plusieurs sources confidentielles mais fiables de l'ampleur du réarmement allemand, il était sérieusement alarmé. Ses avertissements tombèrent cependant dans les oreilles de sourds, car le gouvernement, dans l'ensemble soutenu par l'opposition, passa d'une politique de désarmement à une politique d'apaisement, quand bien même renforcée sur le tard par un rapide réarmement. Tout le monde reconnaissait son éloquence. Mais ses interventions à la Chambre des Communes, condamnant la politique de défense britannique, n'eurent pas d'effets. Une petite minorité partageait son point de vue. Au retour, triomphal en apparence, de Chamberlain quittant la conférence de Munich en 1938, au cours de laquelle la Grande-Bretagne céda à l'exigence de Hitler d'annexer la région des Sudètes en Tchécoslovaquie, un débat s'ensuivit à la Chambre des Communes où Churchill prononça un discours devant une assemblée majoritairement hostile.

À partir de la prise de pouvoir de Hitler en 1933, Churchill n'eut de cesse de dénoncer l'Allemagne nazie ; et son admiration antérieure pour Mussolini s'évanouit lorsque l'Italie fasciste s'allia à l'Allemagne. À la fin des années 1930, il tut sa haine ancienne du bolchevisme, reconnaissant nécessaire une alliance soviétique pour contrer l'apaisement et prévenir la guerre. Mais c'est en vain qu'il plaida en faveur d'une « grande alliance », incluant l'Union soviétique. Il fallut attendre que les Allemands envahissent l'État croupion de la Tchécoslovaquie en mars 1939 pour que la Grande-Bretagne reconnût l'imminence de la guerre en Europe et que Churchill avait toujours vu juste quant au danger que représentait le nazisme. Le 3 septembre 1939, jour de la déclaration de guerre britannique à l'Allemagne, Churchill fut rappelé au gouvernement, de nouveau en tant que Premier lord de l'Amirauté, poste qu'il avait piteusement quitté près d'un quart de siècle auparavant.

Serait-il mort avant 1939, Churchill serait peut-être resté « l'homme qui avait préparé la Royal Navy à la Grande Guerre[11] ». Plus probablement, on aurait surtout retenu de lui le désastre des Dardanelles.

Conditions préalables du pouvoir

Churchill apportait certainement une énergie nouvelle et un sentiment d'urgence dans la planification navale. Mais il était peu probable qu'il remplaçât Neville Chamberlain comme Premier ministre. Il était devenu marginal dans son propre parti. En juillet 1939 encore, les quatre cinquièmes des députés conservateurs de l'arrière-ban n'en voulaient même pas au cabinet[12]. Même après son retour au gouvernement au début de la guerre, les hauts responsables de Whitehall ne l'imaginaient pas en futur Premier ministre à cause de son manque de jugement[13]. Mais, instinctivement attiré par le pouvoir, Churchill se voyait en « homme du destin ». Sur le moment où il fut nommé Premier ministre, il écrivit plus tard : « J'avais l'impression de ne faire qu'un avec le destin et il me semblait que toute ma vie passée n'avait été qu'une préparation à cette heure et à cette épreuve[14]. » C'est cependant le hasard, et non le destin, qui le conduisit à cette fonction en 1940.

Le hasard opéra toutefois dans le cadre structurel d'une détérioration brutale des relations internationales lors des deux décennies précédentes, de la montée en puissance de l'Allemagne, de la menace croissante du Japon en Extrême-Orient et de la surenchère impériale de la Grande-Bretagne pour assurer les dépenses de défense et faire face aux mouvements d'indépendance coloniale. C'est ce contexte qui façonna les politiques de désarmement, puis, quand elles échouèrent, d'apaisement.

Ce qui s'amorçait sous Baldwin se poursuivit sous son successeur, Neville Chamberlain, jusqu'à ce que la faiblesse politique, économique et militaire de la Grande-Bretagne apparût sans voile et la menace sur le pays trop évidente. L'opposition constante de Churchill, qui lui avait attiré tant de foudres dans les années 1930, fut alors saluée comme prophétique. Les attitudes à son égard se mirent à changer. Néanmoins, la primauté de Chamberlain ne fut guère menacée durant les mois étranges de la « drôle de guerre ». Il restait très populaire dans le Parti conservateur, et les structures du pouvoir qui soutenaient son mandat demeuraient intactes. Il fallait plus que l'échec de la politique d'apaisement pour le renverser.

Une tournure inattendue des événements précipita l'évolution. Le 4 avril 1940, Chamberlain déclara sottement que Hitler avait « raté le coche » en n'envahissant pas la France et la Grande-Bretagne, ce qui se retourna aussitôt contre lui. Cinq jours plus tard, les troupes allemandes envahirent rapidement le Danemark et la Norvège. Elles empêchèrent ainsi les projets britanniques, que Churchill avait fortement encouragés, de miner les eaux norvégiennes pour bloquer les exportations de fer depuis Narvik vers l'Allemagne. Les premières batailles navales, avec des pertes de part et d'autre, précédèrent une campagne terrestre dans le nord de la Norvège, s'achevant lamentablement par l'évacuation des troupes alliées. La faute en incombait aux erreurs tactiques, aux problèmes d'organisation et aux défaillances du renseignement. Le commandement militaire britannique le vécut mal ; une grande partie en voulut directement à Churchill, l'architecte de l'expédition de Narvik. Certains préconisèrent son limogeage. S'ils avaient eu gain de cause, il n'aurait plus eu aucune chance de succéder à Chamberlain. En fait, la fureur générale suscitée par cette débâcle épargna Churchill pour se retourner contre le chef du gouvernement, Chamberlain.

Les critiques se déversèrent comme jamais sur ce dernier lors du débat houleux concernant la Norvège à la Chambre des Communes les 7-8 mai. La question de confiance envers le Premier ministre fut au centre des échanges. L'humiliation subie en Norvège fut alors associée aux lacunes à long terme et aux erreurs stratégiques en matière de réarmement et d'apaisement (ce qui détourna l'attention du rôle de Churchill dans cette campagne). Des demandes explicites s'exprimèrent pour changer de gouvernement. Churchill demeura ouvertement fidèle à Chamberlain, mais ses amis à la Chambre chantèrent ses louanges. Le gouvernement remporta le vote, alors que quarante et un conservateurs votèrent contre lui et qu'une cinquantaine s'abstinrent[15]. Ce fut une défaite morale fatale pour Chamberlain[16]. Il apparut vite évident qu'il n'avait plus d'issue. Seuls le moment de sa démission et le choix de son successeur demeuraient incertains.

Que Churchill lui succédât n'était pas évident, et de prime abord peu probable. À la Chambre des Communes, des députés évoquèrent même la possibilité de rappeler David Lloyd George, Premier ministre pendant la Première Guerre mondiale[17]. Paroles en l'air. Le favori pressenti pour devenir Premier ministre n'était pas Churchill, mais lord Halifax, ministre des Affaires étrangères. Il avait la préférence de Chamberlain et de la majorité des conservateurs. Les responsables du Parti travailliste, refusant toute participation à un gouvernement chapeauté par Chamberlain, firent clairement savoir qu'ils étaient prêts à servir sous le gouvernement de Halifax. Le problème était que celui-ci n'avait pas de siège à la Chambre des Communes, mais ni Chamberlain ni le roi George VI (également favorable à Halifax) n'estimèrent l'obstacle insurmontable. Le plus important était de savoir si le principal intéressé voulait réellement être Premier ministre. Rien que d'y penser lui faisait mal au ventre. Il était parfaitement conscient de son manque d'expertise dans le domaine militaire et craignait de n'être plus qu'un pion dans un gouvernement dominé par

Churchill prenant en charge la défense et qui dirigerait de toute façon l'effort de guerre en réalité. Les hésitations de Halifax – ou misait-il secrètement sur l'échec de Churchill ? – et l'assurance de Churchill furent décisives. Halifax refusa cette lourde responsabilité ; Churchill n'attendait que cela. Aussi, lorsque Chamberlain se rendit à Buckingham Palace dans l'après-midi du 10 mai pour remettre sa démission du poste de Premier ministre, ce fut pour recommander Churchill, et non Halifax, à la plus haute fonction du pays[18]. Quatre hommes – Chamberlain, Churchill, Halifax et le *Chief Whip* (chef du groupe parlementaire), David Margesson, – avaient décidé entre eux qui guiderait la Grande-Bretagne dans la pire crise que connut le pays.

La décision cruciale

Si lord Halifax, et non Churchill, avait dirigé cette année-là les destinées du pays, l'histoire de la Grande-Bretagne, comme celle de l'Europe et du monde occidental, eût été très différente. Halifax avait beaucoup de qualités, mais, comme il le reconnaissait lui-même, il n'avait pas celles d'un chef de guerre. Il n'aurait pas été le Premier ministre qu'il fallait en 1940. De nature modeste et effacée, froidement rationnel, ses atouts auraient été appréciés en bien d'autres circonstances. Mais, en temps de grande crise nationale, ils ne correspondaient pas aux besoins. Halifax ne savait pas motiver. Et il avait été un personnage central dans le gouvernement qui avait mené sans succès la politique de l'apaisement. Churchill, au contraire, semblait avoir eu raison dès le début de s'opposer à cette politique, de façon frontale et très isolée. Son exubérance, son esprit indomptable de défi et son dynamisme pugnace étaient précisément ce qu'il fallait pour soutenir puis remonter le moral quand les perspectives étaient des plus sombres. Il savait donner de l'espoir. Son patriotisme émouvant, qu'il exprimait avec une éloquence inimitable – cadences magnifiques, langue aux envolées littéraires (quelque peu archaïque) –, se révélait inspirant. L'analyse rationnelle et froide ne pouvait l'égaler dans les circonstances d'alors.

La personnalité de Churchill avait été parfois un handicap dans sa longue carrière, mais, dans cette conjoncture, elle était décisive.

À l'âge de soixante-cinq ans, Churchill assuma le pouvoir dans les pires conditions que l'on puisse concevoir. L'offensive allemande en Europe occidentale commença le jour même où il fut nommé Premier ministre, le 10 mai, progressant à une vitesse vertigineuse vers la Manche. En l'espace de deux semaines, la Hollande avait capitulé, la Belgique était sur le point de le faire et la défaite de la France, principale alliée continentale de la Grande-Bretagne, considérée jusque-là comme une grande puissance, semblait certaine. Le 25 mai, le Corps expéditionnaire britannique fut piégé alors qu'il se repliait sur Dunkerque. Le commandement militaire ne laissait guère d'espoir d'évacuation. On présumait l'armée et son matériel en grande partie perdus. On envisageait pire encore : le renseignement britannique imaginait probable une invasion allemande dans un proche avenir. La seule chance réelle de l'empêcher, pensait-on, était d'établir la supériorité aérienne. Jamais la Grande-Bretagne n'avait été aussi menacée. Parmi ceux qui avaient pleinement conscience de la situation désastreuse s'échangeaient des paroles de découragement, voire de défaitisme pur et simple, évoquant la défaite finale de la Grande-Bretagne, la fin de l'Empire britannique, la fin de tout.

Tandis que la grande crise faisait rage, Churchill ne dominait pas encore comme par la suite. Il dépendait clairement, reconnaissait-il lui-même, de Chamberlain (resté chef du Parti conservateur jusqu'à sa mort, d'un cancer, en novembre) et de Halifax, maintenu au poste de ministre des Affaires étrangères. Dans le petit Cabinet de guerre que Churchill avait constitué dès qu'il était devenu Premier ministre se trouvaient aussi Clement Attlee, chef du Parti travailliste, et son adjoint, Arthur Greenwood. Archie Sinclair, chef du Parti libéral et secrétaire d'État au ministère de l'Air, était parfois invité à y participer.

C'est là sans doute que fut prise la décision la plus importante de l'histoire britannique à la fin du mois de mai 1940[19]. L'enjeu était de savoir si la Grande-Bretagne devait sonder les possibilités d'une paix négociée ou si elle devait continuer à se battre en dépit de sa faiblesse militaire manifeste. En cet instant de tous les dangers, il s'agissait, non pas de se battre jusqu'à la victoire finale, mais de tenir bon en espérant que le sort de la Grande-Bretagne s'améliorerait au cours des mois à venir[20]. La discussion sur l'opportunité de chercher des accords se poursuivit au Cabinet de guerre du 25 au 28 mai. Lord Halifax privilégiait l'idée d'explorer une médiation italienne pour une conférence de paix pouvant mener à un règlement négocié qui mettrait fin à la guerre. Probablement faudrait-il faire des concessions territoriales (dont Malte, Gibraltar et Suez, éventuellement), mais si les conditions ne convenaient pas à la Grande-Bretagne, elle pourrait toujours les refuser, justifiait-il. Halifax était aussi patriote que Churchill. Comme lui, il cherchait à préserver l'indépendance du pays. Mais, évaluant froidement sa faiblesse militaire, il envisageait non sans raison une solution diplomatique.

Le tempérament de Churchill était totalement différent. Il s'exprimait avec passion et émotion, privilégiant d'instinct la résistance et la volonté de se battre dans l'espoir que l'Amérique viendrait en aide à la Grande-Bretagne avant qu'il ne fût trop tard. Il mêla tout de même émotion et raison. Tout rapprochement avec Mussolini saperait le potentiel combattant de la Grande-Bretagne, déclara-t-il. Hitler ne manquerait pas d'imposer des conditions qui affaibliraient considérablement le pays. Aucune ne serait acceptable. La Grande-Bretagne avait encore la force de résister. Montrer à Hitler qu'il ne pouvait la conquérir ou la briser était la seule option raisonnable. Se battre et être vaincu ne serait pas pire que ce qui se présentait alors. Il rejeta par conséquent l'approche de Halifax, la jugeant illusoire et dangereuse.

Les échanges furent parfois houleux. Halifax trouvait que « Winston proférait les pires horreurs » et se désespérait de « son goût prononcé pour l'émotion quand il aurait dû faire réfléchir et raisonner son cerveau »[21]. Néanmoins, l'analyse de Churchill fut acceptée par Attlee, Greenwood et, finalement, par Chamberlain aussi. Halifax se retrouva isolé dans le Cabinet de guerre, d'autant plus qu'ensuite Churchill s'était adressé aux autres membres dont il reçut le soutien chaleureux pour sa position de défi. Le ministre des Affaires étrangères finit par se plier à la décision collective, ne voulant pas compromettre l'unité. Il accepta la décision de ne pas chercher d'accords et de continuer le combat[22]. Churchill avait joué un rôle central pour parvenir à une résolution d'importance capitale.

Une semaine seulement après la conclusion de ces débats cruciaux au sein du Cabinet de guerre, l'évacuation de Dunkerque était terminée. Contre toute attente, et alors que l'on croyait tout perdu, 338 000 soldats britanniques, français et belges furent embarqués de l'autre côté de la Manche. Le 4 juin, Churchill put rendre compte du « miracle de la délivrance » de Dunkerque à la Chambre des Communes. Son discours patriotique et provocateur devint célèbre à juste titre. Il réussit à transformer une défaite humiliante en triomphe national. Sa réputation monta en flèche et son autorité de chef de guerre incontestable fut totalement assurée.

Il existe peu d'exemples démontrant aussi nettement l'impact de la personnalité sur une décision d'importance vitale. Si lord Halifax, homme compétent, intelligent et d'une intégrité absolue, qui voulait autant que Churchill faire au mieux pour son pays, avait été Premier ministre en mai 1940, la Grande-Bretagne aurait certainement eu un tout autre destin. Rechercher des accords pour mettre fin à la guerre serait revenu à une défaite. Le moral de la population se serait effondré d'un bloc. Comme l'expliquait Churchill, Hitler aurait imposé des conditions néfastes dans tout règlement, contraignant la Grande-Bretagne à un assujettissement permanent, un sort vraisemblablement similaire à celui de la France après l'armistice du 21 juin. Le pays aurait perdu son indépendance et sa liberté, devenant un satellite de l'Allemagne. Les forces armées auraient été sous contrôle ou neutralisées. Une fois sa médiation dans les négociations de paix terminée, Halifax aurait été démis de ses fonctions, voire emprisonné ou pire. Un gouvernement fantoche, peut-être dirigé par Oswald Mosley, chef du Parti fasciste anglais, ou par David Lloyd George, ancien chef de guerre qui admirait Hitler, aurait été mis en place. Et l'ex-roi Édouard VIII aurait pu être rétabli sur le trône. Puisque le gouvernement aurait été prêt à suivre la ligne fixée à Berlin, jusqu'à l'application des lois raciales, il n'aurait pas été nécessaire d'occuper le pays, même partiellement.

Même sans destruction de l'empire, il y aurait eu d'importantes concessions territoriales et une soumission aux intérêts et à l'influence de l'Allemagne pour les territoires restants. La famille royale aurait probablement disparu au Canada. À moins d'être capturé et exécuté, Churchill serait parti lui aussi et aurait tenté de rallier la résistance de l'étranger. La Grande-Bretagne étant occupée ou en tout cas sans défense et pro-allemande, elle n'aurait pas reçu l'aide des États-Unis. Si la Grande-Bretagne et la France avaient été mises hors circuit de la guerre et les livraisons d'armes américaines interdites, l'Allemagne aurait été victorieuse en Europe occidentale et Hitler se serait concentré sur la guerre qu'il voulait réellement, contre l'Union soviétique. Un gouvernement britannique pro-allemand aurait soutenu le conflit et été très probablement impliqué dans les terribles crimes contre l'humanité qui l'ont accompagné comme dans la mise en œuvre de l'Holocauste. Un contingent britannique aurait pu se retrouver à combattre aux côtés des Allemands dans les étendues glacées et les steppes sans fin de la Russie.

Si tout cela a été évité et que la Grande-Bretagne est sortie de la guerre, non pas en nation vaincue, conquise et soumise, mais parmi les vainqueurs, c'est en partie grâce à la force de la personnalité, parce que Churchill, et non Halifax, était Premier ministre en mai 1940.

Chef de guerre

Avant que la fin de la bataille d'Angleterre en septembre n'éloignât la menace d'invasion, que cessassent les bombardements presque toutes les nuits sur Londres et d'autres villes (avant de reprendre la dernière année de la guerre), il fallut essuyer de nombreux revers et traverser de sales périodes jusqu'au tournant irréversible de la fin de l'année 1942. Dans cette phase longue et sombre, aucun homme politique britannique n'aurait pu égaler

Churchill dans sa capacité à stimuler et entretenir la volonté de se battre.

C'est par la BBC qu'il était essentiellement en contact avec la population. Entre la moitié et les trois quarts des habitants écoutaient ses principaux discours radiodiffusés. Ses envolées rhétoriques en touchaient, soulevaient, revigoraient et enhardissaient beaucoup[23]. Il ne faut cependant pas en exagérer les effets[24]. Son style oratoire grandiloquent, d'après les sondages, était loin de plaire à tous. De même, son discours du 19 mai 1940, alors que les Allemands progressaient inexorablement en Europe occidentale, en a effrayé autant qu'inspiré un grand nombre. Et plus de la moitié réagit négativement quand il annonça le 15 février 1942 la chute de Singapour. Dans chaque cas, les nouvelles désastreuses affectaient les gens, plutôt que la façon dont Churchill les présentait. Plus les nouvelles étaient mauvaises, comme après des revers militaires, plus ses discours étaient critiqués ; ils l'étaient bien moins lorsqu'il communiquait des succès militaires. Positives ou négatives, les réactions à ses discours étaient de courte durée. Un discours bien accueilli pouvait stimuler la population, mais pas longtemps.

Dans ses estimations, la propagande allemande distinguait l'« humeur », reconnue fluctuante en fonction des nouvelles positives ou négatives, et le « moral », qu'elle affirmait, avec de moins en moins d'honnêteté, constamment élevé. C'était un peu pareil en Grande-Bretagne. Si fugaces qu'aient été les réactions aux discours particuliers faisant le point sur le conflit, l'attitude et le comportement de Churchill, sa conviction que le peuple britannique surmonterait l'adversité, sa foi inébranlable en la victoire, l'esprit de défi au travers de la solidarité qu'il transmit contribuèrent considérablement à renforcer et maintenir le moral. Et ses discours instauraient la confiance dans son leadership.

Son allure physique – de petite taille, trapu, la pugnacité inscrite sur son visage – semblait incarner la volonté de se battre. Et il se montrait à son peuple (contrairement à Hitler, qui évitait apparitions publiques et discours quand cela tournait mal pour l'Allemagne). Il se rendait dans les régions bombardées pour redonner du moral et visitait les troupes sur le front. Brandissant son chapeau *homburg* sur sa canne, le cigare toujours à la bouche, faisant le signe du V de la victoire à chaque occasion, il incarnait l'esprit de combat. Il voulait être dans le feu de l'action et l'on devait parfois l'empêcher de s'exposer imprudemment au danger. Le roi lui-même dut lui interdire d'accompagner les débarquements du Jour-J en 1944. Sa popularité était incroyable. Presque tout au long de la guerre, près des quatre cinquièmes de la population l'approuvèrent et sa popularité dépassa à certains moments les 90 %[25]. À juste titre, une écrasante majorité de Britanniques l'estimaient clairement l'homme de la situation pour mener l'effort de guerre.

Dans la période de reconstruction après la guerre, ce fut différent. La publication du *Rapport Beveridge*, définissant le cadre d'un futur État-providence, nourrit des attentes sur ce qui devait suivre la victoire. Dans les sondages qui commencèrent en juin 1943, le Parti travailliste parut majoritairement plus susceptible que les conservateurs d'engager de profonds changements, ce que confirmèrent les intentions de vote les deux dernières années de la guerre[26]. La gestion souvent efficace des ministres travaillistes de la coalition en matière de politique intérieure pendant le conflit mit en évidence la capacité de gouverner de leur parti. Les Tories, quant à eux, restaient marqués par les mauvais souvenirs de l'apaisement. La défaite électorale de Churchill en 1945 fut moins surprenante qu'il n'y paraissait.

Juste après la fin de la guerre, Churchill se dit irrité à l'idée que ses discours aient été un facteur déterminant dans l'effort de guerre de la Grande-Bretagne. Il insista plutôt sur le fait qu'il avait « pris toutes les décisions militaires importantes[27] ». En tant que Premier ministre (et ministre de la Défense également), c'était clairement de lui qu'elles dépendaient. Mais ne sous-estimait-il pas la part qu'y avaient prise ses chefs militaires ? Passait-il outre leurs conseils ou les suivait-il ?

Sa personnalité, ses connaissances militaires, son désir d'être impliqué dans toutes les étapes de la planification stratégique et opérationnelle et son intervention jusque dans les moindres détails de la préparation rendaient inévitables les différends avec ses conseillers militaires. Il n'hésita pas à limoger des généraux, même ceux qu'il connaissait bien et estimait personnellement, quand il jugeait nécessaire de changer de commandement : ainsi d'Ironside, Gort, Dill, Dowding, Wavell et Auchinleck. Il dut remplacer des commandants, sous pression jusqu'à l'usure, qui n'avaient plus le dynamisme requis pour galvaniser les forces combattantes. Naturellement, il en décida après avoir consulté le haut commandement, notamment le général sir Alan Brooke, commandant des forces intérieures en 1940-1941, puis chef de l'état-major impérial, mais il s'agissait de choix personnels difficiles dont la responsabilité lui incombait entièrement. Les changements étaient pour la plupart justifiés. Le remplacement d'Auchinleck par le général sir Harold Alexander en août 1942 en tant que commandant en chef au Moyen-Orient, puis la nomination quelques jours après du général Bernard Montgomery à la tête de la Huitième Armée démoralisée furent décisifs pour retourner la situation contre Rommel dans la guerre du désert en Afrique du Nord.

La nomination même de Brooke prouvait que Churchill ne voulait pas de « béni-oui-oui » dans le commandement militaire. Stratège habile, excellent organisateur, Brooke était aussi direct, têtu, fort et indépendant d'esprit, prêt à confronter les avis percutants de Churchill aux siens[28]. Leurs accrochages étaient fréquents et tumultueux. Dans son journal intime, Brooke révèle l'étendue de leur conflit récurrent et brosse parfois un tableau sévère de la manière dont Churchill conduisait la guerre. En septembre 1944, par exemple, il écrit, à propos des « arguments ridicules » du Premier ministre, qu'il « ne connaît pas les détails, ne voit que la moitié des choses, profère des absurdités ; écouter ses bêtises me fait bouillir ». La plupart, poursuivait-il, s'imaginaient que c'était un stratège de génie, sans soupçonner qu'« il était et avait été un danger public tout au long de la guerre ». Malgré sa colère, Brooke reconnaissait la stature et les qualités exceptionnelles de Churchill. « Je n'ai jamais autant admiré que méprisé un homme en même temps[29]. »

Churchill avait un esprit fertile et inventif. Certaines de ses suggestions, comme de construire des « ports flottants » en 1942 pour un futur débarquement allié, ont été infiniment précieuses[30]. Il savait être totalement impitoyable dans la poursuite d'objectifs militaires. En juillet 1940, en accord avec le Cabinet de guerre, il ordonna le sabordage de la flotte française basée à Mers el-Kébir, port militaire d'Oran, en Algérie, pour éviter qu'elle ne tombât aux mains des Allemands, tuant 1 297 marins français[31]. Action brutale, on la jugea regrettable en général, mais justifiée. Plus contestée et difficile à défendre moralement resta l'efficacité du passage politique aux bombardements continus des civils allemands en février 1942. Churchill donna au nouveau commandant en chef du Bomber Command, Arthur Harris, carte blanche – dont celui-ci se saisit aussitôt – pour dévaster les villes allemandes, n'éprouvant d'état d'âme qu'après la destruction de Dresde en 1945[32]. Churchill a plus d'une fois envisagé d'utiliser des gaz de combat, mais y a renoncé sur les conseils de son état-major, pour des raisons pratiques et non morales[33].

Il savait être très convaincant pour faire avancer ses préférences militaires. Mais il n'a pas toujours obtenu gain de cause. Le général de division John Kennedy, directeur des Opérations militaires pour la plus grande partie de la guerre, fit remarquer qu'il avait « beaucoup d'idées folles, bancales et irréalisables », mais qu'« au bout du compte, elles étaient éliminées quand elles ne satisfaisaient pas »[34]. Churchill se plia ainsi à l'avis des chefs des armées lorsqu'il décida de ne pas envoyer d'avions supplémentaires pour aider la France à se défendre en 1940, en dépit des demandes urgentes de son alliée[35]. Ils auraient certainement été perdus, et, avec eux, la possibilité de résister dans la bataille d'Angleterre qui suivit. En revanche, il pouvait prendre des décisions autoritaires et irréfléchies, écartant même brusquement un questionnement préliminaire, jusqu'à commettre des erreurs – qu'il reconnut ensuite –, comme d'envoyer des troupes en Grèce au printemps 1941[36]. Il rejeta la faute sur le général sir John Dill, chef d'état-major général de l'empire à l'époque, alors que c'était vraiment son idée, à laquelle Dill – d'un autre tempérament que Brooke, son successeur – se soumit trop volontiers. Tout comme le général sir Archibald Wavell, commandant en chef au Moyen-Orient, dont l'armée fut gravement affaiblie par l'envoi de détachements en Grèce, qui se sentit dénigré et harcelé par Churchill[37].

Contre son souhait de consolider le Moyen-Orient, Dill avait déjà cédé aux instances de Churchill – une décision audacieuse en juillet 1940 quand la Grande-Bretagne était menacée d'invasion immédiate – de renforcer l'armée britannique pour attaquer les Italiens en Afrique du Nord[38]. Là-bas, après de sérieux revers, la victoire finale dut beaucoup à la détermination de Churchill d'en faire le théâtre de guerre le plus important en 1943. Sur les conseils de ses chefs d'état-major, Churchill rejeta fermement les demandes américaines d'établir une tête de pont en France pour y ouvrir préalablement un second front cette année-là. L'opération Torch – combinaison de débarquements en Afrique du Nord – sur laquelle il insistait permit aux Alliés de remporter la suprématie en Méditerranée (bien que la campagne d'Italie retardât ensuite leur progression des mois durant)[39].

Dans les dernières années du conflit, la primauté stratégique passa aux mains des Américains, et Churchill dut céder le rôle de chef suprême de la guerre au président Franklin D. Roosevelt. Il se soumit aux impératifs américains dans la planification du Jour-J, renonçant à son choix de renforcer la campagne d'Italie. L'opération Overlord – débarquement en Normandie – ne l'enthousiasmait guère avant qu'elle n'ait lieu[40]. Il se soumit également au débarquement dans le sud de la France, exigé par les Américains, qui lui fit abandonner la percée vers le nord à travers les Balkans qu'il désirait tant[41]. Dans ces deux cas, la stratégie américaine était la bonne, pas celle de Churchill.

Tandis que la guerre s'étendait et que la pression augmentait, Churchill s'emportait plus que jamais. Il lui était difficile psychologiquement d'admettre qu'il comptait moins dans la conduite des opérations. L'entrée en guerre des États-Unis en décembre 1941 refoula progressivement mais inexorablement la Grande-Bretagne au second rôle. Les erreurs de Churchill accrurent la méfiance des Américains envers son jugement. Ils refusèrent, par exemple, d'appuyer les opérations en mer Égée que Churchill souhaitait réaliser en octobre 1943, contre l'avis de Brooke, et qui se soldèrent par des défaites humiliantes[42].

D'après l'un de ses secrétaires personnels vers la fin du conflit, Churchill donnait l'impression de « se désintéresser de la guerre parce qu'il n'avait plus le contrôle des affaires militaires ». Lui qui l'avait connu en « autorité suprême à qui l'on se référait pour toutes les décisions militaires », il ajouta qu'entre-temps il n'était devenu « guère plus qu'un spectateur »[43]. Cela le contraria évidemment.

Churchill avait assidûment courtisé le président Roosevelt dans les premières années pour tenter de le persuader de s'engager dans le conflit. En privé, il était souvent critique à son endroit et lui en voulait de plus en plus d'être cantonné au second rôle. Malgré les tensions inévitables, ils développèrent un lien d'amitié et un respect mutuel. Ce fut le début de la « relation spéciale » entre Grande-Bretagne et États-Unis. Leur abondante correspondance reflète l'importance du lien ; Churchill envoya 373 lettres de plus qu'il n'en reçut de Roosevelt[44]. Ils se rencontrèrent à neuf reprises pendant le conflit, en premier lieu lors de la réunion historique d'août 1941, à bord d'un navire dans la baie de Plaisance, au large de Terre-Neuve, pour convenir des principes fondateurs d'un monde libre après la guerre. Churchill savait dès le commencement que l'intervention américaine était nécessaire à la victoire. Malgré le sentiment personnel de Roosevelt, ses suppliques ne réussirent pas à persuader les États-Unis d'intervenir avant le bombardement de Pearl Harbor par les Japonais le 7 décembre 1941 et la déclaration de guerre de l'Allemagne contre l'Amérique quatre jours plus tard. Mais le plan Prêt-Bail, proposé par Roosevelt et approuvé par le Congrès en mars 1941, permettait déjà d'approvisionner la Grande-Bretagne en biens et équipements essentiels.

À l'automne 1942, l'Union soviétique commença à prendre le dessus dans les combats particulièrement barbares du front oriental et Churchill dut également s'adapter à la position de plus en plus forte de Staline. Lors de leur première rencontre à Moscou en août 1942, la situation s'assombrissant puisque les Allemands progressaient vers les champs pétrolifères du Caucase, Staline s'en prit à Churchill, lui reprochant l'absence d'un second front à l'ouest (grief soviétique récurrent avant le débarquement de Normandie en 1944). Malgré tout, au cours d'un dîner tardif et bien arrosé dans l'appartement privé de Staline, ces deux dirigeants, qui venaient de milieux et de systèmes politiques tellement différents, finirent par nouer une relation d'amitié au moins fonctionnelle. En fait, du moins pour Churchill, elle allait plus loin. Alors même qu'il savait – depuis que Staline lui en avait parlé – quelle avait été la responsabilité du dictateur soviétique dans les massacres de masse de son peuple, Churchill quitta Moscou en l'appréciant vraiment[45]. Trois ans plus tard, bien qu'averti de ses crimes odieux, Churchill avoua encore l'apprécier[46]. Il se fit prendre à la bonhomie toujours cynique de Staline qui s'arrangea pour lui montrer son meilleur visage. En réalité, Staline ressentit toujours vis-à-vis de Churchill (et de Roosevelt) une aversion et une méfiance extrêmes.

Les conférences des « Trois Grands », de Téhéran en novembre 1943 et de Yalta en février 1945, confirmèrent l'affaiblissement de Churchill en tant que leader mondial. Dès janvier 1943 à Casablanca (une rencontre à laquelle Staline n'assista pas), Roosevelt prit nettement l'ascendant. Churchill eut beau être consulté auparavant, la politique de « reddition inconditionnelle » que le président annonça lui déplut[47]. Roosevelt aux commandes allait cependant de l'avant. À Téhéran, le rôle mineur de Churchill fut à peine dissimulé. Bilan désobligeant de la réunion, il ne s'agissait plus des « Trois Grands » mais des « Deux Grands et Demi[48] ». Roosevelt et Staline préférèrent un débarquement en France plutôt que son choix du front méditerranéen, et il céda. Peu soutenu par Roosevelt (qui tenait à s'attirer les bonnes grâces de Staline) et conscient qu'à la fin de la guerre Staline « pourrait faire ce qu'il voudrait », Churchill se sentit « atterré par sa propre impuissance »[49].

Dans son unique entrevue seul avec Staline à Téhéran, Churchill proposa déjà de déplacer les frontières de la Pologne vers l'ouest et il fit remarquer, quand il le rencontra à Moscou en octobre 1944, que la frontière polonaise d'après guerre était « fixée[50] ». En fait, elle ne le fut définitivement qu'au cours des difficiles négociations de Yalta, sans grande différence avec ce qui avait été convenu les mois précédents. Yalta prouva fondamentalement que la progression de l'Armée rouge avait donné le dessus à Staline dans toutes les négociations. Churchill et Roosevelt – physiquement fragilisé dans les dernières semaines de sa vie – étaient néanmoins prêts à se fier à Staline et à trouver un arrangement avec lui. Et, comme à Téhéran, Roosevelt pouvait critiquer Churchill en privé et traiter séparément avec Staline quand cela l'arrangeait – ainsi en convenant des conditions d'entrée en guerre de l'Union soviétique contre le Japon, puis en présentant simplement l'accord à Churchill pour qu'il le signât[51].

Churchill n'obtint guère de résultats lors des conférences à trois. Il négocia avec vigueur et, en bon joueur de cartes, joua sa main relativement faible aussi bien que possible. Mais sa forte personnalité se heurtait à deux autres fortes personnalités à la tête de puissances militaires bien plus importantes. Son successeur au poste de Premier ministre, Clement Attlee, peu extraverti, dénué de charisme et de prétention, franchement à l'opposé de son caractère, s'acquitta pourtant bien de sa tâche (contrairement aux piètres performances de Churchill) à la conférence de Potsdam, après la toute fin de la guerre en Europe ; peut-être aurait-il négocié aussi bien que lui. Peut-être Churchill a-t-il empêché l'intervention des Soviétiques en Grèce (conformément à l'arrangement secret qu'il avait conclu avec Staline à Moscou en octobre 1944). Mais il est plus vraisemblable que cette intervention leur parût marginale au regard de leurs intérêts[52]. Au moins, à Yalta, Churchill parvint-il à convaincre Roosevelt et Staline d'accorder à la France une zone d'occupation dans l'Allemagne d'après guerre, ce qui n'était pas d'une importance capitale pour les superpuissances émergentes. Sinon, sa plus grande réussite pourrait bien avoir été indirecte : garantir à la Grande-Bretagne, au-delà du conflit, d'être traitée en grande puissance, alors qu'elle était en déclin.

La contribution unique de Churchill en tant que chef de guerre fut sans conteste de soutenir l'effort de guerre et de maintenir le moral de tous dans les jours plus sombres de 1940[53]. Ensuite, malgré des décisions souvent erronées, des interventions parfois contreproductives et son attitude autoritaire stressant ceux qui avaient régulièrement affaire à lui, le dynamisme particulier et l'énergie inépuisable qu'il suscitait dans tous les aspects de la mobilisation furent très précieux. Qui en aurait fait autant ? Il donnait une orientation, de la motivation et de l'espoir. Sa persévérance pour convaincre les Américains de fournir des fonds et du matériel essentiel finit par porter ses fruits, quand bien même son importance dans la seconde moitié de la guerre diminua à mesure que celle des États-Unis et de l'URSS augmentait. Il contribua grandement à la victoire alliée, même si au bout du compte il en fut réduit à un rôle subalterne.

Pouvoirs en déclin

Le 8 mai 1945, les foules immenses qui célébrèrent à Londres la fin du conflit en Europe acclamèrent en Churchill le héros qui avait mené le pays à la victoire. Moins de deux mois après, aux élections législatives du 5 juillet 1945, alors que le combat continuait contre le Japon, il fut démis de ses fonctions. Le monde extérieur en fut choqué. Mais l'élection avait marqué un retour à une certaine politique partisane traditionnelle. Elle sanctionna le Parti conservateur, non Churchill, le chef de guerre. Celui-ci, au cours d'une campagne mal orchestrée, s'était débarrassé du manteau unificateur de chef de guerre national, redevenant un politicien partisan, clivant. Il prétendit même, de façon aussi absurde qu'insultante, qu'un gouvernement travailliste (dont les dirigeants avaient siégé avec lui pendant cinq ans au Cabinet de guerre) aurait recours à « une forme de Gestapo[54] ». De tels commentaires ne le rendirent évidemment pas sympathique auprès de nombreux membres de la classe ouvrière industrielle qui ne l'appréciaient déjà pas du tout avant la guerre et lui imputaient, ainsi qu'aux conservateurs en général, les difficultés extrêmes de la Grande Dépression. Beaucoup d'hommes, toujours en uniforme, ne s'étaient pas battus pour revenir à un passé que personne ne regrettait, tandis que les plus jeunes électeurs espéraient un avenir meilleur. Malgré sa popularité en temps de guerre, le revers électoral de Churchill en 1945, en tant que chef de parti, fut loin d'être un coup de tonnerre[55].

Les vingt années suivantes, on le fêta naturellement partout où il se rendit dans le monde, estimant qu'il était « le plus grand Anglais vivant[56] ». Mais, en dépit de son prestige international sans égal, ses pouvoirs déclinèrent inexorablement – reflet de l'âge et de l'infirmité croissante, mais aussi du rôle moindre que tenait la Grande-Bretagne dans la politique mondiale. La très grande part qu'il a prise dans l'histoire européenne et mondiale repose essentiellement sur son leadership pendant cinq ans, et non sur ce qu'il est advenu ensuite. En 1946, cependant, il prononça deux discours importants, à Fulton, dans le Missouri, le 5 mars, et à Zurich le 19 septembre.

À Fulton, il évoqua de façon mémorable le « Rideau de fer » qui divisait désormais l'Europe – séparation sur laquelle Roosevelt et lui s'étaient en fait mis d'accord pour l'essentiel à Téhéran et à Yalta. Le discours devint célèbre. À l'époque, il reçut pourtant un accueil critique aux États-Unis et n'eut aucun effet concret sur la guerre froide qui s'instaura complètement l'année d'après. La haine viscérale de Churchill à l'égard du communisme, suspendue tant que l'Union soviétique était alliée à la Grande-Bretagne pendant la guerre, resurgit intacte ensuite. En fait, il s'était réorienté vers une confrontation avec Moscou avant même la fin des hostilités[57]. Sa sympathie pour Staline pendant le conflit demeure une étrange anomalie. Comme Roosevelt, il pensait « comprendre » le dictateur soviétique. Les besoins d'alliance ne suffisent pas à expliquer son aberrante interprétation du personnage. C'était inexcusable de la part de Churchill, qui se réclamait de la foi en la liberté et l'humanité, même s'il la cantonnait au monde occidental, et en particulier anglo-saxon.

Dans son discours de Zurich, Churchill évoqua une unité européenne centrée sur l'amitié entre la France et l'Allemagne, fondement essentiel de la paix future. En visionnaire, reprenant ce qu'il avait suggéré dès 1930, il prôna la création d'« États-Unis de l'Europe ». Il inspira de nombreux pays dévastés par l'inimitié nationaliste et la guerre. Mais le sens de son discours était ambigu, fondé sur un symbole d'espoir plutôt qu'un plan d'action. Il reconnut qu'il fallait une certaine fusion des souverainetés nationales pour une Europe à venir. Mais elle ne s'appliquerait pas à la Grande-Bretagne. Comme en 1930, son idée restait que « nous sommes *avec* l'Europe mais pas *en* Europe ». Les futurs « États-Unis d'Europe » n'incluraient pas la Grande-Bretagne[58].

Churchill prononça d'autres discours importants sur l'unité européenne, à La Haye en 1948 puis à Strasbourg un an après, lors de la fondation du Conseil de l'Europe qu'il avait contribué à créer (et qui donna naissance à la Convention européenne des droits de l'homme). Mais le Conseil, plutôt que d'amorcer un fédéralisme supranational, associait des États-nations cherchant à promouvoir la démocratie, les droits de l'homme et l'État de droit. La vision de l'Europe à venir restait ambiguë chez Churchill[59]. Elle encourageait les fédéralistes, bien que Churchill n'en fût pas. Il demeurait au fond trop attaché à l'exception britannique, à l'empire et à la primauté des liens atlantiques des « nations anglophones » pour voir la Grande-Bretagne intégrer politiquement et économiquement la nouvelle Europe.

Chef de l'opposition, Churchill n'a pas connu de grands succès, tout en profitant de l'impopularité des mesures d'austérité rigoureuses que prenait le gouvernement travailliste pour tenter de répondre aux coûts accablants de la guerre. N'ayant jamais remporté d'élections législatives en tant que chef du Parti conservateur, Churchill y était déterminé. Il échoua de peu en 1950, mais une nouvelle élection s'avérant nécessaire l'année suivante, le 26 octobre 1951, un mois avant son soixante-dix-septième anniversaire, il fut reconduit au 10 Downing Street avec une majorité confortable (bien qu'avec moins de voix que les travaillistes). La politique était une drogue pour lui. Il ne pouvait résister à la possibilité de diriger à nouveau les affaires du pays. D'une certaine manière, c'était regrettable. Les dernières années de son mandat de Premier ministre n'ont pas été très fameuses, même si son gouvernement – qui a largement poursuivi la politique sociale des travaillistes – a bénéficié de la croissance économique mondiale, à l'origine d'une prospérité accrue. La politique intérieure ne l'a guère intéressé. Elle n'aurait pas été très différente quel que soit le Premier ministre en place. Il était bien plus motivé par la politique internationale (menée dans la même veine pour l'essentiel que les travaillistes). Mais le statut réel de grande puissance de la Grande-Bretagne était alors très réduit et, malgré son prestige incomparable à l'étranger, la possibilité pour Churchill d'influer fortement sur les affaires internationales l'était autant. De toute façon, c'est Eden, et non Churchill, qui dirigeait de fait la politique étrangère de la Grande-Bretagne à l'époque[60].

Comme tant d'autres dirigeants qui avaient goûté au pouvoir, Churchill ne voulait pas le lâcher – au grand dam d'Eden, « prince héritier » qui attendait avec de plus en plus d'impatience le moment de lui succéder. Compte tenu de sa gestion désastreuse de la crise de Suez, un an seulement après être devenu Premier ministre, c'est peut-être une bénédiction que Churchill l'ait fait tant attendre.

En juin 1953, Churchill fut victime d'une attaque cérébrale qui l'immobilisa plus d'un mois, mais la population ignora que le gouvernement fonctionnait sans Premier ministre. Il se rétablit, avec quelques pertes de mémoire. Il continua à recevoir des honneurs, dont le prix Nobel de littérature en 1953. Ce qu'il avait accompli pendant la guerre lui assura une popularité constante en Grande-Bretagne et ailleurs. Mais l'âge le rattrapa. Les amphétamines l'aidèrent à tenir le coup. Il résista encore à la pression croissante voulant l'obliger à céder la place à Eden. Il fallut presque l'arracher à Downing Street, théâtre de son ancienne gloire, qu'il finit par quitter le 5 avril 1955 avec la fausse impression d'en avoir été chassé[61].

Il demeura député jusqu'en 1964, mais peu présent à la Chambre des Communes les dernières années. En revanche, son étonnante production littéraire ne cessa pas. Il avait désormais le temps d'achever une œuvre en quatre volumes qu'il avait commencée dans les années 1930, *A History of the English-Speaking Peoples* (Une histoire des peuples de langue anglaise[62]), y développant son idée que l'histoire dépendait de ce que réalisaient les « grands hommes ». Il passait désormais le plus clair de son temps à Chartwell, où il continuait de recevoir généreusement, et à faire de longs séjours dans la chaleur de la Méditerranée ou de luxueuses croisières. Le risque d'une guerre nucléaire le rendait pessimiste quant à l'avenir. Il était également accablé par la conviction que la Grande-Bretagne était en déclin : la crise de Suez en 1956 avait révélé sa faiblesse internationale ; son empire, dont la défense avait été au cœur de sa carrière politique, s'effondrait visiblement. Sa mémoire se dégrada après une mauvaise chute à Monte-Carlo en 1962, et son étonnante endurance physique se fragilisa.

Il mourut le 24 janvier 1965, deux semaines après un grave accident vasculaire cérébral. Pas moins de 112 pays étaient représentés à ses funérailles nationales le 30 janvier 1965 – une cérémonie extraordinaire de grande solennité qui fut suivie médiatiquement par 350 millions de personnes dans le monde[63].

Héritage

Le plus grand legs de Churchill fut d'avoir contribué à préserver la liberté, la démocratie et l'État de droit dans le monde occidental. C'est ce qui a fort justement assuré sa renommée durable. Le rôle de l'individu dans l'histoire n'a jamais été aussi clairement démontré que pendant les événements critiques de 1940. Sans lui, elle aurait suivi un tout autre cours.

Liberté, démocratie et État de droit recouvraient cependant différentes interprétations. Sous la carapace de la civilisation occidentale, de l'héritage de Churchill, qu'est-ce qui a résisté à l'épreuve du temps ? Peut-être devrait-on distinguer les éléments de sa « vision du monde », qui se sont révélés éphémères, de l'impact durable sur la façon dont la Grande-Bretagne, en particulier, a considéré la Seconde Guerre mondiale.

Les funérailles de Churchill marquèrent d'une certaine façon la fin d'une époque. L'ère impériale prenait fin, celle des grandes puissances européennes était déjà révolue. Le monde dans lequel Churchill était né quelque quatre-vingt-dix ans auparavant était déjà loin. Celui de sa vie politique et de ses plus grands accomplissements s'est transformé rapidement. Mais sa vision était restée pratiquement inaltérée depuis la Première Guerre mondiale[64]. De cette époque étaient issus ses objectifs politiques. Son legs était donc voué à être de courte durée.

Il s'était battu pour sauver l'empire. Mais c'était mettre un pansement sur une plaie béante. Au moment de sa mort, l'empire colonial – rebaptisé Commonwealth depuis longtemps, mais Churchill préférait l'ancienne terminologie – était sur le point de disparaître face à l'extension inéluctable des mouvements d'indépendance. Celle accordée à l'Inde en 1947 et l'immense bain de sang qui l'accompagna, dont il avait prédit depuis longtemps qu'il en serait la conséquence inéluctable, l'avaient affligé. À la fin des années 1950, il n'était plus possible de conserver les possessions d'outre-mer. À sa mort ne restaient plus que des vestiges de l'ancien empire. Peut-être était-ce ce qu'il avait à l'esprit lorsqu'il déclara à la fin de sa vie n'avoir rien accompli[65].

En 1965, année de son décès, la Grande-Bretagne était encore loin d'être une société multiculturelle. Le nombre des immigrants dans le pays était faible. Churchill n'avait pas vraiment changé d'avis sur les races depuis sa jeunesse. Au cabinet en 1954, il dit craindre des problèmes « si de nombreuses personnes de couleur s'installaient ici ». Il proposa une autre fois le slogan « L'Angleterre aux Anglais blancs[66] ». De nombreux Britanniques, sans doute une majorité, partageaient son point de vue. Malgré tout, les attitudes commençaient déjà à évoluer. Les opinions qu'il exprima au cabinet devaient bientôt signer la fin de carrière de tout politicien traditionnel. Malgré le large soutien populaire à ses opinions, Enoch Powell fut démis de ses fonctions de ministre au lendemain de son discours raciste de 1968 et ne devait plus jamais occuper de poste. Trois années après sa disparition, les positions de Churchill auraient été officiellement intenables. En dépit de préjugés racistes persistants, elles auraient révulsé la grande majorité de la société.

D'autres aspects de la vision du monde de Churchill étaient dépassés. L'égalité des sexes, les comportements sexuels, le déclin du respect, le fléchissement des allégeances de classe et la politique « verte » étaient des éléments d'évolution encore balbutiants à la fin des années 1960, mais en voie d'expansion. Les valeurs défendues par Churchill perdirent bientôt du terrain. Dans la sphère politique, la priorité qu'il donnait à la « démocratie *tory* » – marque de son paternalisme conservateur – fera place à partir des années 1980 à une doctrine plus incisive et dure, proche de l'individualisme libéral du XIXe siècle.

La question de la relation de la Grande-Bretagne avec l'Europe, telle que l'exposa Churchill dans son discours de Zurich en 1946, demeura cependant longtemps un élément persistant mais incertain de son héritage. Ainsi qu'il le déclara en 1949, la Grande-Bretagne faisait « partie intégrante de l'Europe ». Il privilégiait cependant invariablement les rapports avec l'Amérique (essentiels à ses yeux pour préserver le rôle amoindri de la Grande-Bretagne en tant que grande puissance) et avec le Commonwealth (dont l'importance économique pour la Grande-Bretagne déclinait dans les années 1950)[67]. Les deux principaux partis s'accordaient sur cette politique européenne durant les années 1950. Au début des années 1960, la Communauté économique européenne (CEE), instaurée par le traité de Rome en 1957, engageait déjà le processus d'intégration européenne sur des axes différents de ceux qu'imaginait Churchill en 1946. Le gouvernement conservateur, bien que, comme le parti, divisé sur le sujet, en était venu à voir un avantage économique pour la Grande-Bretagne d'adhérer à la CEE. Deux ans avant que de Gaulle ne mît son veto à l'entrée de la Grande-Bretagne en 1963, Churchill avait confié par écrit au président de sa circonscription que « le gouvernement avait raison de demander l'adhésion à la Communauté économique européenne[68] ». Mais on l'a également entendu exprimer exactement l'inverse, s'insurgeant contre ce projet[69]. La question empoisonnant la politique britannique longtemps après sa mort, on citait Churchill pour appuyer l'un ou l'autre choix. La position de la Grande-Bretagne dans le monde avait changé de façon spectaculaire à l'époque où l'Europe devint la préoccupation centrale de la politique britannique. Se demander comment aurait évolué le sentiment de Churchill en fonction des développements survenus longtemps après sa mort n'est que pure conjecture. D'après Hugo Young, Churchill était le « père des malentendus » concernant le rôle de la Grande-Bretagne en Europe, le « premier représentant de l'ambiguïté britannique »[70]. L'ambiguïté fut effectivement son principal legs en Europe.

L'impact le plus durable de Churchill a peut-être porté cependant sur l'attitude britannique envers la Seconde Guerre mondiale et le rôle qu'elle a joué dans la prise de conscience collective qui en découlait. « Résister seuls », « les combattre sur les plages », « ne jamais se rendre », « leur plus belle heure », ces mots font désormais partie de la façon dont la Grande-Bretagne continue de se percevoir. Ces images sont indissociables du rôle central qu'a tenu Churchill dans les événements de l'époque, largement forgées à partir de la version qu'il a livrée dans ses Mémoires de guerre en six volumes. Un sondage télévisuel de 2002 (avec l'absurdité habituelle de ces « tableaux de classement ») conclut que Churchill était le plus grand Britannique qui ait jamais vécu. Il s'inscrit dans la vision britannique du passé et du présent[71]. Il représente la façon dont les Britanniques se perçoivent. La lutte contre l'adversité était certes un acte authentique de bravoure en 1940. Mais, au cours des décennies suivantes, l'intérêt permanent des médias pour la Seconde Guerre mondiale a produit des distorsions tenaces de l'histoire. Churchill symbolise le « mythe » du défi et de l'indomptabilité du pays dans la Seconde Guerre mondiale – la mémoire collective d'une épopée : celle d'une grandeur perdue ensuite, du fait d'un long déclin national irréversible. Cela n'a pas aidé cette puissance européenne de taille moyenne à assumer sa place dans le monde moderne.

DE GAULLE

ALGERIE
PM
PM
PM

De Gaulle au milieu d'une foule immense lors de sa première visite à Alger en juin 1958. Son retour au pouvoir le mois précédent avait été motivé par la conviction qu'il était le seul à pouvoir résoudre la crise algérienne. Quatre ans plus tard, en acceptant l'indépendance, il se fit des ennemis acharnés de ceux qui avaient attendu de lui qu'il sauvât l'« Algérie française ».

6

Charles de Gaulle

Restaurer la grandeur de la France

Trois décennies durant, de 1940 à sa mort en 1970, Charles de Gaulle a marqué la France et l'Europe. Pendant la Seconde Guerre mondiale en particulier, ses actions ont eu une importance mondiale. Il joua un rôle décisif dans la décolonisation française, notamment en mettant fin à la guerre en Algérie, longue et brutale. Et la constitution qu'il créa en 1958 existe toujours aujourd'hui. À tous égards, il s'imposa sur la scène européenne et internationale.

Dès 1940, il s'était vu en chef irremplaçable, engagé dans une mission sublime et historique : sauver la France. Il avait pour habitude de se désigner à la troisième personne, « de Gaulle », distinguant sa personne du personnage historique. Le « mythe de Gaulle », élaboré au cours de la Seconde Guerre mondiale, a persisté lorsque le chef de guerre s'est retiré de la vie politique dans la tourmente de la France après 1945, puis s'est réactivé à son retour au pouvoir lors de la crise de 1958 pour fonder la Ve République. Son image historique symbolise l'unité et la grandeur nationales. En revanche, de son vivant, il suscitait personnellement, à l'extrême, autant de loyauté que de haine, sa personnalité très clivante restant énigmatique aussi bien pour ses amis que pour ses ennemis.

Personnalité et idéaux

L'énigme provenait en partie des contradictions et des paradoxes qui participaient de cette extraordinaire personnalité. De Gaulle – né en novembre 1890 dans une famille bourgeoise aisée, imprégnée de valeurs catholiques et patriotiques à tendances royalistes – était profondément conservateur. Il admirait beaucoup l'Ancien Régime et être chef d'armée en France sous Louis XIV lui serait allé comme un gant. Un grand nombre de conservateurs français partageaient sa vision idéalisée du passé. Elle n'avait cependant rien de romanesque et de Gaulle ne rejetait pas d'un bloc l'héritage révolutionnaire. L'histoire l'inspirait. Pour autant, il reconnaissait la nécessité de s'adapter à la nouveauté et à la modernité, notamment aux changements technologiques. Traditionaliste et réactionnaire, il fut également un modernisateur – dans l'armement, l'économie, les institutions politiques et la technologie (se servant avec brio du nouveau média qu'était la télévision, par exemple). Impérialiste, il a pourtant mis fin à l'Empire français ; nationaliste, il a néanmoins intégré le pays dans le cadre supranational de la Communauté européenne. D'une inflexibilité dogmatique, il était cependant subtil sur le plan tactique. Beaucoup de ceux qui ont eu affaire à lui le trouvaient insupportable, intolérant, caustique, souvent sèchement méprisant, même à l'endroit de ses fidèles partisans. En même temps, il savait se montrer charmant et susciter une profonde dévotion. Autoritaire qui croyait en la constitution, il était contre la politique partisane et la démocratie tout en adaptant son autoritarisme instinctif aux deux. Les opposants de gauche le qualifiaient souvent à tort de fasciste. Il restait trop attaché à la règle constitutionnelle pour cela. Mais il voulait faire en sorte que la constitution serve sa forme d'autoritarisme, comme ce sera le cas après 1958.

Élément central dans son esprit complexe, il nourrissait une haute idée de l'État français. L'État était pour lui l'entité politique suprême, l'incarnation de la nation et son intérêt général, mais intrinsèquement fragile car les intérêts rivaux des partis politiques l'affaiblissaient et le menaçaient. Il voyait dans le service de l'État « la fonction la plus noble et la plus importante qui soit dans l'ordre temporel[1] ». L'État, cependant, dans cette philosophie, ne pouvait être fondé sur l'égalité. Il se tenait plutôt au-dessus de la société. Ses dirigeants se devaient de personnifier la grandeur historique de la France. De Gaulle était un intellectuel qui connaissait bien les exploits des héros antiques et, évidemment, de l'histoire de France. Il se situait sans mal dans la lignée héroïque allant de Charlemagne à Clemenceau, en passant par Jeanne d'Arc et Napoléon[2]. Si enveloppé de patriotisme romantique, son élitisme ne lui inspirait pas une haute estime pour le peuple français[3]. Après une soirée passée en sa compagnie au mitan de la guerre, un résistant nota effectivement l'« immense mépris qu'il a des hommes en général[4] ».

La clé de l'énigmatique de Gaulle réside dans sa vision de la grandeur historique de la France, qui lui est propre. « À mon sens, la France ne peut être la France sans la grandeur[5] », écrit-il. Selon lui, des politiciens de second ordre l'avaient perdue en présidant le déclin à long terme dans la médiocrité que paracheva le désastre national de 1940. Ce qui est incroyable, c'est qu'en 1905, dans un devoir scolaire, il avait prévu que la France serait sauvée par un « général de Gaulle[6] ».

L'idée que le pays en péril avait besoin d'un héros national pour le sauver l'a guidé dans sa vie d'adulte. Telle qu'il la concevait, sa mission était de restaurer la grandeur perdue de la France. Il ne craignait pas d'être comparé à Jeanne d'Arc, si absurde que cela semblait[7]. Sauver la France signifiait avant tout effacer de l'histoire de France l'ignominie de la reddition honteuse de 1940 et concrètement le régime de Vichy, qu'il jugea toujours illégitime. De retour à Paris en 1944, il déclara que « Vichy fut toujours et demeure nul et non avenu[8] ». La Libération est à jamais immortalisée par la célèbre photographie de De Gaulle, dépassant de la tête et des épaules tous ceux qui l'entouraient – du haut de son mètre quatre-vingt-treize, trente centimètres de plus que la moyenne des Français de son époque[9] –, lorsqu'il passa sous l'Arc de triomphe et descendit les Champs-Élysées le 26 août 1944. La Libération signifiait pour lui la relance, la restauration et le renouveau. Il ne s'agissait pas d'une autre France cependant mais d'une continuité avec la République qui avait été trahie en 1940. En même temps, la Libération exigeait de passer outre ce qui avait tant nui au pays, y compris les dissensions politiques partisanes. Sauver la France impliquait de s'écarter des divisions quotidiennes de la vie politique, d'incarner la nation dans toute sa grandeur et sa gloire – et de la diriger.

Quels qu'aient été ses idéaux élitistes et la haute idée qu'il avait de ses propres qualités, de Gaulle n'aurait probablement jamais fait parler de lui en dehors du milieu militaire et du ministère de la Défense si la France n'avait connu la défaite désastreuse de 1940. La capitulation française devant les Allemands fut la première condition préalable qui lui garantit une place dans l'histoire. La seconde se présentera bien après la guerre, en 1958.

Conditions préalables du pouvoir

La défaite militaire totale et la crise nationale permirent à de Gaulle de sortir de l'ombre et, à partir d'une situation bien peu favorable, exilé en Angleterre, il commença à s'imposer en homme déterminé à libérer la France de l'occupation allemande. Ce furent les conditions préalables essentielles à sa prétention – d'abord fragile – à être un chef de file national. Si Paul Reynaud, ancien président du Conseil qui choisit de ne pas aller à Londres et fut ensuite arrêté par le régime de Pétain, avait été libre après la débâcle, le gouvernement britannique l'aurait sans doute préféré à de Gaulle pour représenter la « France Libre ». Il est toutefois très improbable qu'un autre que de Gaulle eût été capable d'accomplir ce qu'il a fait.

Alors que la France s'effondrait en mai-juin 1940, de Gaulle ne s'imaginait pas en chef politique. Personne d'autre non plus d'ailleurs. Rien dans sa carrière jusque-là ne laissait présager qu'il jouerait un rôle politique décisif. C'était un militaire dans l'âme, admis en 1909 à Saint-Cyr. Après avoir servi en tant qu'officier décoré pendant la Première Guerre mondiale (et avoir passé un certain temps en captivité en Allemagne), il acquit la réputation d'être un penseur indépendant en matière de tactique militaire et de conduite de la guerre, mais aussi un sujet arrogant et « difficile ». En 1932, il fut promu lieutenant-colonel et, durant son service d'officier d'état-major, il développa et publia ses idées sur l'importance à venir de la guerre des blindés – sans parvenir à convaincre ses supérieurs. Il avait une haute opinion de ses capacités et de son jugement. Mais il ne semblait pas destiné à dépasser la fonction d'officier français de haut rang.

Sa promotion au grade de général de brigade – récompensant son commandement d'une division blindée qui s'était plutôt bien comportée face à la catastrophe imminente – n'eut lieu que le 23 mai 1940. Il participa pour la première fois au gouvernement le 5 juin, quand il fut nommé sous-secrétaire d'État à la Défense par le président du Conseil Paul Reynaud, mais c'était un poste subalterne et le gouvernement vivait ses derniers jours. Sa fonction le mit néanmoins en contact avec Winston Churchill, Premier ministre britannique depuis le 10 mai. Son esprit de combat indomptable eut certainement un impact sur Churchill. En tout cas, il l'impressionna suffisamment pour que le Britannique pense pouvoir l'impliquer dans le commandement militaire d'une possible résistance dans les colonies françaises[10]. Évidemment, de Gaulle ne fit pas mystère de ses talents. En visite à Londres le 16 juin, alors que la France était au bord de la défaite, il « se pavanait » parmi les ministres britanniques, dont certains se demandèrent, sans doute ironiquement, s'il était un nouveau Napoléon. « Ce n'était pourtant qu'un général de division tout juste découvert[11] », nota John Colville, secrétaire de Churchill.

Revenant de Londres ce jour même, de Gaulle apprit que le gouvernement de Reynaud avait démissionné. Le maréchal Pétain, héros de la vaillante défense de Verdun en 1916, avait été chargé de former une nouvelle administration en vue d'obtenir un armistice. De Gaulle avait admiré le commandement militaire de Pétain lors de la Première Guerre mondiale, mais leurs bonnes relations s'étaient ensuite détériorées. Pour de Gaulle, que Pétain voulût conclure un armistice avec l'Allemagne fut un acte impardonnable de trahison et de déshonneur. Il estimait que la France devait continuer à se battre. Elle avait encore des forces armées, même si elles étaient désorganisées. Elle pouvait poursuivre le combat, au besoin depuis l'extérieur. Le lendemain matin, il partit en exil à Londres avec un proche collaborateur et cent mille francs que Reynaud lui avait remis sur les fonds du gouvernement[12]. Il ne retournerait à Paris que quatre ans plus tard.

Construire un réseau

L'avenir de De Gaulle à Londres ne s'annonçait pas brillant. Il n'avait ni partisans, ni organisation, ni réputation. Sa récente promotion au grade de général était heureuse. Serait-il resté colonel, il lui aurait été plus difficile de se faire reconnaître chef de la France en exil par les Britanniques[13]. La Grande-Bretagne, menacée d'invasion probable, ne donnait pas la priorité à la France vaincue. De Gaulle dut donc lutter pour s'imposer aussi bien auprès de ses hôtes britanniques que du grand public français, dont il était encore totalement inconnu.

Au soir de son arrivée en exil, le 18 juin, se présentant « Moi, général de Gaulle, actuellement à Londres », il lança sur les ondes de la BBC son appel légendaire à tous ceux qui pouvaient rejoindre sa cause et leur assura que la victoire serait finalement la leur. L'appel *devint* en tout cas légendaire par la suite, constituant une pierre angulaire du « mythe de Gaulle ». Ce jour-là, peu de Français entendirent sa brève allocution et la plupart ne savaient pas de qui il s'agissait[14]. Les mois suivants de son exil en Grande-Bretagne le frustrèrent fortement. Il lui fut difficile d'obtenir le soutien de soldats et de marins français, même en nombre assez faible, qui s'étaient retrouvés en Angleterre quand la France s'effondra. Et sa personnalité froide et distante rebutait parfois certains de ceux qui le rencontraient, dont une recrue qui se souvint que son allure physique évoquait celle d'un héron[15]. Jusqu'en novembre, des écrivains français exilés ignorant de Gaulle affirmaient qu'il n'y avait personne « ayant autorité » pour dire aux Français qu'« il fallait continuer le combat »[16]. D'un autre côté, s'il y eut des exceptions de taille, la plupart de ceux qui le rejoignirent au lendemain de la capitulation l'accompagnèrent tout au long mais le servirent aussi, lui et la cause de la France, avec une grande loyauté.

Certains devinrent des conseillers importants et des collaborateurs indispensables travaillant pour la France Libre et qui, souvent, continuèrent à servir de Gaulle après la Libération et lorsqu'il revint au pouvoir en 1958. Mais il n'y avait aucun doute sur qui ordonnait, distribuait les directives, décidait, était le chef incontesté. La personnalité dominante – et dominatrice – de De Gaulle donnait l'orientation, l'impulsion et la dynamique au mouvement de la France Libre. Lui seul maintenait l'unité du groupe fracturé, hétérogène et mal coordonné qui constituait le premier cercle rapproché des responsables à Londres.

Tandis que de Gaulle partit en Afrique équatoriale – l'Empire français s'étendait sur une grande partie de l'Afrique du Nord, de l'Ouest et du Centre – pour plusieurs semaines à l'automne 1940 afin d'essayer de rallier des appuis dans les colonies, l'organisation à Londres fut confiée à trois hommes, un triumvirat qui s'avéra désespérément inefficace. L'expérience de Jules Aristide Antoine dans la gestion d'entreprise ne compensait pas sa causticité et ses opinions d'extrême droite. L'amiral Émile Muselier, de tempérament instable, était convaincu que c'était lui, non de Gaulle, qui devait diriger les affaires, ce qui rendait le travail commun impossible avant même sa rupture avec de Gaulle en septembre 1941[17]. Et André Dewavrin, alias « Passy » dans la Résistance, chargé de mettre en place un service de renseignement, ne pesait pas suffisamment pour contenir les deux autres[18].

D'autres dans son entourage lui apportèrent un excellent soutien au cours des premiers mois. Geoffroy Chodron de Courcel, son aide de camp le plus proche, diplomate de formation, l'avait accompagné le 17 juin dans le vol à destination de l'Angleterre. René Cassin, juriste, contribua à négocier le 7 août la reconnaissance officielle par les Britanniques de l'organisation de De Gaulle. Maurice Schumann était la voix de la France Libre que l'on entendait le plus souvent en France. Enfin, l'un de ses premiers partisans, et non des moindres, René Pleven, était un homme d'affaires jeune et talentueux ayant de bons contacts aux États-Unis ; il deviendra président du Conseil dans les années 1950[19].

La tâche de l'entourage restreint et mal défini de De Gaulle consista d'abord essentiellement à chercher des soutiens et à établir leur légitimité à représenter véritablement la France. En octobre 1940, lorsque de Gaulle forma un Conseil de défense de l'empire composé de neuf hommes, il obtint un semblant d'organisation politique embryonnaire. En principe, le Conseil détenait les pouvoirs qu'un État exerçait normalement. En pratique, ce n'était qu'un organe consultatif informel où de Gaulle se réservait le pouvoir de décision. En septembre 1941, il fut remplacé par le Comité national français (CNF), composé de douze membres, notamment de Pleven, chargé des affaires économiques, et de Cassin, chargé des questions juridiques. Il avait l'apparence d'un gouvernement en exil. Mais, en tant que président, de Gaulle tenait toutes les rênes du pouvoir[20]. Ce n'était pas un « one-man show », mais presque.

Force est de reconnaître que de Gaulle et ses partisans, peu nombreux d'abord mais dévoués, assumaient une tâche ardue. La grande majorité des forces armées françaises restait sous le commandement de Vichy. Le sabordage par les Britanniques de la flotte française à Mers el-Kébir en juillet 1940 desservit de Gaulle. Et l'empire restait très majoritairement fidèle à Pétain. Lorsque les Français Libres, avec le soutien des Britanniques, ratèrent leur débarquement à Dakar, au Sénégal, en septembre, ce fut un cadeau offert à la propagande de Vichy, qui fit facilement passer de Gaulle pour un traître à la France.

Les relations avec ses hôtes anglais devinrent bientôt houleuses. Le gouvernement britannique soutenait financièrement les Français Libres et, en août 1940, reconnut officiellement leurs forces armées cobelligérantes. De Gaulle put utiliser la BBC pour adresser aux Français douze discours et appels au cours des mois de juin et de juillet[21]. Mais le texte de ses interventions était soumis aux Britanniques. En fait, ces derniers vérifiaient s'il était autorisé à s'exprimer et à quel moment[22]. Pour les responsables anglais qui ne savaient pas encore comment gérer de Gaulle, compte tenu de l'ampleur de la défaite française, les

Français Libres n'étaient dans ces premiers mois qu'un élément de second plan dans une guerre désormais centrée sur la lutte que devait mener la Grande-Bretagne pour sa survie.

De Gaulle vécut très mal sa subordination aux intérêts britanniques et, après l'entrée en guerre des États-Unis en décembre 1941, de plus en plus à ceux de Roosevelt et du gouvernement américain. Mais son entêtement, son attitude hautaine et ses réactions souvent caustiques indisposaient et exaspéraient ceux qui le rencontraient. Invariablement, il s'agissait toujours pour lui de « la France d'abord », avant toute chose. C'était parfois aller contre la stratégie de guerre élargie des Alliés. Entre de Gaulle et Churchill, les heurts de caractère étaient inévitables[23]. L'insignifiance militaire de la France contrebalançait le respect et le souci de son avenir qu'éprouvait Churchill. Tandis que la guerre s'étendait, l'admiration qu'avait d'abord ressentie Churchill pour de Gaulle fit souvent place à des coups de colère face à son obstination, alors que Roosevelt le méprisa largement dès le début. Durant les deux premières années du conflit, les Alliés considérèrent de Gaulle et les Français Libres comme des marginaux qui les agaçaient souvent dans leurs plans. Mais cela changea lorsque le sort se mit à pencher en faveur des Alliés à partir de la fin de l'année 1942.

Au début de la guerre, de Gaulle s'était démené pour obtenir des appuis dans l'Empire français. Mais, malgré le fiasco de Dakar, qui compromit sérieusement ses espoirs, il parvint au moins à avoir le soutien de l'Afrique équatoriale française et de toutes petites enclaves en Inde et dans la zone du Pacifique – principalement en raison de leur dépendance économique vis-à-vis de la Grande-Bretagne[24]. La plus grande partie de l'empire colonial ne se rallia à de Gaulle qu'après novembre 1942. Ce mois-là eurent lieu les débarquements anglo-américains en Afrique du Nord, d'une importance stratégique capitale. Furieux, de Gaulle avait été tenu à l'écart de la planification, et les Français Libres ne purent participer à l'opération qui opposa les forces de Vichy à celles des Alliés.

Le succès de ces derniers en Afrique du Nord offrit néanmoins de nouvelles opportunités à de Gaulle, même si elles n'apparurent pas dans l'immédiat. La réaction allemande aux débarquements fut d'occuper la Zone libre en France, faisant très clairement du régime de Vichy une marionnette de l'Allemagne nazie. C'était à terme ouvrir la voie à de Gaulle pour prendre le contrôle des éléments survivants de l'armée française – la marine s'était sabordée fin novembre pour ne pas tomber aux mains des Allemands –, ce qui représentait près de cinq fois les effectifs des Forces Françaises Libres. Il put également bénéficier progressivement du soutien du vaste ensemble restant de l'empire colonial. Mais il y eut des obstacles dans un premier temps. Les États-Unis faisaient partie des pays qui reconnurent la légitimité de Vichy (espérant que le régime éviterait de soutenir l'effort de guerre de l'Axe). Aussi l'administration de Roosevelt, faisant toujours peu de cas de De Gaulle, avait d'abord misé sur l'amiral François Darlan – profondément anglophobe et longtemps l'homme fort du régime de Vichy –, qui signa un armistice avec les Alliés en Afrique du Nord. Lorsque Darlan fut opportunément assassiné à Alger la veille de Noël, les Américains se reportèrent sur le général Henri Giraud, qui s'était évadé de manière spectaculaire des geôles allemandes en avril et ne se lassait pas de rappeler ses exploits héroïques à qui voulait l'entendre. Il fallut des mois à de Gaulle, qui transféra son quartier général à Alger en mai 1943, pour s'imposer à Giraud, dont l'incompétence et les erreurs sapaient les prétentions à commander[25]. Ce n'est qu'en fin d'année que les Alliés reconnurent la suprématie absolue de De Gaulle en tant que chef politique et militaire de la France. À cette époque, le « mythe de Gaulle », dont il était le principal architecte, était déjà en bonne voie.

Émergence du héros national

De Gaulle ne fut jamais un « homme du peuple », même s'il apprit certainement à exploiter les acclamations populaires dont il faisait l'objet. Pour obtenir ce soutien au début, sa seule arme était la parole. Et en cela, comme Churchill, il était passé maître. Sa rhétorique, comme celle du Britannique, était vieux jeu. Mais elle était parfaitement pesée pour susciter des émotions patriotiques – chez une petite minorité seulement de Français d'abord, puis chez beaucoup de ceux qui attendaient le jour de la libération de la France. De Gaulle incarna la voix de la Libération bien avant que les Français ne sussent à quoi il ressemblait.

Avant 1940, il était peu connu en dehors des écoles militaires, du quartier général de l'état-major et des coulisses du pouvoir à Paris. Lors de son premier séjour à Londres, il donna assurément l'impression, positive et le plus souvent négative, d'une personnalité extraordinaire. Mais, à ce stade, personne, même dans son entourage, ne le voyait en héros charismatique, exerçant un attrait populaire magnétique. La première fois qu'il constata que « les gens comptaient sur un homme appelé de Gaulle pour les libérer » et qu'« une personne nommée de Gaulle existait dans l'esprit des autres, une personnalité vraiment distincte de moi », ce fut lorsque des foules enthousiastes l'accueillirent tout au long de sa tournée dans les colonies africaines à l'automne 1940[26]. Vers la même époque, des journalistes français, depuis Londres, firent connaître plus largement en France son nom au cours d'émissions régulières – un nom qui, du fait de sa proximité avec « la Gaule », symbolisait l'origine historique de son pays. Et ce furent les premières mentions de ses liens aux îlots dispersés de la résistance à l'occupation allemande[27]. Mais la résistance organisée mit du temps à se développer. Durant deux ans, il n'y eut aucun mouvement cohérent[28]. Avant 1942, de toute façon, de Gaulle n'attendait pas grand-chose de ses possibilités.

Le changement majeur de ses liens avec la Résistance qui eut lieu cette année-là n'est pas tant dû à de Gaulle lui-même qu'à Jean Moulin, préfet de Chartres jusqu'en 1940 puis rapidement personnage clé reliant les organisations embryonnaires de résistants. En octobre 1941, Moulin voyagea *incognito via* Lisbonne jusqu'à Londres, rencontra de Gaulle et le persuada du potentiel de la résistance coordonnée et armée en France. Moulin obtint des financements. De Gaulle insista pour avoir la direction générale. À partir de janvier 1942, Moulin agit officiellement comme « délégué » de De Gaulle. Il considérait le général symboliquement essentiel pour édifier un mouvement de résistance efficace mais ne se prononça pas sur sa qualité à gouverner ultérieurement[29]. Il eut le plus grand mal à forger un semblant d'unité dépassant la disparité d'organisations et d'idéologies des mouvements de résistance. Mais la soumission totale du régime de Vichy aux exigences allemandes, surtout après l'adoption de l'ordonnance sur le travail obligatoire en février 1943 (destiné à fournir de la main-d'œuvre française pour l'effort de guerre allemand), joua en faveur du recrutement dans la Résistance.

Grâce à l'objectif partagé de la Libération, le 27 mai 1943, pour la première fois, Moulin put enfin réunir les divers mouvements de résistance dans un Conseil national de la Résistance. L'unité des résistants restant superficielle, il fut cependant convenu de placer de Gaulle à la tête d'un gouvernement provisoire[30]. Ce dernier ne se préoccupait guère encore de son rôle dans la Résistance. À cette époque, de sa nouvelle base d'Alger, il se souciait bien davantage des manœuvres qui assureraient son leadership face au défi de Giraud. Ce n'est qu'à partir de l'automne 1943, une fois que de Gaulle prit le contrôle du Comité français de Libération nationale (qu'il avait d'abord codirigé avec Giraud), qu'on reconnut généralement en lui le symbole de la Résistance française[31]. Même à ce moment-là, cependant, les résistants communistes, en particulier, craignaient de confier trop d'autorité à un homme jugé conservateur, réactionnaire, voire fasciste. De Gaulle, en retour, redoutait de perdre le contrôle du mouvement au profit des communistes. Entre-temps, l'œuvre courageuse de Moulin s'acheva tragiquement : il fut capturé en juin 1943, torturé par la Gestapo et mourut.

À la fin de 1943, aux yeux de ses compatriotes et des Alliés, de Gaulle apparut de plus en plus comme le futur chef de la France libérée. Avec pragmatisme, il s'adapta à la nécessaire planification collective de l'avenir, élaborée par le Comité de Libération nationale (qui se voyait en précurseur du futur gouvernement français), mais il insista sur le caractère purement consultatif du Comité. Toute apparence de démocratie n'était que façade. Il conserva le contrôle et le pouvoir de décision sur toutes les questions importantes. Son autoritarisme invétéré demeura entier.

Tout comme ses rapports difficiles avec les responsables alliés. Ces derniers reconnaissaient désormais – sans toujours grand enthousiasme – qu'il était le seul à posséder l'autorité pour parler au nom de la « France Libre ». Mais de Gaulle fut profondément blessé d'être tenu à l'écart de la préparation du Jour-J (le débarquement) et se méfiait de ce qu'ils prévoyaient comme futur gouvernement de la France, supposant – à juste titre – qu'ils souhaitaient maintenir le pays sous contrôle allié.

Après avoir quitté Alger pour Londres, il était de mauvaise humeur lorsqu'il vit Churchill le 4 juin, juste avant le Jour-J, et ils eurent sur le temps du déjeuner un échange houleux à propos de la subordination de la France (et de la Grande-Bretagne) aux intérêts américains dans les plans de libération de la France. La colère de Churchill traduisait sa propre tension (entretenue par l'alcool). Une réunion un peu plus calme eut lieu ensuite avec le général Eisenhower, commandant en chef des forces alliées, au cours de laquelle de Gaulle se plaignit amèrement du manque de participation française au débarquement[32]. Le Jour-J, recouvrant son sang-froid, de Gaulle prononça à la BBC un discours patriotique retentissant à l'intention des Français. Mais, ce qui ne manqua pas d'irriter Churchill, il évoqua des « directives données par le gouvernement français », comme si ce dernier existait déjà. Churchill ne put s'empêcher de faire remarquer à Roosevelt que le discours était d'autant plus surprenant que de Gaulle n'avait « pas un seul soldat dans la grande bataille en cours » (moquerie bientôt obsolète car le général Philippe Leclerc, à la tête d'une division blindée française, combattit dès le 1er août 1944 au sein des forces alliées en Normandie)[33]. Indépendamment de l'agacement de Churchill, de Gaulle finit par incarner aux yeux d'un grand nombre de Français et de Françaises la Libération elle-même, en même temps que l'honneur restauré de la France.

Le « mythe de Gaulle » – l'image héroïque du libérateur de la France – s'embellit encore quand, après quatre ans d'absence, le général remit les pieds sur le sol français le 14 juin. Lors d'une visite soigneusement préparée à Bayeux, la plus grande ville libérée à cette date, il prononça un discours essentiellement de propagande, recevant un accueil enthousiaste, bien que moins euphorique qu'il ne le prétendra ensuite[34]. De Gaulle jeta les bases du pouvoir politique qui devait suivre la Libération. Son entrée triomphale à Paris, où il revint le 25 août, fut une étape majeure. Dans la phase finale de cette tragédie, les Français eux-mêmes avaient alors libéré la ville. Les derniers jours, la Résistance avait orchestré un soulèvement dans la capitale, ainsi que partout en France. Eisenhower attribua aux troupes du général Leclerc la gloire militaire de s'être battues pour entrer dans Paris. Les unités françaises pénétrèrent dans la capitale le 24 juin au soir. Les Allemands se rendirent le lendemain.

Le 25 août, lorsque de Gaulle prononça un discours émouvant à l'Hôtel de Ville, il précisa que « Paris a été libéré par son peuple, avec le concours de l'armée et l'appui de la France tout entière[35] ». Ses brefs remerciements aux Alliés pour leur aide se réduisaient à la reconnaissance la plus sommaire de ce qu'ils avaient accompli pour rendre possible la libération de la France. Mais une seule chose importait à de Gaulle : glorifier la France à travers l'image d'un pays qui s'était lui-même libéré. C'était ce qui prévalait pour reconstruire une nation traumatisée.

Et il ne faisait aucun doute qu'il représentait le héros de la Libération, le sauveur de la nation. Le lendemain, de Gaulle prit la tête du défilé de la victoire sur les Champs-Élysées. La foule immense brandissait des banderoles distribuées à l'avance, portant l'inscription « Vive de Gaulle »[36].

L'échec

Le leadership de De Gaulle était issu de la guerre. Monter une organisation, rallier des partisans en France comme dans l'empire, maintenir des contacts et constituer une armée en exil tout en luttant pour être reconnu des Alliés exigeaient des qualités particulières de commandement. De Gaulle les possédait. La force de sa volonté, son indifférence aux querelles politiques quotidiennes, sa nature impérieuse, son insistance sur la nécessité d'un contrôle autocratique dans une structure à caractère de commandement militaire se révélèrent précieuses dans les situations d'urgence qu'imposait la guerre. En revanche, ces qualités ne convenaient pas vraiment à un gouvernement démocratique dans la tâche collective de reconstruction après la guerre.

À la suite du défilé triomphal sur les Champs-Élysées, de Gaulle commença comme il entendait poursuivre : en imposant son autorité sur le gouvernement qu'il avait nommé et – autant que possible – sur l'ensemble du pays (dont certaines régions n'avaient pas encore été libérées). Tout le spectre politique, y compris les communistes, composait le gouvernement. Mais de Gaulle tenait fermement les rênes du pouvoir.

Il dut ses premiers succès à son prestige particulier. Il exploita le culte de sa personnalité en minorant le rôle de la Résistance qui aurait pu défier son autorité. Il classa en dommage collatéral la désillusion d'un grand nombre de ceux qui avaient pris d'énormes risques pour lutter contre l'occupation et qui avaient effectivement vu en lui le symbole de leurs espoirs futurs. Les procès et les sanctions de collaborateurs et de représentants du régime de Vichy permirent d'évoquer un sentiment d'unité nationale, en tirant un trait sur le passé récent et douloureux. Et, en décembre 1944, le pays salua la visite de De Gaulle à Moscou, dans le cadre d'échanges bilatéraux avec Staline (débouchant sur un traité d'assistance mutuelle plutôt dénué de sens), estimant que la France revenait à son statut présumé de grande puissance[37].

L'illusion ne tarda pas à apparaître. Que la France fût exclue des pourparlers entre les « Trois Grands » (Staline, Roosevelt et Churchill) à Yalta en février 1945 puis, après la fin de la guerre en Europe, à Potsdam en août, irrita profondément de Gaulle. Roosevelt éprouvait toujours de l'antipathie pour lui, tandis que Staline était plus que méprisant à l'égard d'un pays qui en 1940 « n'avait jamais combattu ». Mais Churchill voulait renforcer la position de la France en tant que principale alliée de la Grande-Bretagne en Europe occidentale. Son plaidoyer sous-tend en grande partie l'accord – « de pure courtoisie », précisèrent Roosevelt et Staline – pour créer une zone française dans le cadre de l'occupation de l'Allemagne[38]. La France se vit également accorder le statut de membre du Conseil de contrôle allié et un siège permanent au Conseil de sécurité des Nations unies nouvellement créé.

Mais ce fut chez lui, cependant, que de Gaulle dut relever le principal défi. La politique partisane reprit rapidement, surtout dans les Partis communiste et socialiste reconstitués et au sein d'un nouveau parti chrétien-démocrate, le Mouvement républicain populaire (MRP). Des personnalités importantes à la tête du MRP étaient des proches de De Gaulle, tels que Georges Bidault, qui avait dirigé le Conseil national de la Résistance après la mort de Jean Moulin, et Maurice Schumann, la voix la plus régulière de la France Libre sur Radio Londres depuis l'été 1940. Lors des premières élections d'après guerre, en octobre 1945, les trois principaux partis obtinrent à peu près le même nombre de suffrages. Non sans mal, un gouvernement de coalition fut formé dans une alliance tripartite, bien qu'il y ait eu en fait un soutien important de la part des différents partis dans les premières étapes de la planification pour répondre aux besoins urgents de la reconstruction économique.

De Gaulle fut réélu à la tête du gouvernement. Mais ses idées sur la façon dont il fallait gouverner la France par la suite et celles des partis – à gauche surtout – aboutirent rapidement à un affrontement prévisible. De Gaulle avait toujours réussi à faire valoir son contrôle pendant la guerre. Mais à présent le pouvoir des partis était plus fort. Les propositions de nouvelle constitution incitaient à limiter le pouvoir gouvernemental plus encore qu'il ne l'avait été sous la IIIe République.

De Gaulle avait insisté pour que le gouvernement provisoire qu'il dirigeait après la Libération s'inscrivît dans la continuité directe de la IIIe République, le régime de Vichy n'ayant été qu'une interruption illégitime. Mais, tout en soulignant la continuité constitutionnelle, il pointa aussi la nécessité d'une transformation politique. La constitution de la IIIe République avait privilégié le pouvoir parlementaire pour contrôler le gouvernement. Le rôle présidentiel était essentiellement protocolaire. Il en résulta des gouvernements faibles, que l'Assemblée nationale faisait et défaisait régulièrement, au gré de ses propres allégeances partisanes conflictuelles. Cette fragilité avait été, selon de Gaulle, une cause majeure de l'effondrement de 1940. La France, il en était certain, avait besoin d'un gouvernement fort – qu'il était à même de mettre en œuvre. Il avait à l'esprit un régime présidentiel fondé sur la popularité[39].

Les partis de gauche avaient soupçonné dès le début les intentions de De Gaulle et n'entendaient pas lui donner un pouvoir exécutif fort. Le projet de constitution s'opposait diamétralement à ce qu'il voulait. Gérant déjà difficilement l'Assemblée nationale, il ne put arriver à ses fins. Le 20 janvier 1946, il démissionna avec pertes et fracas[40]. Il s'attendait peut-être à ce que cet acte spectaculaire de la part du héros national fît réfléchir et forçât son rappel. Si tel était son espoir, il devait être déçu. Pour la première fois depuis juin 1940, il ne dirigeait plus rien.

De Gaulle ne se considérait pas comme un dictateur (contrairement à ce que pensaient beaucoup). Mais la façon dont il se décrivait et envisageait ses fonctions correspondait à une forme de leadership charismatique (tel que Max Weber l'avait défini), fondé sur ses réalisations de héros de guerre français et sauveur national[41]. Ce n'était pourtant guère compatible avec le caractère divisé de la politique pluraliste de partis qui, dans toute démocratie – et si emblématique sous la IIIe République –, limite et contrôle le pouvoir exécutif. Là se nichait précisément le dilemme intrinsèque de De Gaulle lorsqu'il prit le pouvoir à la tête du gouvernement provisoire après la Libération. Il avait besoin des partis et était favorable à leur restauration, à la fois pour limiter l'influence communiste et pour démontrer l'étendue de son soutien populaire – même si la gauche et surtout les communistes n'étaient guère des compagnons de route faciles[42]. Par ailleurs, même les partis de gauche ne pouvaient guère se passer de lui ; eux aussi devaient reconnaître son statut exceptionnel. Combiner une politique charismatique aux dissensions d'une démocratie parlementaire produisait une tension manifeste et insurmontable. Le refus de De Gaulle de soumettre son autorité charismatique aux contraintes de la politique partisane aboutit finalement à douze ans d'échec politique. En chef de guerre, il était unique et indispensable. Dirigeant en temps de paix, il se heurtait à des divisions qu'il ne pouvait surmonter.

Un dictateur aurait pu détruire les structures politiques qui barraient son chemin. La voie de De Gaulle, au contraire, fut de se retirer totalement de la vie politique en attendant la crise profonde du système qui finirait par arriver, il en était sûr. On aurait alors besoin du héros encore une fois. Il reviendrait pour sauver la France à nouveau.

Après sa démission en janvier 1946, il ne partit pas pour longtemps. Quelques mois, et il fut de retour sur la scène politique, à défaut d'être au gouvernement. Avec son sens aigu du spectacle, il choisit Bayeux, scène de son retour en France en 1944, où il prononça le 16 juin un discours dans lequel il exposa ses arguments en faveur d'une présidence élue dotée de pouvoirs exécutifs. La force du gouvernement devait émaner du chef de l'État (le rôle qu'il s'attribuait clairement), nommant les membres du gouvernement tout en se tenant au-dessus de l'administration courante, se réservant de promulguer lois et décrets. En cas de danger national, le président serait le garant de la liberté du pays[43].

Son plaidoyer résonna dans le désert. En octobre 1946, le peuple français approuva – sans grande conviction – la constitution de la Quatrième République. Comme la précédente, elle réunissait tous les ingrédients pour affaiblir le gouvernement et générer l'instabilité politique. Les gouvernements dépendaient de majorités fragiles à l'Assemblée nationale. Aucun ne survivait longtemps. Il y en eut vingt-deux entre 1945 et 1958, qui durèrent d'une semaine à quinze mois[44]. L'incapacité à gouverner ne correspondait guère à l'idée que de Gaulle se faisait de la « grandeur » de la France, et s'opposait à sa vision de l'avenir du pays. Il pressentait sombrement une nouvelle catastrophe en France et comparait même, avec une notable exagération, l'atmosphère du pays à celle de juin 1940[45]. Il se préparait à sauver la France une fois de plus. En avril 1947, il revint sur le devant de la scène.

Le Rassemblement du peuple français (RPF), qu'il lança ce mois-là et qui reçut un accueil enthousiaste, se voulait non pas un parti mais un mouvement se situant au-dessus des partis, pour la nation. C'était en fait malgré tout un autre parti qui se présentait aux élections sur son programme, avec tout de même une différence : en substance, un instrument au service du leadership charismatique de De Gaulle et de la forme de gouvernement qu'il envisageait pour la France. Les adhésions grimpèrent d'abord en flèche, en même temps que s'installait la guerre froide qui intensifia l'anticommunisme. Mais il ne réussit jamais à obtenir de soutien majoritaire et, en fait, divisa le vote de droite en affaiblissant le MRP. La droite gaulliste et la gauche communiste – les communistes avaient été exclus du gouvernement en 1947 – représentaient simplement les extrêmes opposés de l'échiquier politique, avec des coalitions instables qui peinèrent à former des gouvernements durables. En 1951, aux premières élections législatives depuis sa formation, le RPF remporta 22 % des suffrages, n'arrivant qu'en deuxième position derrière le Parti communiste (26 %). De manière invraisemblable, de Gaulle prétendit que ce succès relatif lui donnait le droit de former un gouvernement dans l'intention de modifier la constitution, mais le président Auriol le rabroua sèchement[46]. En mai 1953, deux ans après, alors que le RPF souffrait de clivages internes et d'hémorragies dans son soutien électoral, de Gaulle déclara que, s'il devait gouverner la France, ce ne serait que s'il pouvait prendre le pouvoir et changer le régime. « C'est cela que cela veut dire ou rien du tout[47] », dit-il. Ce ne fut rien, semble-t-il. Il se retira à nouveau – cette fois, apparemment, pour de bon.

Retour du héros : la crise algérienne

Sans crise profonde de la Quatrième République, de Gaulle n'avait aucune chance de revenir au sommet de la politique française dans des conditions qu'il accepterait. Sa carrière politique semblait terminée. À soixante-trois ans, il vivait retiré dans sa maison de campagne relativement modeste, à Colombey-les-Deux-Églises, en Champagne, qu'il avait achetée avec sa femme, Yvonne, en 1934, et où il rédigeait ses *Mémoires de guerre*. Il les avait commencés en 1946, limité dans son temps d'écriture par son engagement politique. Il pouvait désormais s'y consacrer afin de laisser à la postérité l'histoire de sa lutte héroïque pour le salut de la France après la débâcle de 1940. L'énorme publicité qui accompagna la parution des deux premiers volumes en 1954 et 1956 – le troisième fut publié en 1959, après son retour au pouvoir – embellit son statut légendaire de sauveur de la France. Elle renforça l'image du rédempteur, prêt à rompre son isolement de solitaire si la France avait à nouveau besoin de lui[48]. Ce qui se produisit en 1958.

Durant la retraite qu'il s'était imposée, les crises gouvernementales s'étaient succédé depuis la fondation de la Quatrième République. Compte tenu de la nature de la constitution, il ne pouvait en être autrement. Mais l'instabilité gouvernementale était compatible avec la stabilité du système étatique sous-jacent et une économie florissante. La condition préalable au « second avènement » de De Gaulle – et à la concession d'un changement durable et transformateur selon son ambition – n'appelait pas seulement une autre crise gouvernementale mais une crise de l'État français lui-même, cette fois. Elle eut lieu en 1958. L'incapacité à résoudre le problème de l'Algérie en fut la cause.

Les empires coloniaux se disloquaient partout. Mais l'Algérie était un cas particulier – une colonie qui n'en était pas une. Colonie française *de facto* depuis 1830, avec une caste de colons majoritairement français (10 % de la population) dirigeant une population musulmane assujettie, elle était juridiquement intégrée à la France. Perdre l'Algérie revenait donc à perdre une partie de la France. En novembre 1954, le Front de libération nationale (FLN) avait entamé une lutte armée pour l'indépendance, qui se transforma rapidement en une guerre prolongée d'une sauvagerie acharnée des deux côtés. Les gouvernements français, instables et éphémères, ne surent pas trouver de réponse à ce problème insoluble. Lorsque les colons français (ou pieds-noirs), soutenus par l'armée en Algérie, se rebellèrent contre le gouvernement, la pression monta pour que de Gaulle intervînt. Ce dernier fit savoir qu'il était prêt à former un gouvernement, à condition d'être habilité à modifier la constitution. Il rappela aux Français qu'il avait par le passé conduit le pays au salut et que la « crise nationale extrêmement grave » pouvait engendrer

« une espèce de résurrection »[49]. Pour l'armée comme pour les pieds-noirs, sauver la France, c'était sauver l'Algérie française. Ils firent confiance à de Gaulle pour accomplir ce dont personne d'autre n'avait été capable[50].

Après quatre autres années de terribles bains de sang, de Gaulle finit par arrêter le conflit algérien, mais pas comme les pieds-noirs l'avaient souhaité ou attendu[51]. Qu'il ait pu réussir là où les gouvernements de la IVe République avaient échoué s'explique par les pouvoirs accrus qu'il avait obtenus grâce à la modification majeure de la constitution. Reconduit dans ses fonctions de Premier ministre à la fin du mois de mai 1958, en pleine tension politique, il obtint rapidement le soutien du Parlement pour soumettre une nouvelle constitution à l'approbation des citoyens. En septembre, ses propositions recueillirent 79 % des suffrages. Le 21 décembre, il fut élu en vertu de la nouvelle constitution par un collège électoral à une présidence désormais dotée de forts pouvoirs exécutifs, et entra officiellement en fonction le 8 janvier 1959. Une réforme constitutionnelle avait déjà été évoquée, qui se serait probablement concrétisée à un moment donné, même si de Gaulle n'était pas revenu au pouvoir l'année précédente. La paralysie gouvernementale et l'impuissance à résoudre la crise algérienne avaient motivé la population pour un rétablissement de l'ordre et ouvert les élites politiques à un changement constitutionnel. Mais les dispositions spécifiques de la constitution de la Ve République étaient l'œuvre de De Gaulle, à l'image de son autorité et de son prestige particuliers.

Sa gestion de la crise, qui aboutit à l'indépendance de l'Algérie en 1962, s'avère rétrospectivement un chef-d'œuvre de stratégie. Si habile fût-il dans son numéro de haute voltige politique, il s'agissait en fait de s'ajuster de manière pragmatique à une défaite inéluctable des défenseurs de l'« Algérie française », plutôt que de poursuivre résolument une stratégie claire. Cela revenait à limiter les pertes dans un conflit qui ne pouvait être gagné[52]. Son « Je vous ai compris », devant une foule en délire à Alger le 4 juin 1958, fut une formule magistrale d'ambiguïté délibérée[53]. Ses auditeurs comprirent à tort qu'il était de leur côté, que l'Algérie resterait française. Mais il évita de se piéger. Alors que les Français avaient la supériorité militaire, ils se révélèrent incapables de vaincre une guérilla déterminée à combattre pour l'indépendance nationale. De plus, leur conduite brutale de la guerre leur aliéna l'opinion publique tant au niveau national qu'international. Par étapes et avec prudence, de Gaulle en vint à reconnaître que la seule issue possible était l'indépendance de l'Algérie. L'accepter, c'était se faire des ennemis parmi les pieds-noirs et dans l'armée, ceux-là même qui avaient espéré qu'il les sauverait. De Gaulle considéra cette solution avec sang-froid. C'était un mal bien moindre que de poursuivre une guerre impossible à gagner. Il ne versa pas de larmes sur le sort des pieds-noirs. Il était temps de regarder vers l'avenir, pas de s'accrocher à un passé agonisant.

À l'évidence, sous la pression en faveur de l'indépendance, aucun gouvernement français n'aurait pu conserver l'Algérie comme possession coloniale. Mais, en toute vraisemblance, seul de Gaulle détenait personnellement l'autorité nécessaire pour passer d'une guerre civile en puissance à la reconnaissance générale qu'il n'était plus possible de garder l'Algérie. Il avait compris depuis longtemps qu'il n'avait aucun atout en main pour régler le conflit. Des négociations secrètes avec le FLN commencèrent à l'automne 1961 et, le 18 mars 1962, avec les accords d'Évian, aboutirent à un cessez-le-feu qu'approuvèrent 90 % des électeurs français le 8 avril (et 99 % des votants en Algérie le 1er juillet)[54]. L'indépendance de l'Algérie fut proclamée le 5 juillet. Au cours de ce terrible conflit, des centaines de milliers de personnes, dont une grande majorité d'Algériens, ont été tuées ou mutilées. La plupart des pieds-noirs, nourrissant un sentiment durable de trahison, partirent en France. De Gaulle n'éprouvait guère de sympathie à leur endroit et absolument aucune pour les dizaines de milliers de harkis, musulmans algériens qui avaient combattu aux côtés des Français et qui, après l'indépendance, durent fuir en France pour éviter de terribles représailles chez eux.

L'Algérie éclipsa tout dans les premières années de De Gaulle au pouvoir. En finir avec la guerre et les troubles civils était en soi un exploit. Mais il remporta d'autres succès liés à sa position internationale et à son autorité nationale. Contrairement à la situation exceptionnelle de l'Algérie, presque tout le reste de l'Empire français fut vite démantelé entre 1958 et la fin de l'année 1960. Pour quelqu'un qui était né à l'âge impérial, pour qui les possessions coloniales de la France avaient contribué à son statut de grande puissance, de Gaulle sut y mettre un terme rapide et impartial. Ne s'en félicitant pas, il l'admettait comme inévitable. Il faisait peu de cas des nouveaux pays indépendants et de leur population. « Vous croyez que je ne sais pas que la décolonisation est désastreuse ? », commentait-il en privé en 1962, « que la plupart des Africains sont loin d'être arrivés à notre Moyen Âge européen ? » et « qu'ils vont connaître à nouveau les guerres tribales, la sorcellerie et l'anthropophagie ? »[55]. Il présida néanmoins au processus de décolonisation et contribua à assurer une transition relativement douce vers l'indépendance, tout en préservant en général les intérêts économiques de la France. Il ne faut pas exagérer sa réussite. La pression mondiale en faveur de la décolonisation était si forte qu'elle aurait eu lieu de toute façon, quelle que fût la nature du gouvernement français. Malgré tout, sans de Gaulle, les obstacles auraient pu être bien plus nombreux.

Au pouvoir : l'empreinte de la personnalité

La constitution de la Ve République a été conçue pour adapter l'exercice présidentiel du pouvoir aux exigences modernes de la représentation parlementaire pluraliste. Elle relevait ainsi d'un hybride curieux, un peu plus proche du système américain que de la démocratie parlementaire britannique, mais était une création purement française. À certains égards, elle ressemblait au mariage du leadership charismatique avec la gestion d'une politique représentative que Bismarck avait maîtrisé dans l'Allemagne impériale – même si, naturellement, il restait responsable devant le Kaiser. De Gaulle acceptait, reconnaissait nécessaire, saluait même la participation populaire à la politique – tant que cela répondait à ses conditions. En France, de Gaulle était un chef de l'exécutif, qui n'avait de comptes à rendre à personne ; s'il n'était pas un dictateur, il pouvait se servir du référendum pour obtenir le soutien populaire à son pouvoir personnel et manipuler le Parlement. Sous de Gaulle, la politique française se pliait à sa personnalité et au prestige extraordinaire que lui conféraient ses réalisations historiques.

En principe, le président dirigeait la politique étrangère et de défense (avec des pouvoirs quasi dictatoriaux en cas d'urgence nationale), tandis que les affaires intérieures relevaient du Premier ministre et du gouvernement, responsables devant le Parlement. En réalité, aucun domaine politique n'échappait au champ d'action de De Gaulle. Certains hommes politiques exceptionnels qu'il nomma à de hautes fonctions, tels que Michel Debré, Georges Pompidou (Premiers ministres successifs), Maurice Couve de Murville (ministre des Affaires étrangères) et André Malraux (ministre de la Culture) surent bien le servir. Mais, surtout, les ministres ne dépendaient que de lui, non du Parlement. Il court-circuitait le lien entre les ministres et toute base de pouvoir parlementaire. Le Parlement était lui-même très affaibli. Pour autant, le nouveau parti gaulliste, créé en 1958, l'Union pour la Nouvelle République, assura une forte représentation parlementaire en faveur de sa politique.

De Gaulle dominait tous les débats politiques importants, y compris sur les affaires intérieures. Il supervisait aussi personnellement la résolution de problèmes économiques, comme le plan de stabilisation financière de 1958 (conçu par l'économiste Jacques Rueff) et les mesures contre l'inflation en 1963[56]. Il gardait jalousement ses prérogatives et prenait toutes les décisions importantes. Pour un septuagénaire, il fit preuve d'une volonté et d'une énergie remarquables pour mettre en œuvre sa politique, même lorsqu'il n'était pas directement concerné. C'est ce qui caractérisa sa gouvernance après son retour au pouvoir en 1958. Son rythme de travail exigeant, sa capacité d'écoute, son sens du détail, ses interrogatoires serrés des ministres et sa mémoire extraordinaire marquaient son style de gouvernement et étayaient son autoritarisme instinctif[57]. Le Conseil des ministres, réuni chaque semaine, se contentait d'écouter les rapports ministériels et d'entériner des décisions déjà prises en comités *ad hoc* que présidait et dominait complètement de Gaulle[58]. C'était on ne peut plus clair : de Gaulle décidait.

Il renforça encore davantage son pouvoir personnel en 1962, en exploitant une tentative d'assassinat manquée au Petit-Clamart, fomentée par des membres de l'OAS (Organisation de l'armée secrète) farouchement opposés à l'indépendance de l'Algérie, pour modifier la constitution en sa faveur. Il chercha à réduire la nécessité d'un soutien parlementaire en faisant élire le président par un vote populaire, et non par un collège électoral comme le prévoyait la constitution de 1958. L'initiative fut très controversée ; elle semblait ouvrir la voie, et pas seulement aux yeux de la gauche, à une nouvelle sorte de dictature bonapartiste. Mais le changement fut approuvé (bien qu'avec 62 % seulement des suffrages exprimés et 23 % d'abstention) lors d'un référendum en octobre[59]. Trois ans plus tard, en 1965, il fut réélu président, avec 55 % des voix. Il lui fallut cependant affronter un deuxième tour contre son principal adversaire, François Mitterrand, candidat de la gauche, n'ayant obtenu que 45 % des voix au premier tour. Loin des prétentions de De Gaulle à incarner l'unité nationale en chef qui se tenait au-dessus des partis, son élection soulignait en lui une figure de division qui, en dehors des périodes de crise profonde, reflétait plutôt qu'il ne dépassait le clivage traditionnel gauche-droite[60].

Alors que l'empire s'évanouissait dans la nouvelle ère des superpuissances, de Gaulle explora d'autres façons d'assurer le statut de grande puissance à la France. Sa quête d'indépendance en matière de politique étrangère porte nettement son empreinte personnelle. Son anti-américanisme profond – hérité en grande partie de la manière dont Roosevelt l'avait snobé – l'amena à rechercher de bons rapports avec l'Union soviétique et la Chine communiste. Il refusa l'offre américaine de missiles Polaris et investit dans un programme nucléaire français (déjà engagé de fait sous la Quatrième République). Malgré l'opposition croissante de la gauche, la France se dota de bombes à hydrogène en 1968 – symbole indispensable pour lui du prestige national. Le retrait du commandement militaire intégré de l'OTAN sous la houlette des Américains en 1966 avait été un pas de plus dans l'affirmation d'indépendance de la France dans le cadre de sa défense et de sa politique étrangère. L'indépendance et le statut de grande puissance qui en découlait étaient néanmoins illusoires. Si de Gaulle avait effectivement renforcé la présence de la France parmi les non-alignés (qui ne devaient s'engager auprès d'aucune grande puissance)[61], le temps d'un semblant d'indépendance véritable pour un État-nation européen de rang moyen était révolu (ce que la Grande-Bretagne avait découvert également).

Lorsque de Gaulle prit ses fonctions, la France, contrairement à la Grande-Bretagne, s'était déjà trouvé un nouveau rôle au sein de la Communauté économique européenne (CEE). De Gaulle n'avait jamais apprécié Jean Monnet, ni ses idées supranationales sur l'intégration européenne. Là encore, il avait une vision passéiste d'États européens indépendants et rivaux. Mais il était réaliste. La CEE fut très bénéfique à la France – notamment dans le cadre de la Politique agricole commune qui favorisa de manière disproportionnée les agriculteurs français. Et de Gaulle savait que la paix en Europe dépendait d'un rapprochement étroit avec l'Allemagne de l'Ouest, qu'il scella par un symbolique traité d'amitié franco-allemand signé avec le chancelier Konrad Adenauer en 1963. Mais ce qu'il voulait, c'était que la France dominât « l'Europe des nations » (« l'Europe des patries »). Du fait de l'option de « la France d'abord », la Grande-Bretagne – considérée comme une menace pour les intérêts français en Europe – devait être tenue à l'écart de la CEE. Toutefois, cela ne fit que reporter de quelques années l'entrée des Britanniques (avec d'inévitables frictions, que de Gaulle avait prévues, entre les intérêts britanniques et de la CEE). La primauté des intérêts français sur laquelle de Gaulle insistait aboutit également à un boycott de sept mois des institutions européennes à propos de l'extension des pouvoirs supranationaux de la Commission européenne. La crise s'acheva par un compromis bancal en 1966. L'épisode résumait l'équilibre précaire entre les intérêts français et les objectifs supranationaux de la CEE – une tension impossible à surmonter, du moins tant que de Gaulle restait au pouvoir.

Ce que de Gaulle ne sut faire, ce fut de s'adapter aux courants de modernisation et de transformation culturelle qui traversaient la France et l'Europe dans les années 1960. Il fut pris au dépourvu par les manifestations estudiantines, concernant d'abord le mode de vie dans les universités, qui déclenchèrent des troubles dans toute la France en mai 1968, menaçant l'ordre public. Sa première réaction – partir pour une visite d'État de quatre jours en Roumanie, laissant son Premier ministre Pompidou en charge – prouva qu'il évaluait mal la situation et n'était plus en phase avec la jeune génération. Il ne reprit l'initiative qu'au terme d'un mois de violences, après avoir mystérieusement disparu quelques jours sans même en informer son Premier ministre. Il avait franchi la frontière ouest-allemande afin d'obtenir du général Jacques Massu, chef des forces françaises en Allemagne de l'Ouest, l'assurance de son soutien militaire. Il passa alors à l'offensive, mettant en garde la nation contre un risque de dictature et de menace communiste, tandis qu'un demi-million de loyalistes défilèrent à Paris pour manifester leur fidélité. Pompidou assuma le rôle principal, comme tout au long de la crise, faisant des concessions et des promesses de réformes pour rétablir l'ordre petit à petit.

Un mois plus tard, les élections se traduisirent par un fort vote de confiance à de Gaulle. Mais le vent tourna en sa défaveur. Lorsqu'il soumit ses propositions de réformes constitutionnelles par référendum le 27 avril 1969, ce fut un rejet. De Gaulle considéra ce vote comme un test de confiance à son endroit. Il en tira donc les conséquences et démissionna immédiatement sans tambour ni trompette. À l'un de ses plus proches conseillers, il confia : « Si les Français ne veulent pas m'écouter, eh bien, je m'en irai, et après on reconnaîtra que j'avais eu raison[62]. »

En vérité, il n'était plus dans le coup. Sa personnalité avait été déterminante pour le destin de la France lors des crises de 1940 puis de 1958. Mais les événements de 1968, quoique sans beaucoup d'effets concrets sur le moment, démontraient que la France avait passé outre la marque particulière du pouvoir personnel de De Gaulle. Il le reconnut, dans son style inimitable. Les Français n'avaient pas été à la hauteur de son idée de grandeur, laissa-t-il entendre en privé. Ils avaient choisi la « médiocrité[63] ». En réalité, son successeur, Georges Pompidou, fut tout sauf médiocre, tandis que sa perspective de restaurer la grandeur de la France n'était jamais qu'illusoire. Il se retira une fois de plus, prenant d'abord des vacances discrètes sur la côte ouest de l'Irlande, puis s'isolant à Colombey-les-Deux-Églises pour travailler assidûment à ses Mémoires sur son mandat depuis 1958, qu'il souhaitait rédiger en trois volumes. Sa retraite était définitive cette fois. L'époque de Gaulle était terminée. Il mourut un peu plus d'un an après.

Héritage

À revoir les décennies dramatiques de l'histoire de France, que de Gaulle a marquées de manière indélébile – des « années creuses » de 1930[64], en passant par le traumatisme de la guerre et la Libération, les turbulences de la IVe République et la guerre d'Algérie, jusqu'à la remarquable stabilité de la Ve République – se pose une question évidente : un autre que de Gaulle aurait-il pu réaliser une transformation aussi extraordinaire ? La réponse sera sans doute négative.

Certains acquis, nous l'avons vu, sont peut-être exagérés ou appellent du moins des nuances. C'est la puissance armée des États-Unis et de la Grande-Bretagne qui, en priorité, a libéré la France, non les Français Libres de De Gaulle ou la Résistance, incontestablement très courageuse par ailleurs. Néanmoins, la vision qu'avait de Gaulle d'« une autre France » fut essentielle, en servant de ralliement dans le pays même et dans l'Empire, et en défendant l'idée qu'il fallait continuer de traiter la France après la guerre comme une grande puissance, ce que Churchill acceptait mais Roosevelt moins volontiers. Écrasée en 1940, la France retrouva ainsi le respect d'elle-même après la Libération.

L'indépendance de l'Algérie et la décolonisation plus largement auraient certainement eu lieu de toute façon, mais de Gaulle joua un rôle décisif dans le processus. Il apporta également une touche particulière à la construction d'une politique étrangère et de défense française indépendante. Il s'agit d'un aboutissement à nuancer. Les projets de fabrication d'armes nucléaires existaient dès avant son arrivée au pouvoir. La prétention à être une grande puissance et l'importance d'une politique de défense indépendante se sont diluées dans le temps, ainsi que l'a montré la réintégration de la France dans l'OTAN.

La réconciliation entre la France et l'Allemagne de l'Ouest doit plus aux premières mesures prises par Robert Schuman, Jean Monnet et Konrad Adenauer qu'à de Gaulle, et elle était déjà bien engagée en 1958, même si c'est lui qui a scellé symboliquement la nouvelle relation en signant le traité d'amitié avec Adenauer en 1963. « L'Europe des nations » qu'il souhaitait n'a jamais supplanté l'intégration supranationale telle que la voyait Monnet. Mais l'inverse ne s'est pas produit non plus. Le difficile équilibre entre le national et le supranational dans la Communauté européenne (puis l'Union européenne) a persisté. À certains égards pourtant, l'évolution s'est faite dans un sens qu'aurait appuyé de Gaulle. Depuis 1974, le Conseil européen, représentant les différents États membres, est le principal organe de décision. Et la primauté des intérêts nationaux, surtout en temps de crise, l'emporte en général.

Enfin, indéniablement, l'économie française a prospéré sous de Gaulle. Mais la Quatrième République, en dépit de l'instabilité gouvernementale, de l'inflation, du coût de la guerre d'Algérie et des crises financières publiques récurrentes, avait connu une croissance économique extraordinaire[65]. De Gaulle a eu la chance d'hériter d'une économie intrinsèquement forte au moment où les difficultés devenaient plus gérables. La croissance s'est d'ailleurs poursuivie quand il a quitté le pouvoir, jusqu'à ce que les changements majeurs de l'économie mondiale affectent la France, ainsi que d'autres pays, au cours des années 1970, mettant fin aux « Trente Glorieuses ». Le rôle personnel de De Gaulle fut ici secondaire, car les forces économiques échappaient au contrôle national. Et la modernisation qui accompagna le boom économique mina en fin de compte la vision qu'avait de Gaulle de la France. Certes, la Politique agricole commune de la CEE aida l'agriculture française. Mais la paysannerie – au cœur de l'image traditionnelle de la France – déclina, comme partout en Europe. Dans le même temps, les modes de vie et les mentalités modernes issus de l'évolution économique rapide ne correspondaient pas au style patriarcal de la gouvernance gaullienne.

De Gaulle avait survécu à la foi dans les « héros » nationaux. Dans la lignée des dirigeants européens, il fut le dernier à se considérer parmi les « grands hommes[66] ». Le pluralisme démocratique, les libertés civiles et les droits de l'homme, tels qu'ils se sont imposés en Europe occidentale, surtout après les années 1960, ont rendu archaïques les notions de « grandeur » politique, si répandues au XIXe siècle et au début du XXe siècle. Les formes de « leadership charismatique », produit de la crise promouvant le « génie » du « grand chef » pour résoudre des problèmes sociaux et politiques très complexes, ne s'adaptaient pas aux situations plus stables et à l'évolution des mentalités.

Reste que son mode de gouvernance personnelle aboutit à la réussite la plus importante et la plus durable : la remarquable constitution de la Ve République. Elle a été élaborée pour satisfaire son exigence de pouvoir. Alliant autoritarisme et pluralisme démocratique dans une structure unique, la constitution a résisté à l'épreuve du temps. Ces dernières années ont montré la faiblesse en période de crise d'une constitution dépendant trop étroitement des qualités (apparentes) du président. Pourtant, bien que la France soit peu épargnée par les drames politiques, aucune revendication ne s'élève pour modifier la constitution – une exception dans l'histoire de France entre la Révolution et de Gaulle[67].

Le général fut sans aucun doute un chef aux qualités remarquables et aux réalisations extraordinaires. Mais ce qui a largement dépassé son rôle est son « mythe », celui de la grandeur légendaire. Son image héroïque a transcendé les aléas de la politique française dans les décennies d'après guerre (même si cela n'a pas eu que des avantages pour ses successeurs). Les Français, en majorité, le considèrent comme le personnage le plus important de leur histoire, loin devant Napoléon. Le principal aéroport de Paris porte son nom. De façon plus symbolique encore, la place de l'Étoile, au cœur de Paris, avec l'Arc de triomphe et la tombe du Soldat inconnu, s'appelle « place Charles de Gaulle »[68]. Il en est de même pour des centaines de places dans les villes françaises. Si la France a bien changé depuis, son héritage demeure.

Konrad Adenauer (à droite), accompagné du maire de Berlin-Ouest (chancelier par la suite) Willy Brandt et du président américain John F. Kennedy, accueilli par d'immenses foules en liesse lors de sa visite dans la ville le 26 juin 1963.

7

Konrad Adenauer

Construire l'Allemagne de l'Ouest

Le moins singulier, chez Konrad Adenauer, n'est pas que sa principale contribution à la vie publique commença à un âge où la plupart savourent déjà leur retraite. Il était surtout connu comme un politicien rhénan de province avant d'accéder au premier plan dans les années qui suivirent la Seconde Guerre mondiale. Quand il devint le premier chancelier de la nouvelle République fédérale d'Allemagne (RFA) en 1949, il avait soixante-treize ans. Peu imaginaient qu'il serait encore à son poste quatorze années plus tard, pour finalement démissionner à l'âge de quatre-vingt-sept ans. À la fin de sa chancellerie, en 1963, il jouissait d'une renommée internationale : il passait généralement pour l'un des hommes d'État d'Europe occidentale les plus remarquables de l'après-guerre.

Adenauer fut au centre de la transformation profonde de l'Allemagne et de l'Europe pendant près de deux décennies après la fin de la guerre. Mais quel fut, précisément, son rôle personnel ? Quelle fut la part de ses décisions dans l'instauration de la démocratie ouest-allemande, l'attachement de la République fédérale à l'Ouest et la mise en place d'une Communauté européenne intégrative ? A-t-il fait l'histoire, ou a-t-il été largement le vecteur des forces de la politique et de l'économie internationales qu'il canalisa mais, au mieux, ne contrôla que partiellement ?

Personnalité, début de carrière et buts politiques

Le jeune Konrad Adenauer possédait des traits de personnalité qui devaient marquer sa chancellerie ultérieure et faire de lui un formidable leader jusqu'à l'âge de quatre-vingts ans passés. Les valeurs dont il était imprégné depuis son enfance – il était né en 1876 à Cologne dans une famille de la classe moyenne profondément catholique – ancrèrent en lui le sentiment que les responsabilités et devoirs de chaque individu s'enracinaient dans la tradition et l'héritage du christianisme en Europe occidentale. L'importance du devoir, du travail assidu, de la fidélité et du service public dans une société construite sur l'ordre et la rationalité était gravée dans son tempérament[1]. Il partageait les vues politiques de la plupart des citoyens de sa classe sociale (et de sa confession religieuse) dans l'Allemagne wilhelmienne. Il était fier que l'Allemagne fût devenue une grande puissance et eût acquis un empire colonial. Son éducation catholique lui inculqua la peur de la montée de la social-démocratie « athée ». La doctrine sociale de l'Église de la fin du XIXe siècle – cherchant à améliorer la condition des pauvres tout en évitant les conflits de classe et les attaques contre la propriété privée – façonna sa conscience politique avant d'être adaptée à sa forme de conservatisme chrétien-démocrate.

À ces principes généraux s'ajoutaient des traits personnels. Le moindre d'entre eux n'était pas l'ambition. La politique l'avait très tôt attiré après ses études de droit et ses débuts dans les tribunaux de Cologne. En 1906 – marié et avec un enfant en bas âge –, il avait adhéré au Zentrum (le Centre, principale voix du catholicisme politique), qui, avec les Libéraux, était la force politique dominante de la ville. Ce fut la route de son ascension. La même année, il fut élu au conseil municipal ; trois ans plus tard, il devint maire adjoint. Quand éclata la Première Guerre mondiale, de graves problèmes bronchiques le rendirent inapte à rejoindre l'armée (pour la même raison, il avait été autrefois exempté du service militaire). En tout état de cause, son travail dans l'administration d'une grande ville proche du front occidental était suffisamment important pour justifier une exemption. Sa réussite dans le ravitaillement de Cologne au cours de la guerre fut un tremplin pour qu'il devienne en 1917 le plus jeune bourgmestre (*Oberbürgermeister*) de toute la Prusse. En tant que maire tout au long de la République de Weimar, jusqu'à l'arrivée des nazis en 1933, il modernisa les équipements de Cologne et acquit une précieuse expérience politique et administrative. Le poste de maire d'une grande ville conférait une large autorité administrative et une base de pouvoir significative, à tel point que, dans les années 1920, Adenauer passa plusieurs fois pour un possible chancelier du Reich. Cologne fut le principal creuset de la suite de sa carrière.

L'arrivée des nazis mit un terme soudain à son long mandat de maire de Cologne. Suivirent des années de difficultés et d'inquiétude. Il était de longue date dans le collimateur des nazis en tant que personnalité locale du Zentrum – principal obstacle à leur percée dans la population catholique de Cologne et, plus généralement, en Rhénanie. Ils menèrent contre lui une campagne longue et hargneuse – l'accusant de sympathies pour les Juifs, voire d'être lui-même juif. Des brutes nazies allèrent jusqu'à quêter de l'argent afin d'acheter « une balle pour Adenauer[2] ». Comme d'autres, il était disposé à envisager la participation des nazis au gouvernement du Reich afin de sortir de la crise de l'État, mais cette erreur de jugement ne valait pas adhésion aux valeurs nazies, qu'il abominait. Dans les semaines suivant la nomination de Hitler, le 30 janvier 1933, il continua de défendre les valeurs du Zentrum : « vérité, liberté et droit »[3].

En mars, quand les nazis prirent le contrôle de Cologne, sa déposition était inévitable. Suivirent des années sombres. Il fut privé de son domicile et de son gagne-pain. Il trouva refuge pour quelques mois dans le monastère de Maria Laach, dans la région d'Eifel. Gussie, sa seconde épouse (la première, Emma, mère de ses trois aînés, était morte en 1916), et ses désormais sept enfants emménagèrent temporairement dans un foyer Caritas à Cologne. Avant le rétablissement de sa pension en 1937 – le droit civil fonctionnait encore partiellement –, il dut s'en remettre au soutien financier de ses amis. À compter de 1935, il fut autorisé à vivre reclus avec sa famille à Rhöndorf, village de la rive droite du Rhin, au sud de Bonn. À cette date, les trois aînés de son premier mariage avaient quitté le foyer paternel, même si Adenauer conserva toujours des relations étroites avec eux. Sa famille lui assura une oasis de stabilité et de soutien au cours de ces années de troubles. Le régime nazi ne le perdit jamais de vue. Il fut par deux fois arrêté, mais il s'était tenu à distance du complot pour tuer Hitler en 1944, et la chance lui sourit : sa famille et lui survécurent au Troisième Reich. Gussie, cependant, ne se rétablit jamais pleinement d'une infection sanguine contractée alors qu'elle avait été emprisonnée dans les dernières semaines de la guerre, et mourut en 1948.

Si peu prometteuse que parut d'abord la situation, la capitulation de 1945 donna à Adenauer l'opportunité de relancer sa carrière politique et d'acquérir un profil national, et non plus simplement régional. Son nom était en tête de la « Liste blanche », dressée par les dirigeants alliés début 1945, des personnes qui pouvaient leur être utiles[4]. Le 4 mai, les Américains le rétablirent au poste de maire de Cologne[5]. Quand les Britanniques prirent le relai de l'occupation quelques semaines plus tard, cependant, ils reprochèrent à Adenauer d'avoir mal préparé la ville à l'hiver suivant et, en octobre, le limogèrent pour incompétence : spectaculaire erreur de jugement[6]. Il leur fallut moins de trois mois pour comprendre leur méprise et venir le solliciter pour lancer un nouveau parti politique, l'Union chrétienne-démocrate (CDU), dans leur zone d'occupation. Adenauer partageait un point de vue très répandu dans les cercles conservateurs : pour surmonter la souillure de la criminalité nazie et contrer la menace du socialisme et du communisme « sans Dieu », il fallait un parti reposant sur les principes du renouveau chrétien mais capable de dépasser la division entre catholiques et protestants. Dès août 1945, il avait œuvré à la création de la CDU en Rhénanie ; en mars 1946, il devint le chef du parti dans la zone britannique[7]. Cela lui ouvrit la voie vers la chancellerie de la République fédérale d'Allemagne, lorsqu'elle fut créée en 1949.

Entre-temps, son ambition était devenue patente. « Je veux être chancelier fédéral[8] », déclara-t-il. Très discipliné, il resta un travailleur acharné, stakhanoviste, jusqu'à un âge avancé. Il devait se montrer d'une loyauté indéfectible envers ses collègues et ses conseillers. Ni dans son apparence ni dans sa façon de s'exprimer en public, il ne dégageait le moindre charisme. Cependant, l'autorité émanait naturellement de lui, que ce soit à la tête de Cologne ou, plus tard, du gouvernement fédéral.

Il était exceptionnellement opiniâtre, avec des penchants nettement autoritaires. Dès les années colonaises, d'aucuns lui attribuaient un style de dictateur. Ses adversaires de gauche le traitaient de « Mussolini allemand » ou de « Duce de Cologne »[9]. On disait en plaisantant qu'il avait plus de pouvoir à Cologne que le roi de Prusse ou le Kaiser allemand n'en avaient jamais eu[10]. Il croyait à un gouvernement démocratique, mais la démocratie, dans son idée, avait besoin d'être pilotée, guidée, dirigée. Ce n'est pas pour rien que, par la suite, on l'accusa souvent de diriger une « dictature de chancelier » (*Kanzlerdiktatur*). Son style de gouvernement, a-t-on dit, était un pont entre un État patriarcal et une démocratie pluripartite[11]. Il avait un sens aigu des réalités politiques qui sous-tendaient le pouvoir. Il pouvait être implacable et machiavélique dans ses manœuvres et ses machinations. S'il voyait loin, il était habile à réaliser les ajustements à court terme et les compromis nécessaires pour atteindre ses objectifs. Au premier rang d'entre eux figurait la construction d'une Allemagne de l'Ouest démocratique et économiquement stable, attachée aux valeurs occidentales, prête à coopérer avec ses voisins européens et alliée des États-Unis. Sa ligne d'action fixée, il la suivit avec détermination, sans se laisser ébranler, prêt à se battre pour elle. Si l'on y ajoute sa maîtrise des détails, sa clarté d'esprit et sa force de persuasion, cela faisait de lui un redoutable animal politique.

Dans ses premières années à la chancellerie, sa priorité absolue fut la fin de l'occupation alliée et la souveraineté de la République fédérale. S'il rejetait sans réserve le nationalisme agressif qui avait conduit aux crimes nazis et à la destruction de l'Allemagne, il était profondément patriote et plaçait le bien-être et l'intérêt de son pays au-dessus de toute autre considération politique. Naturellement, comme la quasi-totalité de ses compatriotes, il souhaitait que l'Allemagne redevienne un État-nation uni. En privé, il admettait que les anciennes provinces orientales au-delà de la ligne Oder-Neisse, envahies par l'Armée rouge à la fin de la guerre et depuis en grande partie rattachées à la Pologne, étaient perdues. Publiquement, il devait entretenir la fiction que les frontières de l'Allemagne étaient encore celles du Reich de 1937. De surcroît, son réalisme politique l'amena assez tôt à conclure que, dans un avenir indéfini, l'unification, fût-ce sur les frontières de 1945, acceptées à la conférence de Potsdam cette même année, serait impossible. Elle ne deviendrait réalisable que dans un avenir lointain, pour l'heure imprévisible, et uniquement si l'Ouest était militairement beaucoup plus fort que l'Union soviétique.

Un second leitmotiv renforçait le premier. Son éducation catholique lui avait insufflé une aversion profonde pour le socialisme. Et, avant la Première Guerre mondiale, comme tant d'autres Allemands, il avait redouté la puissance de la Russie. Tout cela devait nourrir par la suite sa détestation farouche et durable du communisme et sa peur de la menace nucléaire soviétique. À ses yeux, la clé de la sécurité de l'Allemagne résidait donc inexorablement dans des liens étroits avec les puissances occidentales, avant tout les États-Unis. Une unification rapide était de ce fait exclue, sans que le sentiment de l'identité nationale en pâtît dans son esprit. Il s'agissait plutôt de redéfinir cette identité dans le cadre d'une démocratie constitutionnelle libérale, occidentale, aux antipodes de la tyrannie du communisme soviétique.

De cette même prémisse découlait son soutien ferme aux premières étapes de l'intégration ouest-européenne. Dès l'automne 1945, prévoyant une Europe irréductiblement divisée entre l'Est et l'Ouest, il pensa que l'avenir des zones non soviétiques serait façonné par l'intégration économique avec les autres pays d'Europe occidentale[12]. Pour un Rhénan comme lui, il était naturel de resserrer la coopération économique avec les voisins de l'Ouest. En 1923, sous l'occupation française de la Ruhr, il avait même joué avec l'idée d'une république rhénane séparée qui nouerait avec la France des liens industriels, financiers et de sécurité mutuelle. Juste après la Seconde Guerre mondiale, il se montra ouvert aux idées de rapprochement économique pour en finir avec le conflit séculaire entre la France et l'Allemagne. En 1950, son prompt soutien à la proposition Schuman d'une Communauté européenne du charbon et de l'acier et à la suggestion française d'une Communauté européenne de défense procédait d'un même point de départ : l'avenir de l'Allemagne était lié à l'intégration, tant économique que militaire, à l'Europe occidentale. Toutefois, celle-ci n'était pas un but en soi. Sa fin était de servir les intérêts nationaux allemands. Et le rapprochement avec la France, si souhaitable qu'il fût d'éliminer les vieux antagonismes, ne suffirait jamais, en termes de sécurité, à protéger l'Allemagne de la menace du communisme soviétique. À cette fin, il jugeait indispensable le soutien continu des États-Unis.

Dans la poursuite de sa politique de liens étroits avec les puissances occidentales (notamment les États-Unis) et d'une plus grande intégration économique avec les pays voisins (surtout la France), les motifs d'Adenauer eurent un impact direct sur son ordre du jour intérieur. Il ne visait rien de moins que la reconstruction de l'Allemagne – matériellement, économiquement et moralement ruinée par douze ans de régime nazi. Intégrer une société brisée était un impératif capital, la base indispensable de toute reconstruction. Aux mentalités néfastes et dangereuses engendrées par des années de dictature nationaliste, impérialiste et raciste extrême, il fallait substituer l'attachement à la paix, à la démocratie, à la liberté, à l'État de droit et à la coopération amicale avec des pays partageant les mêmes valeurs. Cela prendrait du temps. Il faudrait proscrire les mouvements politiques, de gauche ou de droite, qui rejetaient ces valeurs. Mais cela supposait aussi, pour lui, de tirer un voile sur la complicité de larges segments de la société sous le national-socialisme : donner la priorité à l'intégration politique sur le jugement et la condamnation morale.

Construire une nouvelle Allemagne (de l'Ouest) nécessiterait une aide extérieure, des Alliés occidentaux mais aussi des autres pays européens. Par-dessus tout, cependant, la population allemande devait adhérer aux nouvelles valeurs démocratiques. Si la démocratie travaillait dans les intérêts du peuple, ce serait plus facile. En l'occurrence, la chance aussi bien que les bons choix politiques apportèrent un bonus sous la forme du « miracle économique ». Adenauer, qui avait déjà tissé des liens étroits avec les grands industriels dans les années colonaises, préférait d'instinct la politique économique libérale au contrôle de l'État. Il eut l'avantage de compter sur Ludwig Erhard pour piloter le redressement économique tandis que la guerre de Corée vint stimuler une économie encore en difficulté. Même dans un environnement économique à ce point positif, gagner le soutien à des politiques aussi controversées que l'intégration avec l'Ouest aux dépens de la perspective rapprochée d'une unification nationale demandait du courage politique, beaucoup de détermination et la capacité de convaincre les sceptiques par la force de ses arguments et de sa personnalité.

Conditions préalables

On a peine à imaginer des circonstances moins propices que celles qu'affronta Adenauer dans l'immédiat après-guerre. Entre 1945 et la fondation en 1949 des deux nouveaux États, la République fédérale d'Allemagne et la République démocratique allemande, « l'Allemagne » se réduisait aux zones des quatre puissances occupantes : Grande-Bretagne, États-Unis, France et Union soviétique. Ce que trouva Adenauer, quand il s'imposa comme le leader politique allemand le plus important dans les trois zones occidentales, ce n'était pas une crise de l'État, mais la tâche redoutable de construire à nouveau un État. S'il était exempt de toute complicité avec le régime nazi, il dut partir d'une position de subordination complète aux forces d'occupation dans un pays où les valeurs nazies étaient encore largement répandues.

Entre 1946 et 1949, Adenauer s'empressa de mettre sur pied l'organisation de la CDU dans la zone britannique. La zone américaine n'avait pas de direction unifiée, et la Bavière, son État le plus vaste et majoritairement catholique, où le catholicisme politique n'avait pas été représenté par le Zentrum sous la République de Weimar mais par le Parti populaire bavarois, créait sa propre variante de la démocratie chrétienne, l'Union chrétienne-sociale (CSU). Soumise à l'autorité des Quatre mais située au cœur de la zone soviétique, où le régime communiste était solidement installé en 1946, Berlin ne parut pas appropriée pour y implanter le siège national. La forte base d'Adenauer en zone britannique, dans le nord-ouest de l'Allemagne, se révéla propice pour élargir son contrôle du parti naissant. Quand en juin 1948, au milieu des tensions accrues de la guerre froide, les Alliés occidentaux s'accordèrent pour créer un nouvel État à l'Ouest, Adenauer était en excellente position pour être élu président du Conseil parlementaire (*Parlamentarischer Rat*), mis en place au mois de septembre à Bonn pour rédiger une constitution (promulguée en mai 1949). Ce fut pour lui un tremplin : il ne s'imagina plus simplement en chef de parti mais, potentiellement, en chef de gouvernement[13].

Le 14 août 1949, Adenauer conduisit la CDU aux élections au Parlement fédéral (*Bundestag*). Sa courte victoire sur le Parti social-démocrate (SPD) suffit à déterminer que le nouvel État – fondé le 20 septembre 1949 (la RDA le fut le 7 octobre) – se bâtirait sur les principes d'une économie de marché libérale, plutôt que de l'économie planifiée socialiste souhaitée par le SPD. L'opposition à ce dernier permit à Adenauer de monter une coalition antisocialiste dans laquelle la CDU fut rejointe par son parti frère, la CSU, et le tout nouveau Parti libéral-démocrate (*Freie Demokratische Partei*, FDP), défenseur du marché. Les tractations de la coalition terminées, restait à trancher la question de la chancellerie. Il fallait pour cela une majorité de membres du Bundestag, où les partis d'opposition étaient presque aussi largement représentés que la coalition gouvernementale. Quand on compta les voix, le 15 septembre, Adenauer fut élu chancelier fédéral avec une seule voix d'avance : la sienne. Se déclarant disposé à exercer ces fonctions, il avait confié : « Mon médecin me dit que je serais capable d'assumer cette responsabilité au moins une année, peut-être deux[14]. » Il resta quatorze ans au pouvoir.

Engagement à l'Ouest : la route de la souveraineté

Que la République fédérale, en 1955, après une décennie d'occupation alliée, soit devenue un pays souverain – chose à peine imaginable six ans plus tôt – doit beaucoup au leadership personnel d'Adenauer. Ses principaux conseillers de politique extérieure, le secrétaire d'État au ministère des Affaires étrangères Walter Hallstein et le diplomate chevronné Herbert Blankenhorn, s'activèrent en coulisses. Mais le cap fut sans conteste fixé par Adenauer lui-même, qui – reflet de l'extraordinaire importance des relations extérieures de l'Allemagne de l'Ouest à l'époque – fut tout à la fois ministre des Affaires étrangères et chancelier fédéral entre 1951 et 1955.

L'accession rapide à la souveraineté fut possible parce que, au début des années 1950, Adenauer lia de manière décisive la nouvelle République fédérale à l'Ouest. *A posteriori*, ce tournant vers l'Ouest paraît banal, voire inévitable. Il n'en allait pas ainsi au début des années 1950, où le Parti social-démocrate, partisan de l'unification politique rapide d'un pays neutre et démilitarisé avec une économie socialisée, exprimait avec le plus d'énergie une forte opposition largement partagée. Le tournant vers l'Ouest signifiait, à l'opposé, accepter la division apparemment définitive de l'Allemagne, l'attachement à une économie capitaliste et la participation à l'alliance militaire occidentale (réarmement compris).

Peu de sujets étaient aussi sensibles que le réarmement allemand : très clivant en République fédérale même, mais aussi particulièrement fâcheux en France, par trois fois envahie d'outre-Rhin entre 1870 et 1940. Pour désamorcer la situation, Paris proposa une Communauté européenne de défense (CED), avec de modestes contingents ouest-allemands dans un système contrôlé (c'était implicite) par les Français. Adenauer se réjouit de l'initiative, voyant dans l'adhésion à la CED un pas vers la reconnaissance de la souveraineté de la République fédérale d'Allemagne. Ce but se rapprocha un peu à l'automne 1951 avec le lancement de pourparlers en vue d'un « traité général » pour remplacer les modalités de l'occupation par de nouvelles relations avec les Alliés occidentaux et donner à la République fédérale de larges pouvoirs souverains. Tel est le contexte dans lequel, alarmé par le resserrement des liens politiques et militaires avec les puissances occidentales, Staline lança à son tour une initiative, le 10 mars 1952.

Dans sa « note » aux Alliés occidentaux, il proposa une conférence des Quatre pour préparer un traité de paix avec l'Allemagne fondé sur la réunification du pays dans les frontières convenues en 1945 (à l'ouest de la ligne Oder-Neisse), la neutralité, la « libre activité des partis et organisations démocratiques » et les forces armées nécessaires à sa défense. Il s'agissait clairement d'arracher la République fédérale à l'étreinte des Alliés occidentaux. Flairant le danger, Adenauer n'eut pas la moindre hésitation. Il déclara aux hauts-commissaires alliés que la « note » n'aurait aucune influence sur la politique du gouvernement fédéral. Au cours des semaines suivantes, dans leurs échanges diplomatiques avec l'Union soviétique, les puissances occidentales allaient mettre des conditions – sur la tenue d'élections libres et les modalités d'un traité de paix, par exemple – que Staline n'était pas disposé à satisfaire. Adenauer lui-même était inflexible : le temps des négociations ne viendrait que le jour où l'Occident serait plus fort que l'Union soviétique. Et ce n'était pas demain la veille. En attendant, il fallait accélérer la marche en avant vers la CED et, surtout, la conclusion du « traité général »[15].

De façon bien compréhensible, il s'inquiétait cependant des réactions populaires en Allemagne de l'Ouest. Superficiellement, l'offre de Staline était loin d'être déplaisante. Des voix puissantes s'élevaient pour qu'on en explore au moins les possibilités : ainsi de Kurt Schumacher, le très respecté chef du SPD, et de Jakob Kaiser, vieil adversaire d'Adenauer au sein de la CDU et désormais ministre des Affaires panallemandes. Adenauer n'en autorisa pas moins un communiqué de presse au ton très négatif, insistant sur la menace que représentait l'initiative de Staline : l'Allemagne se trouverait exposée à l'influence soviétique (puisque incapable de se défendre) et perdrait définitivement les provinces orientales. Les sondages indiquèrent que sa position bénéficiait d'un large soutien dans la population[16].

Si l'Allemagne avait accepté l'« offre » de Staline, sa trajectoire future eût été différente. Un tournant que le pays n'a pas pris. Sans surprise, on s'est souvent posé la question depuis : en 1952, laissa-t-on passer une chance historique de créer une Allemagne libre, pacifique et unifiée ? Par leur nature même, les « et si » de l'histoire n'autorisent pas de réponse concluante. Très certainement, cependant, ce n'était pas une opportunité historique[17]. Le pouvoir soviétique imposé aux pays d'Europe centrale n'inspirait guère confiance dans les garanties données par Staline quant à l'avenir de l'Allemagne. Dans la zone soviétique en Allemagne orientale, la mainmise communiste n'était pas non plus de bon augure. Il est évidemment permis de douter que Staline aurait respecté les engagements de sa « note ». En tout état de cause, « élections libres » et « démocratie » n'avaient pas le même sens en Union soviétique qu'à l'Ouest. Le gros risque – qu'il ne valait assurément pas la peine de courir – était de voir toute l'Allemagne passer sous la coupe des Soviétiques. La position des Occidentaux – surtout des États-Unis – eût été gravement affaiblie, et l'Europe occidentale serait demeurée vulnérable en conséquence. En Allemagne même, Adenauer aurait certainement démissionné ou été contraint de partir. Le gouvernement allemand serait très probablement devenu mieux disposé envers l'Union soviétique, offrant un point d'appui solide au Parti communiste. S'il était besoin de souligner les dangers du contrôle soviétique, la répression brutale par l'armée du soulèvement contre le régime communiste en Allemagne de l'Est allait en fournir une illustration en juin 1953.

En tout cas, Adenauer ou non à la chancellerie, les Alliés occidentaux n'auraient pas accepté les propositions soviétiques. Ils étaient déterminés à intégrer la République fédérale dans l'alliance occidentale. Les Américains étaient résolus : un retrait de leurs forces d'Allemagne était inconcevable. Autrement dit, il ne pouvait y avoir ni Allemagne neutre ni accord avec l'Union soviétique ; la division de l'Allemagne et de l'Europe se poursuivrait *sine die*[18]. La domination soviétique de toute l'Allemagne était un danger qu'ils ne pouvaient envisager. Toutefois, un gouvernement plus enclin à explorer l'« offre » de Staline aurait posé des problèmes aux puissances occidentales. Elles auraient à tout le moins rencontré davantage de difficultés sans le leadership fort d'Adenauer et avec une attitude pro-occidentale moins ferme du gouvernement fédéral.

Les « notes » de Staline – il y en eut trois autres en 1952, mais peu différentes de la première sur le fond – accélérèrent, plutôt qu'elles ne retardèrent, la marche vers le Traité général crucial entre la République fédérale et les trois puissances occidentales. La préparation du Traité demanda à Adenauer des mois de négociations complexes avec les Alliés. De manière frappante, il tint même largement son cabinet dans l'ignorance de leur progression[19]. Rebaptisé Traité de l'Allemagne (*Deutschlandvertrag*), le texte fut signé à Bonn le 26 mai 1952, mais il fallut attendre le 5 mai 1955 pour que la République fédérale devînt enfin un État souverain. Le retard s'explique par l'opposition croissante à la CED en France, qui, en août 1954, finit par rejeter ce qu'elle avait proposé. Ce qui fut d'abord une profonde déception pour Adenauer ouvrit la porte à l'adhésion à l'OTAN – solution encore meilleure à ses yeux[20]. Ce fut chose faite le 9 mai 1955. La RFA reçut l'autorisation de former une armée d'un demi-million d'hommes mais, à l'initiative d'Adenauer, se vit expressément interdire la fabrication d'armes atomiques, biologiques et chimiques[21].

Au début des années 1950, les Britanniques et surtout les Américains avaient clairement évolué au point de considérer que l'intégration d'une République fédérale souveraine aux défenses occidentales était vitale pour la stratégie militaire de l'Occident. L'échec de la CED obligea les Français à accepter ce qu'ils avaient auparavant cherché à éviter. Au lieu d'être un partenaire secondaire des Français dans la CED, l'Allemagne occidentale se retrouva pratiquement sur un pied d'égalité dans l'Alliance. Ce sont les intérêts des puissances occidentales qui primèrent, et les souhaits d'Adenauer s'accordaient parfaitement avec eux. Son habileté, sa clairvoyance et sa détermination n'en furent pas moins d'une valeur inestimable dans la poursuite des buts que les puissances occidentales et lui voulaient atteindre. Le gouvernement fédéral aurait-il été conduit par un autre que la tâche eût été certainement plus difficile. Les sociaux-démocrates voulaient une tout autre politique. Jusque dans son cabinet, Adenauer se heurta à une opposition. Les déterminants structurels de la stratégie occidentale façonnèrent certainement les fondations. Mais aller au bout du chemin nécessitait la gouverne sûre d'Adenauer.

Amitié avec la France : fondations d'une nouvelle Europe

Le 8 mai 1950, Adenauer accueillit chaleureusement en privé l'initiative que Robert Schuman lança le lendemain et qui marqua la naissance de la Communauté européenne du charbon et de l'acier (CECA, réunissant la France, l'Allemagne de l'Ouest, les pays du Benelux et l'Italie). Quatre décennies plus tard, elle allait déboucher sur l'Union européenne. La fin de l'hostilité séculaire entre la France et l'Allemagne, avait déclaré Schuman, était la base d'une nouvelle Europe.

Le 18 avril 1951, Adenauer accomplit son premier voyage à l'étranger en tant que chancelier pour signer le traité établissant la CECA. La ratification par le Bundestag suivit le 11 janvier 1952, malgré l'opposition des sociaux-démocrates, dont le chef, Kurt Schumacher, voyait dans la CECA un complot capitaliste contre les syndicats[22]. Cependant, profitant de la demande d'acier provoquée par la guerre de Corée, l'économie ouest-allemande s'envola au début des années 1950, alimentant les exportations du reste de l'Europe occidentale[23], si bien que l'opposition directe devint plus difficile. En 1956, quand le Bundestag autorisa Adenauer à engager des négociations pour établir un marché commun et une politique commune en matière d'énergie nucléaire, un accord bipartisan général se fit : l'intégration européenne était vitale pour la stabilité et la sécurité futures[24].

Après l'échec de la CED en 1954, Adenauer s'était d'abord inquiété – non sans raison, compte tenu de l'instabilité politique chronique en France – des chances de réussite d'un autre grand projet européen d'inspiration française. Et son propre ministre de l'Économie, Ludwig Erhard, qui avait plus que tout autre orchestré le « miracle économique », était partisan d'un système de libre-échange international plutôt que d'une union douanière européenne. Erhard et le ministre de l'Énergie nucléaire (puis, à compter de 1956, ministre de la Défense) Franz Josef Strauss élevaient aussi une objection aux projets de politique commune de l'énergie atomique qui, de leur point de vue, désavantagerait l'industrie atomique allemande naissante. Convaincu par l'ex-Premier ministre belge Paul-Henri Spaak, force motrice de l'intégration, Adenauer triompha de ses doutes sur les mérites d'un marché commun. En avril 1956, écrivant à Erhard, il souligna l'intérêt de l'intégration européenne pour la position internationale de la République fédérale. Il la jugeait nécessaire pour celle-ci comme pour l'Europe. Il indiqua avec force que les États-Unis voyaient dans l'intégration la base de leur politique envers l'Europe et que, pour sa part, il estimait « l'aide des États-Unis absolument nécessaire pour nous[25] ».

Des divisions persistèrent cependant au sein du cabinet. La France et l'Allemagne de l'Ouest n'étaient pas non plus d'accord sur le futur traité atomique ou la création d'un marché commun. Les relations avec la France se trouvèrent en outre compliquées par la crise provoquée, le 5 novembre 1956, par l'invasion des troupes britanniques, françaises et israéliennes en Égypte dans un effort malencontreux pour reprendre le contrôle du canal de Suez (nationalisé par Gamal Abdel Nasser). La percée survint lors d'une visite d'Adenauer à Paris au beau milieu de cette crise. L'accord avec la France se fit le 6 novembre au cours de rencontres avec le président du Conseil Guy Mollet, les deux pays établissant la base d'une future coopération étroite. La voie était désormais dégagée. Le 25 mars 1957, soutenu par les deux grands partis ouest-allemands, Adenauer compta parmi les signataires du traité de Rome qui instaura la Communauté économique européenne (CEE) et la Communauté européenne de l'énergie atomique. Quelques semaines auparavant, il avait déclaré à des journalistes que ce pourrait bien être « l'événement le plus important de l'après-guerre[26] ».

L'aboutissement du traité de Rome fut bien entendu une entreprise collective, plutôt que le travail personnel d'Adenauer. Si un homme mérite d'être distingué, c'est Spaak. Malgré tout, sans l'habileté d'Adenauer à désamorcer les tensions au sein de son cabinet et à négocier l'accord avec les Français – adoucis par la forte contribution allemande au fonds de développement de la CEE dont la France devait profiter –, le grand pas en avant vers l'intégration européenne n'aurait probablement pas été effectué en 1957.

Problème annexe sur la scène politique européenne générale, le retour de la souveraineté allemande sur la Sarre comptait pour l'opinion ouest-allemande et touchait directement aux relations franco-allemandes. Depuis 1947, cette importante région industrielle à population majoritairement allemande était un « protectorat » administré par la France. Cette situation était très mal vue en République fédérale, mais les Français s'y accrochaient. Lors du plébiscite du 23 octobre 1955, cependant, plus des deux tiers des électeurs choisirent la réunion avec l'Allemagne de l'Ouest. Les Français n'eurent d'autre choix que d'accepter, et le 1er janvier 1957 la Sarre rejoignit la RFA. L'issue demeura un point sensible dans les relations entre Paris et Bonn. Les citoyens de la RFA en surent gré au gouvernement d'Adenauer[27]. En réalité, cependant, soucieux de ne pas contrarier la France et dans l'intérêt de l'intégration européenne, le chancelier avait été prêt, si nécessaire, à laisser la Sarre à la France[28].

Les relations franco-allemandes s'étaient considérablement améliorées au cours des années 1950. Il fallut toutefois attendre le retour de Charles de Gaulle au pouvoir, en 1958, pour que s'opère un rapprochement plus profond reposant sur les intérêts stratégiques communs aux deux pays. Pour de Gaulle, ce resserrement des liens était un élément clé afin de limiter l'influence américaine en Europe. Sa priorité était d'assurer la primauté française dans une stratégie de défense européenne qui serait indépendante des États-Unis et de la Grande-Bretagne et trouverait un *modus vivendi* avec l'Union soviétique. Remplacer la dépendance de la RFA à l'égard des États-Unis comme base de la sécurité ouest-européenne par un alignement sur la France ne fut probablement jamais une formule gagnante à Bonn. Ni Adenauer ni le ministère allemand des Affaires étrangères ne réfléchissaient en ces termes. Leurs appréhensions étaient liées à la question de l'intégration européenne. En l'occurrence, les idées ouest-allemandes et françaises différaient. Pour de Gaulle, les objectifs supranationaux de la CEE (qu'il détestait cordialement) devaient être subordonnés aux intérêts nationaux français. Pour Adenauer, on ne pouvait servir les intérêts allemands qu'en les sublimant dans ceux d'une Europe occidentale plus intégrée[29].

Au fil des cinq années suivant leur première rencontre de septembre 1958, Adenauer et de Gaulle se retrouvèrent à plusieurs reprises. En juillet 1960 – la France devint cette année-là une puissance nucléaire –, de Gaulle essaya de persuader son interlocuteur de l'intérêt d'une intégration approfondie de la défense et de la politique étrangère des deux pays, qui réduirait considérablement, sinon supplanterait, la dépendance à l'égard de l'OTAN en matière de sécurité. Dans cette vision, la CEE serait limitée à la coopération économique. L'intégration politique future ne serait pas à l'ordre du jour. Pour de Gaulle, la politique était l'affaire des gouvernements nationaux. Comme le perçut clairement Adenauer, cependant, les intérêts de la République fédérale étaient profondément liés aux avantages attendus de la Communauté économique européenne, d'une part, de la sécurité assurée par l'OTAN et appuyée par la puissance américaine, de l'autre[30].

En 1962, de Gaulle proposa une relation bilatérale avec la République fédérale, quoique toujours dans le cadre de la CEE et de l'OTAN. « L'espoir d'unir l'Europe », déclara-t-il, dépend de la « solidarité entre l'Allemagne et la France »[31]. Cette solidarité trouva son expression dans le « traité de l'Élysée » signé en grande pompe par Adenauer et de Gaulle le 22 janvier 1963 et par lequel les deux pays convinrent de se consulter étroitement, surtout en matière de politique extérieure et de défense[32]. Le scellement de la réconciliation franco-allemande fut un dernier succès de politique étrangère pour Adenauer, dont la chancellerie devait prendre fin cette même année. En vérité, cependant, le symbolisme du traité importait davantage que sa teneur. Et il masquait des fractures au cœur de la CEE.

La voie que proposait de Gaulle était conçue pour réduire l'influence du Benelux mais aussi empêcher l'adhésion de la Grande-Bretagne. La conséquence logique en fut son veto du 14 janvier 1963 à l'entrée des Britanniques. Ce fut toutefois un coup porté aux autres membres de la CEE, favorables à l'adhésion de Londres. À une époque, Adenauer avait jugé l'implication des Britanniques importante pour la reconstruction de l'Europe, mais leurs attitudes négatives envers la CEE l'avaient amené à se raviser. En 1963, il estima que de Gaulle avait raison d'opposer son veto à l'adhésion, qu'il ne croyait pas avantageuse pour la CEE. Il partageait aussi l'idée du président français que la Grande-Bretagne était trop proche des États-Unis (dont l'engagement incertain à long terme pour la défense de l'Europe le tracassait)[33].

Par ailleurs, la CDU, son parti, tenait beaucoup à l'adhésion de la Grande-Bretagne et, alors que l'autorité d'Adenauer refluait à l'intérieur, certains de ses membres éminents critiquèrent vivement l'opposition à l'adhésion britannique à la CEE découlant de la priorité absolue donnée aux relations bilatérales avec la France[34]. Erhard parla d'une « heure noire pour l'Europe[35] ». Quelques mois plus tard, il devait remplacer Adenauer à la chancellerie. Auparavant, en mai, le Bundestag ratifia le traité de l'Élysée, mais uniquement après que les critiques d'Adenauer l'eurent forcé à accepter un préambule déclarant l'attachement de la République fédérale à son partenariat avec les États-Unis et à l'OTAN ainsi que son soutien à la CEE comme vecteur d'unification de l'Europe.

Ajouter unilatéralement un préambule à un traité international déjà signé était une procédure extraordinaire[36]. C'était le signe que la période d'Adenauer à la chancellerie touchait à sa fin. Ce fut manifestement un affront pour de Gaulle, mais c'est sa politique qui avait conduit la CEE dans une impasse. Incapable d'avancer suivant les lignes tracées par de Gaulle, mais aussi de continuer à se développer sans l'engagement français (au point mort au milieu des années 1960), la CEE devait largement stagner au cours des années suivantes.

Adenauer avait surmonté une sérieuse opposition pour rendre possible la création de la CEE en 1957. Mais, alors que l'économie ouest-allemande continua de prospérer comme son élément le plus dynamique, les relations bilatérales, longues et étroites, d'Adenauer avec de Gaulle après 1958 se fondèrent essentiellement sur des considérations de stratégie de défense et contribuèrent à bloquer les progrès vers l'intégration politique de la CEE pendant près d'un quart de siècle.

Stabiliser la démocratie

Au moment de sa fondation, quatre années seulement après la fin du Troisième Reich, la République fédérale d'Allemagne était une démocratie très fragile. D'après les enquêtes d'opinion, un Allemand sur deux estimait que le national-socialisme avait été une bonne idée, mais simplement mal mise en œuvre (et le préférait au communisme). Interrogés en 1951 sur la meilleure période de l'Allemagne au XXe siècle, plus des quatre cinquièmes de la population indiquaient soit les années d'avant 1914 (quand le Kaiser régnait encore), soit le Troisième Reich avant la guerre, entre 1933 et 1939 (sous Hitler) ; 7 % seulement pensaient à la République de Weimar, et à peine 2 % au présent. Un tiers des personnes interrogées la même année critiquaient les membres de la Résistance qui avaient tenté d'assassiner Hitler en 1944. L'année suivante, un quart de la population avait encore une « bonne opinion » de Hitler. Pensant étonnamment et vraisemblablement au seul « bon temps », à leurs yeux, d'avant la guerre, une majorité estimait qu'il avait fait davantage pour l'Allemagne qu'Adenauer (qui ne profitait pas encore du décollage du « miracle économique[37] »). Le milieu des années 1950 vit cependant s'opérer un extraordinaire retournement. Adenauer arrivait désormais juste après Bismarck parmi les dirigeants qui avaient le plus œuvré pour l'Allemagne. Quand il quitta le pouvoir, en 1963, il le devançait même. En 1958, plus de la moitié de la population le rangeait « parmi les hommes vraiment grands de notre siècle[38] ».

Quand Adenauer démissionna après un quatrième mandat d'affilée, la démocratie parlementaire pluripartite – bien que foncièrement conservatrice, patriarcale et élitiste – était bien installée même si elle n'était pas encore très sûre d'elle. À la différence de la République de Weimar, qui n'avait jamais été acceptée par la majeure partie de l'élite politique ou une bonne fraction de l'électorat, la République fédérale, après des débuts incertains, bénéficiait d'un soutien écrasant sur les deux plans. Quelles que fussent ses divisions politiques, le pays acceptait quasiment sans réserve une constitution reposant sur les principes de la liberté personnelle et l'État de droit mais aussi renforcée par les leçons tirées des faiblesses de la constitution de Weimar. La République de Weimar était morte de son incapacité à résoudre les crises longues et multiples qui avaient failli abattre la démocratie au début des années 1920, puis l'avaient détruite une décennie plus tard. La République de Bonn, en revanche, ne fut pas assaillie par une crise intérieure prolongée et bénéficia du ferme soutien des Alliés occidentaux (notamment des États-Unis). Contrairement aux suites de la Première Guerre mondiale, le pays ne se vit pas imposer ces réparations, estimées largement injustes, qui avaient empoisonné la vie politique de Weimar. Et, bien entendu, au lieu d'une crise économique dévastatrice, la République fédérale allait bientôt connaître un boom qui se traduisit par des niveaux rapidement croissants de prospérité. Plus que tout autre chose, le « miracle économique » des années 1950 devait sous-tendre la consolidation de la démocratie. Des millions d'Allemands de l'Ouest étaient mieux pourvus et jugeaient leur vie plus sûre. Adenauer contribua sans conteste amplement à modeler le cadre politique de l'étonnante explosion de croissance économique. Cependant, l'architecte du « miracle » ne fut pas lui, mais Ludwig Erhard, qui sut se servir de l'État pour instaurer le cadre d'une économie de marché libérale florissante liée aux principes de la protection sociale.

Souvent, les deux hommes n'étaient pas d'accord. Au début des années 1960, on l'a vu, Erhard critiqua l'alignement d'Adenauer sur la France et son rejet de l'adhésion britannique en raison de leurs implications pour les relations avec les États-Unis et le développement de la CEE. Quant à Adenauer, il fit désormais savoir qu'il ne croyait pas Erhard apte à le remplacer à la chancellerie. Cela avait toujours été un mariage de raison, mais il avait profité à l'Allemagne de l'Ouest, surtout parce qu'Adenauer laissa son ministre gérer les affaires économiques sans s'en mêler[39]. Dans le domaine capital de l'économie, décisif pour stabiliser la démocratie, Erhard avait été plus important que le chancelier.

L'importance d'Erhard dans la conduite de la politique économique est le signe que même un chef de gouvernement aussi sûr de lui et directif qu'Adenauer dépendait de la contribution essentielle de ministres efficaces. Outre Erhard, d'autres ministres jouèrent un rôle significatif aux débuts de la RFA sans se contenter d'entériner les décisions d'Adenauer : ainsi de Heinrich von Brentano (Affaires étrangères), Gerhard Schröder (Intérieur, puis Affaires étrangères), Theodor Blank (Défense, puis Travail) et Franz Josef Strauss (Défense). Mais c'est la chancellerie fédérale (*Bundeskanzleramt*) qui formulait les décisions clés, et Adenauer, avec son obstination et son habileté politique consommée, qui les faisait appliquer.

Pour les grandes questions de politique intérieure (hormis celle de l'unification allemande), et contrairement à ce qu'il faisait en politique étrangère, Adenauer ne nageait pas à contrecourant mais suivait souvent l'opinion publique. Son anticommunisme viscéral, par exemple, était au diapason de l'opinion publique. Que le Rideau de fer se soit abattu au milieu de l'Allemagne et que la RDA fût l'exemple flagrant d'un système qu'exécraient la plupart des Allemands de l'Ouest furent très précieux pour Adenauer. L'écrasement du soulèvement de 1953 par les forces armées soviétiques suscita une indignation qui facilita sa victoire électorale retentissante cette même année. Le 17 juin, date de l'insurrection, allait rapidement devenir une journée de commémoration annuelle en RFA – rappel régulier des horreurs du communisme soviétique.

L'anticommunisme était le ciment idéologique de la société ouest-allemande. Il unissait tout le monde sauf l'extrême gauche (et le Parti communiste, déjà électoralement insignifiant, fut interdit en 1956). Il aida de plus en plus Adenauer à mesure qu'il avança sur la corde raide de l'unification allemande. Au milieu des années 1950, l'Union soviétique avait fini par admettre l'échec de ses démarches pour réunir l'Allemagne et par reconnaître que la division du pays était inaltérable. En 1960, le conflit entre intégration occidentale et unification nationale avait disparu. Cette année-là, les sociaux-démocrates changèrent de position sur l'unification pour accepter l'intégration occidentale, le réarmement (mais en rejetant avec force que le pays puisse posséder des armes nucléaires) et l'adhésion à l'OTAN[40].

Quand la dernière grande crise de Berlin, entre 1958 et 1961, se termina par la construction du mur, le 13 août 1961, scellant visiblement la division de l'Allemagne, les antennes politiques d'Adenauer, pour une fois, lui firent défaut. Sa popularité fut en berne après qu'il annonça que son gouvernement ne ferait rien qui puisse nuire aux relations avec l'Union soviétique ou mettre en danger la situation internationale. Et qu'il ait attendu neuf jours après que le mur eut été élevé pour se rendre à Berlin n'arrangea pas les choses. Mais le mur désamorça la question de l'unification. Pour l'avenir prévisible, et quels que fussent les espoirs à long terme, la politique d'intégration avec l'Ouest suivie par Adenauer avait triomphé.

Son conservatisme farouchement antisoviétique et pro-occidental en attira plus d'un qui aurait pu autrement dériver vers le regain du nationalisme à l'extrême droite[41]. L'anti-bolchevisme meurtrier de l'ère nazie se métamorphosa dans l'anticommunisme de l'ère Adenauer. La guerre de la Wehrmacht à l'Est pouvait être qualifiée d'honorable. L'opinion publique approuva largement la libération anticipée des haut gradés condamnés pour crimes de guerre par les Alliés. Et une des initiatives les plus populaires d'Adenauer fut, lors de sa visite à Moscou en septembre 1955, de négocier la libération des milliers de prisonniers allemands encore détenus en Union soviétique[42]. Les gens voulaient croire que la Wehrmacht était « propre », rejetant sur les seuls SS toute la responsabilité des crimes nazis. Même chez de nombreux soutiens de la gauche, cette distinction excluait généralement les quelque neuf cent mille membres de la Waffen-SS (branche militaire de la SS). D'après le chef du SPD, Kurt Schumacher, ils n'avaient « commis aucun crime » et méritaient « l'occasion de faire leur chemin dans ce qui est pour eux un nouveau monde »[43].

La façon dont Adenauer abordait les années hitlériennes s'accordait parfaitement à une société plus soucieuse de se tourner vers la paix, la prospérité et la stabilité futures que de ressasser les crimes du passé très récent[44]. Tirer un voile sur l'ère nazie convenait à la plupart des gens, plus que disposés à ne pas chercher les responsables de la catastrophe qui s'était abattue sur l'Allemagne au-delà de Hitler et des dirigeants nazis. Si l'on en croit les sondages réalisés dans la zone américaine, le châtiment infligé à Nuremberg aux principaux dirigeants nazis semblait généralement justifié. Mais ces enquêtes ne racontaient pas toute l'histoire. Beaucoup à l'époque (et depuis) considéraient que les procès n'étaient qu'une « justice des vainqueurs ». Les Soviétiques avaient commis des crimes atroces, indiquait-on, les Alliés avaient bombardé sans merci la population civile, et maintenant c'étaient eux qui jugeaient les Allemands. L'intérêt pour les procès déclina progressivement. Les questions économiques quotidiennes primaient souvent sur l'inquiétude quant au sort des anciens dirigeants nazis[45]. Le menu fretin était cependant une tout autre affaire. Des millions d'Allemands avaient appartenu au Parti nazi et à ses diverses organisations satellites ; d'innombrables autres avaient acclamé Hitler ou été complices du nazisme d'une manière ou d'une autre. Quel que fût le degré de leur engagement, peu étaient disposés à se reconnaître coupables de ce qui était arrivé. Ils rejetaient aussi l'idée de culpabilité collective, y voyant un verdict allié injustifié portant sur toute la société. La plupart avaient le sentiment d'avoir été égarés par la propagande et réprimés par un État policier totalitaire.

Sans surprise, le programme allié de dénazification fut un échec presque complet. Et quand les Allemands eux-mêmes le reprirent en mains, ce ne fut guère plus qu'une farce. Compte tenu de la force du sentiment nationaliste et du ressentiment face à l'affront de la culpabilité collective, Adenauer trouva la grande majorité de son côté quand il décida une amnistie générale, sauf pour la poignée des condamnés pour les pires crimes de l'époque nazie. La pression en ce sens venait en partie d'anciens nazis, pour certains au passé très trouble, qui avaient infiltré les partenaires de la coalition, le FDP. Elle venait aussi des organisations d'expulsés, de plus en plus influentes, représentant les millions d'Allemands qui avaient été chassés de Tchécoslovaquie, de Pologne et d'ailleurs[46]. Toute possible résurgence du nazisme fut cependant éliminée en 1952 avec l'interdiction du Parti socialiste du Reich (*Sozialistische Reichspartei*), qui avait attiré d'ex-nazis et, l'année précédente, avait fait une fâcheuse percée dans des régions du nord de l'Allemagne et comptait quelque quarante mille adhérents. Le danger passa vite. Aux élections générales de 1953, l'économie florissante étayant la popularité d'Adenauer, l'extrême droite tomba sous 1 % des voix[47].

Bon nombre de ceux qui avaient servi le régime hitlérien, parfois à des postes importants, avaient alors été réintégrés dans la fonction publique et le système judicaire. Une loi adoptée en 1951 rétablit dans leurs fonctions précédentes ou dans des positions équivalentes, avec l'intégralité de leurs pensions, les anciens fonctionnaires ou soldats de carrière qui avaient été renvoyés dans le cadre de la dénazification. Par exemple, en 1952, plus d'un tiers des hauts fonctionnaires des Affaires étrangères avaient appartenu au Parti nazi[48]. Les juges qui avaient prononcé des condamnations à mort pour crimes politiques reprirent du service. Parmi ceux qui avaient servi le régime hitlérien, le degré de continuité était frappant[49].

Nulle part cela ne fut plus controversé que dans l'entourage immédiat d'Adenauer, avec le personnage de Hans Globke, qui servit entre 1953 et 1963 comme secrétaire général (juste en dessous du ministre) à la chancellerie fédérale. Globke avait des contacts quotidiens directs avec le chancelier – tranchant, « telle l'araignée dans sa toile », toutes les questions de personnel et imposant le « sceau de la volonté d'Adenauer » dans de larges domaines du gouvernement[50]. Très capable et efficace, il devint indispensable à Adenauer, mais son passé était un problème majeur. S'il n'avait jamais été membre du parti, en sa qualité de fonctionnaire au ministère de l'Intérieur du Reich, il avait contribué à formuler la législation antijuive et cosigné le commentaire de la loi sur la citoyenneté du Reich (dans le cadre des sinistres lois de Nuremberg de 1935). Politiquement, c'était embarrassant[51]. Adenauer ne voulut pourtant jamais lui retirer son soutien malgré la virulence des critiques, notamment de la gauche[52]. Sa popularité n'en souffrit pas. Paradoxalement, malgré les débats politiques enflammés, le cas Globke ne paraît guère avoir ému l'immense majorité de la population allemande. Les trois quarts des personnes interrogées en 1960 prétendirent ne pas même savoir qui était Globke[53]. Peut-être ne voulaient-ils pas le savoir.

Un exemple encore plus flagrant de réhabilitation d'anciens nazis fut, après 1953, l'entrée dans le gouvernement Adenauer de Theodor Oberländer, qui avait participé en 1923 au putsch de Hitler et était impliqué, avant la guerre, dans la planification raciale en Europe orientale. Adenauer reconnut qu'il avait été un nazi bon teint, mais Oberländer était un éminent représentant du puissant lobby des réfugiés[54]. Aussi, quand le Bloc panallemand/Ligue des expulsés et dépossédés (*Gesamtdeutscher Block/Bund der Vertriebenen und Entrechteten*) gagna vingt-sept sièges au Parlement en 1953, Adenauer le nomma ministre fédéral des Personnes déplacées, des Réfugiés et des Victimes de guerre sans susciter de tollé. La Ligue s'effondra en 1957, n'obtenant aucun siège au Bundestag, mais Adenauer maintint Oberländer, qui avait entre-temps opportunément rejoint la CDU. En 1960, alors que la critique visant la présence d'anciens nazis au gouvernement s'amplifiait, surtout chez les étudiants, Oberländer, devenu un passif inutile, démissionna. Adenauer lui resta attaché jusqu'au bout, déclarant qu'il n'avait « jamais rien fait de déshonorant[55] ».

À l'époque, la popularité d'Adenauer commençait à fléchir. Il avait remporté une victoire étonnante en 1957, quand l'Union chrétienne (CDU et CSU) avait obtenu une majorité absolue de

50,2 % des voix – résultat unique dans l'histoire de la République fédérale. Son slogan électoral, « *Keine Experimente* », « pas d'expériences », cadrait parfaitement avec l'état d'esprit de l'époque, reflétant l'aisance croissante. Avec le soutien des sociaux-démocrates, il avait offert à l'électorat une extension très alléchante des prestations sociales sous la forme de pensions indexées sur le coût de la vie[56]. L'année 1957 marqua cependant l'apogée de sa popularité. Pour la première fois depuis 1949, l'Union chrétienne recula de 5 % par rapport à 1957 et perdit vingt-six sièges aux élections législatives de 1961.

L'« affaire du *Spiegel* » devait montrer clairement qu'Adenauer perdait le contact avec le changement d'état d'esprit dans le pays. Le 10 octobre 1962, le magazine d'informations publia un article s'en prenant au ministre de la Défense, Franz Josef Strauss, et pointant des lacunes dans la capacité de défense du pays. La police fit une descente dans les locaux du journal à Hambourg et arrêta son rédacteur en chef et plusieurs autres personnes. Adenauer dénonça ce qu'il tenait pour une trahison de la part du magazine. Une tempête de protestation, conduite par des étudiants et des intellectuels, devant cette attaque contre la liberté de la presse et ces méthodes qualifiées de nazies imposa finalement la démission de Strauss (qui regagna son bastion bavarois, où sa popularité n'avait pas souffert). Adenauer n'en sortit pas indemne, sa popularité s'en trouva affaiblie. Certains ministres CDU avaient refusé de siéger aux côtés de Strauss, et cinq ministres FDP avaient démissionné. Plus généralement, l'affaire fut le premier signe clair que la sensibilité publique commençait à se retourner contre les formes de conservatisme autoritaire qui avaient caractérisé la longue chancellerie d'Adenauer[57].

Dès avant 1962, Adenauer avait indiqué qu'il abandonnerait ses fonctions de chancelier à l'automne 1963. Inévitablement, des hommes politiques en vue commencèrent à envisager un avenir sans lui. Il fut même question de voir les sociaux-démocrates rejoindre une « grande coalition » – chose impensable à peine quelques années plus tôt, mais qui devait vite devenir une réalité.

Au sein de son propre parti, il apparut urgent de préparer la succession. Adenauer ne réussit pas à barrer la route au candidat naturel et favori pour le remplacer. Le 15 octobre 1963, il dut laisser de mauvaise grâce la place à un successeur qu'il ne jugeait pas à la hauteur.

Héritage

En Allemagne comme à l'étranger, des hommages chaleureux à n'en plus finir accompagnèrent son départ. « Adenauer n'a pas à craindre le verdict de l'Histoire », déclara *Die Zeit*, journal libéral qui avait souvent compté parmi ses critiques. « Il a été le plus grand de notre époque[58]. » Sa mort, en 1967 (à l'âge de quatre-vingt-onze ans), lui valut de nouveaux éloges. Sa réputation résista au fil des décennies. En 2003, 3 millions d'Allemands lui décernèrent le titre de « plus grand Allemand de tous les temps » pour avoir arraché son pays aux cendres et lui avoir donné une place sur la scène mondiale[59]. Mais si nous délaissons la question inepte de la « grandeur » pour aborder celle, certes difficile mais plus tangible, de l'impact personnel sur le développement historique, une évaluation plus nuancée s'impose.

Son rôle personnel dans l'engagement de la République fédérale au sein de l'alliance occidentale au début des années 1950 fut sans doute l'élément le plus important de son héritage. L'avenir de l'Allemagne, à l'épicentre de la guerre froide, était totalement incertain. Soutenue par l'opposition social-démocrate et des éléments de son propre parti, la pression pour une unification rapide aurait pu, sans le vouloir, déstabiliser l'Allemagne et l'Europe, et se solder par une pénétration soviétique du pays tout entier. Probablement les Alliés occidentaux auraient-ils pu l'empêcher, quel que fût le chancelier. On imagine cependant que la constellation politique allemande, si elle avait choisi d'accepter l'offre de Staline en 1952, aurait rendu la tâche difficile, voire impossible. Adenauer contribua à faire en sorte que l'Allemagne fédérale se tourne vers l'Ouest, en particulier vers les États-Unis, pour assurer sa sécurité future. Quels qu'aient été les aléas de la politique internationale depuis – du temps même d'Adenauer, les relations avec les États-Unis avaient connu des soubresauts –, l'intégration avec l'Ouest se poursuivit au fil des décennies au bénéfice de la RFA. Sans Adenauer, l'histoire de l'Allemagne et de l'Europe aurait suivi un cours très différent.

Adenauer a également joué un rôle important en reconnaissant que l'avenir de la République fédérale devait s'inscrire dans une Europe occidentale plus intégrée, fondée sur des intérêts mutuels, l'amitié et une coopération étroite. Il soutint avec ferveur les premières initiatives françaises pour instaurer la Communauté européenne du charbon et de l'acier et la Communauté européenne de défense. Et, à compter de 1957, il pesa de tout son poids pour aider à la création et à l'essor de la Communauté économique européenne. Dans ses dernières années, cependant, il s'éprit excessivement de De Gaulle, et son insistance sur les relations bilatérales avec la France menaça de scinder la Communauté et créa des difficultés pour l'intégration européenne.

Pour la République fédérale elle-même, l'héritage d'Adenauer est nuancé. Il y eut de grandes réalisations. Il joua un rôle indispensable dans la stabilisation de la démocratie en Allemagne de l'Ouest (bien que son pilier le plus robuste, le « miracle économique », fût surtout l'œuvre d'Erhard). Après des débuts fragiles, la démocratie reposait sur des fondations solides. Par ses voyages à l'étranger et ses rencontres avec les leaders internationaux – dont Churchill, Eisenhower et de Gaulle –, Adenauer sut gagner le respect pour la République fédérale et sa jeune démocratie à travers le monde occidental. Cela tenait largement au respect personnel dont il jouissait et qui rejaillit sur le pays, même en Israël après qu'en décembre 1951 il eut personnellement accepté (fait caractéristique, sans l'autorisation de son cabinet) une substantielle indemnisation des crimes nazis contre les Juifs[60].

La nature de la jeune démocratie ouest-allemande reflétait l'empreinte de la personnalité autoritaire d'Adenauer. Celle-ci s'accordait à l'état d'esprit dominant dans une société qui faisait encore grand cas de l'autorité politique, recherchait un leadership solide et voulait tirer un trait sur le passé nazi. La réhabilitation et l'intégration d'anciens nazis dans la nouvelle démocratie furent toutefois l'élément le plus contestable de son héritage. La nomination de Globke était-elle vraiment inévitable ? Il fut certes un collaborateur très compétent, mais Adenauer n'aurait-il pu trouver un autre secrétaire d'État, tout aussi bon et exempt de stigmates moraux ? Était-il absolument nécessaire qu'il fasse entrer au gouvernement Oberländer, nazi pure souche, et l'y maintienne quand le lobby des réfugiés perdit de son poids ?

La forte continuité avec le Troisième Reich du personnel de l'administration, de la justice, du corps médical, mais aussi parmi les enseignants, les universitaires et autres fut sans doute un élément problématique de son héritage. Il jugea leurs compétences indispensables à la République fédérale. Qui plus est, il estima leur intégration vitale pour consolider la démocratie au plus vite, sans qu'elle soit déchirée par des conflits acharnés autour du passé très récent. À l'époque et par la suite, ses critiques ont jugé moralement répréhensible la réhabilitation rapide de tant de responsables au passé pour le moins douteux, voire d'anciens membres de la police de sécurité nazie. Elle a sans doute entaché durablement sa réputation.

Tirer le rideau sur un passé récent atroce pour construire un nouveau système politique par l'intégration plutôt que par la confrontation est loin d'avoir été l'apanage de l'Allemagne de l'Ouest. Ce fut en fait la norme dans la plupart des pays ouest-européens (et au Japon) après la Seconde Guerre mondiale, ainsi que dans l'Espagne postfranquiste. Presque partout, cependant, cela ne fit que différer le règlement de comptes avec le passé. En République fédérale, il commença avec les procès Eichmann et Auschwitz au début des années 1960 et décolla avec les manifestations étudiantes de 1968. Au fil des décennies suivantes devaient resurgir périodiquement des débats souvent enflammés sur le passé nazi. Quand Adenauer quitta le pouvoir, les valeurs qu'il reflétait déclinaient déjà. Le conservatisme vieux jeu, autoritaire, commençait à céder du terrain, d'abord timidement, au profit de normes libérales dans le cadre du changement social qui balayait l'Europe.

Politiquement, cela se traduisit après les élections de 1969 par l'exclusion du gouvernement du parti d'Adenauer, la CDU, pour la première fois depuis la fondation de la République fédérale, vingt ans plus tôt. Sous la houlette du charismatique Willy Brandt, les sociaux-démocrates dirigèrent un gouvernement qui symbolisait une ère nouvelle. Un aspect important en fut le renversement de la politique d'Adenauer concernant les relations avec la République démocratique allemande, avec des implications directes sur la question de l'unification allemande. En 1955, Adenauer avait exposé sa politique, baptisée la « doctrine Hallstein », du nom de Walter Hallstein, son principal conseiller pour la politique étrangère puis premier président de la Commission de la CEE. Le but de cette « doctrine » était d'empêcher la reconnaissance de la RDA et de faire valoir que la RFA était la seule représentante du peuple allemand dans les frontières de 1937. Mais la ligne dure d'Adenauer envers la RDA prit fin avec l'introduction de l'*Ostpolitik* (politique orientale) de Brandt en 1970. Malgré l'opposition farouche des conservateurs, elle aboutit à la reconnaissance de la RDA, l'ouverture de relations diplomatiques entre les deux États allemands et l'acceptation, de principe, que la ligne Oder-Neisse marquait désormais définitivement la frontière orientale de l'Allemagne : ainsi était reconnue la perte des anciennes provinces allemandes de l'Est (même si la confirmation légale attendit 1990).

Une aussi longue carrière politique dans des temps aussi houleux laissa un héritage qui ne pouvait être exempt d'ambivalences. Il y eut sans conteste des aspects négatifs, à commencer par la réhabilitation d'anciens nazis éminents. Cependant, que dans des circonstances extraordinairement difficiles Adenauer ait réussi à établir une Allemagne de l'Ouest pacifique et démocratique et à l'ancrer comme un élément essentiel d'un réseau occidental d'États attachés au pluralisme et à l'État de droit était un acquis colossal. En mai 1953, Winston Churchill lui-même qualifia Adenauer de « l'homme d'État le plus sage depuis Bismarck » et dit « admirer profondément la persévérance, le courage, la maîtrise de soi et l'habileté avec lesquels il a affronté les situations complexes, changeantes, incertaines et imprévisibles qu'il n'a cessé de rencontrer »[61]. Chez Adenauer, la détermination idéologique allait de pair avec un grand flair tactique, qui lui permit de gérer les contraintes d'un système démocratique avec un judicieux mélange de manipulation politique, d'aplomb et d'autoritarisme. Sans lui, l'histoire de l'Allemagne – et, plus largement, de l'Europe – aurait suivi un cours différent.

Le 1er octobre 1936 à Burgos, Franco est acclamé en tant que généralissime et chef de l'État (avec un enthousiasme variable, semble-t-il) par les chefs nationalistes. Un an après, il est officiellement désigné *El Caudillo* (chef de guerre) du *Movimiento salvador de España* (Mouvement pour sauver l'Espagne).

8

Francisco Franco

Le croisé nationaliste

Franco est un personnage trop périphérique, serait-on tenté de penser, pour figurer parmi les « artisans de l'Europe du XXe siècle ». Il fut certes central dans l'histoire de l'Espagne à cette époque, mais pas forcément de plus grande envergure. Il est évident que son impact général n'est guère comparable à ceux de Hitler, Mussolini, Lénine et Staline. Cette étude de cas sur le rôle et l'impact de l'individu dans l'histoire se situe au plus bas de l'échelle. Et il est juste de dire que, pendant une grande partie du XXe siècle, l'Espagne est restée en marge des principaux développements européens. On a écrit que Franco, « au mieux, a vaguement influencé l'histoire mondiale des années 1930. Mais que sans lui le XXe siècle n'aurait pas été très différent[1] ».

C'est une appréciation trop légère. Si la République avait survécu après 1936, l'histoire européenne et espagnole aurait été sans aucun doute différente, sans que l'on sache de quelle manière. Si elle n'a pas survécu, c'est en grande partie dû au leadership de Franco dans la guerre civile. De plus, l'importance de ce conflit était telle qu'il a mobilisé diversement les grandes puissances européennes et la participation de combattants volontaires venus de tout le continent. Les transactions de Franco avec les puissances de l'Axe pendant la Seconde Guerre mondiale puis avec l'Occident pendant la guerre froide donnent à sa longue dictature une portée qui ne se limite pas à l'Espagne. En outre, la nature de la transition ultérieure vers une démocratie pluraliste, l'impact de l'ère franquiste sur la mémoire et la culture politique espagnoles, et la question controversée du séparatisme régional dans l'un des plus grands pays d'Europe, font de Franco un personnage de référence pour l'histoire européenne, au-delà de l'Espagne. Franco illustre notamment comment un individu doté de qualités de commandant militaire reconnues mais sans expérience du leadership politique a pu bénéficier de conditions historiques qui lui ont permis d'abord de prendre le pouvoir, puis de « faire sa propre histoire ».

Personnalité

L'éducation de Francisco Franco Bahamonde le destinait à une carrière militaire[2]. Né en 1892 dans la base navale d'El Ferrol en Galice, à six cent cinquante kilomètres environ de Madrid, au sein d'une famille militaire aisée, il paraissait prédisposé à suivre les traces de son père et de son grand-père, tous deux officiers de marine de haut rang. Son père, Nicolás, s'absentait souvent, ce qui était probablement une bonne chose car, chez lui, il était despotique, colérique, frappait sa femme et ses enfants. Francisco, le deuxième d'une fratrie de cinq enfants, manquait totalement d'affection de la part de ce père dominateur et méprisant, réputé joueur et coureur de jupons, qui quitta sa famille en 1907 pour prendre un poste à Madrid, laissant derrière lui un mariage malheureux. Leurs relations ne se sont jamais améliorées. Mais Francisco était attaché à sa mère, Pilar Bahamonde, pieuse catholique très conservatrice, qui fit son possible pour compenser un père tyrannique et qui, en dépit de moyens financiers réduits après le départ de son mari, veilla à lui assurer une bonne éducation. Juste avant que son père ne s'en allât, Francisco passa en 1907 l'examen d'entrée à l'académie militaire de Tolède.

Là, il s'imprégna des valeurs militaires : discipline stricte, sens profond du devoir, bravoure, endurance physique stoïque et foi dans le glorieux passé de l'Espagne. Il ne brilla cependant pas par ses résultats et, entre 1910 et 1912, n'étant pas suffisamment qualifié, il ne put postuler pour l'affectation qu'il souhaitait au Maroc, l'une des dernières colonies espagnoles. Mais il était tenace, et, après deux ans de service dans sa ville natale, il obtint son transfert pour servir dans l'armée espagnole au Maroc. C'est là qu'il fit montre de talents militaires exceptionnels.

Au cours de violents conflits coloniaux pour éliminer les tribus berbères insurgées, il fit preuve de bravoure, d'habileté tactique et de sang-froid au combat. Son courage et ses qualités de chef lui valurent une promotion rapide : premier lieutenant en 1912, capitaine en 1914, commandant en 1916 (affecté en Espagne), lieutenant-colonel en 1922 (avec le commandement de la Légion espagnole au Maroc l'année suivante) et, en 1926, à l'âge de trente-trois ans seulement, général de brigade. Il s'était marié entre-temps, en 1923, à María del Carmen Polo, d'une famille bien introduite d'Oviedo, qui donna naissance trois ans plus tard à Carmen, leur unique enfant. Sa vie de famille passa cependant après sa carrière militaire en plein essor. Il acquit un grand prestige à la suite de ses victoires sur des tribus rebelles et une renommée en Espagne. En 1923, le roi Alphonse XIII le décora de la prestigieuse médaille militaire et l'intégra à son corps d'élite de courtisans militaires. Flatté de l'admiration qu'il suscitait déjà, Franco se prit à croire qu'il avait une certaine importance nationale, tout au moins dans la sphère militaire sinon politique.

Sa formation idéologique avait commencé dès son plus jeune âge. Le milieu militaire éprouva longtemps un lourd sentiment d'humiliation nationale après la défaite catastrophique de l'Espagne face aux États-Unis dans le bref conflit de 1898 qui aboutit à l'indépendance de Cuba et à la perte de presque toutes les possessions coloniales espagnoles. Le jeune Franco grandit dans cette atmosphère, ressentant intensément la honte nationale et convaincu que les politiciens avaient abandonné les militaires. L'Espagne lui parut bientôt assaillie de l'étranger et de l'intérieur. Il détestait les anarchistes et les socialistes qui avaient manifesté une semaine durant en 1909 contre la guerre coloniale espagnole au Maroc, et il approuvait leur répression impitoyable par l'armée. Sa conviction paranoïde de toujours que la franc-maçonnerie internationale se cachait derrière les éléments subversifs en Espagne – une aversion aussi irrationnelle, envahissante et constante que la haine de Hitler à l'égard des Juifs – semble remonter à cette époque[3].

Franco était de tempérament indépendant et autonome, froid, prudent dans ses calculs, dénué de spontanéité, guidé par un sens excessif du devoir, de la discipline et de l'obéissance, exprimant rarement ses émotions et impitoyable envers les ennemis vaincus. Et il était ambitieux. Il approuva les atrocités que ses légionnaires infligèrent aux Maures capturés dans les villages marocains. Il montra la même inhumanité ensuite dans sa façon de traiter les ennemis politiques en Espagne. La vengeance froide contre tous ses adversaires le caractérisait. Ceux de l'intérieur, qui d'après lui ruinaient l'Espagne, formaient une longue liste : les révolutionnaires de gauche, les antimonarchistes, les antimilitaristes, les libéraux pacifistes, les anticléricaux ainsi que les séparatistes de Catalogne et du Pays basque qui rêvaient de rompre avec l'État centralisé espagnol. Il en vint à soupçonner que Moscou, les Juifs et surtout la franc-maçonnerie internationale, qu'il rendait responsable de la situation critique de l'Espagne, les soutenaient par derrière[4].

Conditions préalables

Franco fut incontestablement le produit de circonstances exceptionnelles, même si elles étaient d'une certaine manière la manifestation espagnole d'un profond malaise généralisé en Europe dans l'entre-deux-guerres. Les virulentes convulsions sociales, politiques et idéologiques qui frappèrent le pays durant les cinq années très tourmentées de la Seconde République, de 1931 à 1936, débouchèrent sur une guerre civile dévastatrice, qui éleva Franco au rang de chef militaire de la rébellion nationaliste. Sans cette guerre civile, Franco n'aurait pas eu l'opportunité de parvenir à la tête de l'État.

Les plaies qui rongeaient depuis longtemps le corps politique espagnol le servirent. De la monarchie constitutionnelle de 1874 à l'abdication du roi Alphonse XIII en 1931, le système politique fut aux mains d'une classe dirigeante massivement corrompue. Même après l'industrialisation du Pays basque, des Asturies, de la Catalogne et de la région madrilène, les notables locaux (d'anciennes et puissantes dynasties familiales en général) dominaient la politique et contrôlaient les élections grâce au clientélisme et au patronage. La corruption s'étendait à tous les niveaux de la société de manière endémique. L'État central était faible, mais il pouvait compter sur la coopération intéressée des patrons pour réprimer toute agitation ou rébellion. L'industrialisation entraîna le développement d'une bourgeoisie manufacturière et commerciale, de moindre influence toutefois que les grands propriétaires fonciers qui, aux côtés de la monarchie et de la hiérarchie ecclésiastique, gardaient la main sur le pouvoir politique. En 1931, cependant, l'éviction du roi et l'instauration d'une république remirent profondément en question leurs intérêts[5].

La grande majorité de la population n'avait aucune représentation politique. La pauvreté était importante et généralisée. Aux ouvriers agricoles qui vivaient dans des conditions primitives et effectuaient des travaux pénibles pour les grands propriétaires, dont les vastes domaines s'étendaient au centre et au sud de l'Espagne, comme au prolétariat industriel en augmentation, qui vivait et travaillait également dans des conditions misérables à Madrid, Barcelone et dans les régions du Nord, l'État paraissait étranger, hostile et menaçant. Les ouvriers industriels trouvaient dans le socialisme et les syndicats une base idéologique et organisationnelle pour défier le pouvoir de l'État. Dans le Nord, le conflit de classe s'unissait à l'hostilité catalane ou basque envers le gouvernement central de Madrid. Dans le Sud agricole pauvre, le syndicalisme à tendance anarchiste, qui déclenchait souvent des actes de violence sporadique contre l'État, séduisait de nombreux manouvriers sans terre. Grèves, émeutes et insurrections localisées contre le pouvoir de l'État et la « domination bourgeoise » émaillaient la vie politique espagnole[6]. L'anticléricalisme également fusionna avec la lutte des classes, autre élément de la tempête qui couvait. Les ouvriers de l'industrie et du monde agricole estimaient à juste titre que les représentants de l'Église catholique participaient de l'oppression économique et politique. Les attaques contre les biens ecclésiastiques étaient fréquentes et s'intensifièrent sous la Seconde République[7]. Pour autant, surtout dans les campagnes espagnoles, la majorité de la population restait attachée à la foi et aux traditions catholiques, qu'elle jugeait essentielles à l'identité nationale et menacées par les forces néfastes de la gauche.

Les clivages sociaux et politiques en Espagne s'accentuèrent après la Première Guerre mondiale (qui entraîna d'énormes perturbations économiques, même si le pays resta neutre)[8]. L'oligarchie politique affaiblie, composée d'élites libérales et conservatrices accrochées au pouvoir, se heurtait à un mouvement socialiste en pleine expansion et désormais à un Parti communiste franchement révolutionnaire[9]. Le coup d'État de 1923, qui permit au général Miguel Primo de Rivera de prendre le pouvoir, avec le soutien de presque tous les secteurs de l'Espagne conservatrice contre une opposition ouvrière inefficace et neutralisée, ne fut que la dernière d'une série de prises de pouvoir militaires depuis le début du XIXe siècle. Il révéla une fracture profonde entre le commandement militaire, qui s'estimait seul garant de l'unité nationale et de l'ordre social, faisant face aux puissants ennemis de la gauche révolutionnaire, et une classe ouvrière qui haïssait l'armée, principal agent de répression de l'État[10]. Si la contre-révolution de Primo ne dura pas, son legs idéologique persista jusqu'à la dictature de Franco[11]. En 1930, les problèmes économiques croissants, liés au krach de Wall Street, et l'agitation populaire grandissante le contraignirent à démissionner et à s'exiler à Paris. Alphonse XIII quitta l'Espagne quelques mois après, et les élections d'avril 1931 intronisèrent une nouvelle République démocratique. Les réactionnaires extrêmes, temporairement vaincus et démoralisés, furent acculés à la défensive. Mais ils se réorganisèrent bientôt puis se préparèrent à lancer leur assaut pour restaurer leur pouvoir et détruire la démocratie – une fois pour toutes, espéraient-ils.

La victoire de la gauche républicaine à ces élections fut moins spectaculaire qu'il n'y paraissait. La démocratie reposait sur des sables mouvants. Le monde rural, soit la majorité de l'Espagne, était encore largement attaché à la monarchie. Bien peu, et de façon tiède et conditionnelle, soutenaient le nouveau système. Le seul véritable soutien au gouvernement républicain venait de la classe ouvrière industrielle, minoritaire et cantonnée aux grandes villes et à certaines régions (Catalogne, Asturies et Pays basque), fragmentée sur le plan politique entre socialistes, anarchistes et communistes proches de Moscou. La coalition gouvernementale, composée de socialistes modérés et de libéraux issus de la classe moyenne, n'avait pas de programme cohérent et radical. Ses réformes dans l'agriculture, l'amélioration de la protection ouvrière et la réduction du pouvoir social de l'Église catholique – notamment en matière d'éducation – grâce à la séparation de l'Église et de l'État étaient trop limitées pour satisfaire un grand nombre de ses partisans. Et elles indisposèrent fortement les élites dominantes qui conservaient pourtant leur pouvoir, leur richesse et leur influence quasi intacts[12]. La disposition de la République à accepter l'autonomie de la Catalogne en 1932 envenima particulièrement ses relations avec l'armée, attachée à un État centralisé et plus irritée encore par les plans visant à en réduire les dimensions et l'influence[13].

En moins de deux ans, la République se retrouva sur la défensive. La gauche subit une lourde défaite lors des nouvelles élections de novembre 1933. Au cours de ses deux dernières années, le conflit de classe se durcit et annonça la couleur de la catastrophe qui allait suivre. Propriétaires fonciers, employeurs, militaires et Église catholique, tous virent leur pouvoir social renforcé par le triomphe électoral des partis de droite et le nouveau gouvernement annula les réformes. L'impulsion était donnée par la nouvelle CEDA (*Confederación Española de Derechas Autónomas* : Confédération espagnole des droites autonomes), dirigée par José María Gil Robles, constituant un énorme mouvement de 735 000 membres, fasciste sans dire son nom, qui prétendait défendre la chrétienté contre le marxisme[14]. La gauche réagit en appelant en octobre 1934 à une grève générale, qui tourna à une vaste insurrection de deux semaines dans les Asturies, au nord de l'Espagne. Les insurgés, principalement des ouvriers, mineurs grévistes en tête, investirent un grand nombre de villes, s'emparèrent de grandes quantités d'armes, surtout légères, tuèrent des prêtres et des séminaristes et détruisirent des églises et des couvents à Oviedo, capitale asturienne[15].

C'est dans la crise qui s'aggravait que Franco laissa son empreinte pour la première fois. Nommé directeur de la nouvelle Académie militaire générale de Saragosse en 1928, il vit sa carrière bloquée par l'avènement de la République en 1931. Il regrettait la chute de la monarchie mais s'adapta avec pragmatisme, se pinça le nez et prêta serment de loyauté à la République, une loyauté purement formelle. Il faisait l'objet d'une certaine suspicion de la part des dirigeants gouvernementaux qui veillèrent à le tenir à l'écart du pouvoir central. En 1932, il fut nommé commandant de brigade à La Corogne et, en février 1933, commandant militaire aux Baléares. Le changement de gouvernement qui suivit les élections de 1933 redonna un coup de fouet à sa carrière. Diego Hidalgo, nouveau ministre de la Guerre, fut très impressionné quand il rencontra Franco, le promut lieutenant-général et en fit son conseiller militaire personnel.

C'est à ce titre (et en tant que chef officieux de l'état-major) qu'il fut chargé de réprimer la révolte dans les Asturies. La loi martiale étant déclarée, Franco fit intervenir des unités de mercenaires marocains endurcis qui écrasèrent brutalement le soulèvement. Plus de 1 100 civils furent tués, environ 4 000 blessés et plus de 15 000 emprisonnés[16].

Le prestige de Franco grimpa en flèche dans la droite conservatrice[17]. S'il fut question d'un coup d'État, il n'estimait pas le moment venu d'agir militairement contre la République. Pour le récompenser d'avoir maté la révolte dans les Asturies, il fut nommé commandant en chef de l'armée marocaine, mais il revint bientôt en Espagne en étant officiellement promu chef d'état-major en mai 1935. Les rumeurs de coup d'État persistaient dans un climat d'extrême instabilité. L'armée aurait pu s'y risquer bien avant de toute façon, mais renverser le gouvernement avait plus de chances de réussir après les élections à venir, fixées en février 1936. Reflet d'un pays totalement déchiré, elles se soldèrent par une victoire, étroite en nombre de suffrages, large en nombre de sièges parlementaires, du Front populaire de gauche. Les craintes de la droite s'amplifièrent, atteignant un paroxysme lors des grèves, des occupations de terre et des incendies d'églises, présentés comme des signes avant-coureurs de la révolution communiste. Ce n'était en fait pas le cas, mais le danger que percevait la droite nationaliste était assez réel, et les meurtres politiques, commis par la droite comme par la gauche, illustraient la situation d'un pays en plein bouleversement. La polarisation sociale, politique et idéologique était insurmontable. La République aurait-elle pu survivre ? Des forces puissantes, surtout dans l'armée, voulaient l'anéantir. Les leaders de droite se mirent alors à comploter en urgence pour monter un coup d'État militaire.

Le gouvernement n'avait pas d'éléments sur cette conspiration grandissante[18]. Par précaution, il limogea Franco de son poste de chef d'état-major et l'expédia aux Canaries. On parlait déjà de la possibilité qu'il dirigeât un coup d'État. Mais il hésita plusieurs semaines et ne s'impliqua guère dans les préparatifs. Sa prudence instinctive le fit douter de la réussite d'un soulèvement contre le gouvernement. Dans une lettre équivoque qu'il adressa au Premier ministre Santiago Casares y Quiroga en juin 1936, il semblait préférer un gouvernement militaire qui maintienne l'ordre dans la République à un soulèvement risqué. Le Premier ministre ignora sa lettre. Indépendamment de ce qui avait été sa motivation, Franco s'est alors rapidement rallié au complot qui cherchait à renverser la République[19].

Parmi les conspirateurs, le général José Sanjurjo, monarchiste, vétéran des guerres coloniales au Maroc et ancien chef de la Garde civile, exilé au Portugal après sa participation au coup d'État manqué de 1932 (Franco s'était bien gardé d'en être), était pressenti pour diriger l'Espagne ultérieurement, tandis que l'organisateur principal du complot en cours était le général Emilio Mola, basé à Pampelune, dans le nord du pays. Mola avait désigné Franco pour commander le soulèvement dans le Maroc espagnol. Mais, à la fin du mois de juin, il n'était toujours pas assuré de sa participation. Même lorsqu'il finit par s'engager, Franco ne se voyait pas de prime abord en futur chef de l'Espagne. Son ambition était de devenir haut-commissaire au Maroc[20].

Le 13 juillet 1936, l'assassinat de Calvo Sotelo, personnage charismatique de la droite monarchiste, favorable à un gouvernement sous une monarchie autoritaire, prêt à jouer un rôle de premier plan après un coup d'État réussi, fut le moment où Franco décida qu'il ne pouvait plus rester à l'écart du projet de rébellion[21]. Quatre jours plus tard, le 17 juillet, le soulèvement fut déclenché au Maroc. Franco s'y rendit le lendemain depuis les Canaries pour prendre le commandement de l'armée d'Afrique, composée des soldats les plus endurcis et les plus brutaux des forces armées espagnoles.

Guerrier idéologue

Franco ne ressemblait guère à un grand héros national. Il était loin d'être imposant. Petit (un mètre soixante-deux), précocement chauve, un peu corpulent, à la voix haut perchée et monocorde, peu attrayante, il manquait manifestement d'aura charismatique. Contrairement à Mussolini ou à Hitler, il n'était pas démagogue et n'avait pas constitué de mouvement de masse autour de fidèles. En fait, il ne s'était pas engagé du tout dans la politique partisane (tout en ayant très brièvement effleuré l'idée en mai 1936)[22]. Mais il avait des aptitudes militaires hors du commun et inspirait loyauté et admiration profondes au sein des troupes qu'il commandait, tout particulièrement dans l'armée d'Afrique qui le vénérait pour sa conduite victorieuse des guerres coloniales durant la décennie précédente. Dès que le soulèvement militaire commença, il eut rapidement l'ambition de le diriger. Mais cela dépendait de facteurs qu'il ne contrôlait pas. Il y avait d'autres prétendants. Il ne perdit pas de temps néanmoins pour se hisser au rang de commandant suprême des forces nationalistes. Une fois reconnu à la tête du soulèvement, son nom circula pour gouverner l'État. Cette ascension fulgurante résulta de hasards heureux et de prouesses militaires avérées.

La chance joua dans l'élimination de tous les rivaux potentiels. Le général Sanjurjo, chef pressenti du soulèvement, mourut trois jours après le début de la rébellion, lorsque l'avion léger qui devait le ramener du Portugal s'écrasa au décollage. Si cela arrangea les affaires de Franco, c'était un accident, pas un acte criminel. Autres rivaux possibles, le général Joaquín Fanjul et le général Manuel Goded furent tous deux exécutés après l'échec initial du soulèvement à Madrid et à Barcelone. Dernier en lice dans l'armée, le général Mola se trouva bientôt en position de relative faiblesse. Les forces au nord de l'Espagne placées sous son commandement ne parvenaient pas à imposer de percée décisive, tandis que l'armée d'Afrique dirigée par Franco, débarquant du Maroc, progressait rapidement dans le sud. De plus, Mola s'était aliéné des officiers fondamentalement monarchistes qui commençaient à envisager Franco comme leur futur leader. Mais, surtout, Mola se révéla moins habile et énergique que Franco pour se procurer des armes étrangères.

Parmi les meneurs civils, Gil Robles tomba en discrédit après les mauvais résultats de la CEDA aux élections de 1936. Et Sotelo, nous l'avons vu, avait été assassiné avant le lancement du soulèvement. José Antonio Primo de Rivera (fils de l'ancien dictateur), fondateur charismatique de la Phalange – mouvement fasciste radical qui, après des débuts modestes, avait rapidement pris de l'ampleur dans les derniers mois de la République en séduisant d'anciens partisans de la CEDA, particulièrement les plus jeunes –, avait été emprisonné en mars 1936 puis exécuté en novembre. Ne restait plus que Franco.

Le hasard ne fut cependant pas seul en cause dans son ascension. Âgé de quarante-trois ans au début de la guerre civile, Franco était le plus jeune général d'Europe depuis Napoléon[23]. En dehors des cercles militaires, la droite espagnole l'avait en haute estime pour avoir durement maté le soulèvement asturien. Il était futé et avait le bras long. Il réagissait vite, avec un sens remarquable de l'initiative, se servant de ses contacts personnels pour obtenir de l'aide à l'étranger. Mussolini et Hitler s'engagèrent tous deux sur-le-champ à lui fournir les avions indispensables au transport de l'armée d'Afrique vers le continent hispanique. À la fin du mois d'août 1936, autour de trente mille combattants endurcis – les « réguliers » étant des Marocains autochtones et les « légionnaires » en majorité espagnols – avaient débarqué en Espagne.

L'arrivée de la redoutable armée d'Afrique renversa avantageusement la situation des nationalistes dans le sud de l'Espagne tandis que Mola bataillait pour prendre le dessus sur les forces républicaines résistant dans le Nord. Les troupes marocaines semèrent la terreur dans leur sillage – calcul stratégique de Franco –, massacrant les prisonniers et violant les femmes au fil de leur progression[24]. Dans cette société déchirée idéologiquement, la violence était déjà si profondément enracinée que ces atrocités étaient admises dans un camp comme dans l'autre. À la mi-août, Nord et Sud s'étaient rejoints pour former une seule zone nationaliste. Les premiers succès valurent à Franco, et non à Mola, d'être alors reconnu principal commandant – celui que les Allemands préféraient équiper en armement indispensable.

Le 21 septembre, les grands généraux réunis votèrent – certains avec un enthousiasme très modéré – pour faire de Franco le commandant suprême (*Generalísimo*) des forces nationalistes. Une semaine après, Franco connaissait un triomphe majeur en termes de propagande, suscitant l'euphorie du côté des nationalistes, lorsque ses troupes marocaines renoncèrent à assiéger Madrid, pour mettre fin – dans un vaste bain de sang – au siège républicain de la formidable forteresse de l'Alcázar à Tolède, édifiée par l'empereur Charles Quint, symbole de l'ancienne gloire de l'Espagne. Le lendemain, une autre réunion des généraux aboutit, à contre-cœur pour Mola et d'autres, à accepter la proposition de Franco, commandant militaire suprême, de devenir chef du gouvernement « tant que durerait la guerre » et d'« assumer tous les pouvoirs du nouvel État ». Le 1er octobre, lors d'une cérémonie solennelle sous les applaudissements d'une foule en délire, Franco reçut « les pouvoirs absolus de l'État[25] ».

En quelques jours, la propagande nationaliste lui attribua le nom de Caudillo – « le chef », titre qui rattachait Franco aux héros du passé espagnol[26]. C'était flatter son ego déjà surdimensionné. Il s'abreuva des clameurs de la propagande nationaliste et des déclarations des autorités ecclésiastiques qui le présentaient à la tête d'une croisade pour défendre l'Espagne et la foi catholique contre l'athéisme et la barbarie de la République[27]. Cela s'accordait à sa conviction d'être chargé d'une mission patriotique primordiale, confiée par Dieu. Il avait le sentiment que la Providence divine le désignait comme le sauveur de l'Espagne[28].

Tel que Franco et la caste militaire voyaient le monde, l'armée se tenait entre l'anarchie révolutionnaire qu'un gouvernement faible ne pouvait contenir et le salut de l'Espagne. Il fallait extraire le poison de la politique espagnole. L'ennemi intérieur devait non seulement être vaincu, mais anéanti. Alors renaîtrait la gloire de l'Espagne. Il était évident que, pour Franco, l'armée décidait du destin de l'Espagne. La tourmente de la Seconde République après 1931 le lui confirmait. Mais l'espoir que le soulèvement de 1936 déboucherait sur une prise de pouvoir rapide par l'armée s'évanouit rapidement. Commença alors une lutte intense et brutale qui allait durer trois longues années. Elle porta la marque de Franco.

Sa détermination à éradiquer, pas simplement à vaincre, ceux qu'il considérait comme des ennemis de l'intérieur prolongea le cruel conflit. Il ne voulait pas d'une victoire rapide qui fût seulement superficielle. Ses troupes progressèrent lentement, sans relâche – et sans pitié. De terribles atrocités furent perpétrées par les deux camps, mais de loin en majorité par les nationalistes[29]. Au-delà du million de personnes environ jetées en prison ou dans les camps de travail (sur près de 25 millions d'habitants), les troupes de Franco exécutèrent des dizaines de milliers de républicains. Il lut et signa personnellement de nombreuses condamnations à mort[30].

La défense désespérée des républicains s'affaiblissait peu à peu mais inexorablement. Le déséquilibre des livraisons d'armes de l'étranger se révéla décisif. L'afflux d'armes provenant des puissances de l'Axe (qui cherchaient à bloquer toute incursion bolchevique en Espagne et à tester leur technologie militaire, dont le bombardement de civils) avantagea considérablement les rebelles nationalistes, d'autant plus que les démocraties occidentales observaient une politique de non-intervention[31]. L'aide soviétique apportée à la République était trop limitée pour renverser la situation et, de toute façon, l'engagement de Moscou était source de discorde. La dimension internationale du conflit dépassait les couloirs du pouvoir dans les capitales européennes.

Quelque trente mille volontaires venant de tout le continent européen allèrent en Espagne combattre le fascisme, mais beaucoup trouvèrent la mort dans cet élan de courage. Et ce n'était pas suffisant, de toute manière, pour faire pencher la balance dans une guerre de plus en plus inégale. Au début de 1939, la fin s'annonça au fur et à mesure que les principaux bastions républicains s'effondrèrent les uns après les autres. Le 28 mars, près de trois ans après leur échec pour s'emparer de la capitale, les nationalistes entrèrent dans Madrid. Le 1er avril, Franco déclara la guerre terminée.

En additionnant les centaines de milliers de morts sur les champs de bataille, les dizaines de milliers d'exécutés dans chaque camp et le demi-million de républicains environ fuyant en exil (dont beaucoup moururent de maladies dans des camps d'internement français), les victimes de la guerre civile des deux côtés s'élevèrent probablement à plus de 1 million[32]. La fin de la guerre n'arrêta pas les massacres. Les représailles et la volonté de « parvenir à extirper totalement nos ennemis » (selon les termes du président du Tribunal des responsabilités politiques, Enrique Suñer Ordóñez, nommé par Franco en 1938) prolongèrent l'épuration terroriste de la gauche diabolisée jusqu'au milieu des années 1940[33]. Le capitaine et propriétaire foncier Gonzalo de Aguilera Munro, l'un des attachés de presse de Franco, évoqua même en 1939 un « programme » conçu comme une œuvre de purification « pour exterminer un tiers de la population masculine d'Espagne » afin de « nettoyer le pays et nous débarrasser du prolétariat »[34]. Jamais un tel programme n'a été élaboré. Pourtant, vingt mille républicains environ furent exécutés après la fin de la guerre civile, des milliers d'autres moururent dans les prisons, les camps et les bataillons de travaux forcés avant que ne cessât enfin l'hémorragie[35].

En quoi Franco a-t-il personnellement contribué à la victoire nationaliste ? Il ne participa pas au déclenchement d'une guerre civile. Il était clair dans ses choix idéologiques : hostile à la République, prêt à des actions impitoyables contre la gauche, favorable à la droite militariste dont il savait qu'elle préparait un coup d'État. Mais si ses rejets idéologiques étaient largement partagés à droite, il était encore en marge de la conspiration lorsque le soulèvement se déclencha. Sa première contribution essentielle fut d'orchestrer l'aide de l'Allemagne et de l'Italie pour transférer l'armée d'Afrique en Espagne. Il toléra ensuite, sans les encourager directement, les exactions barbares de la guerre. Mais si un autre que lui avait commandé, Mola par exemple (mort dans un accident d'avion en 1937), une plongée dans la barbarie aurait eu lieu de la même façon.

Mola partageait les mêmes obsessions que Franco, notamment contre la franc-maçonnerie et les Juifs. Il était partisan de la violence extrême, de la terreur et des sanctions exemplaires dans la poursuite des ennemis de l'intérieur et de la « purification de l'Espagne[36] ». Sous un autre commandement, la soif de vengeance qui caractérisait Franco aurait-elle été aussi féroce et durable après la guerre civile ? Quoi qu'il en soit, ses compétences militaires ont été déterminantes dans la défaite républicaine[37] mais elles n'auraient sans doute pas suffi sans l'apport en armement de l'Axe. Avec cette aide, tout autre général nationaliste aurait pu aussi l'emporter. D'une certaine manière, Franco reçut donc les lauriers du vainqueur par un heureux hasard. Bien peu alors en Espagne étaient disposés à le contester.

La victoire nationaliste marqua le moment où la fabrique du culte franquiste passa à la vitesse supérieure. À cette époque, bien au-delà de l'armée, Franco disposait d'un mouvement politique de masse pour diffuser et entretenir l'aura du grand chef. En 1937, les diverses factions de droite s'étaient unies dans une Phalange restructurée et réinventée à laquelle s'agrégèrent monarchistes, conservateurs, nombre d'anciens membres de la CEDA et autres. Cible de leur admiration intarissable, Franco n'avait cependant pas fait grand-chose pour cela. Le tout petit mouvement d'autrefois était devenu un grand parti d'État du nouveau régime, et ses centaines de milliers d'adhérents constituaient le vecteur principal d'acclamation du Caudillo[38].

Ils formèrent d'immenses rangs serrés dans le spectacle de propagande, semblable à ceux de l'Italie fasciste et de l'Allemagne nazie, organisé à Madrid pendant trois jours, du 18 au 20 mai 1939, pour célébrer la victoire nationaliste et, surtout, consolider l'image du Caudillo en héros glorieux de l'Espagne. L'entrée triomphale de Franco dans la ville fut sciemment orchestrée pour évoquer le Cid, héros légendaire de l'Espagne médiévale. Le lendemain, il présida un défilé de cinq heures au terme duquel il prononça un discours, mettant en garde contre « l'esprit juif qui permettait l'alliance du grand capital avec le marxisme ». Le 20 mai, une vaste reconstitution historique célébra la croisade médiévale de l'Espagne contre les Maures et le glorieux passé militaire du pays. Lors d'une grand-messe solennelle, ce jour-là, l'Église catholique rendit grâce en même temps pour la victoire de Franco.

Durant trois ans, la guerre civile espagnole tint en haleine une grande partie de l'Europe – prélude, semblait-il, à une plus vaste conflagration de plus en plus incontournable. En l'occurrence, lorsque cette guerre élargie à l'échelle européenne, puis mondiale, éclata, elle n'avait plus grand-chose à voir avec l'Espagne. La conquête de Franco eut cependant des conséquences débordant les frontières espagnoles. L'Allemagne et l'Italie profitèrent de l'occasion pour tester les bombardements de terreur. Par leur politique de non-intervention, les démocraties occidentales démontrèrent encore leur faiblesse, ce qui ne devait pas échapper à l'Union soviétique et aux puissances de l'Axe. Si déplaisantes que fussent les méthodes de Franco, ces dernières préféraient sa victoire au triomphe du communisme en Espagne. La gauche, en Espagne et au-delà, était vaincue et démoralisée. Mais, tandis que l'Europe était en proie à ce qui allait bientôt devenir une guerre mondiale, l'Espagne se fit oublier, n'étant plus au cœur des événements qui embrasèrent le continent. Malgré tout, Franco joua un rôle, même mineur, pendant la Seconde Guerre mondiale et la guerre froide dans les plans élargis des grandes puissances. Sauf qu'il ne l'avait pas prévu.

Guerre mondiale et guerre froide : les deux visages de Franco

Tout au long de la guerre civile, Franco avait été impressionné par Mussolini et plus encore par Hitler. Il courtisa les deux dictateurs les premières années de la Seconde Guerre mondiale, lorsque les puissances de l'Axe semblaient s'orienter vers la victoire. Il se sentait en phase avec eux sur le plan idéologique. Plus encore, il voyait les avantages que l'Espagne pourrait tirer du conflit, et ceux de la défaite de la démocratie occidentale qu'il croyait assurée face à l'Italie fasciste et l'Allemagne nazie. Il souhaitait que l'Espagne y participât en puissance belligérante et profitât du triomphe imaginé.

Une fois la guerre terminée, ce ne fut évidemment pas ce qu'il voulut transmettre aux Espagnols ni *a fortiori* aux Alliés victorieux. Son enthousiasme initial s'étiola lorsque la situation se retourna contre les puissances de l'Axe et que leur défaite parut de plus en plus certaine. Parallèlement, la propagande espagnole se mit à retoucher l'image officielle du Caudillo, qui passa du fervent partisan de l'Axe au chef avisé dont la brillante diplomatie sut maintenir habilement l'Espagne en dehors du conflit et préserver noblement sa neutralité. C'était le point de départ, dès l'immédiat après-guerre, des tentatives entreprises pour surmonter l'hostilité de l'Occident et mettre fin au statut de paria de l'Espagne dans les relations internationales. Mais la réhabilitation partielle du pays devait davantage aux exigences stratégiques de la guerre froide qu'aux qualités et aux efforts de Franco. Durant la Seconde Guerre mondiale et la guerre froide, les relations internationales espagnoles évoluèrent en fonction de facteurs extérieurs, et non de Franco. Il en illustrait la face publique contradictoire.

Nul doute que Franco décidait de la politique espagnole. Il en avait la responsabilité finale. Mais il se gardait d'être « à contre-courant » et ne faisait qu'exprimer la voix collective des élites du pouvoir espagnol. S'il refusa d'autre part l'entrée en guerre de l'Espagne, ce fut simplement en raison de la faiblesse économique et militaire du pays. Il n'y avait guère d'autre choix viable. Tout autre dictateur militaire à sa place aurait mené la même politique, à peu de chose près. Franco n'était pas si faible car il détenait un pouvoir réel et son autorité était acceptée par l'ensemble de la classe dirigeante espagnole. Mais ses actions étaient contraintes par des facteurs qui ne dépendaient pas de lui. S'il avait eu le choix, l'Espagne aurait combattu aux côtés de l'Axe.

Franco regretta le déclenchement trop rapide de la guerre en Europe car l'Espagne n'était pas en mesure, militairement et économiquement, d'y participer. Croyant que la Grande-Bretagne allait bientôt être obligée de rechercher la paix, sur recommandation de ses « experts », il décida de rompre les liens économiques du pays avec l'Occident, privilégiant l'autarcie (l'autosuffisance). En conséquence, les difficultés déjà critiques dont souffrait la majorité de la population s'aggravèrent et entraînèrent des pénuries catastrophiques de denrées alimentaires et d'autres produits de première nécessité[39]. La demande d'une aide économique massive de l'Allemagne pour soulager l'état déplorable de l'économie et de fournitures militaires abondantes était un des deux éléments principaux du désir de Franco d'entraîner l'Espagne dans une guerre qu'il imaginait victorieuse. Le second, après la défaite française de juin 1940, était l'intention de revendiquer pour l'Espagne le Maroc français. Son espoir qu'à terme la Grande-Bretagne céderait Gibraltar à l'Espagne n'empêchait pas un possible accord avec Hitler, bien que, du point de vue allemand, cela appelait l'entrée en guerre de l'Espagne et dépendait donc de la résolution des deux autres facteurs – tous deux au cœur de la diplomatie infructueuse dans l'été 1940. L'Allemagne refusa d'approuver la « liste de souhaits » exorbitante de l'Espagne car, si son entrée en guerre ouvrait la possibilité de prendre Gibraltar et de fermer la Méditerranée, c'était trop cher payer pour ce que Franco exigeait en échange.

Le point de vue allemand sur le peu de valeur militaire que représenterait l'Espagne pour l'Axe – l'évaluant limitée et de très courte durée – était antérieur au début du conflit et n'évolua guère ensuite. Néanmoins, la stratégie de Berlin à l'été 1940 intégrait – parallèlement aux instructions de Hitler de se préparer à une guerre contre l'Union soviétique au printemps suivant – un plan « périphérique » qui écarterait la Grande-Bretagne de la Méditerranée. La question du contrôle de Gibraltar, qui impliquait l'Espagne dans la guerre, se posait donc évidemment. Aussi l'Allemagne s'était-elle préparée à tâter le terrain espagnol. Mais les pourparlers à Berlin à la mi-septembre 1940 entre Joachim von Ribbentrop, ministre allemand des Affaires étrangères, et Ramón Serrano Súñer, beau-frère de Franco par sa femme et l'homme le plus puissant du régime après lui, puis entre Hitler et Franco le mois suivant, à Hendaye, près de la frontière espagnole, n'aboutirent à rien. Franco en fut déçu, mais continua d'exprimer son soutien à l'Axe.

Toutefois, les revers militaires de l'Axe en Méditerranée et son échec à contraindre la Grande-Bretagne à se retirer du conflit le firent vite douter d'une proche victoire de l'Allemagne. Ses conseillers militaires l'avertirent du risque d'une entrée en guerre tant que les puissances de l'Axe ne s'étaient pas emparées de Suez. Pour les Allemands, lancer un assaut sur Gibraltar, sans intervention espagnole, semblait périlleux. Les préparatifs d'attaque contre l'Union soviétique conduisirent à l'abandon définitif de ces plans en février 1941, les exigences de Franco en matière économique, militaire et territoriale étant si exorbitantes que Berlin n'y voyait qu'un prétexte pour éviter à l'Espagne d'entrer en guerre. Alors que le cours de la guerre se retournait inexorablement contre l'Axe à partir de l'automne 1942 et que les Alliés contrôlèrent la Méditerranée et l'Afrique du Nord l'année d'après, Franco, avec le soutien de ses principaux généraux, redistribua ses cartes. Il tenta vainement d'exploiter la neutralité espagnole pour obtenir des armements allemands afin de résister aux Alliés, tout en faisant les premiers pas vers un rapprochement avec les Britanniques et les Américains[40].

La Division bleue, formée dans l'enthousiasme au cours de l'été 1941 et qui attira 47 000 Espagnols pour servir la cause allemande sur le front est (avec 50 % de pertes environ), fut rapatriée en octobre 1943 puis officiellement dissoute en novembre – même si un petit nombre de fanatiques combattirent encore plusieurs mois sous le nom de Légion bleue avant d'être intégrés, pour ce qu'il en restait, à la Waffen-SS[41]. Le vent avait alors bel et bien tourné. À l'automne 1944, Franco proposa à Churchill une alliance anglo-espagnole contre les Bolcheviks et, peu après, malgré ses fantasmes personnels sur les conspirations franc-maçonnes d'origine américaine, il prospecta du côté de l'administration Roosevelt. La réaction fut hostile dans les deux cas[42].

Le pouvoir de Franco ne fléchit pas en Espagne, quand bien même la propagande modifia son image pour insister sur sa neutralité en temps de guerre et atténuer les aspects fascisants de son régime, tout en en soulignant les références catholiques et monarchiques, renforcées lorsque l'Espagne fut déclarée monarchie (sans roi) par la loi de succession de 1947. Le culte extravagant du Caudillo garda sa pleine mesure d'absurdité. En 1949, la presse officielle le plaça au-dessus d'Alexandre le Grand et de Jules César, le qualifiant d'« homme de Dieu », « champion des forces célestes et terrestres », « étoile du monde », à qui l'on devait « la mobilisation du Vatican, de Washington et du monde entier »[43]. Si le Vatican a toujours volontiers soutenu le défenseur de l'anticommunisme extrême dans l'Espagne catholique[44], Franco resta ostracisé par la plupart des pays d'Europe occidentale dans les années d'après guerre. Mais la guerre froide modifia la situation.

Franco n'était pas pour grand-chose dans les circonstances qui allaient mettre fin à l'isolement international et au statut de paria de l'Espagne. Au début de la guerre froide, les Américains – nouveaux garants de la sécurité occidentale – se préoccupaient d'empêcher toute propagation du communisme en Europe méridionale. Plus hésitante, l'Europe occidentale suivit bientôt les États-Unis. En 1947, les Américains considéraient encore Franco comme un paria et avaient exclu l'Espagne du plan Marshall. En 1949, cependant, la guerre froide s'intensifia puis se figea, les Soviétiques firent exploser leur bombe atomique et Mao instaura un nouveau régime communiste en Chine. Un an après commença la guerre de Corée. Les Américains changèrent d'attitude vis-à-vis de Franco compte tenu des dangers internationaux. Malgré l'aversion qu'il inspirait, son régime n'était pas près de finir et son quasi-fascisme semblait préférable à la perspective d'infiltration communiste en Europe du Sud. De « bête fasciste », Franco était devenu « sentinelle de l'Occident »[45]. Le besoin d'établir des bases militaires en Espagne l'emporta sur toute objection morale et politique. En 1951, un accord de location de bases fut conclu, source précieuse d'aide financière américaine. Deux ans après, l'accord fut finalisé et claironné en Espagne comme une grande victoire de Franco. Il était désormais un allié reconnu des États-Unis. En 1955, l'Espagne intégra les Nations unies. Le pays était sorti d'une période de glaciation internationale.

Ce faisant, l'objectif du régime franquiste se bornait pratiquement à prolonger sa survie. Ses éléments fascistes s'étaient dilués, son dynamisme d'autrefois s'était évanoui. Il était encore très répressif, mais moins franchement terroriste que dans les premières années qui avaient suivi la guerre civile. Grâce à un complet revirement de sa politique économique, l'Espagne commença à s'aligner sur le reste de l'Europe occidentale et sur l'économie internationale.

Une crise économique ingérable – un grave déficit de la balance des paiements et une inflation qui mena le pays au bord de la banqueroute – obligea à changer de cap malgré le désaccord initial de Franco[46]. La politique d'autosuffisance fut abandonnée en 1959. Elle avait infligé une pauvreté lamentable à la majeure partie de la population qui ne pouvait qu'accepter un niveau de vie médiocre et les contraintes d'une dictature terne mais immuable, tandis que la majorité des pays d'Europe occidentale s'étaient transformés de manière spectaculaire et relevés des ravages de la guerre[47]. À la fin des années 1950, cependant, l'Espagne – qui connaissait alors une forte croissance – intégra l'Organisation européenne de coopération économique (OECE, remplacée en 1961 par l'Organisation de coopération et de développement économiques, OCDE) et devint membre de la Banque mondiale, du Fonds monétaire international (FMI) et du GATT, qui règlementait le commerce extérieur. Dans le cadre d'un nouveau « plan de stabilisation », des réformes furent mises en œuvre par de nouveaux experts en économie (des « technocrates »), étroitement associés à l'Opus Dei, une organisation laïque catholique élitiste, théologiquement conservatrice mais économiquement libérale, dont les membres instruits étaient liés au monde des affaires et de la finance[48]. Leur restructuration en profondeur et leur libéralisation de l'économie furent vite récompensées, puisque l'Espagne atteignit, avec un décalage, les niveaux de croissance sans précédent de la plupart des pays européens[49]. Le tourisme étranger renforça bientôt la croissance espagnole en plein essor[50].

Aucun de ces changements structurels fondamentaux ne devait beaucoup à la personnalité, élément toujours négatif dans les évaluations internationales de l'Espagne, ou au talent de Franco. La modernisation s'était imposée non de l'intérieur mais sous l'effet de pressions extérieures, que Franco désapprouva dans un premier temps[51]. Et, alors que les conditions de vie d'une grande partie de la population commençaient à s'améliorer considérablement, la modernisation rendait de plus en plus visible que Franco et son régime étaient des vestiges obsolètes d'une époque révolue, même s'il fallut attendre la mort du dictateur pour réformer la scène politique.

Le cartel de pouvoir

Avant 1939, Franco avait été un commandant militaire aux responsabilités politiques embryonnaires. Il dut ensuite s'adapter au nouveau rôle de chef d'État. La loi du 8 août 1939 lui donna des pouvoirs législatifs suprêmes et illimités, sans contraintes constitutionnelles[52]. Il ne se voyait pas en dictateur, même s'il considérait que gouverner était commander, comme à l'armée[53]. Mais comment a-t-il réellement gouverné l'Espagne durant plus de trois décennies après la guerre civile ? Dictait-il lui-même concrètement la politique ? Ou laissait-il des intérêts puissants la façonner et entretenir son régime ? Et comment ont-ils évolué au cours de cette longue dictature ? Comment son pouvoir personnel a-t-il continué à fonctionner, surtout quand il prit de l'âge et fut de plus en plus malade ? Pour le dire plus généralement, l'homme a-t-il été déterminant dans le cours de l'histoire espagnole ou a-t-il été façonné par les structures et les pressions politiques, économiques et culturelles, plus larges et plus anonymes ?

La plupart des élites traditionnelles au pouvoir – militaires, propriétaires fonciers, grands entrepreneurs, hauts dignitaires de l'Église catholique – ont soutenu la cause nationaliste pendant la guerre civile. Ce sont les mêmes qui formèrent ensuite l'épine dorsale du régime. Elles avaient confié le pouvoir à Franco, tout comme celles d'Italie et d'Allemagne l'avaient fait avec Mussolini et Hitler, et se satisfaisaient globalement de son gouvernement tant qu'il servait leurs intérêts[54]. En Italie et en Allemagne, cependant, la tournure idéologique des régimes entraîna des frictions croissantes avec les intérêts des élites conservatrices. En revanche, même si la dictature connut des changements importants dans la durée, le régime franquiste n'a rien modifié au soutien de ces piliers conservateurs.

En ce sens, son régime représentait en somme un cartel de pouvoir, bien qu'inégalement partagé. Les patrons de l'industrie et les propriétaires fonciers l'appuyaient, sans influencer directement le cours politique. Les industriels se félicitaient de l'éviction du socialisme et des droits des travailleurs avec l'abolition des syndicats indépendants, de l'établissement d'un État corporatif sur le modèle fasciste italien qui renforçait leur contrôle sur les relations sociales. Les propriétaires fonciers profitèrent du protectionnisme agricole et du soutien de l'État pour étendre leur pouvoir sur leurs ouvriers. Dans ce pays à la foi catholique si profonde et répandue, la légitimité idéologique reconnue par les dignitaires de l'Église catholique était indispensable. Ils rappelaient qu'au temps des républicains les églises étaient détruites et le clergé se trouvait agressé. Ils rendaient grâce au chef qui les protégeait, défenseur de la religion contre l'athéisme impie et de leur pouvoir social traditionnel. La bureaucratie d'État, comme ailleurs en Europe, s'empressait de mettre en œuvre les directives politiques sous le régime autoritaire, tandis que les organismes chargés de faire respecter la loi – police, justice, garde civile – savouraient l'occasion d'exploiter leurs vastes pouvoirs coercitifs. La Phalange, principal support du culte du Caudillo qu'elle diffusait, compte tenu de sa taille et de son omniprésence, constituait un service important de surveillance, de mobilisation et de contrôle au quotidien, même si elle avait peu de poids dans la formulation de la politique. Les militaires bénéficiaient du régime qu'ils avaient en grande partie contribué à créer et qui veillait à leurs intérêts.

Un petit groupe d'officiers miliaires et de ministres civils, tous sélectionnés par Franco et dépendant de ses faveurs, élaborait la politique. Des proches avaient également une influence[55]. Dans les premières années, le plus important fut Ramón Serrano Súñer, qui sut rassembler en 1937 les diverses factions nationalistes en un seul parti, la Phalange espagnole, dont il fut le chef. Il joua un grand rôle dans la formation de l'appareil d'État autoritaire à la fin de la guerre civile. Ministre de l'Intérieur, puis à partir d'octobre 1940 des Affaires étrangères, c'était le numéro deux après Franco. Mais son pouvoir reposait sur son accès régulier au dictateur. En septembre 1942, lorsque Franco lui retira ses faveurs à la suite d'un grave affrontement entre phalangistes et monarchistes, Serrano Súñer fut limogé – et la Phalange considérablement affaiblie au profit des éléments militaires du cartel de pouvoir.

Le gouvernement et l'administration n'autorisaient naturellement aucune forme d'opposition au chef de l'État. Les ministres disposaient néanmoins d'une autonomie considérable – mais *relative* car toujours soumise à l'autorité prépondérante de Franco qu'ils reconnaissaient[56]. Les réunions du cabinet – conseil des ministres – duraient souvent des heures, parfois du matin jusqu'aux premières heures du lendemain, après une longue pause déjeuner. (La rétention urinaire de Franco était exceptionnelle ; jusqu'en décembre 1968, il n'interrompait jamais les réunions pour aller se soulager, au grand dam de certains ministres.) Dans les premières années, il y tenait souvent des propos sinueux, mais, à la fin, il parlait peu. Il laissait ses ministres s'exprimer longuement, n'ayant pas à craindre de contestation. En cas de désaccords – jamais importants –, les décisions étaient reportées le temps de trouver un terrain d'entente[57]. Mais le cabinet n'avait pas de pouvoir réel. Les décisions les plus importantes lui échappaient de toute façon : elles émanaient d'un groupe restreint qui délibérait autour de lui, et qui réunissait des généraux de confiance, des favoris et des intimes parmi la clique fréquentant le palais du Pardo, siège de la dictature à Madrid. Les cent membres du Conseil national du Mouvement, organe suprême des phalangistes, avaient en principe leur mot à dire dans l'orientation du parti. En réalité, avant même la totale mutilation du Conseil dans les dernières années, le rôle accordé au Mouvement n'était que représentatif, sans réel pouvoir. Quant au Parlement, les Cortes créées en 1942, il donnait une façade de légitimité à la politique gouvernementale, sans pouvoir la contester et encore moins la contraindre.

Franco ne fut jamais remis en question au sommet du cartel de pouvoir. Au début, il s'immergeait dans les détails de la politique, modifiant des projets de lois et de décrets. Il nommait et renvoyait les ministres à son gré. Et c'est à lui que revenaient les décisions finales. Mais il n'y eut jamais de rupture importante avec la base essentielle de soutien à son régime. Il était sans doute suffisamment malin pour manipuler à bon escient les intérêts souvent conflictuels d'individus en compétition ou de secteurs rivaux du régime. Il eut en particulier l'habileté de garder les monarchistes à ses côtés, promettant par la loi de succession de 1947 une éventuelle restauration de la royauté, mais sans fixer de calendrier précis et se réservant de choisir le futur monarque. « Diviser pour régner » est une maxime qui le servit parfaitement au fil des ans.

La promesse de promotion, avec la possibilité presque illimitée d'enrichissement dans un système qui reposait sur des pots-de-vin et une corruption colossale, était une carotte nécessaire, un élément essentiel pour s'attacher les élites[58]. Elles avaient tout intérêt à maintenir le régime en place pour s'enrichir sans retenue ni représailles. Ceux qui travaillaient dans la sécurité, l'espionnage et l'armée étaient bien rémunérés et donc fiables pour veiller à la préservation du régime et faire échec à quiconque ne voulait pas s'en accommoder.

À partir du milieu des années 1960, Franco délégua les affaires courantes du gouvernement à Carrero Blanco, officier de marine (au grade d'amiral à l'époque) et ultra-loyaliste qui était son lieutenant le plus fidèle depuis 1941[59]. Mais il ne céda aucun de ses pouvoirs. L'autoritarisme apathique était fermement ancré. La police et la Garde civile réprimaient rigoureusement toute dissidence. Les opposants étaient pour la plupart contraints à une docilité atone. Le Mouvement national – qui ne s'appelait plus Phalange depuis 1970 – contribuait encore à assurer le calme sur le terrain. Un frémissement de société civile indépendante se fit quand même sentir, chez les ouvriers et les étudiants en particulier, mais bien loin de suffire à briser la forte emprise du régime. La situation commença néanmoins à se détendre quand l'Espagne connut progressivement les changements économiques, sociaux et culturels que vivait toute l'Europe occidentale. La lutte armée pour l'indépendance du Pays basque était spécifique à l'Espagne, mais des formes de terrorisme endogène se manifestèrent bientôt ailleurs sur le continent. En 1973, l'assassinat de Carrero Blanco par des séparatistes basques déclencha une dernière vague de répression violente dans l'Espagne franquiste. Le régime était alors visiblement en sursis. La dictature était totalement en décalage avec les exigences pressantes de libéralisation et de démocratisation. Mais, tant que le dictateur était là, toute évolution était impossible. Voilà qui indique mieux que tout l'importance de l'individu dans l'histoire espagnole et européenne au XXe siècle.

Héritage

Franco fut incontestablement un chef militaire hors pair : il l'a montré au Maroc dans les années 1920 puis à la tête des troupes nationalistes dans la guerre civile. Mais les qualités de son leadership politique étaient imperceptibles avant la fin des années 1930. Elles le seraient sans doute restées si l'Espagne n'avait alors connu des circonstances particulières.

L'équilibre des classes sous la Seconde République lui donna l'occasion d'accéder au pouvoir puisque ni la droite ni la gauche ne pouvait l'emporter[60]. La guerre civile l'a ensuite propulsé à la direction militaire des rebelles nationalistes. Durant plus de trois décennies à la tête de l'État, il sut garder le pouvoir avant tout en divisant et en manipulant les secteurs constitutifs du cartel de pouvoir. Le culte de la personnalité « héroïque » échafaudé autour de lui renforça intensément son indiscutable autorité. Une part importante (inquantifiable) de la population, qu'elle ait ou non sincèrement cru en Franco, adhéra à ce culte, tout comme l'ont fait les élites, sans doute avec cynisme souvent, car elles avaient tout à y gagner. L'image publique faussait la réalité d'une personnalité qui, en d'autres temps, n'aurait laissé aucune trace dans l'histoire.

Après la guerre, la dictature de Franco consista principalement à garder le pouvoir, plus ou moins à son profit, et à accumuler une immense richesse dans un système fondé sur la corruption à grande échelle. Dès que les ennemis de l'intérieur eurent été impitoyablement éliminés, elle perdit sa dynamique idéologique. Il ne restait plus que la foi dans le patriotisme, la religion, l'unité et l'ordre[61]. Franco avait admiré Mussolini et Hitler et s'était identifié à eux. Mais son enthousiasme pour l'Axe fut officiellement gommé lorsque la victoire de plus en plus certaine des Alliés le rendit contreproductif. Il continua à fantasmer sur une conspiration franc-maçonne, reflet de son étrange état d'esprit, mais ce fut sans conséquence concrète[62]. Lorsque les circonstances appelèrent à se rapprocher des États-Unis, centre à ses yeux d'une puissance maçonnique nébuleuse, sa paranoïa n'entrava pas le changement de cap politique que réclamaient les besoins d'ajustements pragmatiques aux réalités géopolitiques.

Au fil des années, puis des décennies, Franco s'épuisa à gouverner, tout en restant obstinément accroché au pouvoir. Il s'intéressa de moins en moins au quotidien du gouvernement et consacra davantage de temps à ses loisirs : chasse, pêche en haute-mer, puis, sur sa fin de vie, de plus en plus malade, télévision, paris sur les matchs de football (qu'il gagnait parfois)[63]. Mais, parce qu'elle servait toujours les intérêts des classes dirigeantes et que la majorité de la population s'y conformait, bénéficiant d'une hausse du niveau de vie liée à la croissance économique tardive, la dictature continua à fonctionner. Et Franco conservait la fidélité bien récompensée de l'appareil militaire et de la sécurité.

Les forces de la modernisation finissaient cependant par visiblement l'emporter sur l'autoritarisme dépassé du système. Reconnaissant toutes cet état de fait, les diverses élites au pouvoir s'apprêtaient à nouer un nouveau type de relation avec l'État après la mort de Franco, tout en veillant à ce que la démocratie pluraliste sous la monarchie restaurée garantisse leurs intérêts.

Franco mourut le 20 novembre 1975, au terme de semaines de crises liées à sa maladie. Henry Kissinger avait déclaré en 1970 que l'Espagne attendait qu'« une vie s'achève pour rejoindre l'histoire européenne[64] ». Alors commença le processus de réintégration, la transition vers la démocratie n'étant assurée qu'après l'échec de la dernière tentative de coup d'État menée par la Garde civile en 1981. Le successeur que choisit Franco, le roi Juan Carlos, joua un rôle essentiel pour établir une démocratie durable[65]. Dans les années 1980, l'Espagne fut dirigée par un gouvernement socialiste pour la première fois depuis 1936. Elle rejoignit l'OTAN et adhéra à la Communauté économique européenne (l'Union européenne ensuite). Mais Franco avait laissé une trace indélébile dans l'histoire de l'Espagne. Alors que le pays opérait sa transition démocratique, les blessures infligées par les divisions de l'époque franquiste étaient trop profondes pour prendre le risque de les rouvrir[66]. La démocratie était encore fragile. La police, la justice et la Garde civile n'étaient toujours pas réformées. La gauche continuait à craindre une nouvelle dictature, voire un retour à la guerre civile[67]. Pratiquement, comme en Allemagne dans les années 1950, créer une sorte de consensus politique prima sur le jugement du passé.

La « récupération de la mémoire historique » ne commença vraiment qu'après le début du XXIe siècle[68]. On se mit à détruire les statues de Franco. En 2006, soixante-dix ans après le début de la guerre civile, l'« année de la mémoire historique » fut l'occasion d'un débat public intense sur l'ère franquiste[69]. Peu à peu, l'ampleur des tueries, des souffrances et de la répression durant la guerre civile, ainsi que bien d'autres atrocités – mais pas toutes, loin de là – commises sous la dictature furent révélées. Après 2008, le gouvernement socialiste encouragea la recherche des fosses communes des personnes exécutées sous Franco.

Un reliquat de fidélité à Franco n'avait cependant pas disparu. Les tombes des phalangistes qui avaient combattu avec les Allemands sur le front oriental étaient entretenues, avec un certain soutien du gouvernement conservateur, de retour au pouvoir en Espagne en 2011[70]. Sur la tombe de Franco, dans la basilique de la Vallée de Ceux qui sont tombés (Valle de los Caídos), mémorial dédié aux morts de la guerre civile, érigé par des milliers de prisonniers dans les années 1940, venaient chaque année en pèlerinage des loyalistes et d'anciens phalangistes jusqu'à ce que les rassemblements politiques en hommage au défunt dictateur fussent interdits en 2007. Le site fut fermé par le gouvernement socialiste en 2009, mais rouvert par le gouvernement conservateur trois ans plus tard. La dépouille de Franco en fut finalement exhumée en 2019, après des années de querelles politiques prouvant que les divisions de la guerre civile étaient loin d'être résorbées. Son inhumation dans le mausolée familial, à l'abri des regards, ne pouvait naturellement pas clore des décennies de scission et de confrontation autour de son héritage. Mais elle a quand même permis, en quelque sorte, de tourner la page.

Pourquoi tout cela ? Sous sa longue dictature, l'armée, la police et la justice de Franco avaient imposé l'ordre à la société espagnole. C'était ce que voulaient la plupart de ceux qui avaient applaudi l'élimination de la gauche et redouté les menaces anarchistes et communistes. Pour les autres Espagnols, cela avait été un ordre maintenu par une main de fer avec un contrôle social rigoureux, la censure des médias et une mobilisation orchestrée. La politique désastreuse d'autarcie choisie par Franco avait condamné la plus grande partie de la population à une pauvreté durable jusque dans les années 1960, tandis que la classe dirigeante s'enrichissait comme jamais. À la mort de Franco en 1975, l'Espagne commençait lentement à se hisser au niveau économique européen[71]. L'impressionnante croissance sur sa fin de règne ne devait rien ou presque à ses initiatives, mais traduisait des tendances internationales et un « rattrapage » après une longue période d'arriération économique[72]. Ces progrès étaient le fruit de politiques s'ouvrant à la libéralisation et à la modernisation, rejetant l'autarcie de style fasciste à laquelle le Caudillo était depuis toujours attaché. Son catholicisme réactionnaire se trouvait même à la fin en désaccord avec les réformes libérales de l'Église (qui continua cependant à protéger ses propres intérêts)[73]. Dans la décennie qui suivit sa mort, l'Espagne devint une démocratie pluraliste et se transforma rapidement en un État ouest-européen « normal ».

La grande ombre de Franco n'avait pas totalement disparu[74]. Plus des trois quarts des Espagnols sondés en 2000 pensaient qu'il ne restait rien ou presque de Franco en héritage[75]. Mais, au-delà même des controverses sur la mémoire historique, l'Espagne ne pouvait totalement échapper aux traces de son passé franquiste. La corruption au plus haut niveau, en partie liée à des personnalités du parti conservateur, le Parti populaire, était loin d'être éradiquée[76]. La crise autour de l'indépendance de la Catalogne assez prospère, provoquant la réaction agressive du gouvernement conservateur, raviva les souvenirs de la répression brutale de l'identité catalane sous Franco, qui imposa un État très centralisé fondé sur l'hyper-nationalisme espagnol. L'Espagne a néanmoins changé de façon spectaculaire depuis l'époque franquiste. Malgré les problèmes nés de l'impact profond de la crise financière de 2008, des dissensions autour de l'indépendance de la Catalogne et de la montée du populisme, la société espagnole est restée majoritairement attachée aux valeurs européennes, à l'opposé de tout ce que Franco avait représenté. Une Espagne devenue un pilier de l'Union européenne n'est pas la moindre des conséquences inattendues de la longue dictature de Franco.

Les années sombres de la dictature n'ont tout de même pu être totalement oubliées. Comme l'héritage durable de l'ère nazie en Allemagne, elles font inévitablement partie à leur manière du présent – un « passé qui ne veut pas passer[77] ». Franco a marqué l'Espagne du XXe siècle de façon indélébile. Son rôle dans la guerre civile, sa longue dictature et son héritage participent aussi de la construction européenne du XXe siècle.

Tito a l'air blasé alors que Nikita Khrouchtchev et lui se détendent en croisière sur l'Adriatique à l'occasion de la visite du dirigeant soviétique en Yougoslavie entre le 20 août et le 3 septembre 1963. Les deux pays avaient renoué des relations amicales après la mort de Staline, mais la visite du numéro un soviétique ne fut pas parfaitement harmonieuse.

9

Josip Broz Tito

Roi sans couronne d'une Yougoslavie socialiste

Dans les décennies d'après guerre, Josip Broz a été connu à travers le monde sous le simple nom de « Tito », qu'il commença à utiliser en 1934. Comme d'autres activistes politiques, il avait recouru à d'autres pseudonymes pour échapper aux arrestations. Tito, à l'en croire, n'avait pas de signification particulière pour lui[1]. Mais le nom lui resta. La rapidité avec laquelle, après sa mort, l'édifice qu'il avait construit fut déchiré par des conflits nationalistes et ethniques montre combien Tito fut essentiel à l'existence de la Yougoslavie en tant que république fédérale multinationale.

Il fit son entrée remarquée sur la scène internationale au cours de la Seconde Guerre mondiale comme chef indomptable des Partisans, qui, fait unique parmi les mouvements de résistance, libérèrent leur pays de l'occupation ennemie avec très peu d'assistance militaire extérieure. Par son habileté politique et sa dureté, il conserva ensuite les rênes du pouvoir en Yougoslavie trente-cinq années durant. Il mourut à son poste en 1980. Il réussit à tenir tête aux pressions extrêmes de Staline en 1948, gardant la Yougoslavie à l'écart du bloc soviétique et veillant à ce qu'elle soit le seul pays communiste d'Europe à rester indépendant de Moscou. Ainsi l'Union soviétique ne put-elle étendre sa domination à travers les Balkans. À travers une diplomatie subtile, Tito assura la place internationale de la Yougoslavie en tant que pivot entre l'Est et l'Ouest, à même d'exploiter et de jouer des intérêts conflictuels de l'URSS et des États-Unis. Il contribua à construire, sous le leadership yougoslave, le mouvement des non-alignés réunissant des pays d'Asie, d'Afrique et d'Amérique du Sud qui ne voulaient prêter allégeance à aucune des deux superpuissances. À l'étranger, la stature de Tito dépassait de beaucoup ce qu'on aurait pu attendre du dirigeant d'un pays communiste européen dépourvu de puissance économique et militaire. À l'intérieur, lui seul se montra capable de maintenir l'unité nationale dans un État dont il réussit parfois tout juste à contenir les fortes tendances centrifuges.

Comment Tito put-il avoir un impact aussi profond, tant dans son pays que sur la scène internationale ? Quelles qualités de leadership, dans la guerre et dans la paix, firent de lui un personnage aussi remarquable ? Quelles conditions lui permirent de prendre le pouvoir et de le consolider ? Et comment garda-t-il le pouvoir si longtemps ? Quelles structures de gouvernement se cachent derrière sa domination absolue ? En particulier, pourquoi a été construit un État à ce point tributaire de sa personne ? Et pourquoi s'est-il effondré dans de telles violences à peine une décennie après sa mort ?

Personnalité

Josip Broz était une personnalité marquante : intelligent, sûr de lui, résolu, il était un homme d'action dynamique. Il se dégageait de lui une autorité naturelle et il gagna des soutiens par son exemple personnel. Comme dans ses exploits du temps de guerre, il se montra physiquement, mais aussi politiquement courageux, capable de résister aux épreuves et d'inspirer la persévérance aux autres.

D'après Milovan Djilas, un de ses plus proches collaborateurs avant sa rupture avec lui dans les années 1950, Tito était un homme « vif, spontané, sans façons », jamais distant. S'il n'était pas un très bon orateur, il savait exposer ses idées dans un langage simple et direct et faire passer son message par la force de sa conviction, sa fougue et sa détermination. Il inspirait confiance. Il persuada ses partisans par le sentiment de sa mission historique et de sa destinée personnelle pour la façonner. Ce qui impressionna le plus ceux qui le virent de près, c'était son instinct politique et sa « soif rusée et constante, mais aussi inextinguible de pouvoir[2] ». Dans ses dernières années, Tito rappela ce que Churchill lui avait dit vers la fin de la guerre : « Une seule chose compte, et c'est le pouvoir, le pouvoir et encore le pouvoir[3]. »

À sa soif de pouvoir se mêlait inévitablement un autre ingrédient, qui est une composante essentielle de la personnalité des dictateurs (et, dans une certaine mesure, de tous les leaders politiques) : la dureté. S'il n'avait pas la cruauté psychotique de Staline, la direction des Partisans lui imposa de faire montre d'une rudesse intraitable envers les ennemis. La victoire fut suivie d'une vengeance sauvage. Dans les fameux massacres de Kočevski Rog en mai 1945, les hommes de Tito exécutèrent sommairement autour de dix mille collaborateurs, livrés par les forces britanniques en Autriche. Des dizaines de milliers d'autres, essentiellement des prisonniers de guerre, furent tués avant la fin de l'année. Et, dans les premières années au pouvoir après la guerre, il n'eut aucun scrupule à expédier les « ennemis de l'intérieur » dans un camp de concentration créé par le nouvel État. Quand il l'estimait nécessaire, il pouvait même limoger sommairement ses proches compagnons. Jusqu'au bout, il estima que les hommes foncièrement hostiles à l'État de parti unique méritaient un rude châtiment. Maintenir son pouvoir et entretenir son aura ne pouvaient se faire sans cette tache indélébile d'insensibilité que cachaient sa jovialité et sa bonhommie apparentes. Cependant, le noyau dur de sa personnalité n'était pas immédiatement visible.

Quand Fitzroy Maclean, le chef de la mission militaire britannique dépêchée auprès des Partisans en 1943, le rencontra, Tito était un personnage imposant de cinquante-deux ans : « De taille moyenne, son visage est régulier, basané, rasé de près sous des cheveux grisonnants ; la bouche très ferme et les yeux bleus sont pétillants. » Il était « très sûr de lui » et, bien qu'ouvert à la discussion, prêt « à trancher sur le vif ». Maclean fut frappé par ses talents d'organisateur, mais aussi par son « sens de l'humour jamais en défaut, son goût non dissimulé pour les menus plaisirs de la vie », sa « gentillesse naturelle » et ses manières conviviales. Mais il fut aussi témoin d'« accès de colère et de soudaines explosions de rage[4] ».

Son pouvoir et son prestige, mais aussi sa bonne mine et son charme attiraient les femmes, et il conserva un robuste appétit sexuel jusqu'à un âge avancé. Il se maria trois fois, eut deux autres relations durables et de nombreuses liaisons. Il était particulièrement attiré par les femmes beaucoup plus jeunes (penchant qu'il partageait avec Hitler et Staline) : vanité flattée par une « femme-trophée », autre raison psychologique ou, tout simplement, séduction physique des jeunes femmes sensuelles ? Impossible de le dire. Sa première femme, Pelagiia, fille d'un ouvrier de Saint-Pétersbourg, n'avait que quatorze ans quand il l'épousa en 1918. Parmi leurs cinq enfants, un seul, Zarko, survécut. Ils divorcèrent en 1936 et Tito épousa une jeune Allemande de vingt-deux ans, Elsa Johanna König (connue sous le nom de Lucia Bauer) ; à peine un an plus tard, elle fut arrêtée par la police secrète de Staline, accusée à tort d'être une espionne de la Gestapo et exécutée[5]. Plus tard, Tito ne devait jamais parler d'elle. On ne sait si, stalinien fervent, il accepta volontiers les prétendues raisons de son exécution. Moins de deux ans plus tard, en tout cas, il avait une nouvelle compagne : Herta Haas, vingt-cinq ans, fille d'un avocat autrichien, qui lui donna un autre fils, Alexandre (dit Miša), avant leur séparation en 1941. À cette époque, il était en couple avec sa secrétaire Zdenka – surnom de Davorjanka Paunovič –, morte de la tuberculose en 1946 à l'âge de vingt-sept ans seulement. Sa dernière épouse, Jovanka Budisavljevič, d'origine paysanne, rejoignit les Partisans en 1942 à tout juste dix-sept ans ; moins de cinq ans plus tard, deux fois moins âgée que lui, elle était la maîtresse de Tito. Séduisante (au moins au début), mais obstinée, jalouse et fouineuse, elle ne tarda pas à s'aliéner la quasi-totalité de l'entourage de Tito par sa conduite hautaine et sa grossièreté. Ils se marièrent en 1952. Peut-être parce qu'il commençait à se méfier même de ses plus proches camarades, il devint de plus en plus dépendant d'elle, si acrimonieuse que fût leur relation.

L'aigreur croissante conduisit cependant à leur séparation officielle en 1977. Détestée de la plupart des gens qui la rencontrèrent, Jovanka lui survécut.

La fabrique d'un leader politique

Josip Broz fut un leader politique bien avant de devenir un chef militaire. Le chemin vers le leadership fut long et sinueux. Initialement attiré vers le socialisme par son expérience de la discrimination et des épreuves au travail, il ne trouva que progressivement sa voie vers une interprétation idéologique. Il n'avait pas acquis ses croyances politiques à la maison ni par l'étude approfondie des classiques du marxisme, qui devait finalement lui fournir une explication de la misère sociale et la perspective d'un avenir meilleur. Sa transformation en communiste engagé ne fut pas le fruit d'une conversion sur quelque « chemin de Damas ». Elle se fit par étapes.

Il était né en 1892 dans le village de Kumrovec dans le district de Zagorje, région pauvre de Croatie occidentale, proche de la frontière avec la Slovénie, faisant encore partie de l'Empire austro-hongrois. Gros buveur, son père était un petit propriétaire qui n'avait pas assez de terre pour entretenir une famille nombreuse. Catholique pieuse qui eut quinze enfants, dont huit moururent en bas âge, sa mère avait le plus grand mal à nourrir les siens. À dix-huit ans, Josip avait trouvé un emploi de métallurgiste à Zagreb et avait commencé à s'intéresser à la politique. En 1910, il adhéra au syndicat des métallos et au Parti social-démocrate. Ce fut le début de son éveil politique. Mais il ne manifesta aucun signe de réticence socialiste ou pacifiste à servir quatre ans plus tard comme sergent-major dans l'armée austro-hongroise. Blessé sur le front des Carpates, il fut emmené prisonnier en Russie en 1915. Commença alors une deuxième étape de sa radicalisation idéologique. Sa vie de prisonnier ne fut pas une grande épreuve et, après une année surtout passée à l'hôpital pour se remettre de ses blessures, il travailla d'abord dans une minoterie puis sur le Transsibérien. En 1917, ses sympathies allaient aux Bolcheviks. Dans le chaos qui suivit le renversement du tsar, il réussit à se rendre à Petrograd, fit l'expérience de la fermentation révolutionnaire, prit part aux manifestations de juillet, fut emprisonné puis parvint à s'évader du train qui le reconduisait dans l'Oural et à rejoindre Omsk en Sibérie, où il entra dans les Gardes rouges. Au cours de la guerre civile, il lui fallut fuir une fois de plus quand les Blancs contre-révolutionnaires prirent temporairement le pouvoir à Omsk. En 1920, cependant, devenu communiste fervent et après presque six années d'absence, il put regagner sa patrie[6].

La persécution de la gauche qu'il découvrit dans le nouveau Royaume, très instable, des Serbes, des Croates et des Slovènes (rebaptisé Yougoslavie en 1929) fut une troisième étape de son émergence politique sur une scène ponctuée de violences et de répression. En 1921, le gouvernement royaliste interdit le tout nouveau Parti communiste. Suivirent des années d'activité clandestine pour échapper à l'arrestation et à la prison. Broz s'était lancé dans l'action politique et, en 1928, devint secrétaire de la section du parti à Zagreb. Cette même année, il fut arrêté et jugé avec cinq autres pour activité communiste illégale, dont la possession de deux bombes (placées par la police, assura-t-il plus tard). Il se défendit vaillamment mais écopa de cinq années de travaux forcés.

Au cours de ses années de prison, le régime monarchiste corrompu devint carrément une dictature. Le Parti communiste interdit déclina, et son organisation fut largement détruite. Sitôt sorti de prison, Tito (il commençait à utiliser ce pseudonyme, parmi d'autres) se lança dans un effort périlleux pour reconstruire le parti. Vers la fin de 1934 – désormais élu au Comité central et au Politburo –, il fut décidé de l'envoyer à Moscou pour travailler au Komintern (Internationale communiste) sur les affaires yougoslaves[7]. Ce devait être la dernière étape importante sur le chemin qui allait le conduire à la direction du PC yougoslave.

Il débarqua à Moscou en février 1935, en des temps où il était notoirement dangereux de se trouver en Union soviétique. Après le meurtre en décembre 1934 de Sergueï Kirov, patron du parti à Leningrad et proche de Staline, les grandes purges commençaient à balayer le pays. L'atmosphère menaçante de suspicion et de méfiance était envahissante. Les étrangers, surtout ceux qui travaillaient pour le Komintern, étaient particulièrement exposés, soupçonnés d'être des espions ou – tout aussi grave – des trotskistes. Alors que la Grande Terreur atteignit son apogée à la fin de 1937, les trois quarts des communistes yougoslaves présents en Union soviétique furent soupçonnés de trotskisme[8]. Plusieurs centaines furent arrêtés et sommairement exécutés, dont le secrétaire général du Parti communiste yougoslave, Milan Gorkić. Tito eut de la chance de se trouver hors de l'URSS.

Il avait assisté au début des grands procès de Moscou avant de partir, à l'automne 1936, et d'entamer deux années de voyages et de travail clandestins à l'étranger, vraisemblablement financés par le Komintern. Il séjourna à Vienne et à Paris, regagna la Yougoslavie pour essayer de reconstruire le parti affaibli et fit un court passage à Madrid en pleine guerre civile (qui a pu impliquer une collaboration avec les services secrets soviétiques pour liquider les trotskistes[9]). Vivre sous des noms d'emprunt, voyager avec de faux papiers, circuler d'une adresse à l'autre, gérer les factions et les rivalités au sein du parti était épuisant et périlleux, mais peut-être moins que de rester à Moscou.

Quand il y fut rappelé en août 1938 pour affronter les critiques sur l'état du parti yougoslave de la part d'une commission hostile de cinq hommes, le temps fort des purges était passé. Sa position n'en était pas moins précaire. Le soutien en coulisses du chef du Komintern, Georgi Dimitrov, lui épargna très certainement des suites désastreuses, voire fatales. Il dut affronter une seconde menace. En 1936, peu avant de quitter Moscou au mois d'octobre, Tito avait épousé Lucia Bauer, jeune communiste allemande envoyée en 1934 à Moscou pour se former à l'activité clandestine avant de regagner l'Allemagne ; en 1937, cependant, elle avait été arrêtée, accusée d'espionnage et exécutée. Cela mit Tito en danger quand il fut interrogé par la commission. Sans défendre Lucia Bauer (c'eût été suicidaire), il confessa avoir manqué de vigilance en lui faisant confiance et admit que c'était un mauvais point pour lui[10]. Comme pour certains membres de la hiérarchie soviétique, abandonner sa femme, c'était réussir le test[11]. Il sortit indemne de l'épreuve.

Très certainement, une fois encore, grâce à l'influence de Dimitrov, il fut officiellement confirmé secrétaire général du Parti communiste yougoslave le 5 janvier 1939[12]. Dimitrov lui expliqua qu'il était « le seul qui restait » et lui ordonna d'extirper les factions et de reconstruire le parti, sans quoi il serait dissous. Tito promit de « nettoyer la crasse[13] ». Staline aurait approuvé cette approche. On ignore, cependant, ce qu'il pensa de la nomination, voire de Tito lui-même à cette époque. Il ne le connaissait pas personnellement. Les deux hommes se rencontrèrent pour la première fois en 1944[14]. En tout cas, Tito fut autorisé à quitter l'Union soviétique et à retourner en Yougoslavie.

Comment, à la différence de tant de ses camarades, Tito échappa aux griffes de la police secrète soviétique (le NKVD), surtout après l'arrestation de sa femme, demeure obscur. Travaillait-il tacitement avec le NKVD ? On n'a jamais su s'il fut impliqué dans les purges, et si oui dans quelle mesure. Djilas inféra que oui, mais que sa « participation aux purges fut limitée[15] ». À l'époque où il écrivait, Djilas avait de longue date rompu avec Tito. Et il n'était pas avec lui à Moscou durant les purges. Assurément, cependant, Tito n'apporta aucun appui à ses camarades yougoslaves et ne formula aucune critique à propos de la terreur stalinienne. Comme le fit valoir Djilas, la loyauté absolue envers Staline était impérative pour survivre. À cette époque, Tito était un stalinien engagé. Il était déjà un fervent soutien de l'Union soviétique stalinienne avant d'aller à Moscou en 1935 et paraît avoir reconnu plus tard que, même si elles avaient donné lieu à des excès, les purges étaient au fond justifiées[16]. En vérité, sans atteindre la sauvagerie de Staline, il ne montra aucun scrupule à recourir à des purges une fois installé au pouvoir en Yougoslavie.

De retour dans son pays, alors que l'orage de la guerre se rapprochait de jour en jour, Tito entreprit de réformer de fond en comble un parti désorganisé et désuni. Avec une formidable énergie, une détermination implacable et une intolérance envers les factions rivales, il le transforma progressivement en une organisation stalinienne nationale et centralisée, idéologiquement alignée sur Moscou. Il tint cependant à rester indépendant financièrement, essentiellement grâce aux contributions des militants sur leurs modestes revenus. Il rapatria le Comité central en exil. Et il créa un noyau dur de dirigeants formé de nouveaux jeunes révolutionnaires, dévoués à la cause que représentait l'URSS stalinienne mais loyaux à sa propre personne. Trois d'entre eux – Edvard Kardelj, Aleksandar Ranković et Milovan Djilas – allaient devenir ses plus proches soutiens, au cours de la guerre des Partisans, mais aussi au pouvoir après la guerre dans le nouvel État yougoslave[17].

À l'automne 1940, le parti ne comptait pas plus de 6 500 membres réguliers environ (et l'organisation de jeunesse, 18 000). Et il demeurait interdit. Tito était impatient de fomenter un soulèvement, mais Moscou le freina. Une tentative de renversement du gouvernement, plaida le Komintern avec raison, se solderait assurément par un désastre. Néanmoins, alors que la menace extérieure sur la Yougoslavie s'amplifiait, Tito dirigea les préparatifs d'une révolte armée au sein d'un parti désormais discipliné et en plein essor. La situation allait bientôt changer du tout au tout. Le 6 avril 1941, en réaction au coup d'État militaire de Belgrade pour déjouer le projet yougoslave de rejoindre le Pacte tripartite (Allemagne, Italie et Japon), les Allemands envahirent le pays.

L'armée yougoslave s'effondra sans combattre. Près de 350 000 hommes, en majorité des Serbes, furent emmenés en captivité ; 300 000 autres s'enfuirent. Le gouvernement et la famille royale s'exilèrent. La Yougoslavie fut démantelée. Les Allemands contrôlèrent la Serbie. Leurs Alliés – Italiens, Hongrois et Bulgares – occupèrent les autres parties du pays démembré. Le 10 avril fut créé un État indépendant de Croatie, dirigé par les Oustachis (*Ustaše*) fascistes, qui étendirent leur contrôle à la Bosnie-Herzégovine et, jusqu'à la fin de la guerre, firent régner une terreur indescriptible, massacrant 300 000 Serbes et des dizaines de milliers de Juifs et de Roms.

Tito fut contraint de quitter Zagreb pour Belgrade, juste avant la fermeture de la frontière entre la Croatie et la Serbie, et d'opérer dans le secret le plus absolu. Il devait bientôt commencer une nouvelle vie itinérante, quoique souvent dans les régions montagneuses reculées de la Yougoslavie, qui allait durer jusqu'à la fin de la guerre. Au sein du parti, d'aucuns soutenaient que l'on ne pouvait pas faire grand-chose d'autre que se livrer à des actes de sabotage sporadiques. Toutefois, sitôt l'invasion allemande de l'URSS engagée, le 22 juin 1941, Tito plaida avec succès la cause de la lutte armée. Le 27, le Politburo mit en place un état-major des unités de Partisans, prêts à livrer une guérilla pour la libération nationale de la Yougoslavie. En tant que chef du parti, Tito fut naturellement nommé commandant en chef.

Conditions préalables du pouvoir

C'est la guerre qui rendit possible le régime de Tito. Sans elle, sans l'invasion, le dépècement du pays, la cruelle occupation allemande et italienne, l'horrifiante terreur des Oustachis et l'éclatement de la résistance entre les Partisans conduits par les communistes et le mouvement monarchiste des Tchetniks, Tito n'aurait très certainement jamais été en position de prendre le pouvoir. Avant 1941, les communistes étaient un petit mouvement assez peu populaire. Les divisions ethniques et les nationalités rivales rendaient quasiment impossible la constitution d'une identité de classe dominante. Le potentiel d'un soulèvement révolutionnaire – Moscou l'avait bien vu – n'existait pas. Sans l'invasion, un État communiste unitaire eût été à peine concevable. Très probablement la Yougoslavie – amalgame créé après la Première Guerre mondiale – se serait-elle disloquée le moment venu en un certain nombre de petits États-nations.

De tous les dirigeants examinés dans ce livre, Tito est le seul à être arrivé au pouvoir en tant que vainqueur dans une guerre mondiale et une guerre civile simultanées. Lénine, Mussolini, Hitler (indirectement), Churchill et de Gaulle arrivèrent tous au pouvoir en conséquence, au moins en partie, d'une guerre mondiale (et de Gaulle dut affronter les prétentions rivales du régime de Vichy). Franco dut son pouvoir à la victoire dans une guerre civile mais ne devait pas participer à la guerre mondiale. Seul

Tito arriva au pouvoir après avoir livré une guerre civile au sein d'une guerre mondiale – non depuis un QG relativement sûr, loin du danger immédiat, mais sur le front, engagé dans des combats féroces. Ses Partisans devaient compter non seulement avec la force puissante et meurtrière des occupants allemands (et italiens), mais aussi avec les atrocités barbares des Oustachis et les attaques impitoyables des Tchetniks, force royaliste et nationaliste serbe dirigée par un colonel de l'armée yougoslave défaite, Draža Mihailović. La brutalité appelait la brutalité. Les Partisans commirent eux aussi des atrocités. Tito ordonna personnellement de liquider tous les espions, les membres de la cinquième colonne et les « opposants actifs au combat de libération du peuple[18] ».

Au début de la guerre civile en Serbie, les Partisans n'étaient que 40 000 environ. Quoique très dissuasives, la cruauté, les persécutions, les représailles et les atrocités qui étaient leur lot quotidien aidèrent à recruter une minorité de fanatiques prêts à tous les sacrifices pour la cause des Partisans : libérer la patrie des fascistes et des impérialistes. En 1943, Tito commandait autour de 150 000 Partisans. La population voyant la situation se retourner inexorablement contre les envahisseurs, leur nombre doubla avant la fin de l'année. À la libération de Belgrade, en octobre 1944, ils n'étaient pas moins de 800 000[19]. Derrière ces chiffres, on devine le nombre croissant de ceux, famille comprise, qui, sans compter parmi les combattants, sympathisaient et leur apportaient aide et secours[20].

Tito vécut mal l'aide minime reçue de l'Union soviétique, qui avait elle-même besoin de toutes les ressources qu'elle pouvait rassembler pour son épreuve de force titanesque avec les armées de Hitler. Avant 1943, les Partisans ne reçurent pas non plus d'aide tangible de la Grande-Bretagne et des États-Unis. Initialement, les sympathies de Churchill allaient aux Tchetniks, mais ce qui comptait pour lui, c'était de vaincre les Allemands ; progressivement, il se rendit compte qu'il avait choisi le mauvais cheval. Les Tchetniks collaboraient avec les Allemands et les Italiens et perdaient leur soutien populaire. Même si les Américains continuaient de placer leurs espoirs en eux en raison de leur anticommunisme véhément, Churchill engagea toujours plus de ressources britanniques pour aider les Partisans. Au moment de la conférence de Téhéran, en novembre 1943, les Alliés étaient prêts à reconnaître en eux la force de libération nationale yougoslave. Churchill, le leader britannique d'ascendance aristocratique, contribua directement à la fabrique de Tito, le dirigeant communiste. En 1944, aidés par les livraisons d'armes britanniques, les Partisans immobilisaient quinze divisions allemandes dans les Balkans[21].

En tant que chef militaire, observa par la suite Djilas, Tito avait des failles[22], mais il pouvait compter sur de bons subalternes. Et il était une source d'inspiration : décidé, calme dans le danger, prêt à partager les épreuves de ses hommes, assurant la discipline et respirant la force de la volonté et la confiance dans la victoire. Il s'entoura d'une trentaine d'hommes qui l'accompagnaient dans son QG en perpétuel déplacement, sillonnant le territoire sur des centaines de kilomètres[23]. En revanche, c'est lui qui prenait les décisions et toutes les lignes de contrôle étaient entre ses mains ; son autorité était incontestée.

Plus de trois années durant à la tête des Partisans, il mena une vie si extraordinaire qu'on dirait un récit d'aventures de magazine pour adolescents. Loin d'être une fiction, elle fut bien réelle. En mars 1943, par exemple, dans une manœuvre très risquée, il fit traverser la Neretva à son armée, malades et blessés compris, pour éviter une destruction certaine entre les mains d'une puissante force de Tchetniks en armes. Mieux encore, ses hommes réussirent ensuite à retourner la situation face aux Tchetniks très supérieurs en nombre. Ces derniers ne s'en remirent jamais. Ce fut une défaite décisive pour leur chef Mihailović[24]. En juin, au milieu de combats intenses, Tito échappa de justesse à la mort. Blessé au bras gauche par une grenade qui explosa à proximité, il parvint à éviter l'encerclement près de la Soutjeska. Plus de 7 000 Partisans furent tués, mais Tito réussit de nouveau à fuir dans les bois de Bosnie orientale. En mai 1944, piégés dans une grotte au cours d'une grande offensive allemande, ses camarades et lui suivirent le lit d'une rivière asséchée pour finalement se réfugier dans les montagnes. On devait plus tard broder sur ces épisodes pour bâtir l'image puissante d'un chef des Partisans légendaire – partie intrinsèque du culte de Tito.

En septembre 1944, après que Tito se fut envolé pour Moscou, Staline consentit à envoyer des troupes pour aider à la libération de la Yougoslavie. Autour de 400 000 soldats de l'Armée rouge combattirent aux côtés des Partisans dans le dernier assaut sur Belgrade, même si leur comportement de rapaces – 1 219 viols, 111 meurtres et 1 204 affaires de pillage – leur aliéna la population[25]. À ce stade, l'assistance militaire était loin d'être insignifiante[26]. Depuis une année environ, on l'a dit, les Partisans bénéficiaient aussi des livraisons d'armes britanniques. Pendant le plus clair des trois dernières années, cependant, les Partisans avaient combattu seuls contre toute attente, défiant les Allemands, les Italiens, les Oustachis et les Tchetniks. Ils étaient largement fondés à prétendre avoir libéré leur pays. À la différence de ce qui s'était passé partout ailleurs en Europe orientale, l'Armée rouge n'avait joué qu'un rôle tardif et subsidiaire.

Cinq jours après l'entrée des Partisans à Belgrade, à la suite de combats acharnés, le 20 octobre 1944, Tito regagna la capitale en chef de guerre triomphant et libérateur de la Yougoslavie : un héros dont nul ne pouvait contester le titre à assurer le leadership du pays après la guerre.

L'autocratie de Tito

Souder les parties scissipares de la Yougoslavie déchirée par quatre années de guerre en un État unitaire eût été inconcevable sans Tito. Il fut le fondateur, l'inspirateur et le pivot de l'État, son indispensable foyer d'intégration jusqu'à sa mort.

Le cadre du gouvernement et la future constitution avaient déjà été établis le 29-30 novembre 1943 lors d'une réunion des cent quarante-deux délégués du deuxième Conseil antifasciste. La future Yougoslavie serait un État fédéral et démocratique. Le gouvernement en exil serait écarté du pouvoir. Près d'un an plus tard, le 1er novembre 1944, fut constitué un gouvernement provisoire dirigé par Tito mais intégrant des politiciens « bourgeois » d'avant guerre qui ne s'étaient pas compromis dans la collaboration avec l'ennemi[27]. Au cours des mois suivants, cependant, les espoirs de gouvernement pluraliste et de libertés démocratiques que caressaient les Alliés s'envolèrent en fumée. En novembre 1945, lors des élections à l'Assemblée constituante, le seul parti figurant sur les bulletins était le Front populaire de Tito – en fait le Parti communiste –, qui recueillit 96 % des voix[28]. La monarchie fut abolie. À cette date, le régime avait réglé ses comptes avec les anciens collaborateurs : avec l'aval de Tito, des milliers avaient été exécutés ; des milliers d'autres, dont Ante Pavelić, l'innommable chef des Oustachis, avaient trouvé refuge en Autriche puis ailleurs à l'étranger, notamment en Argentine, en Espagne et aux États-Unis. Mihailović, le chef des Tchetniks, serait exécuté en juillet 1946[29]. Le régime de Tito se fonda non seulement sur son leadership durant la guerre, mais aussi sur sa brutalité absolue pour ordonner ou approuver des atrocités dans les premiers mois de l'après-guerre.

Suivant la constitution, entrée en vigueur cette même année, la nouvelle Yougoslavie devait être une fédération de six républiques (Serbie, Slovénie, Croatie, Bosnie-Herzégovine, Monténégro et Macédoine) – les provinces serbes de Voïvodine et du Kosovo, comptant toutes les deux de fortes minorités non slaves, bénéficiant d'un statut autonome[30]. Même en théorie, il n'était pas question de démocratie pluraliste à l'occidentale et, en pratique, l'autonomie constitutionnelle était contrainte par le fait que la Yougoslavie était un État de parti unique dirigé par le Parti communiste suivant les méthodes staliniennes.

Durant la guerre, le Parti communiste était devenu la seule force politique cherchant à recréer un État yougoslave unifié. Toujours moins nombreux, les royalistes espéraient, bien entendu, un avenir différent sous une monarchie restaurée. Les Tchetniks s'étaient cependant battus pour une « Grande Serbie », et les Oustachis voulaient un État croate ethniquement purifié. Entre-temps, les organisations des uns et des autres avaient été détruites, mais les communistes étaient loin de faire l'unanimité. Ils devaient à l'immense popularité de Tito leur titre à devenir le parti dirigeant de la totalité du pays. Les débuts du culte de la personnalité

– indispensable fondement de la légitimité du nouvel État – se manifestèrent clairement avec la déferlante d'adulation dont son anniversaire, le 25 mai 1946, fut l'occasion : la propagande loua le héros de guerre, l'homme d'État et la simplicité de ce « fils du peuple ». Trois semaines auparavant, soixante-dix mille personnes avaient défilé dans Belgrade avec des drapeaux rouges en scandant « Tito-Staline », « Vive l'Armée rouge » et « Vive le Parti communiste »[31].

Très vite, cependant, on cessa d'acclamer conjointement Tito et Staline. La relation entre les deux, qui se dégradait de longue date, laissa place à une acrimonie durable. L'enjeu essentiel était le contrôle des Balkans. Staline voulait faire de la Yougoslavie un satellite docile de l'Union soviétique dans le cadre d'une « Fédération balkanique[32] ». Moscou ne supportait pas les initiatives diplomatiques de Tito pour étendre son influence à la Bulgarie, l'Albanie et la Grèce. De plus, le programme quinquennal d'industrialisation auquel tenait Tito ne cadrait pas avec les projets soviétiques qui voulaient faire des Balkans, Yougoslavie comprise, des économies essentiellement agricoles qui contribueraient à nourrir l'URSS elle-même et les autres parties industrialisées du bloc soviétique. Début 1948, la patience de Staline était à bout. En mars, il adressa à Tito une longue lettre, l'accusant de « révisionnisme » et de tendances trotskistes. Tito ne se laissa pas intimider. Il présenta sa longue réponse inflexible lors d'une réunion des chefs du parti yougoslave et reçut une approbation quasiment unanime. Dans deux autres lettres, Staline ne devait pas contenir sa colère. Il exigea de Tito qu'il assiste à Bucarest à la réunion des membres du Kominform (Bureau d'information communiste fondé en octobre 1947, pour succéder au Komintern et coordonner les Partis communistes sous l'égide de Moscou). Pour Tito, il était clair que, s'il y allait, il serait contraint de s'aligner, peut-être avec des conséquences funestes. En son absence, on l'accusa d'être un « espion impérialiste » et on décida que le Parti communiste yougoslave s'était exclu de lui-même de la famille des partis frères.

Dans l'affrontement des volontés, Tito tint tête. Il avait refusé de se laisser intimider par une Union soviétique infiniment plus puissante et fait preuve de courage personnel aussi bien que politique. La presse soviétique lança contre lui des attaques au vitriol. Il y eut même des tentatives d'assassinat. Mais pas question de céder aux manœuvres d'intimidation de Staline. Après sa mort, on retrouva dans un tiroir de ce dernier un billet que lui avait adressé Tito : « Si vous n'arrêtez pas [d'envoyer vos tueurs], j'en dépêcherai un à Moscou et croyez-moi, de mon côté, un seul suffira[33]. »

La Yougoslavie redoutait bel et bien que l'Armée rouge n'entre dans le pays et ne le soumette à la férule soviétique. Malgré ses menaces, cependant, Staline ne voulait pas risquer une guerre mondiale pour la Yougoslavie – ni ailleurs à cette époque, alors que les tensions avec les Alliés occidentaux devenaient plus aiguës (et que les Américains étaient seuls à posséder la bombe atomique). Qui plus est, peut-être, Staline avait vu le succès de la guérilla des Partisans contre les Allemands. Même avec des forces très supérieures, une invasion l'aurait exposé au risque d'une guerre prolongée contre des combattants patriotes et engagés. Tito eut gain de cause. En Yougoslavie, son prestige, déjà élevé, atteignit des sommets pour avoir défié Staline.

Après la victoire dans la guerre, la victoire sur l'Union soviétique fut le second fondement de l'attrait charismatique de Tito. Non content d'avoir libéré la Yougoslavie, il avait maintenant assuré son indépendance. Cela fit de lui un héros national même aux yeux de ceux qui n'avaient pas été conquis ou étaient au mieux opportunistes ou simplement conformistes dans leur soutien au communisme.

Si le communisme yougoslave devait bientôt suivre d'autres voies que le bloc soviétique – encore une source d'indisposition profonde pour Moscou –, la rupture avec Staline renforça l'organisation du parti. Au départ – la tendance s'affaiblit un peu par la suite –, le parti devint encore plus monolithique, et totalement centré sur la loyauté envers Tito. C'est lui qui décida personnellement d'écarter de leurs postes deux critiques éminents, Andrija Hebrang (ministre de l'Économie, favori de Staline, disait-on, pour succéder à Tito) et Sreten Žujović (ministre des Finances et ferme partisan de Staline), qui les chassa du parti et les emprisonna comme « ennemis du peuple ». Une campagne de propagande fut lancée pour extirper les « ennemis » du parti. Plus de 55 000 partisans de Moscou furent purgés. Tito approuva l'ouverture d'un camp de concentration sur l'île de Goli Otok, dans l'Adriatique, où entre 1949 et 1956 quelque 13 000 prisonniers furent astreints aux travaux forcés dans des conditions infernales. Des milliers d'autres furent « rééduqués » dans des camps de travail[34]. Les vides dans les rangs des militants furent aisément et rapidement comblés. Les quelques années suivant la rupture avec Moscou virent l'afflux d'un demi-million de nouveaux adhérents – tous loyaux à Tito, beaucoup devant leur carrière et leurs avantages matériels à leur dévouement envers lui. Les partis régionaux furent subordonnés à Belgrade. À tous les échelons du gouvernement, les postes importants revenaient à des membres du parti. Ainsi l'autocratie de Tito fit-elle tache d'huile et se répandit dans l'État yougoslave à travers des centaines de milliers de loyalistes.

Au sein d'un Parti communiste qui dominait tout, les douze sections du Comité central mettaient en œuvre la politique gouvernementale. Le forum clé du pouvoir était cependant le secrétariat du Politburo et ses dix membres : outre Tito lui-même, en faisaient partie Kardelj, Ranković et Djilas. Kardelj était en charge de la politique extérieure, Ranković de la sécurité intérieure, Djilas de la propagande et de la vie intellectuelle. Ce « quatuor » (comme le surnomma Djilas) déterminait la politique, ensuite confirmée par le Politburo et mise en œuvre par les échelons inférieurs du parti – surtout formés de jeunes anciens Partisans fanatiques, peu instruits mais croyant profondément en Tito[35]. Au sein du secrétariat lui-même, la question de qui exerçait réellement le pouvoir ne se posait pas. Kardelj, Ranković et Djilas avaient tous trois servi aux côtés de Tito pendant la guerre ; ils savaient comment il fonctionnait, reconnaissaient son droit au leadership et s'inclinaient devant son incontestable autorité.

Quelle que fût la théorie constitutionnelle, dans les faits il s'agissait d'une autocratie. « Je suis responsable de la Yougoslavie ! Ici, c'est moi qui décide ! », faisait bien comprendre Tito[36].

Et ce n'étaient pas des mots creux. Il prenait des décisions importantes sans consulter personne ou à peine[37]. Une fois qu'il avait décidé, il n'y avait pas de retour en arrière. En tant que chef des Partisans, il s'était habitué à donner des ordres incontestés. Il devait maintenant transformer son prestige unique de héros de guerre en leadership autoritaire de l'État. L'opulence de son mode de vie trahissait le pouvoir et l'autorité absolus. Il s'agissait délibérément de proclamer sa suprématie intouchable. De longue date habitué à vivre à la rude, il savourait d'autant plus le luxe. Grotesque parodie des idéaux socialistes. L'argent n'était pas un problème. Il traitait les finances de l'État comme ses revenus privés (et, après un début modeste, s'octroya un salaire confortable). Il se métamorphosa en pseudo-monarque, un mini-Louis XIV, jouissant de la splendeur à la mode socialiste entouré d'une suite de courtisans corrompus par la proximité du pouvoir et l'accès aux privilèges matériels. Les anciens révolutionnaires devinrent des nouveaux riches, participant avidement à l'appropriation de la richesse et des biens.

Tito s'installa aussitôt dans un des palais royaux, en fit rénover un autre pour de somptueuses réceptions officielles et, sous peu, ajouta à sa collection d'autres anciennes résidences royales et d'immenses domaines de chasse. Une de ses résidences préférées était sa résidence d'été sur l'île de Brioni, où il possédait une villa neuve extravagante et, pour son gouvernement et les cadres du parti, des logements spacieux construits par des prisonniers. Il y fit même aménager un zoo personnel. Il ne tarda pas à posséder une Mercedes blindée, une Rolls-Royce, un yacht de haute mer somptueusement équipé et une ample collection d'œuvres d'art. Vaniteux, il se glorifiait du titre de maréchal qui lui avait été octroyé en 1943, et en diverses occasions publiques il apparaissait invariablement dans son uniforme tape-à-l'œil avec ses décorations. Sa vulgarité ostentatoire rappelait celle d'un dictateur latino-américain[38].

Sa position de chef de l'État, de commandant en chef des forces armées et de chef du parti était incontestable – et devait le rester jusqu'à sa mort en 1980. Son pouvoir reposait sur une triade : parti, armée et forces de sécurité. Beaucoup de loyalistes du parti servaient aussi dans les rangs de l'armée qui, se fondant sur le mouvement des Partisans, avait de solides liens personnels avec Tito. La quasi-totalité des officiers étaient membres du parti. La formation idéologique faisait partie de l'entraînement militaire pour le demi-million de soldats servant dans l'armée au début des années 1950. Tito veilla à ce que l'armée fût bien payée et bénéficiât d'un accès privilégié aux logements d'État. Il n'y eut jamais de doute quant à sa loyauté[39].

Sous la houlette de son proche Aleksandar Ranković, ministre de l'Intérieur puis vice-Premier ministre, la police de sécurité veillait au conformisme et punissait les déviances politiques. Comme dans toutes les dictatures, l'« ennemi de l'intérieur » était un moyen de promouvoir l'intégration et l'allégeance, avec les arrestations arbitraires et le châtiment des supposés « traîtres » pour assurer la docilité. La police de sécurité (UDBA) pouvait poser des micros, intercepter le courrier et procéder à des écoutes téléphoniques, sans jamais atteindre un niveau de terreur comparable à l'Union soviétique. L'opposition au régime de Tito n'en était pas moins sévèrement punie d'emprisonnement ou d'internement dans des camps de travail. Tout naturellement, la plupart des citoyens ordinaires, quelles que fussent leurs convictions intimes, se conformaient aux exigences d'un système qu'ils ne pouvaient modifier.

La coercition et l'intimidation n'étaient cependant pas les seuls ressorts du régime. La dictature de Tito fut de longues années populaire, même s'il est impossible de dire dans quelle mesure. Et, à l'évidence, cette légitimité populaire était au moins en partie fabriquée par les médias sous contrôle et l'endoctrinement au sein du parti et de l'armée. Rien ne fut laissé au hasard pour embellir un culte de Tito rapidement envahissant. D'immenses portraits de lui ornaient les bâtiments publics. On donna son nom à des rues et à des places[40]. Son aura de chef héroïque dominait totalement la scène politique. Aucun autre personnage politique n'approcha, fût-ce de loin, la popularité du « héros du peuple ». Si important que fût le rôle de la manipulation et de la propagande, on ne saurait nier que Tito ait joui d'une authentique popularité personnelle, surtout les premières années, quand il pouvait se glorifier de ses exploits légendaires du temps de guerre et de sa défense de la nation contre le tyran soviétique. Il incarnait la fierté nationale. Et loin d'être simplement un phénomène psychologique, cela libéra une formidable énergie sociale et politique. Les nouveaux bâtiments, les chantiers et les grands projets d'infrastructure furent autant de signes d'un grand changement. On observa une amélioration notable des niveaux de vie – certes modestes en comparaison des parties les plus riches de l'Europe occidentale, sans parler des États-Unis, mais bien plus élevés que tout ce que la plupart des gens avaient jamais connu et laissant espérer un avenir encore meilleur. Les années 1950 virent d'énormes investissements publics et une croissance économique impressionnante (après des débuts faibles) : une augmentation annuelle de 13 % de la production industrielle et une hausse du revenu de près de 6 %. Cela se traduisit par un grand mouvement de l'agriculture vers l'industrie. Mais la campagne initiale de collectivisation agricole (sans la brutalité meurtrière de Staline) fut arrêtée en 1953 tant elle s'était révélée impopulaire et peu viable économiquement. Les coopératives improductives furent fermées, la terre fut rendue aux paysans ; le pays investit davantage dans l'agriculture, avec pour conséquences des rendements supérieurs et une satisfaction croissante dans l'importante population agricole[41].

La rupture avec l'Union soviétique fut suivie de changements dans le pilotage de l'économie qui, du moins au départ, semblèrent prometteurs et attractifs. En 1949, Kardelj (théoricien en chef du parti), Boris Kidrič (membre éminent du Politburo chargé de l'économie) et Djilas (le propagandiste) persuadèrent Tito d'adopter une nouvelle forme de relations sociales. L'« autogestion », tout au moins en théorie, permettait aux conseils des ouvriers de gérer les usines et de mobiliser la construction du socialisme « depuis la base », non « du sommet », par l'État, comme en Union soviétique. En pratique, les problèmes s'accumulèrent assez vite, mais au départ le système parut séduire les travailleurs aussi bien que le gouvernement. Pour Tito, qui ne s'éternisait jamais sur la théorie comme pouvait le faire Kardelj notamment, les avantages politiques et en termes de propagande primaient sur les aspects strictement économiques du système. Pour lui, l'essentiel était que l'« autogestion » ne sape pas le contrôle général du parti – largement synonyme du sien. La tension était évidente. En fin de compte, cependant, Tito insista pour que le monopole du parti demeurât incontesté. La démocratisation avait ses limites[42].

Cela apparut clairement quand, en 1953, Milovan Djilas, en qui certains voyaient le successeur le plus probable de Tito, critiqua publiquement le système qu'il avait lui-même contribué à mettre en place. Quand, au lieu de se rétracter, Djilas intensifia sa critique – qu'il publia carrément dans *Borba*, le principal journal du parti –, il ne put échapper aux représailles. Démis de ses fonctions, il fut contraint à quitter le parti et finalement emprisonné neuf années durant. Plus tard amnistié, il put écrire sur ses expériences avec Tito. Du jour où il ne servit plus ses intérêts, cependant, Tito put s'en passer : il était « politiquement mort[43] », lui dit-il. Mais pas physiquement mort, comme c'eût été certainement le cas sous Staline.

Dans les années 1960, l'absolutisme de Tito était à son zénith. Au-dessous de lui, la direction se fracturait entre le réformateur slovène Edvard Kardelj et le conservateur intransigeant serbe Aleksandar Ranković, les deux principaux prétendants à la succession (après le hara-kiri de Djilas, la décennie précédente). Au départ, alors que les problèmes – inefficacité et corruption – du système autogestionnaire qu'il avait promu devenaient de jour en jour plus patents, Kardelj fut la principale cible de la colère titiste. Il survécut largement grâce à sa ruse tactique et au soutien dont il bénéficiait dans sa patrie slovène (la partie la plus riche et la plus avancée de la Yougoslavie). Au milieu des années 1960, Ranković se trouva plus exposé. Il avait été l'homme de main de Tito, se chargeant loyalement des sales besognes. Il présidait un appareil répressif qui avait constitué des dossiers sur des millions de citoyens. Et il avait un autre poste puissant : celui de secrétaire à l'organisation du parti[44]. Toutefois, il comptait aussi des ennemis parmi ses collègues du parti serbe. Qui plus est, Tito avait fini par se méfier vivement des intrigues et des querelles intestines aux plus hauts échelons du régime et craignait pour sa sécurité, se demandant si les services de sécurité ne complotaient pas contre lui. Il se laissa persuader sans mal que sa résidence privée et même sa chambre à coucher avaient été placées sur écoute, avec des dispositifs reliés à la villa de Ranković. En juin 1966, lors d'une réunion du Comité central, Ranković, malmené, dut se soumettre et reconnut sa responsabilité (même si, en privé, il cria au coup monté), puis démissionna de toutes ses fonctions. Plus tard pardonné (contrairement au sort qui eût certainement été le sien sous Staline), il disparut de la scène publique, accusant secrètement Tito de trahison[45].

Les services de sécurité furent purgés des anciens partisans de Ranković et décentralisés (hormis la sphère vitale du contre-espionnage). La sécurité devint du ressort des différentes républiques, même si les rapports sur les comportements subversifs devaient encore être envoyés à Belgrade. Le danger – plus imaginaire que réel – que représentaient pour Tito les services de sécurité avait été excisé, leur loyauté absolue rétablie. Malgré les suggestions d'un relâchement du contrôle central, le parti demeura foncièrement un vecteur du pouvoir titiste. L'armée en resta plus que jamais le principal bastion. Et Tito conserva une solide emprise sur le service de contre-espionnage de l'armée (KOS)[46]. Le ministre de la Défense, le général Ivan Gošnjak, ancien chef des Partisans qui n'avait jamais cessé de travailler en étroite collaboration avec Tito, avait toujours protesté de son indéfectible loyauté. Quand leur relation se refroidit dans le sillage des demandes de changement à la suite de l'affaire Ranković, Tito le remplaça par le général Nikola Ljubičić, autre ancien chef des Partisans et ultra-loyaliste[47].

Dans les années 1960, grâce à la stature internationale de Tito et aux réformes intérieures qu'il avait supervisées, la Yougoslavie était de loin le pays communiste européen le plus populaire dans le reste du monde. Il semblait offrir une version du communisme plus attrayante que celle du bloc soviétique. Sa croissance économique forçait l'admiration à l'Ouest. Les investissements affluaient. Le tourisme de masse emplissait les caisses de l'État. La libéralisation partielle de la culture séduisait les visiteurs étrangers. À l'intérieur comme à l'extérieur, le prestige de Tito était à son faîte. Les apparences étaient pourtant trompeuses. Les fissures allaient s'élargir au cours de la décennie suivante. La croissance économique ralentissait, l'augmentation du chômage et de l'inflation était inquiétante, le déficit commercial se creusait et la dépendance envers les prêts étrangers semblait hypothéquer la prospérité future[48]. Les modestes mesures de libéralisation laissaient l'économie plus exposée aux forces internationales du marché. Si puissant qu'il fût, Tito ne pouvait rien faire pour arrêter, encore moins inverser, les problèmes structurels. Ils allaient s'amplifier dans les années 1970 et, avec eux, la difficulté à freiner les tendances nationalistes séparatistes. Comme jadis, Tito était le symbole même de l'unité yougoslave. Son autorité cimentait les fondements de l'État socialiste multinational qu'il avait construit. C'est lui qui tenait encore le pays ensemble. À bien des égards, cependant, la Yougoslavie était une construction défectueuse, et ce depuis ses origines au lendemain de la Première Guerre mondiale. Tito fêta ses quatre-vingts ans en 1972. Combien de temps durerait l'unité après sa mort ?

Entre les blocs : l'homme d'État mondial

Tito était le seul à pouvoir faire de la Yougoslavie – pays de taille moyenne économiquement faible, avec des forces armées modestes malgré son passé glorieux pendant la guerre – un facteur clé dans les affaires internationales. Courtisé par les deux superpuissances, il réussit par sa diplomatie parfois insaisissable à les jouer l'une contre l'autre en exploitant l'importance stratégique de son pays. Par ses manœuvres habiles, il mit la Yougoslavie en position de leader d'un groupe amorphe de pays éparpillés à travers le monde et formant le vague mouvement des non-alignés, opérant entre les deux blocs, sans engagement vers les États-Unis ou l'URSS. Surtout, à compter du milieu des années 1950, Tito devint lui-même un acteur central sur la scène mondiale. De son isolement initial à la suite de la rupture avec Moscou, il plaça tout seul la Yougoslavie sur la carte du monde. Ses voyages diplomatiques prirent des proportions épiques. Il effectua 169 visites officielles dans 92 pays entre 1944 et 1980, et reçut 175 chefs d'État, 100 Premiers ministres et des centaines d'autres personnalités politiques[49].

La rupture avec Staline fut la base même de sa nouvelle influence internationale. Alors que Staline bouillait de rage au Kremlin et menaçait, Tito attira l'attention des Américains, qui y voyaient un coin capital dans le bloc soviétique de l'Europe orientale. Stratégiquement, la Yougoslavie était la clé des Balkans. Si elle en avait fait un satellite, l'Union soviétique aurait pu être en position d'élargir son influence sur une bonne partie de l'Europe méridionale. En l'état, la Yougoslavie était une porte ouverte à la pénétration occidentale dans la moitié de l'Europe sous domination communiste. Par cette porte afflua une aide financière, essentiellement américaine (553,8 millions de dollars entre 1950 et 1953), qui alimenta une économie en plein essor. La guerre de Corée attisant l'inquiétude quant aux visées expansionnistes de l'URSS, l'aide des États-Unis servit aussi à financer des armements dans l'espoir d'attirer la Yougoslavie dans les plans de défense occidentaux[50]. Plus tard, alors que les pressions s'amplifiaient sur l'économie, les finances américaines aidèrent à maintenir Tito à flot, quoiqu'au prix d'une dépendance grandissante envers l'aide occidentale et d'une aggravation de la dette extérieure.

Surtout, aux États-Unis et en Grande-Bretagne – qui après la guerre était encore une force internationale avec laquelle il fallait compter et possédait des bases tout autour de la Méditerranée orientale –, Tito était reconnu comme un remarquable chef des Partisans pendant la guerre, mais aussi un extraordinaire leader qui avait montré du cran, une volonté d'acier et une détermination implacable pour repousser Staline et la puissance soviétique. Cela lui conférait un avantage majeur dans ses tractations avec l'Occident. Il l'exploita habilement et s'assura que son pays – une fois que Khrouchtchev eut pris l'initiative de colmater la brèche après la mort de Staline – profite aussi de l'amélioration des relations avec Moscou tout en maintenant l'Union soviétique à distance. Il négocia l'aide financière (et la coopération technique) avec Moscou aussi bien qu'avec Washington[51].

La route des relations avec l'Est et l'Ouest fut jalonnée de nombreuses secousses. Avec Moscou, par exemple, les relations sombrèrent quelques mois après le soulèvement hongrois de 1956, Tito ayant accepté la nécessité d'une intervention mais critiqué la perpétuation du stalinisme en URSS et dans ses satellites, y voyant la cause des troubles[52]. Que Tito se range aux côtés des Arabes dans les guerres de 1967 et de 1973 avec Israël passa mal en Occident. L'Allemagne de l'Ouest rompit ses relations diplomatiques avec Belgrade après que la Yougoslavie eut reconnu la RDA en 1957. La fourniture d'armes au mouvement de libération nationale algérien fit enrager de Gaulle. Et l'URSS prit très mal la condamnation par Tito de l'invasion de la Tchécoslovaquie en 1968. À chaque fois, cependant, les intérêts géopolitiques de Moscou ou de Washington, d'un côté, les intérêts économiques de Belgrade, de l'autre, veillèrent à ce que les relations compromises fussent réparées.

Face à la colère soviétique après 1968, Tito se tourna ostensiblement vers les États-Unis. Nixon fut invité en Yougoslavie en octobre 1970 ; l'année suivante, Tito fut fêté lors d'une visite d'État à Washington, dont il revint avec des crédits de près de un milliard de dollars. Juste avant son voyage en Amérique, Leonid Brejnev avait ravalé son orgueil ; en octobre 1971, toujours furieux, il se rendit à Belgrade. Ses discussions avec Tito se déroulèrent dans une atmosphère glaciale, mais Brejnev repartit après avoir accordé 540 millions de dollars de crédits[53].

Nouer des relations étroites avec les pays qui refusaient de s'aligner sur l'une des superpuissances offrit à la Yougoslavie l'occasion de sortir de l'isolement diplomatique consécutif à la rupture avec l'Union soviétique et de donner à son pays un poids indu sur la scène internationale. Cette nouvelle politique ne fut pas une initiative de Tito, mais d'abord le produit indirect des bonnes relations nouées aux Nations unies entre les représentants indien et yougoslave au Conseil de sécurité. Belgrade et New Delhi établirent des relations diplomatiques et l'ambassadeur yougoslave, Josip Djerdja, se laissa bientôt séduire par la conviction du chef d'État indien Jawaharlal Nehru qu'il y avait une place pour une « troisième force » entre les deux blocs. Djerdja s'en ouvrit en 1951 à Kardelj, encore ministre des

Affaires étrangères, qui soumit l'idée à un Tito peu enthousiaste dans un premier temps. Tito finit par s'y faire puis l'embrassa sans réserve[54]. Le premier fruit fut une invitation en Inde, que Tito accepta avec enthousiasme : en novembre 1954, il devint le premier chef d'État européen à s'y rendre en visite officielle.

Tel fut le point de départ. Tito allait bientôt se lancer dans ses tournées à l'étranger, souvent de longs voyages sur son luxueux yacht d'État, *Galeb* (Mouette). Il fut le premier dirigeant communiste à se rendre en Afrique subsaharienne et en Amérique latine, mais aussi à étendre ses relations en Asie. La diplomatie personnelle était importante. Il noua surtout de bonnes relations avec les dirigeants de pays indépendants depuis peu qui devaient leur pouvoir à leur rôle dans les mouvements anticoloniaux. Parmi les plus importants, en dehors de Nehru, il faut citer Sukarno en Indonésie, Gamal Abdel Nasser en Égypte, Kwame Nkrumah au Ghana, Julius Nyerere en Tanzanie et l'empereur Haïlé Sélassié en Éthiopie. Il y avait aussi parmi eux des personnages peu recommandables comme le président ougandais Idi Amin Dada et le dictateur de la République centre-africaine Jean-Bedel Bokassa. La doctrine qui associait ces systèmes politiques disparates était la « coexistence pacifique » dans le dessein de créer une « troisième force » qui pèserait dans la politique mondiale et contrerait la domination des deux blocs[55]. Alors que la tension montait entre les superpuissances en septembre 1961, Tito exposa les principes – double condamnation de l'OTAN et du pacte de Varsovie – aux représentants de vingt-cinq pays réunis en conférence à Belgrade[56]. Ce fut l'apogée de son leadership sur ce que l'on appelait désormais le « mouvement des non-alignés ».

Si forte que fût la rhétorique, l'efficacité de ce regroupement disparate d'États demeura limitée. Il n'eut pas d'impact notable sur les relations entre superpuissances et ne contribua guère, sinon pas du tout, à réduire les tensions de la guerre froide. Pour la Yougoslavie, en revanche, la place de premier plan de Tito rapporta des dividendes. Elle rehaussa la position internationale du pays et lui ouvrit les marchés d'exportation, rapportant autour de 1,5 milliard de dollars par an. Sur le plan intérieur, elle aida à dissimuler la division inhérente entre la Slovénie et la Croatie, tournées vers l'Ouest, et la Serbie, traditionnellement attirée par la Russie. Cela plut aussi aux musulmans de Bosnie en raison des liens avec la culture islamique[57]. Sa renommée internationale rejaillit sur la gloire de Tito à l'intérieur. Son prestige était au plus haut, sa position intouchable.

Pouvoir déclinant

Jusque dans son grand âge, Tito resta un personnage impressionnant et n'envisagea pas de quitter le pouvoir. Il fit montre d'une énergie remarquable pour assurer son activité de représentation à l'étranger – laquelle lui offrait l'occasion de luxueuses vacances au soleil. Dans les années 1970, il se rendit dans le sous-continent indien, en Syrie, en Amérique latine (en sus des visites officielles dans les pays européens) et, en 1975 à Helsinki, participa à la très importante Conférence sur la sécurité et la coopération en Europe. Pourtant, sa santé déclinait, et ses proches observaient les signes tangibles du vieillissement[58]. Ses décennies au pouvoir en tant que force d'intégration essentielle de la Yougoslavie touchaient manifestement à leur fin.

Le système qu'il avait construit et maintenu se fissurait déjà bien avant sa mort. Le pouvoir personnel de Tito était incapable d'arrêter, encore moins de renverser, les problèmes structurels de l'économie : dette nationale croissante, inflation, chômage et chute de la productivité. Les difficultés inhérentes se trouvèrent massivement exacerbées par l'impact de la crise pétrolière de 1973 et la hausse ruineuse des coûts pour tous les pays tributaires de leurs importations de pétrole. Dans la seconde moitié des années 1970, les emprunts furent quasiment multipliés par cinq, les intérêts par trois. De ce fait, il y avait moins de fonds pour importer des produits de consommation. Inévitablement, les prix grimpèrent[59], mais aussi les inégalités économiques. Dans leur sillage, les tensions nationales et les tendances séparatistes s'intensifièrent. La Croatie et la Slovénie supportaient mal de voir « leur » argent siphonné pour financer les parties les plus pauvres du pays. La Serbie et les républiques économiquement plus faibles étaient contrariées par les régions plus riches et leurs bénéfices disproportionnés. Le ressentiment économique et social se solda par une insistance plus stridente et corrosive sur les différences culturelles et l'identité nationale. Inversement, le sentiment d'une identité yougoslave vacillait.

La Yougoslavie ne devait pas échapper aux pressions à la libéralisation qui se propagèrent en Europe à la fin des années 1960. Lors des troubles estudiantins de 1968, Tito réussit à les contenir par la promesse – non tenue – de concessions qui aidèrent à calmer l'agitation tandis que l'invasion de la Tchécoslovaquie amplifiait grandement les peurs d'une incursion soviétique[60]. Plus inquiétante encore fut, en 1971, la revendication nationaliste de l'indépendance de la Croatie par les étudiants de Zagreb. Tito eut la main lourde et força la direction du parti croate à démissionner[61] : outre près de 200 arrestations, des centaines de responsables furent chassés du parti croate tandis que de grandes purges étaient engagées dans les autres républiques où se manifestaient des sentiments nationalistes. En 1972, plus de 5 000 libéraux furent contraints à la démission dans l'économie et les médias serbes. En 1973, la liberté de la presse fut sérieusement restreinte, tandis que divers films et magazines furent interdits. Un certain nombre de professeurs de l'université de Belgrade furent suspendus de leurs postes. Au milieu de la décennie, les prisons yougoslaves comptaient autour de 5 000 prisonniers politiques[62].

Outre le gros bâton de la répression, il y eut aussi la carotte sous la forme de plans pour donner plus de pouvoir aux républiques. L'espoir était visiblement de désamorcer les tensions qui commençaient à menacer l'unité yougoslave – et la survie du régime. La nouvelle constitution, entrée en vigueur en 1974, fut l'œuvre de Kardelj. Elle déplut à Tito, qui exigea des garanties pour préserver la prééminence du parti et de l'armée, mais aussi la confirmation qu'il serait président à vie (déjà actée dans la constitution révisée de 1962)[63]. En pratique peu maniable, la nouvelle constitution ne parvint ni à diluer les tendances séparatistes ni à empêcher la fragmentation croissante du pays. L'unité yougoslave devenait de plus en plus fragile. Seules l'armée et la police de sécurité restaient du ressort fédéral, mais comme partout il s'agissait d'institutions loyalistes cruciales et, avec le parti, de piliers du pouvoir titiste. Tito savait pouvoir toujours compter sur l'armée. Il tenait encore les leviers du pouvoir. Et, comme tant d'autres dirigeants – pas simplement les dictateurs –, il n'était pas disposé à les lâcher. En revanche, il s'inquiétait de l'avenir du pays quand il aurait disparu[64]. Il avait conscience d'être de plus en plus l'unique rempart contre la désintégration de la Yougoslavie.

Alors que les problèmes s'accumulaient au fil des années 1970, l'autocratie de Tito demeura intacte jusqu'à sa mort le 4 mai 1980, à l'âge de quatre-vingt-sept ans. Avec lui disparut le dernier dictateur européen à avoir accédé au pouvoir dans les terribles années 1930 et 1940. Dans les dernières années, son vieux diabète s'était aggravé au point qu'il avait fallu l'amputer de la jambe gauche. Vers la fin, son état s'était considérablement dégradé. L'annonce de sa mort suscita une immense vague de deuil national. La présence de cent vingt-huit dignitaires de pays étrangers à son enterrement témoignait de sa stature internationale[65].

Héritage

Rarement un homme d'État sera resté au pouvoir aussi longtemps, et dans la mort aura été salué à ce point dans le monde entier, pour voir l'œuvre de sa vie s'émietter en moins de dix ans. Il est donc difficile de parler vraiment d'un héritage durable. L'effondrement de la Yougoslavie dans les terribles conflits ethniques des années 1990 montre plutôt avec éclat le monumental travail accompli par Tito pour bâtir un système politique capable de tenir aussi longtemps malgré ses forces intrinsèquement centrifuges. Pendant quelque trente-cinq ans, il avait été le foyer d'intégration de populations d'origines ethniques, linguistiques et religieuses différentes et aux niveaux de développement économique variables. En même temps, la rapidité de l'effondrement illustre les failles structurelles inhérentes de sa construction, qui inévitablement produisirent les tensions et les divisions, déjà bien apparentes dans les années 1970, qui allaient finalement faire éclater le pays.

Sans Tito, la tentative d'équilibre complexe de la constitution de 1974 n'a pas marché. L'armée a été de plus en plus la seule institution soucieuse de maintenir un État unitaire et fédéral. À la fin des années 1980, l'impact de Gorbatchev modifiait spectaculairement le rapport de forces international et, indirectement, détournait l'attention de la menace croissante d'une désintégration de la Yougoslavie[66]. Tito fut bien un artisan de l'histoire mais il se montra incapable d'empêcher des forces impersonnelles – la montée du nationalisme et du séparatisme bientôt impossibles à contenir – de miner, puis finalement d'emporter le pays qu'il avait construit. Son impact personnel sur le changement historique fut donc significatif, mais passager.

Ses actions n'affectèrent pas seulement la Yougoslavie. La façon dont il défia Staline eut des conséquences européennes et même mondiales importantes. Son combat avec les pays en voie de développement eut aussi une portée mondiale. Près de quatre décennies durant, Tito lui-même prit sans conteste des décisions qui façonnèrent le destin de son pays. Il joua un rôle unique que personne d'autre n'aurait pu imiter. Il fut absolument indispensable à la construction et au maintien de l'État socialiste dans la Yougoslavie d'après-guerre comme il l'avait été au triomphe des Partisans[67]. Sa personnalité et ses réalisations lui valurent la loyauté et le soutien unifié de dirigeants qui auraient pu se diviser. Tito fut, au sens de Max Weber, un « dirigeant charismatique », soutenu par une « communauté charismatique » : tel est le noyau dur de ce que la machine de propagande de l'État transforma en véritable « culte » – la base de sa légitimité populaire qui rendit sa position de pouvoir inattaquable.

L'autorité « charismatique » de Tito dura jusqu'à sa mort pour s'effriter peu après. On commença alors à réexaminer ses années au pouvoir et à les considérer sous un jour différent. Sa vie privée, son sybaritisme, sa vanité et son appétit de pouvoir contrastaient vivement avec les idéaux socialistes qu'il avait prêchés. De ce fait, le socialisme en tant que système politique et l'unité nationale de l'État multiethnique de Yougoslavie se trouvèrent toujours plus discrédités. Même ses états de service pendant la guerre furent remis en question au profit d'un tableau plus complexe du combat contre le fascisme, réhabilitant partiellement les Tchetniks et révélant l'ampleur des atrocités des Partisans[68]. Sa transformation d'idole nationale en figure d'une controverse politique et historique enflammée fut un élément du début de la tragique désintégration de la Yougoslavie. Un peu plus d'une décennie après sa mort, les rues et les places de Croatie qui portaient son nom furent rebaptisées, les statues de Partisans démolies. Dans une ex-Yougoslavie postcommuniste ethniquement divisée, l'identité culturelle éclatée ne laissait aucune place à la vénération d'un dictateur communiste qui, par la force de sa personnalité et une répression implacable, insistait sur l'unité de l'État socialiste et détestait les inimitiés nationalistes menaçant de le détruire. Tito avait évité de former un successeur. De fait, aucun dirigeant capable de maintenir l'intégrité d'une Yougoslavie multinationale ne lui succéda. Les « hommes forts » qui, en l'espace de quelques années, se construisirent des bases de pouvoir sont des chefs qui jetèrent de l'huile sur le feu des divisions ethniques : Slobodan Milošević en Serbie, Franjo Tudjman en Croatie, Alija Izetbegović en Bosnie-Herzégovine et Radovan Karadžić parmi les Serbes de Bosnie.

Les gouvernements qui prirent la suite dans les États séparés de l'ex-Yougoslavie firent leur possible pour discréditer Tito et tourner le dos à l'époque synonyme de son nom. Il symbolisait un passé qu'ils voulaient effacer. Au cours des quatre décennies qui ont suivi sa mort, Tito est devenu le personnage central d'une histoire très controversée. Seuls les citoyens plus âgés des États successeurs se souviennent encore de lui comme du dirigeant de la Yougoslavie. Ils peuvent encore se rappeler les traits positifs et négatifs, inextricablement mêlés, de ses longues années au pouvoir.

Tito n'est plus guère qu'un lointain vestige du passé, sans véritable signification dans la vie quotidienne de la plupart des gens pour qui l'histoire politique ne remonte pas au-delà de la fondation des actuels États-nations formant autrefois la Yougoslavie. Reste une image mythique de Tito : le symbole d'une unité perdue. Cette nostalgie ne touche qu'une minorité[69]. C'est tout ce qu'il reste d'un titan politique qui a fait l'histoire, mais dont l'héritage s'est révélé très éphémère.

MOVES FO
IS GREAT A

RWARD
AIN

De gauche à droite, Nigel Lawson (chancelier de l'Échiquier), Margaret Thatcher, Norman Tebbit (chef du Parti conservateur) et Paul Channon (secrétaire d'État au Commerce et à l'Industrie), à la veille des élections législatives de 1987. Restaurer la « grandeur » de la Grande-Bretagne était l'objectif politique fondamental de Mme Thatcher.

10

Margaret Thatcher

Régénération nationale

Margaret Thatcher est la seule femme de ma sélection d'études de cas sur le leadership politique. Dans l'Europe du XXe siècle, la politique était en effet principalement un monde d'hommes. Cela témoigne de la place qu'elle a pourtant occupée en Grande-Bretagne, en Europe et dans le reste du monde dans les années 1980. À quel point Mme Thatcher a-t-elle personnellement façonné la transformation incontestable de la Grande-Bretagne durant la douzaine d'années de son mandat de Première ministre ? A-t-elle en grande partie piloté une évolution qui se produisait de toute façon ? Ou a-t-elle réussi « à contre-courant » d'une puissante opposition ? Comment évaluer son rôle personnel dans le remodelage de l'économie britannique, dans la victoire militaire aux Falklands (les Malouines) et dans la défaite de la grève des mineurs ? Et dans quelle mesure a-t-elle marqué le XXe siècle au-delà des côtes britanniques ?

Personnalité et émergence politique

Dans un milieu politique socialement élitiste et dominé par les hommes, qu'elle ait eu à affronter le snobisme à l'égard de ses origines dans la classe moyenne provinciale et la condescendance envers son sexe a probablement contribué à forger son caractère d'acier, sa ténacité, voire son agressivité. Son sentiment d'avoir toujours à faire ses preuves, à montrer qu'elle était plus apte, travailleuse, résolue, plus maîtresse d'elle-même que quiconque, s'en trouva renforcé. Solidité, compétitivité, rudesse n'étaient généralement pas des traits réputés féminins. Mais, dans un environnement politique machiste, elle devait – ou pensait devoir – afficher ces caractéristiques que les hommes étaient censés apprécier. Sa personnalité dominatrice allait cependant de pair avec un côté ouvertement féminin dont elle usait à son avantage. Elle savait jouer d'un très grand charme, d'émotions, de douceur et de sensibilité. Elle savait même séduire. Lorsque le président Mitterrand déclara qu'« elle avait la bouche de Marilyn et le regard de Caligula », il signalait de façon assez singulière l'attrait féminin qu'elle exerçait[1]. Elle était féminine mais pas féministe. Traditionnaliste sur la question du genre, elle soulignait le rôle de ménagère et de mère chez la femme. Celle-ci pouvait réussir selon ses qualités, mais ne méritait pas de faveur en raison de son sexe, comme le revendiquaient les mouvements féministes. Elle estimait s'être battue pour se hisser au sommet, parce qu'elle était la meilleure, non parce qu'elle était une femme[2].

Elle était exceptionnellement sûre de ses points de vue. Sa certitude d'avoir raison, alliée à un esprit vif, ses réparties incisives dans les discussions et son refus catégorique de tout compromis la rendaient difficile à combattre, et encore plus à vaincre, dans un débat politique. Cette assurance se fondait en grande partie sur son instinct et les valeurs acquises dès sa jeunesse. Elle naquit en 1925 à Grantham, bourg du Lincolnshire. Son père, Alfred Roberts, était un prédicateur méthodiste, austère et en grande partie autodidacte, devenu un pilier de sa communauté, conseiller municipal et finalement maire de Grantham. Margaret parlait rarement de sa mère, Beatrice. « Après mes quinze ans, nous n'avions plus grand-chose à nous dire[3] », commenta-t-elle en 1961. Elle confiera plus tard, en contraste frappant, « je dois presque tout à mon père », alors qu'elle l'a très peu vu après ses dix-huit ans[4]. Elle s'était imprégnée de ses valeurs essentiellement victoriennes : ordre, épargne, autonomie, travail acharné, devoir, patriotisme. Part intrinsèque de son caractère, elle les conserva intactes durant ses années d'étudiante en chimie à l'université d'Oxford puis d'avocate. Elles se sont renforcées après son mariage en 1951 avec Denis Thatcher, homme d'affaires prospère et aisé, qui facilita son entrée dans les cercles conservateurs au cœur du sud-est de l'Angleterre. Carol et Mark, leurs jumeaux, sont nés en 1953. Leur situation financière confortable lui permit d'allier sa vie de famille à la poursuite de sa carrière en politique.

En 1959, elle fut élue députée conservatrice de Finchley, au nord de Londres, et ne tarda pas à s'imposer dans son parti. Durant sa première décennie de parlementaire, elle s'affirma pour devenir porte-parole de l'opposition conservatrice sur la question des transports, puis, après la victoire des conservateurs aux élections de 1970, elle rejoignit le cabinet en tant que secrétaire d'État à l'Éducation et aux Sciences. Certains imaginaient déjà qu'elle pourrait être la première femme à la tête du gouvernement britannique. Elle déclara plus tard n'y avoir pas prêté attention, mais que sa plus grande ambition était alors la chancellerie de l'Échiquier[5]. Ce qui était déjà viser très haut.

Conditions préalables

Au milieu des années 1970, les problèmes structurels persistants de l'économie britannique (dont les mauvaises relations sociales et les faibles taux d'investissement), fortement aggravés par la crise pétrolière de 1973, avaient engendré une association malsaine de forte inflation (27 % en 1975) et de chômage élevé (plus de 1 million). Ce que l'on appelait la « stagflation » semblait incontrôlable. Les dépenses publiques atteignaient un niveau inquiétant, et la flambée du coût des importations depuis la crise pétrolière avait triplé le déficit. En 1976, le gouvernement travailliste subit l'humiliation de devoir demander un prêt important au Fonds monétaire international, l'obligeant à réduire les dépenses publiques. Mais les puissants syndicats du secteur public refusèrent évidemment d'accepter des augmentations de salaires très nettement inférieures au taux de l'inflation, qui auraient fait baisser le niveau de vie. Des troubles chroniques entravèrent la production industrielle, avec un pic lors du fameux « hiver du mécontentement » en 1979, les grèves entraînant une interruption presque totale des services publics. Entre 1974 (année de deux scrutins législatifs, en pleines turbulences liées au quadruplement du prix du pétrole après la guerre israélo-arabe de 1973) et 1979, lorsque Mme Thatcher devint Première ministre, aucun des deux principaux partis politiques n'avait réussi à instaurer une stabilité solide ni à maîtriser les problèmes économiques apparemment insolubles.

Edward Heath, Premier ministre depuis 1970, eut le plus grand mal à faire face aux troubles sociaux. En février 1974, lors d'une grève préjudiciable des mineurs qui contraignit le pays à une semaine de travail de trois jours, Heath perdit les élections qu'il avait déclenchées sur la question « qui gouverne la Grande-Bretagne ? ». Les conservateurs furent à nouveau battus aux élections d'octobre la même année, dans un contexte de troubles politiques et économiques. Mais Heath ne voulait toujours pas quitter la tête du parti, obstinément accroché, alors que l'échec politique rendait sa démission inévitable. Ce fut l'occasion fatidique qui ouvrit la voie à Mme Thatcher.

Elle n'avait pas été pressentie pour lui succéder. Après la défaite de février, Heath, désormais chef de l'opposition, en avait fait son porte-parole pour l'environnement au sein du Cabinet fantôme, la chargeant de préparer une nouvelle politique du logement[6], ce qui ne permettait guère de briller. Mais elle présenta des propositions radicales, comme d'accorder aux locataires le droit d'acheter leur logement social. Ses attributions couvraient les questions financières, en particulier celle de la taxe foncière impopulaire des collectivités locales, les *rates* (taux). De façon frappante, elle proposa que le prochain gouvernement conservateur les abolisse et réduise les impôts locaux. Lors de la seconde campagne électorale de l'année, elle se révéla en vedette des conservateurs, passant avec naturel à la télévision[7]. Les conservateurs perdirent quand même. Mais Mme Thatcher s'était propulsée sous les feux de la rampe. Et les sondages montrèrent que ses propositions politiques étaient populaires. Alors que Heath s'accrochait désespérément, elle profita du nouveau poste qu'il lui confia, celui de porte-parole sur les questions relatives au

Trésor public, pour renforcer sa position dans le parti en attaquant vigoureusement la politique économique du gouvernement travailliste.

Au début de l'année 1975, l'inévitable remise en cause de Heath ne pouvait plus être différée. Beaucoup souhaitaient une droitisation. Un plus grand nombre voulait simplement le départ de Heath. Mais les candidats qui cherchaient à le remplacer ne devaient pas tenir la route. Sir Keith Joseph, personnage cérébral relevant un peu d'un autre monde, idéologue émergeant à la droite du parti, se montra bientôt inadapté. Edward du Cann, le meilleur combinard du parti, se retira pour s'occuper de ses intérêts financiers. La plupart des grands pontes du parti se sentaient en fait toujours obligés de soutenir Heath. S'il avait rapidement démissionné après la défaite électorale, la direction du parti aurait pu revenir à Willie Whitelaw, propriétaire foncier du nord du pays, imprégné des valeurs paternalistes du conservatisme *one-nation*. Mais ce dernier nourrissait un fort sentiment de fidélité qui lui interdisait de prendre position contre Heath. Mme Thatcher n'avait pas ces réserves et, une fois Joseph sorti du jeu, elle se porta candidate pour diriger le parti en vue d'un changement radical. Grâce à une campagne bien organisée, elle battit Heath à plates coutures au premier tour. Heath démissionna enfin et Whitelaw entra alors en lice pour le second tour. Mais Mme Thatcher avait le vent en poupe, et rien ne pouvait désormais l'arrêter. Whitelaw avait raté l'occasion. Il n'en garda pas rancune, adapta ses tendances politiques au nouvel ordre et soutint de façon tout à fait fiable Mme Thatcher, l'outsider qui, a-t-on fait remarquer, se trouvait « à la roulette au bon endroit et au bon moment[8] ».

Mme Thatcher était motivée par le besoin d'agir. Ni théoricienne ni penseuse originale, elle apprenait vite et facilement. Son gourou du milieu des années 1970, sir Keith Joseph, avait adapté sa propre absence de qualités en matière de leadership pour devenir le principal théoricien d'un changement radical de politique économique. Il avait été ministre sous les gouvernements Macmillan et Heath, mais avait fait son chemin de Damas et en était venu à rejeter totalement les principes économiques fondés sur la théorie formulée par John Maynard Keynes dans les années 1930, qui préconisait l'intervention de l'État pour stimuler la demande afin de relancer l'économie. Jusqu'à la chute de Heath, la théorie keynésienne avait sous-tendu la politique de tous les gouvernements conservateurs d'après-guerre. Joseph avait en revanche ingurgité en bloc les idées monétaristes que Milton Friedman, professeur d'économie à l'université de Chicago, avait lancées pour la première fois aux États-Unis. Elles s'opposaient aux dépenses publiques pour stimuler la demande. Selon ses vues, l'inflation, et non le chômage, était la principale cause des difficultés économiques. Au centre de la thèse de Friedman, le contrôle de l'inflation dépendait du contrôle de la masse monétaire. Tout venait de là.

Parmi les autres personnalités figuraient John Hoskyns, ancien capitaine et homme d'affaires qui fit fortune dans l'informatique ; sir Alfred Sherman, fondateur du groupe de réflexion conservateur, Centre for Policy Studies, qui influença Joseph ; et le professeur Alan Walters, qui occupa la chaire d'économie à la London School of Economics, puis à l'université Johns Hopkins, avant d'obtenir un poste de conseiller économique auprès de Mme Thatcher. Sans doute Mme Thatcher n'a-t-elle pas tout saisi des subtilités de la théorie monétariste[9]. Elle n'était pas la seule dans ce cas. Mais elle pouvait synthétiser sa philosophie économique dans un bon sens apparent – homélies sur la nécessité de restreindre les dépenses de l'État à l'instar d'une ménagère contrainte de gérer le budget familial. Dans ce domaine, comme dans presque tous les autres, sa « vision du monde » renvoyait aux valeurs de son enfance à Grantham. Elle avait une singulière capacité à saisir « ce que ressentait une large couche de l'Angleterre moyenne parce qu'elle ressentait la même chose[10] ». Lorsque la crise s'est aggravée en Grande-Bretagne à la fin des années 1970, Mme Thatcher s'est totalement éloignée sur le plan philosophique de la politique de ses prédécesseurs d'après guerre. Forte d'ardentes convictions (bien qu'appliquées de manière incohérente), elle y trouva la réponse aux problèmes économiques et politiques structurels qui avaient conduit à un déclin national très visible.

Les troubles croissants de l'« hiver du mécontentement » provoquèrent la défaite du gouvernement travailliste, battu d'une seule voix lors de la motion de censure du 28 mars 1979, provoquant de nouvelles élections. Au mois d'octobre précédent, le Premier ministre James Callaghan n'avait pas voulu prendre le risque d'élections, qu'il aurait peut-être remportées avant la crise hivernale, et Mme Thatcher ne serait peut-être alors jamais arrivée au pouvoir[11]. En tout état de cause, la campagne animée par une meneuse dynamique, dont les idées touchaient une corde sensible dans une grande partie de sa base, galvanisa le Parti conservateur. Les travaillistes étaient sur la défensive, impopulaires auprès de nombreux électeurs et embourbés dans des difficultés insurmontables[12]. Les conservateurs gagnèrent les législatives du 3 mai 1979 avec une majorité de quarante-trois sièges. Mme Thatcher entra au 10 Downing Street en tant que Première ministre, promettant une transformation radicale dans ce pays qui avait traversé plus d'une décennie de turbulences politiques et économiques, en déclin national manifeste aux yeux de beaucoup[13].

Imposer le contrôle

Dans cette mission réformatrice, les principes fondamentaux des thatchériens étaient de limiter la masse monétaire pour contrôler l'économie, amputer les dépenses publiques, réduire le pouvoir des syndicats, libérer l'économie des contraintes imposées par les gouvernements « socialistes » (et permettre ainsi aux forces du marché de la façonner davantage) et mettre fin à l'assistanat. Comme elle l'envisageait dès le début au gouvernement, l'ensemble de son programme avait pour objectif ambitieux d'enrayer le déclin de la Grande-Bretagne et de restaurer sa grandeur.

Son idée que seul un leadership fort, indispensable pour mettre en œuvre une réforme politique radicale, pouvait inverser le déclin inexorable d'une nation grande autrefois rencontra un écho chez beaucoup. Les bouleversements économiques et politiques des années 1970 semblaient largement confirmer le déclin national. On regrettait de façon plus inconsciente que déclarée la perte de puissance mondiale, l'époque où Britannia avait « régné sur les mers » et où la prééminence industrielle du pays en avait fait « l'atelier du monde ». Le dépit également d'avoir « gagné la guerre mais perdu la paix », en se faisant supplanter en termes de prospérité par des pays vaincus tels que l'Allemagne et le Japon, était à peine dissimulé. Le déclin était largement ressenti. Mais, malgré les graves problèmes des années 1970, la régression nationale était plus un mirage qu'une réalité. D'autres pays avaient certes rattrapé leur retard, mais c'était simplement lié en partie à l'essor de la modernisation mondiale. La Grande-Bretagne avait perdu ses colonies. Mais l'empire avait longtemps drainé plutôt qu'augmenté les ressources du pays, en dehors de considérations morales sur la domination coloniale. Et, indépendamment de problèmes incontestables, la Grande-Bretagne s'était enrichie depuis la guerre, la majorité de sa population bénéficiant d'un bien meilleur niveau de vie qu'à l'époque impériale. De plus, ce petit pays gardait une influence mondiale encore impressionnante[14]. Le ressenti peut cependant l'emporter sur la réalité. Et Mme Thatcher exploita cette riche veine de pessimisme profond quant à l'avenir du pays.

Avec talent, agilité et clarté, elle afficha une image publique de force indomptable. Elle était cependant plus avisée, les premières années tout au moins, que ne le percevaient le parti et le public. En fait, elle adapta tactiquement ses principes aux réalités politiques. Elle conserva néanmoins intacte une sorte d'idéologie, par la suite condensée en un slogan d'une grande force : IL N'Y A PAS D'ALTERNATIVE (*there is no alternative*), invariablement abrégé en TINA[15].

Au début, malgré sa victoire électorale de 1979 et sa large majorité parlementaire, Mme Thatcher dut faire preuve de prudence pour convaincre son cabinet d'adopter des politiques très impopulaires et qui divisaient. La quasi-totalité de son cabinet – entièrement masculin – avait servi sous Heath. S'ils voyaient la nécessité de réformer, peu étaient prêts à rompre radicalement avec les anciennes politiques conservatrices, comme le prévoyait Mme Thatcher. Davantage appréhendaient, voire craignaient, les conséquences électorales pour le Parti conservateur et les possibles désordres sociaux que provoqueraient la réduction drastique des dépenses publiques et l'augmentation du chômage qui en découlerait. Les plus réservés, partisans d'une politique conservatrice plus paternaliste et moins conflictuelle par tradition, furent bientôt baptisés les *Wets*, les « mouillés » (comme les poules). Parmi eux se trouvaient de grands noms du parti, très expérimentés et respectés.

Mme Thatcher a toutefois bénéficié d'avantages importants qui rendirent progressivement sa suprématie intouchable. Le pouvoir intrinsèque que détient tout Premier ministre britannique a été justement qualifié de « dictature élective[16] ». L'exécutif domine d'office le législatif. À moins d'une révolte solidaire des principaux membres du gouvernement, un Premier ministre qui préside une forte majorité parlementaire ne peut être déposé. En outre, le favoritisme est une arme formidable. Il ne manque jamais d'hommes politiques prêts à sacrifier leurs principes pour goûter au pouvoir et à ses émoluments.

Seule une opposition résolue et unie au sein du gouvernement peut faire fléchir un Premier ministre qui refuse de changer de cap. Le cabinet Thatcher, au cours de ses premières années critiques, était tout sauf résolu et uni dans son opposition. Certains *Wets* l'étaient plus que d'autres. Ils n'ont pas fait corps contre la politique gouvernementale ni présenté de politique alternative clairement définie. D'autres ministres étaient prêts en tout cas à avaler toutes les réserves qu'ils pouvaient avoir. Et d'autres encore soutenaient de tout cœur la ligne de la Première ministre. Peu à peu, mais inexorablement, les *Wets* furent remplacés. Avec le temps, le cabinet s'est bien plus conformé à l'image de la Première ministre.

Compte tenu des divisions, la grande force de Mme Thatcher résidait dans sa clarté idéologique et sa ferme détermination à faire passer ses politiques en dépit des réserves. Ses doutes – elle reconnut publiquement en avoir eu certains peu après sa nomination – n'ébranlèrent jamais sa volonté de persévérer, malgré les obstacles, ni sa conviction d'avoir raison. Elle restait inflexible, quand d'autres auraient vacillé dans leur résolution.

Vivement applaudie par des fidèles rassemblés au congrès du Parti conservateur en octobre 1980, dans l'une de ses rares prouesses rhétoriques dignes de mémoire, elle le confirma en rejetant catégoriquement les appels à changer de cap. « Virez de bord si vous voulez, déclara-t-elle, la dame n'est pas prête à virer[17]. »

Elle était en fait plus prudente, souple et pragmatique que ne le laissait supposer son image officielle d'inflexibilité. Exercer le pouvoir dans une démocratie implique toujours concessions et compromis. Reste que Mme Thatcher en fit bien moins que tout autre Premier ministre britannique récent. Les ajustements opportunistes s'accordaient à sa ligne idéologique plutôt qu'ils ne la contredisaient.

Son style de gouvernement lui procurait un autre avantage. Plutôt que de rechercher un consensus – mot qu'elle détestait –, Mme Thatcher donnait sa pleine mesure dans l'argumentation incisive et la polémique. Ses habitudes de bourreau de travail – lecture de dossiers gouvernementaux jusqu'à une heure tardive de la nuit, maîtrise du détail dans tous les briefings, implication dans les moindres aspects de l'administration – ainsi qu'une excellente mémoire et sa formation d'avocate en matière d'interrogatoire judiciaire l'armaient parfaitement pour plaider sa cause face à des collègues du cabinet moins préparés et de tempérament plus soumis. Retenus par la courtoisie traditionnelle des hommes de classe supérieure, d'aucuns n'osaient contrer ses intimidations vindicatives avec la même agressivité. « Vous tyrannisez vos collègues les plus vulnérables », écrivit John Hoskyns en août 1981, dans une critique cinglante de sa façon de diriger. « Ils ne peuvent pas répondre devant les autres sans paraître manquer de respect à une femme et à une Première ministre[18]. »

Elle put par conséquent s'imposer de plus en plus à son gouvernement pour orienter la politique qu'elle souhaitait, aidée en cela par une administration (*Civil Service*) qui, de prime abord certainement, l'approuvait dans sa clarté. Ses deux principaux assistants, son secrétaire personnel (en principe pour les affaires étrangères), Charles Powell, et son attaché de presse, Bernard

Ingham (en lien crucial avec la presse populaire), la renforçaient dans son jugement et son image publique. Et, dans la sphère centrale de la politique économique, elle avait fait preuve dès le début d'intelligence politique en nommant à des postes clés ceux sur qui l'on pouvait compter pour suivre ses préceptes[19]. Le plus important d'entre eux fut sir Geoffrey Howe. En tant que chancelier de l'Échiquier, principale fonction après celle de Premier ministre, il géra loyalement la politique économique de Margaret Thatcher au début des années 1980. D'autres fidèles thatchériens furent placés aux ministères des Finances, du Commerce, de l'Industrie et de l'Énergie. Sa forte personnalité, son refus de dévier fondamentalement de la voie engagée (peu importaient les écarts temporaires et même les demi-tours subtils) et surtout le soutien des responsables en poste dans les ministères économiques décisifs lui donnaient la plate-forme essentielle pour continuer comme elle l'avait prévu, quels que fussent les obstacles.

Remodeler l'économie

Évalué à l'aune de ses ambitions démesurées pour restructurer l'économie britannique, le premier mandat de Margaret Thatcher fut à bien des égards un échec. La seconde crise pétrolière, consécutive à la révolution iranienne de 1979, provoqua en partie, comme dans d'autres pays, une profonde récession en 1980-1981. Mais c'était aussi le résultat des politiques en cours : coupes dans les dépenses publiques, taux d'intérêts élevés et, liée indirectement à la découverte d'hydrocarbures en mer du Nord, augmentation de la valeur de la livre sterling, qui cassa la compétitivité des exportations. En 1981, le budget très impopulaire de Howe, qui resserra l'étau financier, aggrava la misère économique[20]. Mais, en 1983, l'économie se redressa, notamment grâce aux revenus pétroliers de la mer du Nord[21]. Et le gros lot – la maîtrise de l'inflation – fut décroché mais à un coût très élevé. De 22 % en mai 1980, elle tomba à moins de 4 % en mai 1983, succès naturellement claironné par le gouvernement.

Autrement, le bilan était lamentable. Le produit intérieur brut avait chuté, la production manufacturière baissé et le chômage presque triplé (les monétaristes y voyaient un sous-produit nécessaire de l'inflation jugulée) ; les impôts avaient augmenté au lieu de diminuer comme s'y était engagé le gouvernement et, paradoxalement, loin de décliner, la masse monétaire s'était accrue en dépit du dogme monétariste. Plus saisissant, en 1983 les dépenses publiques dépassaient en fait le niveau hérité quatre ans auparavant du gouvernement travailliste[22]. *The Economist*, très favorable au cabinet Thatcher, résuma froidement les résultats de son premier mandat : il n'était pas parvenu à honorer « sa promesse de radicalisme structurel », avait reculé sur la réforme de l'aide sociale et, malgré les discours, n'avait pas pris de décisions audacieuses et stratégiques[23].

Le coût d'un chômage élevé rendit difficile de concrétiser la réduction prévue des dépenses publiques. Ce n'est qu'au cours des deux dernières années du mandat de Mme Thatcher qu'elles diminuèrent de manière significative en proportion du produit intérieur brut. En tenant compte de l'inflation, les dépenses ont en fait même légèrement augmenté à l'époque thatchérienne[24]. Le monétarisme s'était révélé un dispositif lourd et insatisfaisant pour le contrôle rigoureux de la masse monétaire[25]. Malgré tout, les années Thatcher ont modifié fondamentalement toute la base d'élaboration de la politique économique.

L'État ne devait plus intervenir dans la gestion de l'industrie. Les entreprises en difficulté ne pouvaient compter sur aucune aide financière publique. (C'était du moins le principe, mais il a fallu du temps pour l'appliquer. Durant les deux premières années, les subventions versées aux industries de l'automobile et de la sidérurgie en difficulté ont même augmenté[26].) La puissance des syndicats fut endiguée par une législation qui limitait les piquets de grève et les grèves politiques illégales[27]. Contrôler l'inflation importait plus que garantir le plein emploi. D'après la théorie monétariste (et les années 1970 semblaient la confirmer), l'inflation devait entraîner inévitablement des demandes pressantes de hausse des salaires – renforçant le pouvoir syndical tout en affaiblissant celui de l'État –, qui à leur tour conduisaient à de nouvelles hausses des prix dans une spirale infinie au détriment de la gestion économique et de la prospérité nationale. Toujours d'après cette théorie, seul un contrôle rigoureux de la masse monétaire pour réduire l'inflation permettait de relancer l'économie, même si cela devait faire fortement augmenter le chômage à court et moyen termes. Les implications idéologiques de la théorie allaient plus loin. Elle reprochait au secteur public de monopoliser, de limiter le choix et la liberté, d'être coûteux et inefficace. La privatisation des industries et des services publics commença (avant de s'étendre rapidement). La vente d'actions et de logements sociaux mis en location auparavant transforma de nombreux citoyens en petits détenteurs de capitaux.

Les forces du marché jouèrent un rôle bien plus important qu'avant dans le façonnement de la société, s'immisçant désormais – le plus souvent sous de nouvelles formes de gestion « orientée-marché » – dans des domaines tels que la protection sociale et l'éducation (qui n'avaient pourtant pas été privatisées). En 1986, le « big bang » de la dérèglementation financière fit de Londres un centre bancaire mondial de plus en plus dominant. De nouvelles richesses affluèrent dans la capitale, mais accompagnées d'inégalités criantes. La finance, concentrée dans la City de Londres, remplaça l'industrie et la fabrication au cœur de l'économie britannique, accélérant considérablement le déclin de la manufacture déjà en cours lorsque Mme Thatcher prit ses fonctions[28]. Le marasme des années 1970 était déjà loin. La richesse se concentrait cependant de plus en plus à Londres et dans le sud-est de l'Angleterre.

Des zones entières de la Grande-Bretagne sentirent souffler le vent glacial de l'abandon post-industriel. Les industries du charbon, de l'acier et de la construction navale étaient en plein déclin, des dizaines de milliers de leurs ouvriers affrontaient un avenir incertain ; des communautés entières éprouvaient un profond sentiment d'aliénation vis-à-vis du gouvernement. Leur colère évidente et durable face au traitement que leur faisait subir le gouvernement Thatcher contrastait fortement avec l'adulation que suscitait la Première ministre dans les régions les plus riches et conservatrices du pays. En Écosse, et dans une certaine mesure au Pays de Galles, le Parti conservateur – qui n'était plus le parti patricien d'une seule nation – perdit ces années-là un soutien qu'il ne retrouvera jamais, tandis que s'intensifiaient les pressions en faveur d'un gouvernement décentralisé qui porteront leurs fruits près d'une décennie après le départ de Mme Thatcher.

Avec le temps, quel que fût le Premier ministre, l'évolution économique de fond aurait eu lieu. Dans les années 1970, l'économie internationale d'après guerre ne fonctionnait plus. Ce changement commença aux États-Unis, principal modèle de la Grande-Bretagne, en 1971 avec l'abandon des changes fixes. Les chocs pétroliers de 1973 et de 1979 furent si graves qu'ils marquèrent la fin de l'économie keynésienne. Dans les années 1980, les changements que connut la Grande-Bretagne ont été ressentis dans la plupart des pays d'Europe occidentale. Mais ce fut une réaction aux forces économiques mondiales, non une imitation des méthodes thatchériennes. La désindustrialisation et le repli financier étaient des ajustements nécessaires aux nouvelles réalités économiques. Ils furent cependant introduits dans le reste de l'Europe occidentale sans les traumatismes qui les accompagnèrent en Grande-Bretagne. L'Allemagne qui sut maintenir ses principales industries montre qu'il était possible de faire autrement que de détruire à grande échelle la base industrielle.

La Grande-Bretagne se singularisa par cette transformation brutale, rapide et sévère. Cela s'explique en partie par les abysses dans lesquels avait sombré l'économie britannique, comparée à la situation internationale, dans les années 1970. C'est aussi que le gouvernement britannique, contrairement aux autres grandes économies d'Europe occidentale, s'est empressé d'appliquer avec un zèle idéologique le modèle monétariste américain, allant même plus loin que les États-Unis. La part personnelle de Mme Thatcher en cela fut de donner à son gouvernement une orientation claire et de maintenir la ligne – sous réserve d'ajustements pragmatiques et tactiques nécessaires – malgré les objections de poids et, dans les premières étapes, le coût de la dissidence politique et de l'agitation sociale.

La guerre des Falklands

À la fin de l'année 1981, moins d'un quart des électeurs estimaient que Mme Thatcher accomplissait un bon travail de Première ministre[29]. Mais ce fut le moment où ses perspectives politiques changèrent grâce à un heureux hasard. L'invasion des îles Falklands par l'Argentine aurait pu mal tourner pour elle. En fait, les mesures qu'elle prit transformèrent la guerre des Falklands en triomphe. Ce fut un tournant dans son mandat[30].

Situées au fin fond de l'Atlantique Sud, les Falklands appartenaient à la Grande-Bretagne depuis un siècle et demi. Elles comptaient moins de deux mille habitants, d'origine britannique en majorité. Cependant, l'Argentine, dirigée par une junte militaire que commandait le général Leopoldo Galtieri, réclamait toujours ces îles. L'invasion du 2 avril 1982 fut suivie le lendemain par l'annexion de l'île de la Géorgie du Sud, une dépendance éloignée des Falklands, où le drapeau argentin avait été hissé illégalement le 19 mars. La réaction à Londres fut l'indignation et un sentiment d'humiliation nationale. Mais il y avait eu des signes d'alerte et l'agression aurait dû être anticipée. Le gouvernement Thatcher s'était de fait endormi pendant le guet.

Peu après son entrée en fonction, il avait élaboré des plans pour transférer la souveraineté à l'Argentine, la Grande-Bretagne conservant un bail à long terme. Les Falklands n'étaient guère une priorité pour le ministère des Affaires étrangères : un reliquat mineur mais gênant de l'époque coloniale. Un accord de cession-bail semblait être un moyen élégant de sortir du conflit territorial. Mais Mme Thatcher partageait la colère de la droite conservatrice face à cette volonté de céder la possession britannique. La solution d'une cession-bail s'évanouit en décembre 1981, dès que le belliqueux général Galtieri s'empara du pouvoir en Argentine. À cette époque, le ministère de la Défense britannique, s'étant engagé à réduire les dépenses, avait retiré de la région le navire de reconnaissance armé HMS *Endurance*. Avant même la prise de pouvoir par Galtieri, le gouvernement argentin avait justement déduit de cette situation que les Britanniques ne s'intéressaient plus guère aux Falklands. En 1981 et au début de 1982, ces îles figuraient à peine à l'ordre du jour du gouvernement britannique. Ce n'est qu'en mars 1982, peu avant l'invasion, que le gouvernement – et la Première ministre – comprit le danger[31].

Tolérer une agression flagrante contre une possession britannique aurait très certainement fait chuter le gouvernement[32]. En tout cas, l'accepter passivement ne convenait pas à la Première ministre. Elle suivit rapidement l'avis de la marine qui envisageait une action militaire, même à risque, pour récupérer les Falklands. Sans hésiter, elle donna l'ordre de constituer une force d'intervention navale à destination de l'Atlantique Sud. L'ordre précéda une séance d'urgence de la Chambre des communes, le samedi 3 avril 1982, où l'indignation s'exprima depuis les rangs des conservateurs chauvins de droite jusqu'à ceux de la gauche travailliste. Ce jour-là, la Chambre des communes, et non Mme Thatcher, rendit presque inévitable la guerre dans l'Atlantique Sud en décidant d'envoyer la force d'intervention. Deux jours plus tard, des foules brandissant des drapeaux la saluèrent au départ de Portsmouth. Cela se fit avec le soutien massif du peuple britannique[33].

La traversée de la force d'intervention ne signifiait pas en soi la guerre, même si c'était une perspective désormais probable. Les six semaines qu'il lui fallait pour atteindre l'Atlantique Sud laissaient amplement le temps de négocier. Cela fut sans résultat, en grande partie du fait de l'intransigeance de la junte argentine, et le cabinet londonien était également partagé. Afin d'épargner toute critique à la Première ministre, lord Carrington avait démissionné du secrétariat aux Affaires étrangères, prenant sur lui la responsabilité de la débâcle de l'invasion (qui incombait pourtant davantage au ministère de la Défense et en partie à Mme Thatcher). La Première ministre le remplaça par Francis Pym, un « tory *one-nation* » à l'ancienne, qui avait servi pendant la Seconde Guerre mondiale et avait une longue expérience des affaires étrangères dont il avait été secrétaire fantôme avant 1979, et qui fut par la suite secrétaire à la Défense. Cette nomination s'imposait, bien que décidée à contre-cœur, après consultation[34]. De tempérament et d'inclination, Pym était en fait l'antithèse de Mme Thatcher, la colombe de son faucon. Alors que Pym cherchait à éviter l'horreur de la guerre qu'il avait connue directement, Mme Thatcher l'envisageait de plus en plus. Un compromis négocié, même réalisable, devenait synonyme d'apaisement, avec toutes les connotations historiques de ce terme[35].

Durant la longue traversée de la force d'intervention, et pendant la guerre elle-même, Mme Thatcher fut en plein accord avec ses chefs miliaires. Elle prit les décisions clés. Mais ce sont les militaires, plus que le petit cabinet interne (ou Cabinet de guerre), dont Pym faisait partie, qui menèrent le jeu. Indépendamment des doutes qu'ils pouvaient avoir, les cinq autres hommes politiques (ministres des Affaires étrangères, de la Défense, de l'Intérieur, de la Justice et président du parti) du Cabinet de guerre, composé de sept membres, suivirent les initiatives de la Première ministre. Elle-même écouta les conseils des militaires, dont sir Terence Lewin, amiral de la flotte et chef d'état-major de la défense, était le porte-parole au sein du Cabinet de guerre. Principalement par l'intermédiaire de Lewin et de sir Henry Leach, Premier lord de l'Amirauté, les militaires savaient pouvoir compter sur le soutien entier de la Première ministre[36].

Le déclenchement du conflit cimenta le lien étroit entre Mme Thatcher et le commandement militaire. Le processus décisionnel était manifeste. Le 2 mai, le torpillage du croiseur argentin *Général Belgrano* par un sous-marin britannique, hors de la zone d'exclusion convenue autour des Falklands, qui fit trois cent soixante-trois morts, répondit à une demande du commandant de la force d'intervention, le contre-amiral J. F. Woodward, que Lewin soumit à la Première ministre. Elle l'approuva sur-le-champ. C'était incontestablement sa décision, consentie sans objection par le Cabinet de guerre (en l'absence de Pym)[37].

Mme Thatcher ne douta jamais d'avoir pris la bonne décision, malgré le fort opprobre international et les critiques nationales. Elle donna au cours du bref conflit le ton de sa détermination intraitable. L'issue était loin d'être acquise et Mme Thatcher était plus que consciente de l'imminence du désastre, surtout lorsque le HMS *Sheffield* fut touché par un missile Exocet et coula, au prix de vingt et un morts et de nombreux blessés graves. Entre le débarquement des troupes britanniques aux Falklands le 21 mai et la reddition des Argentins le 15 juin, les semaines furent extrêmement tendues. Mais elle tint bon. Pour finir, ce fut une victoire militaire totale.

Cela lui procura de forts atouts politiques. Dans le mois qui suivit la victoire aux Falklands, sa cote de popularité doubla, passant à 51 %[38]. Les critiques du parti se turent. L'opposition divisée semblait désarmée. Sa réputation internationale grimpa en flèche pour avoir défendu l'État de droit démocratique contre une agression dictatoriale. Son courage suscitait une large admiration. Les États-Unis, surtout la droite républicaine, ne tarissaient pas d'éloges. Son amitié avec le président Reagan s'en trouva renforcée, même si l'administration américaine n'avait pleinement soutenu la position britannique sur les Falklands que progressivement.

En Grande-Bretagne, la victoire améliora nettement l'état psychologique, bien qu'assez brièvement. Très affecté au cours de la décennie précédente, le moral de la population reçut un coup de fouet. Les années de déclin britannique, déclara le gouvernement, étaient bel et bien terminées. « La grandeur est de retour en Grande-Bretagne[39] », annonça un journal. On ne pouvait mettre l'euphorie en bouteille. Bientôt, les soucis du quotidien reprirent le dessus. La victoire aux Falklands laissa néanmoins un héritage durable. Elle revigora et prolongea le sentiment de l'exception britannique (surtout anglaise). Le pays qui n'avait pas été conquis depuis 1066, qui avait repoussé l'Armada espagnole, Napoléon et Hitler, était encore – la victoire semblait le laisser entendre – une force militaire à prendre en compte, prête à défendre ses intérêts, à résister à l'agression et à renverser les tyrans ; l'empire pouvait bien avoir disparu depuis longtemps, la Grande-Bretagne restait un acteur majeur sur la scène mondiale.

Un an après son triomphe, Mme Thatcher se présenta pour la deuxième fois aux élections législatives. La chance lui sourit : un profond schisme avait fatalement sapé l'opposition. Le Parti travailliste avait fortement viré à gauche depuis l'élection d'un nouveau leader, Michael Foot, en novembre 1980. Réagissant en 1981, une faction sécessionniste avait formé le Parti social-démocrate (SDP en anglais). Selon les responsables du SDP, le Parti travailliste s'orientait vers le marxisme et n'était pas en mesure de remporter des élections législatives. Rapidement, le SDP atteignit un niveau de soutien électoral qui concurrençait les travaillistes.

À la veille de la guerre des Falklands, les conservateurs obtenaient à peine plus de 30 % dans les sondages. En 1983, avec la fin de la récession, la baisse drastique de l'inflation et – facteur le plus important pour les élections – la scission complète de la gauche, ils auraient sans doute gagné, même sans le triomphe des Falklands. En fait, au moment des élections, l'éclat de la victoire s'était en partie évaporé. L'admiration pour l'action de la Première ministre, qui s'étendait bien au-delà des conservateurs, pesait moins que le rejet généralisé de sa politique économique. Le pays était fortement fracturé. Mais les singularités du système électoral britannique avantageaient largement les conservateurs. Si leur nombre de voix diminua légèrement, passant de 43,9 % en 1979 à 42,4 %, leur majorité augmenta à la Chambre des communes, gagnant 58 sièges, principalement au détriment des travaillistes. Enhardie et avec une opposition très affaiblie, Mme Thatcher pouvait poursuivre sa mission pour transformer la Grande-Bretagne.

L'épreuve de force avec les mineurs

À l'université, Margaret Thatcher avait lu Friedrich von Hayek, qui publia en 1944 *The Road to Serfdom* (La Route de la servitude), où il soutenait avec force que le socialisme conduisait à la servitude et que seul le marché libre, affranchi des contrôles de l'État, apportait la liberté. Elle avait relu Hayek dans les années 1970, quand elle s'imprégnait des théories monétaristes. À l'époque, elle commençait déjà à se focaliser sur la nécessité de briser le carcan des industries nationalisées et du pouvoir syndical qui s'y développait, pesant sur l'économie britannique. Les syndicats, selon elle, étaient à l'origine du mal qui avait rongé la grandeur de la Grande-Bretagne. Mettre fin à leur domination était une cause morale.

La législation visant à réduire les droits syndicaux, notamment en limitant les piquets de grève légaux, était déjà passée au Parlement sous le premier gouvernement Thatcher. En 1984, elle avalisa et maintint résolument l'interdiction des syndicats au Government Communications Headquarters (GCHQ, Siège de la communication du gouvernement), malgré l'indignation prévisible des syndicalistes et le malaise de ministres – se préparant au compromis. Que le gouvernement l'ait finalement emporté dut beaucoup à la détermination inflexible de Mme Thatcher et à sa volonté, voire à sa délectation, de combattre et de vaincre le pouvoir syndical. La grande épreuve était cependant encore à venir.

Les mineurs représentaient le rempart le plus solide du pouvoir syndical. Ils avaient brisé le gouvernement Heath en 1974, une humiliation gravée dans l'esprit des conservateurs. En 1981, les dégâts potentiels d'une autre grève des mineurs avaient obligé le gouvernement Thatcher à se retirer du conflit (tout en retenant la leçon pour l'avenir)[40]. Entre-temps, la National Union of Mineworkers (le Syndicat national des mineurs) avait élu à sa présidence Arthur Scargill, militant marxiste qui avait hâte d'affronter le gouvernement. Face à lui, un homme d'affaires américano-écossais intransigeant, Ian MacGregor, venait d'être nommé à la tête du National Coal Board (Conseil national des charbonnages). Il avait auparavant présidé à des compressions budgétaires rigoureuses dans l'industrie sidérurgique. À l'évidence, le bras de fer avec les mineurs était imminent.

Contrairement à la situation de 1981, le gouvernement avait stocké du charbon dans les centrales électriques et s'était armé pour supporter une grève longue. Scargill lui donna l'occasion de le faire. L'exploitation des mines de charbon perdait de l'argent. Concurrencée par d'autres sources d'énergie – pétrole, nucléaire, gaz naturel –, l'industrie houillère était en déclin et le nombre des mineurs avait diminué de moitié par rapport aux années 1950[41]. Mais, lorsque vingt mines qui n'étaient plus rentables furent menacées de fermeture au printemps 1984 (dans le cadre d'un programme tenu secret, qui en prévoyait bien d'autres), des communautés minières en colère se mirent spontanément en grève dans le Yorkshire. La National Union of Mineworkers subit des pressions pour officialiser la grève et Scargill, en rage contre le gouvernement, y était plus que prêt. Il refusa de reconnaître que les mines n'étaient plus rentables[42]. Une grève du charbon au printemps et durant l'été était une folie tactique du côté syndical. Elle eut pourtant lieu. Pour Scargill, lutter contre la fermeture des mines et la perte de dizaines de milliers d'emplois faisait de toute façon partie de la lutte révolutionnaire[43].

Il appela les mineurs à la grève – sans organiser de vote (qu'il n'était pas assuré de remporter) pour tester le soutien à cette action. Dans certaines régions du pays, des mineurs refusèrent de débrayer, provoquant une scission syndicale. Le conflit alimenta beaucoup d'amertume et de rancœur. Il s'éternisa, fortement soutenu dans le Yorkshire, en Écosse et dans le Pays de Galles, mais contré par un syndicat dissident dans les bassins houillers du Nottinghamshire (source d'animosité intense entre grévistes et non-grévistes). Des piquets de grève massifs dans les mines et les centrales électriques provoquèrent des affrontements violents avec la police, surtout à Orgreave, dans le sud du Yorkshire. L'opinion publique était partagée. Les mineurs avaient traditionnellement bénéficié d'une grande sympathie populaire. Mais la violence des piquets de grève rebutait la plupart des Britanniques, tout comme la rhétorique révolutionnaire de Scargill. En même temps, les charges de la police montée contre les mineurs à Orgreave et leur matraquage, scènes que diffusa la télévision, choquèrent, et pas seulement les opposants au gouvernement.

La grève commença à fléchir à l'automne et, en mars 1985, après un hiver de plus en plus dur pour les mineurs grévistes, le syndicat vota la reprise du travail. C'était une défaite retentissante pour les mineurs et une victoire pour le gouvernement. Mais le pays ne s'en réjouit guère comme à la fin du conflit des Falklands. Mme Thatcher eut beau essayer d'associer la lutte contre l'ennemi extérieur et la lutte contre l'« ennemi intérieur », voir les mineurs reprendre péniblement le travail en brandissant leurs bannières syndicales n'avait pas de quoi faire sauter de joie.

Le gouvernement avait néanmoins brisé les reins du syndicat le plus puissant de Grande-Bretagne. De nouveau, la Première ministre avait montré sa poigne. Elle était indétrônable au cabinet. Ceux qui n'avaient pas voulu de cette épreuve de force en règle contre les mineurs se turent désormais. L'opposition travailliste était également affaiblie. Elle avait été ambiguë à propos de la grève des mineurs, ne voulant pas s'aliéner son soutien syndical, tout en voyant bien que l'extrémisme de Scargill rebutait de nombreux électeurs travaillistes potentiels.

Le rôle de Mme Thatcher dans le conflit est moins visible que dans la guerre des Falklands. Ses propos militants sur une bataille pour la liberté contre la tyrannie, pour maintenir l'État de droit contre la violence collective, donnèrent assurément le ton. Et, en 1983, elle avait approuvé la nomination de Ian MacGregor, dont la mission était manifestement de s'en prendre à la direction syndicale dans un duel frontal autour de la fermeture des mines. D'après elle, c'était à MacGregor, président du Coal Board, non au gouvernement, de gérer le conflit dans l'industrie du charbon. C'était une vue de l'esprit mais que le gouvernement a tenue officiellement[44]. Pour présenter la ligne officielle au grand public, Peter Walker, secrétaire à l'Énergie, survivant des *Wets* du temps de Heath, soutint pleinement la détermination inébranlable de la Première ministre d'écraser Scargill et sut communiquer pour rectifier l'image dure et tranchante de MacGregor.

Continuer d'exploiter des mines déficitaires ne trouvait pas de justification économique. Depuis les années 1960, des mines de charbon avaient été fermées sous des gouvernements travaillistes et conservateurs, comme dans d'autres régions d'Europe. Mais cela aurait pu se faire de façon bien moins agressive. Les personnalités d'Arthur Scargill et de Margaret Thatcher ont aiguisé la confrontation. Scargill s'est fait piéger par le gouvernement car, pour s'attaquer aux mineurs, Mme Thatcher attendait le moment le plus opportun, et Scargill le lui offrit.

Les fermetures qu'avait prédites Scargill, confirmées après la défaite syndicale, vidèrent des communautés entières qui s'étaient développées autour des carreaux de mine. Même sans Mme Thatcher, l'exploitation de la houille se serait épuisée avec le temps, comme partout dans le monde occidental, dans le sillage de la post-industrialisation, de la mondialisation et des préoccupations environnementales croissantes. Mais l'épreuve de force avec les mineurs signifie qu'en Grande-Bretagne la fin de l'industrie charbonnière s'accompagna d'un legs durable de haine acerbe contre le gouvernement Thatcher. Ce ne fut pas uniquement son œuvre, mais elle y laissa indéniablement son empreinte.

Atlantisme et Europe

Le pouvoir de Mme Thatcher était visiblement plus limité dans le domaine des affaires étrangères qu'en politique intérieure. Les premières années, en particulier, elle n'était pas en mesure d'exercer une grande influence. Les événements échappaient largement à son contrôle. C'était en soi un symptôme du déclin de la puissance mondiale britannique. Il existait cependant des atomes crochus personnels évidents entre la Première ministre, bourreau de travail et autoritaire, et Ronald Reagan, détendu et convivial, élu à la présidence des États-Unis en 1980. L'attitude de Margaret Thatcher à l'égard de l'Europe – de la Communauté économique européenne (CEE) plutôt – était en revanche spontanément moins chaleureuse, puis plus froide, jusqu'à finir par être presque glaciale.

La guerre froide était au cœur de son objectif politique – sa mission morale de lutter pour le monde libre contre le mal communiste. Elle avait grandi pendant la guerre froide et le souvenir proche de la défaite nazie était profondément ancré dans sa psyché. Guerre froide et souvenir de la Seconde Guerre mondiale militaient contre l'Europe. « La plupart des problèmes que le monde a affrontés sont venus d'Europe continentale, et les solutions d'ailleurs[45] », écrivit-elle après avoir quitté ses fonctions.

Grand allié de la Grande-Bretagne pendant la Seconde Guerre mondiale, les États-Unis étaient le leader de l'Occident dans le combat contre l'« empire du mal » (ainsi Reagan avait-il surnommé l'Union soviétique). L'atlantisme de Mme Thatcher et sa dévalorisation de l'Europe étaient donc bien enracinés dans sa personnalité et sa politique.

Toutefois, la « relation spéciale » avec les États-Unis restait asymétrique. Les images publiques avaient beau être chaleureuses, la vision du monde de Margaret Thatcher, proche de celle de Reagan, le rôle de la Première ministre était secondaire lorsque les intérêts américains étaient en jeu. En octobre 1983, quand les troupes américaines envahirent aux Caraïbes la petite île de la Grenade, ancienne possession britannique, et que la déposition puis le meurtre du dirigeant marxiste menaça de déstabiliser l'« arrière-cour » américaine, la Grande-Bretagne ne fut même pas consultée au préalable. Mme Thatcher était en colère et humiliée. Elle ressentit de manière vive ce qu'elle estimait être un abus de confiance. Mais elle dut accepter le fait accompli[46]. Reagan mit tranquillement cela sur le compte d'une erreur de communication. Le sentiment d'affront se dissipa rapidement chez Mme Thatcher, et les rapports chaleureux se rétablirent. Les intérêts mutuels en matière de politique étrangère, surtout à l'égard de l'Union soviétique, formaient le socle permanent de la relation. Le plein soutien de Mme Thatcher au refus de compromis dans la guerre froide fut confirmé, malgré de fortes protestations populaires, lorsqu'elle donna en 1983 son accord au stationnement de missiles américains à moyenne portée en Grande-Bretagne.

Elle savoura l'amélioration considérable de son statut mondial après le triomphe aux Falklands. Et, une fois le changement amorcé en Union soviétique au milieu des années 1980, elle apprécia de jouer un rôle important, bien que subordonné, dans le dégel de la guerre froide. Mme Thatcher avait invité Mikhaïl Gorbatchev à Londres quatre mois avant qu'il ne devînt secrétaire général du Parti communiste, en mars 1985. Malgré leurs idéologies diamétralement opposées, il lui avait plu et elle pensa pouvoir travailler avec lui[47]. De bons rapports se développèrent dès qu'il prit le pouvoir. Cela permit à Mme Thatcher de renforcer son rôle sur la scène internationale en servant d'intermédiaire très utile pour recommander à Reagan, plus froid qu'elle au début envers le dirigeant soviétique, de prendre Gorbatchev au sérieux dans ses efforts de rapprochement avec l'Occident.

Reagan développa rapidement son propre lien à Gorbatchev. Mais après leur rencontre à Reykjavik en octobre 1986, où le président avait failli accepter l'abolition de toutes les armes nucléaires, l'opposition véhémente de Mme Thatcher à ce désarmement contribua à mettre fin au projet que Reagan avait brièvement caressé. Le Pentagone, horrifié par la position qu'avait adoptée le président à Reykjavik, s'en félicita mais il n'est pas sûr que l'intervention britannique ait été décisive de quelque manière. Il est en revanche très probable que la pression du Pentagone aurait retenu Reagan de donner suite à son accord impulsif, même s'il avait été tenté d'aller plus loin[48].

À la fin des années 1980, alors que l'étonnante dynamique déclenchée par Gorbatchev ébranlait l'Union soviétique et son emprise sur ses États satellites d'Europe centrale et orientale, Mme Thatcher – alors dans son troisième mandat de Première ministre, dominant complètement la politique intérieure – éloignait la Grande-Bretagne des mouvements embryonnaires vers une intégration plus étroite dans la Communauté économique européenne.

Elle avait soutenu Heath lorsqu'il avait fait entrer le pays dans la CEE en 1973 et défendu l'adhésion lors du référendum de 1975. Mais, contrairement à Heath, elle ne mettait pas d'affect dans l'affaire. Elle jugeait nécessaire l'unité de l'Europe occidentale dans la guerre froide, notamment en soutenant l'OTAN. Et elle voyait les avantages économiques d'une adhésion au Marché commun européen à un moment où le commerce britannique avec le Commonwealth et d'autres pays était en chute libre. Mais elle estimait le prix de l'adhésion beaucoup trop élevé et insista lourdement, dès 1979, pour obtenir un rabais conséquent sur la contribution britannique aux fonds de la CEE. Les responsables de la Communauté ne goûtaient pas ses harangues mais durent s'y habituer. Son cabinet la força effectivement à accepter un accord moins avantageux que ce qu'elle souhaitait, mais le marchandage vindicatif continua chaque année jusqu'à ce qu'au bout de trois ans elle obtînt une réduction plus importante et permanente de la contribution britannique. En fin de compte, à force de harcèlement répétitif, elle eut raison des chefs de gouvernement de la CEE qui acceptèrent une réduction des deux tiers de la différence entre ce que versait la Grande-Bretagne et ce qu'elle recevait. Elle faisait déjà passer la Grande-Bretagne pour l'État-membre le plus embarrassant de la Communauté. Elle voyait néanmoins les avantages substantiels d'une intégration économique plus étroite, et son gouvernement sous son deuxième mandat joua un rôle essentiel dans la décision d'établir en 1986 le Marché unique, qui avait pour objectif d'harmoniser la réglementation sur la circulation des biens, des capitaux et de la main-d'œuvre.

Les aspects économiques de l'adhésion à la CEE étaient une chose. L'intégration politique plus étroite en était une autre. Sitôt que Jacques Delors, président de la Commission européenne (dont elle avait soutenu la nomination), poussa dans cette direction à la fin des années 1980, il déclencha la franche hostilité de Mme Thatcher au « Projet européen » en cours de développement. Dans son discours désormais célèbre prononcé à Bruges en 1988, elle déclara son opposition en termes très clairs : « Nous n'avons pas réussi à faire reculer les frontières de l'État en Grande-Bretagne pour les voir réimposées au niveau européen par un super-État européen exerçant une nouvelle domination depuis Bruxelles[49]. » Cela fit d'elle la championne de ceux qu'on allait bientôt appeler les « eurosceptiques ».

À la chute du Rideau de fer, Reagan avait quitté la présidence, remplacé par George H. W. Bush, dont Mme Thatcher était moins proche. La place relativement discrète de la Grande-Bretagne dans les événements spectaculaires de 1989-1990 tenait cependant moins à des modifications relationnelles qu'aux réalités fondamentales du pouvoir. Bien que chef de gouvernement de l'une des quatre puissances d'occupation de l'Allemagne d'après guerre, Mme Thatcher ne joua aucun rôle important dans l'effondrement du bloc soviétique ni dans la réunification de l'Allemagne qui suivit (qui en fait lui déplut, car elle demeurait profondément germanophobe en son for intérieur, mais qu'elle ne put empêcher). Les principaux acteurs en furent Gorbatchev, Bush et le chancelier allemand Helmut Kohl. La Grande-Bretagne de Mme Thatcher, comme la France du président François Mitterrand, ne fut pas impliquée dans les subtilités diplomatiques et demeura sur la touche. À la fin des années 1990, les jours de Mme Thatcher en tant que Première ministre étaient de toute façon comptés, mais elle n'en prit conscience que lorsqu'elle dut affronter la remise en cause de son autorité dans son pays.

L'arrogance du pouvoir

Le deuxième mandat de Mme Thatcher, entre 1983 et 1987, n'avait pas été sans souci pour les conservateurs. Il connut quelques succès politiques, naturellement, notamment la vente de logements sociaux ouvrant la possibilité aux locataires de devenir propriétaires (et de remplir les caisses de l'État par la même occasion). La privatisation d'un certain nombre d'industries nationalisées (British Telecom, British Gas, British Airways et Rolls-Royce) engagea un processus irréversible et, dans un autre mouvement apparemment réussi en faveur du capitalisme populaire, des millions de personnes se précipitèrent pour acheter des actions (toutefois assez rapidement englouties par de gros investisseurs). La population, dont de nombreux syndicalistes, put tirer profit de ces politiques sans se convertir au thatchérisme. La victoire sur les mineurs, contrairement à celle des Falklands, n'avait pas relancé la popularité de Mme Thatcher. Dans l'hôtel où elle séjournait à Brighton lors du congrès du Parti conservateur en 1984, elle fut l'objet d'un attentat à la bombe de l'IRA (Armée républicaine irlandaise) et suscita l'admiration générale, opposants compris, par son courage et sa résistance après coup, sans pour autant inspirer de sympathie populaire à titre personnel ni de soutien politique pour son gouvernement. En 1985, le gouvernement pâtit d'un grave différend concernant l'achat de Westland Helicopters – entreprise au bord de la faillite qui devait être vendue soit à des acheteurs américains (ce que souhaitait la Première ministre), soit à un consortium européen, ce que préférait le secrétaire à la Défense, Michael Heseltine. L'affaire aboutit à la démission de ce dernier du cabinet en raison du mode de gouvernement et du caractère entier de la Première ministre. À cette époque, d'après les sondages, une majorité de l'opinion jugeait défavorablement le gouvernement.

Malgré tout, Mme Thatcher remporta une troisième victoire éclatante aux élections de juin 1987. Elles se déroulèrent, comme les précédentes quatre ans auparavant, dans des circonstances favorables pour le gouvernement. L'inflation, bloquée à 5 % durant son deuxième mandat, était vaincue. Les salaires réels avaient augmenté. Le chancelier de l'Échiquier, Nigel Lawson, qui avait annoncé trois mois plus tôt une autre baisse de l'impôt sur le revenu et une augmentation des dépenses pour le système national de santé (*National Health Service*), orchestrait un boom économique. Et Mme Thatcher fut accueillie avec enthousiasme lors d'une visite en Union soviétique, ce qui consolida son image de dirigeante mondiale exceptionnelle.

Le schisme au sein de l'opposition continua également de servir les conservateurs. La presse aussi leur était favorable et la promotion de leur politique, confiée à Saatchi & Saatchi, experts en relations publiques, fut efficace. Mme Thatcher ne gagna pourtant pas en popularité, l'euphorie du triomphe des Falklands n'ayant été qu'une brève parenthèse. Certains signes indiquaient même qu'elle n'était plus forcément un atout électoral pour son parti. Après le décompte des résultats, elle put néanmoins célébrer une nouvelle victoire, même si les 42,2 % de voix correspondaient pratiquement au niveau de 1983 (les travaillistes obtenant 30,8 %, l'Alliance 22,6 %) et que les conservateurs avaient en fait perdu 21 sièges.

La domination de Mme Thatcher était désormais totale. Les *Wets* étaient complètement vaincus. La droite du parti était de son côté. Les fidèles l'encensèrent. Aucune contestation de son leadership n'apparaissait à l'horizon. Les nouvelles nominations à des fonctions publiques étaient choisies pour leur conformité. « Est-ce l'un des nôtres ? », aurait-elle demandé[50]. À coup sûr, le cabinet était docile, quand bien même l'apparence masquait une source d'inquiétude tandis que se posait la question de l'avenir post-thatchérien. La plus grande menace, qui allait s'avérer fatale, provenait de l'arrogance du pouvoir de la Première ministre elle-même – qui enfla après le triomphe des Falklands et commença à devenir dangereuse à la fin des années 1980. Quand elle déclara à la BBC en 1987 qu'elle pourrait continuer « encore et encore », les ministres tory qui avaient de l'ambition n'en furent pas tous ravis[51].

Une grave erreur politique dans son camp révéla clairement sa perte de contrôle sur le pouvoir. Elle ne percevait plus ce qui était politiquement possible. À force de s'imposer face au doute, à la critique et à l'opposition, elle avait l'illusion d'être invincible. Elle perdait en réalité le contact avec de nombreux députés de base à la Chambre des communes. L'arrogance du pouvoir la rendait fatalement imperméable à tout avis contraire.

L'introduction de la Community Charge (charge communautaire), bientôt surnommée Poll Tax (capitation), fut à l'origine du malaise croissant qu'allait éprouver son parti par rapport à son leadership. Remplacer l'impôt foncier par une taxe forfaitaire par tête pesant sur tous les adultes utilisant les services publics locaux était une idée déjà explorée en 1984. Mme Thatcher persista dans cet objectif alors que Nigel Lawson l'avait avertie que ce serait une « catastrophe sur le plan politique[52] ». Malgré une forte opposition des siens, elle appuya la législation requise en 1988. Ce ne fut pas un diktat ; les comités ordinaires du cabinet s'y étaient dûment penchés[53]. Néanmoins, l'autorité de la Première ministre fut décisive. Les inégalités et l'injustice sociale qu'engendrait la Poll Tax sautaient aux yeux de tous : dans la mesure où elle était fondée sur les personnes et non sur le type de propriété, les propriétaires les plus pauvres et les plus riches payaient la même chose. Lorsqu'elle fut introduite en Écosse, beaucoup refusèrent de s'en acquitter et de grandes manifestations eurent lieu dans les villes anglaises l'année suivante. Mais Mme Thatcher refusa de reculer. (La Poll Tax sera finalement abandonnée sous John Major, successeur de Mme Thatcher au poste de Premier ministre, et remplacée par une nouvelle forme de redevance immobilière, la Council Tax.) Dans un contexte de problèmes renouvelés en raison d'une économie en surchauffe, cet impôt servit de toile de fond à la chute de la Première ministre, toute-puissante auparavant.

Le sujet aggrava les divisions patentes sur l'Europe au sein du Parti conservateur, amplifiées depuis le discours de Mme Thatcher à Bruges en 1988. Elle s'y démarquait nettement – ce qui se révéla dangereux – de l'approche privilégiée par deux membres importants du cabinet : son plus ancien et fidèle lieutenant, sir Geoffrey Howe (alors ministre des Affaires étrangères), et le très estimé maître d'œuvre du boom économique de la fin des années 1980, le chancelier de l'Échiquier Nigel Lawson. La situation s'envenima avec la publication en 1989 du plan Delors, qui prévoyait le contrôle de la politique monétaire par une banque centrale européenne, une monnaie unique et la convergence vers l'adhésion au Système monétaire européen.

Howe et Lawson étaient tous deux favorables à l'adhésion de la Grande-Bretagne au Mécanisme de taux de change européen (MCE, élément clé du Système monétaire européen), impliquant des fluctuations monétaires restreintes, dominé par le mark allemand. Pour Mme Thatcher, c'était incompatible avec le plein contrôle de la monnaie britannique, qu'elle estimait intrinsèque à la souveraineté nationale. À la faveur d'un remaniement majeur du cabinet en juillet 1989, Howe fut écarté du ministère des Affaires étrangères et rétrogradé au poste de ministre chargé des relations avec la Chambre des communes, sans être apaisé par l'ajout du titre – dénué de sens – de vice-Premier ministre. En octobre, Lawson démissionna, estimant avec raison que sa position avait été sapée par l'empressement de la Première ministre à prendre un avis contraire sur le mécanisme des taux de change auprès de l'ultra-monétariste Alan Walters, son conseiller économique personnel depuis son retour récent des États-Unis[54]. (L'injustice de la mise à l'écart d'un ministre aussi compétent fut confirmée lorsque Mme Thatcher céda en fin de compte aux pressions répétées de son nouveau chancelier, John Major, et accepta que la Grande-Bretagne rejoignît le MCE, ce qui fut fait en octobre 1990[55].) La rétrogradation de Howe et le départ de Lawson mirent en évidence une division capitale sur un point politique central au cœur du gouvernement. Et, pour la première fois, elle menaçait l'autorité de la Première ministre.

Celui qui remua le couteau dans la plaie ne fut autre que son plus fidèle serviteur, sir Geoffrey Howe, longtemps malmené et finalement humilié par son limogeage, dans une attaque accablante contre le leadership de la Première ministre à la Chambre des communes le 1er novembre 1990, après qu'elle eut exposé une fois encore sa méfiance à l'égard des mesures européennes incitant à une plus grande intégration. Michael Heseltine, qui avait rompu avec Mme Thatcher lors de l'affaire Westland en 1986, la défia alors pour le leadership. Il fut battu lors du scrutin qui suivit mais la Première ministre ne remporta qu'une victoire à la Pyrrhus. Ses collègues du cabinet, individuellement, lui conseillèrent de démissionner, ce qu'elle fit avec beaucoup de réticence, quittant son poste en larmes et convaincue d'avoir été trahie. « Ils m'ont vendue au rabais[56] », avait-elle conclu amèrement. Sa rancœur persista. Une phalange d'irréductibles fidèles entretint longtemps le mythe de la trahison, rendant la vie difficile à son successeur, John Major (dont Mme Thatcher sapa l'autorité à plusieurs reprises). Sa position sur l'Europe, en particulier, fit d'elle un phare pour les eurosceptiques dans certaines sections du Parti conservateur.

Héritage

Bien qu'ayant remporté trois élections successives, Mme Thatcher n'obtint jamais le soutien de la moitié de l'électorat. Mais, grâce à la répartition disproportionnée des sièges dans le système électoral britannique, elle profita de larges majorités à la Chambre des communes – 43 sièges en 1979, 144 en

1983, 102 en 1987. Elle eut ainsi une occasion extraordinaire de mettre en œuvre son programme. Elle nourrit la politique intérieure des idées économiques néolibérales qu'elle avait tôt adoptées avec enthousiasme et qui allaient remodeler l'économie britannique pendant des années. Ce fut une part capitale de son legs à la Grande-Bretagne.

Le pays avait assurément beaucoup changé quand elle quitta le pouvoir. Le « socialisme », avec sa base au sein du mouvement syndical, était affaibli, le rôle économique de l'État réduit (même si sa force de coercition avait augmenté et que le gouvernement central avait été renforcé aux dépens du gouvernement local), la nationalisation reculait, la privatisation progressait, la transition de l'industrie manufacturière vers une économie fondée sur la finance était instaurée et la domination du marché s'affichait partout. Son affirmation implicite qu'elle avait seule provoqué l'évolution (comme le soutenaient également ses partisans fervents) était cependant exagérée[57]. Les transformations étaient moins importantes qu'elle ne l'imaginait. Et, pour une bonne partie de ses réalisations, elle suivit le courant, sachant notamment s'adapter d'instinct à l'individualisme et aux aspirations qui prévalaient. Après le triomphe des Falklands, avant qu'elle ne surestimât son jeu en prélude au drame final, elle put compter sur le soutien général de son cabinet, et de son parti au Parlement et dans le pays. Il fallait néanmoins une personnalité exceptionnellement forte, énergique, déterminée et courageuse pour faire passer un programme souvent radical sur une aussi longue période. Et elle était intervenue de façon décisive sur un certain nombre de sujets importants : ainsi le refus de changer de cap en matière de politique industrielle et économique au début des années 1980, l'entrée en guerre pour les Falklands, la demande insistante de rabais auprès de la CEE. Imaginer ces dossiers traités par un autre Premier ministre, tel que William Whitelaw, James Prior ou Francis Pym, serait en faire la démonstration. Cela aurait été une tout autre histoire. Mme Thatcher a poussé jusqu'aux limites extrêmes le pouvoir d'un Premier ministre dans une démocratie en temps de paix (limites qui ont cependant été dépassées plus récemment).

Restait un domaine important où elle n'avait guère introduit de changement. Le problème de l'Irlande du Nord était aussi désolant à la fin de ses mandats qu'au début. Son parti pris en faveur de la cause unioniste limitait ses possibilités de penser avec souplesse. Certes, elle signa avec le Taoiseach (chef du gouvernement irlandais), Garret FitzGerald, l'accord anglo-irlandais de novembre 1985, une modeste étape dans la collaboration entre les gouvernements britannique et irlandais. Mais ce ne fut pas suivi de grand-chose d'important, avant que John Major, son successeur, ne fît avancer secrètement l'affaire, qui aboutit à l'accord révolutionnaire du Vendredi saint de Tony Blair en 1998.

Même si l'on peut dire que Mme Thatcher a transformé la Grande-Bretagne, il ne faut pas exagérer son impact mondial. Il serait excessif de prétendre que « ses succès ont été imités dans le monde entier[58] ». Son triomphe personnel indéniable, la victoire aux Falklands, représentait pour une grande partie du monde une guerre de type colonial anachronique. C'est ce qui enrichit cependant l'aura de la « Dame de Fer », rehaussant son prestige sur la scène internationale, et donna l'image d'une Grande-Bretagne revitalisée, capable de peser de tout son poids dans les affaires mondiales. Ses relations avec Reagan puis Gorbatchev accentuèrent encore cette image. Ses visites à Washington et à Moscou la maintinrent sous le feu des projecteurs : une dirigeante qui comptait manifestement dans les relations avec les grandes puissances. Mais elle joua un rôle secondaire dans la fin de la guerre froide.

Mme Thatcher quitta ses fonctions un peu plus d'un an avant la dissolution de l'Union soviétique à la fin de décembre 1991, qui conduisit les responsables d'Europe occidentale à repenser et reconstituer le projet d'intégration plus étroite. Son aversion pour la CEE s'était intensifiée au fil des années. Elle dénigrait de plus en plus le fonctionnement de Bruxelles, s'opposant toujours davantage à une évolution vers un État fédéral européen et une réduction de la souveraineté des gouvernements nationaux. À la Chambre des communes, elle avait fait son numéro de bravoure en dénonçant les propositions de Delors qui allaient dans le sens d'une union politique européenne, martelant : « Non. Non. Non. »[59] Elle se sentit justifiée dans son opposition au Mécanisme de taux de change par la sortie forcée honteuse de la Grande-Bretagne en septembre 1992. Et l'accord de Maastricht, dont l'objectif était d'introduire en quelques années une monnaie unique et de créer une identité commune au travers d'une citoyenneté européenne dans l'Union européenne, était naturellement une abomination pour elle.

Une part capitale de son héritage fut son hostilité à l'Union européenne qu'elle attisa, une fois à la retraite, au sein du Parti conservateur. Elle avait contribué à l'établissement du Marché unique mais n'avait pas prévu les conséquences politiques de la démarche économique qu'elle avait adoptée. Les eurosceptiques restèrent longtemps minoritaires parmi les tories. Mais elle fut leur championne indéfectible, la voix d'une Grande-Bretagne qui, enchaînée à l'Europe, ne saurait retrouver sa grandeur. Des événements ultérieurs allaient transformer cette tendance marginale en une lame de fond de soutien à la sortie de la Grande-Bretagne de l'Union européenne. Par-delà la tombe, Mme Thatcher a été la marraine du Brexit.

Décédée le 8 avril 2013, elle a passé ses dernières années dans un isolement croissant, souffrant d'un début tragique de démence. Ses funérailles ont eu lieu à la cathédrale Saint-Paul de Londres, privilège accordé aux seules personnalités nationales exceptionnelles. Celles de sir Winston Churchill avaient rassemblé presque tout le pays en 1965. Mme Thatcher avait été cependant une Première ministre qui avait profondément divisé, suscitant une dévotion d'une intensité peu commune en même temps qu'une antipathie, sinon de la haine, à l'autre bout du spectre. C'est cette polarisation que reflétèrent les réactions à sa mort puis lors de ses funérailles nationales. Plus de trente ans après le départ définitif de Margaret Thatcher du 10 Downing Street, son nom inspire toujours toute la gamme des émotions. Les cicatrices du grand nombre de ceux qui firent les frais de sa politique économique ne sont toujours pas refermées à ce jour.

Charles Moore conclut le troisième volume de sa monumentale biographie en qualifiant Mme Thatcher de « plus grand génie qui ait jamais dirigé les affaires du Royaume-Uni[60] ». L'hommage est certainement injustifié. Mais, qu'on l'aime ou la déteste, elle fut sans aucun doute un leader politique extraordinaire.

Récemment élu secrétaire général du Parti communiste de l'Union soviétique, Mikhaïl Gorbatchev à la rencontre des Moscovites, le 17 avril 1985.
Son empressement à écouter l'avis des citoyens ordinaires contribua à asseoir son immense popularité, finalement sapée dans les années 1989-1990 par l'effondrement économique et les troubles politiques.

11

Mikhaïl Gorbatchev

Démolisseur de l'Union soviétique, artisan d'une nouvelle Europe

« En 1990, les dirigeants politiques comme les citoyens ordinaires le tenaient pour l'un des plus grands hommes d'État du XXe siècle[1]. » Telle était assurément la réputation de Mikhaïl Gorbatchev en Occident, où il était fêté comme celui qui, plus que quiconque, mit fin à la guerre froide. Dans une perspective occidentale, il avait, de manière étonnante, tourné le dos au passé soviétique, cherché à introduire la démocratie et œuvré pour éradiquer la menace de guerre nucléaire. Pour les citoyens des anciens États satellites d'Europe centrale, il était celui qui contribua à les libérer de plus de quarante années de domination soviétique. En URSS même, c'était une autre histoire. Alors que sa popularité s'envolait en Occident, elle s'effondra dans son pays – mais pas avant 1990, jusque-là il y avait été aussi un dirigeant populaire. Lorsqu'il quitta ses fonctions, fin 1991, sa réputation dans son pays était très mauvaise. Il était largement accusé d'avoir ruiné l'Union soviétique. Il était devenu le chef d'une superpuissance en 1985 ; six ans plus tard, l'ancienne superpuissance était un État affaibli, appauvri et humilié.

Quel que soit le verdict sur son leadership, Gorbatchev fut à tous égards la personnalité européenne dominante de la seconde moitié du XXe siècle. Mais dans quelle mesure garda-t-il le contrôle des événements capitaux survenus durant la courte période de son leadership ? Ne faut-il pas regarder plus loin que ses décisions – ses erreurs autant que ses réalisations – pour expliquer la transformation épique de l'Europe à cette époque ?

Ou lui-même ne fut-il guère plus que le vecteur de pressions insurmontables qui, en URSS ou à l'extérieur, déterminèrent ses actions[2] ? Accompagna-t-il simplement l'irrésistible effondrement de l'Union soviétique ou en fut-il la cause ? L'emprise sur les satellites était-elle déjà devenue intenable ? Ou est-ce uniquement Gorbatchev qui, par ses actions, déclencha la dynamique révolutionnaire ? Et son rôle dans les affaires internationales fut-il en réalité une réponse inévitable à la supériorité américaine dans la course aux armements nucléaires ? Ou sa personnalité fut-elle un élément crucial dans la fin de la guerre froide ?

Personnalité et ascension au sommet

Quand il s'éleva au faîte du système soviétique, Gorbatchev était l'archétype de l'apparatchik, conformiste et adepte des principes marxistes-léninistes. Toute autre voie pour gravir les échelons eût été impensable et impossible. Dans ces conditions, pourquoi changea-t-il aussi catégoriquement au cours de ses quelques années au pouvoir ? L'aveu qu'il s'était trompé dans sa jeunesse ? La reconnaissance intelligente que les failles profondes du système soviétique signifiaient qu'il n'était plus viable face aux forces aussi bien intérieures qu'extérieures poussant à un changement majeur ? Se laissa-t-il emporter par son idéalisme réformiste irréaliste ? Ou fut-ce simple opportunisme ? Adaptation aux aléas ? Comprendre Gorbatchev a posé des problèmes à ceux qui l'ont bien connu, à commencer par lui-même[3].

Le drame stupéfiant qui se joua en Union soviétique et en Europe centrale entre 1985 et 1991 est en tout cas inexplicable sans l'énigme de l'extraordinaire personnalité de Gorbatchev. Lorsqu'il prit le pouvoir en URSS, son aplomb à toute épreuve mais aussi son optimisme et la conviction naïve que sa force de persuasion et son énergie inlassable pouvaient refondre du tout au tout un régime qui avait terriblement besoin de réformes étaient des traits marqués de son caractère. Ils s'accompagnaient d'une impulsivité et d'un empressement à éviter la planification stratégique pour « laisser les processus se développer ». Et, fait remarquable de la part d'un dirigeant soviétique, il répugnait viscéralement à employer la force[4]. Atouts et faiblesses allaient de pair, formant un élément intrinsèque de la transformation historique de l'Union soviétique mais aussi de l'Europe durant ses années au pouvoir.

Né en 1931 dans une famille de paysans pauvres du village de Privolnoïe, trou perdu du district de Stavropol dans le nord du Caucase, Gorbatchev avait grandi dans l'ombre épaisse du stalinisme et de l'impact dévastateur de la guerre. Ses deux grands-pères avaient été arrêtés sous Staline mais avaient survécu au goulag. Son père, Sergueï, fut blessé au cours de la guerre mais revint en héros décoré (après avoir été compté à tort parmi les morts). Il parla à son fils des horreurs qu'il avait connues. Peut-être cela explique-t-il la répugnance ultérieure de Mikhaïl à recourir à la force pour étayer l'Empire soviétique vacillant. Pour les Gorbatchev comme pour chaque famille soviétique, la guerre avait été une période de peur et de souffrances intenses. Les envahisseurs allemands occupèrent brièvement Privolnoïe et laissèrent un village en ruine. Mais les Gorbatchev échappèrent au pire. Ils avaient survécu. Après le conflit, les conditions de vie et de travail furent extrêmement rudes. Malgré tout, Mikhaïl eut une enfance heureuse. Très proche de son père, il l'était moins de sa mère, Maria, austère et à cheval sur la discipline.

Mikhaïl devait grandir rapidement au cours de la guerre. Il fut au fond un fils unique – son frère Alexandre, né en 1947, était de seize ans son cadet – et dut travailler dur pour aider sa mère à gagner sa vie en l'absence de son père (engagé dans les combats acharnés de Koursk, Kiev et Kharkov). Cela l'aida à asseoir son indépendance et à prendre des initiatives. À l'école locale, il se distingua par ses capacités. Très tôt, il montra aussi des signes de leadership. Il commença également à laisser paraître sa soif de savoir et de promotion – deux traits durables de son caractère. Garçon plein d'assurance et très intelligent, il se montrait extrêmement déterminé, avec une propension, raconta un de ses amis d'école, à vouloir prouver qu'il avait raison et un « remarquable talent pour soumettre tout le monde à sa volonté[5] ».

Entré au Komsomol (organisation de la jeunesse soviétique) à l'âge de quinze ans, il en devint sans tarder un leader local. Travaillant aux côtés de son père à la ferme collective, il apprit à connaître la production agricole. Deux ans plus tard, dans l'été 1948, aidant son père à conduire une moissonneuse-batteuse, il gagna le concours de la plus grosse récolte de grains, ce qui lui valut de remporter l'ordre du Drapeau rouge du Travail, signé de Staline lui-même. Alors que ses parents étaient presque illettrés, il se montra ambitieux et découvrit bientôt que l'éducation lui ouvrait une voie au-delà de la ferme collective de Privolnoïe. Avec son énergie et son ambition, ses capacités lui permirent de percer. En 1950, il fut admis dans la prestigieuse université d'État de Moscou, où il étudia le droit et rencontra Raïssa, sa future épouse, dont il demeura inséparable jusqu'à sa mort en 1999. La même année, il demanda à entrer au parti.

Ce fut le premier pas de ce qui allait devenir une ascension rapide jusqu'au sommet, mais suivant une trajectoire de carrière orthodoxe en Union soviétique. Il apprit sans tarder à manœuvrer dans les arcanes du système. Ses talents tactiques étaient nécessaires pour escalader un chemin politique périlleux. S'il ne dissimulait pas ses vues hétérodoxes, Gorbatchev était un communiste bon teint. Avant que la dénonciation par Khrouchtchev de l'ancien dirigeant ne lui ouvrît les yeux en 1956, il crut en Staline au point de se joindre aux milliers de gens qui rendirent un dernier hommage à la dépouille du dictateur en 1953[6]. Plus tard, devenu fervent antistalinien, il continua d'exprimer son admiration pour Lénine[7].

Après l'université, il fut nommé chef du parti à Stavropol. En 1970, Leonid Brejnev le promut, à l'âge de trente-neuf ans, à la tête du parti dans toute la région de Stavropol. L'année précédente, à la suite du resserrement idéologique qui suivit l'invasion de la Tchécoslovaquie (qu'il n'avait pas approuvée), Gorbatchev avait obéi aux ordres en éreintant le livre d'un collègue de Stavropol qui proposait de réformer le système : « étranger à notre idéologie », avait été son verdict cinglant[8]. En réalité, les idées exposées étaient proches de celles que Gorbatchev lui-même essaya d'appliquer beaucoup plus tard. À cette époque, ses déclarations publiques étaient sagement conformistes, y compris ses effusions à la gloire de Brejnev. En privé, cependant, il devenait plus critique sur les conséquences délétères d'une économie obéissante hautement centralisée.

Son énergie, ses initiatives et ses talents d'organisateur retinrent l'attention et lui valurent des louanges en haut lieu – en particulier pour ses efforts afin d'améliorer la production agricole et étendre le réseau d'irrigation dans une région souffrant de fréquentes sécheresses. Il commença à développer de bonnes relations avec un certain nombre d'individus puissants. Qu'il ait fait la connaissance du patron du KGB, Iouri Andropov, lui aussi de la région de Stavropol, ne pouvait nuire à ses perspectives de carrière. Les dirigeants soviétiques appréciaient les stations thermales des contreforts du Caucase. En sa qualité de premier secrétaire du parti à Stavropol, c'est Gorbatchev qui était chargé de les accueillir[9]. Andropov le rencontra quand il s'y rendit en villégiature, tout comme Alexeï Kossyguine, président du Conseil des ministres (Premier ministre) jusqu'en 1980.

En 1978, Gorbatchev fut rappelé à Moscou comme secrétaire du Comité central et se vit chargé de responsabilités particulières dans l'agriculture. Son ascension météorique se poursuivit. Deux ans plus tard, il devint le plus jeune membre du Politburo. Andropov avait perçu ses talents et, devenu secrétaire général à la mort de Brejnev en 1982, il élargit ses attributions à toute l'économie. Après moins de deux années à son poste, mal en point, Andropov mourut à son tour. Il avait souhaité voir son protégé lui succéder, mais la vieille garde lui préféra Konstantin Tchernenko, presque invalide, qui resta à peine plus d'un an au pouvoir. Gorbatchev avait parfois présidé les réunions du Politburo du vivant d'Andropov, puis, durant la maladie de Tchernenko, il avait dirigé le plus clair du temps le Politburo et le secrétariat du parti. Loin de faire l'unanimité, mais à défaut d'une autre personnalité évidente, il devint l'héritier présomptif. Le lendemain de la mort de Tchernenko, il fut élu secrétaire général sans rencontrer d'opposition.

Conditions préalables

Quand Gorbatchev en devint le chef, en mars 1985, l'Union soviétique s'était affaiblie tant économiquement que politiquement. Mais ni l'économie ni le politique ne déterminaient que le système était voué à s'effondrer en l'espace de quelques années. Personne ou presque n'avait prévu que ce serait le cas. Même les experts connaissant les faiblesses structurelles fondamentales de l'URSS et présumant que le système ne pourrait survivre à terme ne voyaient aucune raison qu'il ne puisse survivre dans un avenir indéfini. Sa dette extérieure restait modeste. Le pays ne souffrait pas de troubles intérieurs graves et pouvait compter sur l'appui de l'armée et des services de sécurité[10]. Les régimes autoritaires, surtout s'ils sont aussi forts que le système soviétique l'avait été sept décennies durant, implosent rarement aussi vite et de manière aussi spectaculaire, et sans bain de sang. En 1985, la plupart des observateurs du Kremlin jugeaient que l'Union soviétique, malgré ses difficultés intérieures, était stable et n'était pas menacée d'un effondrement imminent, même si elle devait finalement atteindre un point de crise systémique intenable. Un autre que Gorbatchev eût-il été élu secrétaire général en 1985 qu'un système non réformé, ou réformé superficiellement, aurait pu continuer quelques années. Comme l'a souligné Archie Brown, le plus éminent analyste du règne de Gorbatchev, « c'est la réforme radicale qui engendra la crise, plutôt que la crise ne dicta la réforme[11] ». La réforme fondamentale n'était ni inéluctable ni économiquement déterminée[12]. Elle fut une conséquence des actions de Gorbatchev.

Lui-même brossa un tableau lugubre de la situation de l'économie soviétique dont il hérita. Le déséquilibre résultant du niveau des dépenses militaires – pas moins de 40 % du budget de l'État – était énorme, infléchissant terriblement le cours de l'économie, limitant massivement la marge de manœuvre pour satisfaire les demandes civiles et minant le potentiel de croissance économique. Les dépenses de recherche et développement profitaient surtout à l'armée et négligeaient largement la sphère civile. Les incitations à accroître la productivité économique étaient rares. Les coûts du travail, du carburant et des matières premières étaient plus du double de leur niveau en Occident – dix fois plus élevés, selon Gorbatchev, dans l'agriculture. Malgré le niveau élevé de la production de charbon, de pétrole et d'autres matières premières, le « produit fini », suivant l'expression de Gorbatchev, n'était que la moitié de celui des États-Unis. L'inefficacité et l'arriération technologique considérables en comparaison de l'Occident allaient de pair avec une qualité exécrable. La médiocrité du management aggravait et reflétait les problèmes profonds sous-jacents. Les chiffres de la production ne rendaient guère compte de la réalité. La centralisation lourde et rigide étouffait toute initiative. La corruption, les pots-de-vin, le vol et les malversations étaient endémiques. Pour couronner le tout, les impératifs politiques et idéologiques inattaquables de l'Union soviétique imposaient des contraintes extrêmes à la liberté de pensée, à tout ce qui pouvait bousculer l'orthodoxie[13].

Dans les années 1970, la forte hausse des prix du pétrole à la suite de la guerre israélo-arabe de 1973 avait en partie dissimulé l'arriération relative et le manque de flexibilité chronique de l'économie soviétique. Avec ses riches champs de pétrole, le pays commença par bénéficier de la hausse inattendue des prix. Une décennie plus tard, cependant, son économie fut durement frappée quand les prix du pétrole chutèrent presque aussi fortement qu'ils avaient augmenté auparavant. À la même époque, la production soviétique de pétrole baissa. Ainsi disparut la perspective d'une amélioration significative d'un niveau de vie déjà très bas. Avec le déclin économique se profilaient des risques de mécontentement social.

Politiquement aussi, l'héritage de Gorbatchev était redoutable. Alors que les difficultés économiques s'aggravaient, le système politique stagnait. Le long règne de Brejnev l'avait vidé de toutes les énergies qui s'étaient brièvement manifestées sous Khrouchtchev, son prédécesseur. Du fait de la sclérose des structures gouvernementales et bureaucratiques, les grandes réformes étaient quasiment impossibles. En 1982, il y eut une lueur d'espoir dans les rangs des réformateurs quand le successeur de Brejnev, Iouri Andropov, essaya de juguler la corruption et de rétablir la discipline du travail. Andropov prit conscience des problèmes de fond de l'économie et entreprit d'améliorer le niveau de vie. Bien qu'entouré de la vieille garde conservatrice au Politburo, il promut un certain nombre de jeunes cadres du parti, dont Mikhaïl Gorbatchev, à des postes où ils pourraient commencer à déployer leurs instincts réformistes[14]. Les réformateurs représentaient des courants sociaux profonds en URSS, notamment le passage de l'agriculture à une société bien plus urbanisée et éduquée, mécontente du retard économique et des contraintes politiques, mais aussi ouverte au changement technique et à la modernisation[15]. Toutefois, Andropov voulait des réformes qui ne menacent pas l'orthodoxie du régime. En tout état de cause, il était gravement malade. De toute évidence, il ne fallait attendre aucune ardeur réformatrice de son successeur, Konstantin Tchernenko, le choix des conservateurs : plus âgé qu'Andropov, beaucoup moins compétent et lui-même très malade (il mourut en mars 1985). Même aux yeux des autres membres de la gérontocratie du Politburo, il était clair qu'il fallait mettre un coup d'arrêt à la succession des dirigeants vieux et fragiles. De surcroît, avec la disparition de trois secrétaires généraux âgés et infirmes en trois ans, la vieille garde conservatrice n'avait plus de candidat évident en réserve. Tel était le contexte peu prometteur qui, le 11 mars 1985, vit l'élection de Mikhaïl Gorbatchev au poste de secrétaire général.

Gorbatchev avait alors cinquante-quatre ans. Seul Staline (quarante-trois ans) était plus jeune quand il était devenu secrétaire général. Après les trois dirigeants vieux et souffrants qui s'étaient succédé, il se distinguait par son énergie et son dynamisme. Mais si Gorbatchev reconnaissait la nécessité de réformes, il était patent que le combat serait rude. L'âge moyen des dix membres du Politburo qui votèrent à l'élection de Gorbatchev était de soixante-sept ans – et cinq avaient plus de soixante-dix ans[16]. Le système était entre les mains d'une élite conservatrice et âgée qui se souciait peu d'apporter des modifications profondes à un système qui les avait bien servis. Ils admettaient la nécessité de quelques changements. Après tout, Andropov avait bien essayé d'en introduire certains au cours de son règne éphémère. Mais ils ne voulaient ni n'espéraient rien de fondamental. Ils imaginaient qu'avec l'élection de Gorbatchev ils verraient quelques réformes. Mais ils ne concevaient pas qu'il puisse faire quoi que ce soit qui mît en danger la puissance soviétique, à l'intérieur du pays ou dans les États satellites d'Europe de l'Est[17].

Au Politburo, Gorbatchev était le seul à vouloir de grands changements. Mais qu'est-ce que cela impliquait ? Lui-même n'en savait rien. Il n'avait pas de stratégie ambitieuse. Il n'avait pas de plan bien clair. La réforme, oui : elle était nécessaire, il en était sûr. Mais tout indique qu'il pensait à une réforme *au sein* du système. Il partit de l'idée que le système soviétique était capable de se réformer[18]. De son point de vue, le changement politique était essentiel pour accomplir un véritable changement économique. Mais il pouvait se faire de manière constructive, sans menacer la base de la structure du pouvoir soviétique. Quelles que fussent ses intentions, force lui fut de commencer prudemment pour éviter tout contrecoup en s'aliénant l'« establishment » conservateur des bureaucrates du parti et de l'État. Bientôt, cependant, la dynamique du changement, qui allait finalement détruire l'Union soviétique, s'accéléra.

Était-elle vouée à suivre le cours destructeur qui fut le sien en Union soviétique ? Une « solution chinoise » n'aurait-elle pas été possible ? On s'est demandé à l'époque, et souvent par la suite, pourquoi Gorbatchev n'avait pas suivi la ligne de Deng Xiaoping en Chine, où l'économie se transforma progressivement en une nouvelle espèce de capitalisme d'État sans diluer le moins du monde l'emprise du Parti communiste. Pour Gorbatchev, la comparaison avec la situation soviétique était naïve. Il fit valoir que les deux pays, et leurs histoires récentes, étaient très différents. « Tenter d'imposer à tous un nouveau modèle obligatoire et unique » pouvait marcher pour la Chine, « pays le plus peuplé du monde et doté [...] de l'une des plus anciennes civilisations », mais les « méthodes de maintien de la stabilité politique que l'on considère comme possibles et nécessaires en Chine seraient inapplicables dans nos conditions ». En Union soviétique, il en était convaincu, il était impossible de « mener d'abord à bien les réformes économiques avant de passer aux réformes politiques[19] ». Pour Deng, risquer la survie même du communisme soviétique en essayant de réformer le système politique avant l'économie était, de la part de Gorbatchev, une « idiotie[20] ». En réalité, Gorbatchev essayait de faire les deux en même temps. Sans réforme politique, pensait-il, il ne pouvait y avoir de réforme économique digne de ce nom.

La lutte pour la réforme

Par sa personnalité, Gorbatchev se distinguait non seulement de la grisaille des vieillards qui l'entouraient au Politburo, mais aussi de tout ce que l'Union soviétique avait connu jusque-là. Avec le recul, il paraît remarquable qu'un système encroûté et inflexible ait pu produire en son sein un homme qui se hissa au sommet animé du désir de changer le cadre même du pouvoir qui l'avait rendu possible. Sa carrière avait pourtant suivi une trajectoire orthodoxe, et il ne donna aucun signe que les réformes auxquelles il songeait se révéleraient si corrosives. En vérité, telle n'était pas son intention. La découverte accélérée de la nature des problèmes rencontrés et les difficultés auxquelles il se heurta en essayant de les combattre par une réforme modérée le conduisirent au fil du temps à une chirurgie plus radicale.

Son style de leadership aussi contrastait nettement avec l'autoritarisme morne et immuable de l'élite politique en place. Son énergie et son entrain frappèrent tous ceux qui furent en contact avec lui. Il avait l'ardeur d'un missionnaire. Mais il était prêt à écouter et à apprendre, pas uniquement à prêcher et à instruire. Son exubérance et son naturel optimiste allaient de pair avec son charme personnel, son éloquence et son intelligence éclatante. Il était ouvert à la discussion comme ne l'avaient jamais été ses prédécesseurs. Il opérait par la persuasion, non par les diktats. Les réunions du Politburo étaient bien plus longues qu'autrefois. Il appelait à la discussion et aux désaccords. Il était disposé à amender ses propositions à la lumière des objections pour ne pas contrarier les membres du

Politburo[21]. Mais il était sûr de lui, à la limite de l'arrogance, convaincu de posséder les capacités intellectuelles, les connaissances et la force de persuasion pour contrer n'importe quel argument et triompher des sceptiques.

À la base, Gorbatchev recherchait le contact et la discussion avec le public, toujours prêt à écouter ce que les citoyens avaient à dire. C'était à la fois inédit et populaire. Son empressement à entendre les vues des gens ordinaires, au lieu de se contenter de rencontrer des représentants triés sur le volet et les apparatchiks du parti, lui fit comprendre à quel point le malaise aussi bien politique qu'économique était profond en Union soviétique. Ses premières visites à Leningrad, puis en Ukraine, en Sibérie et au Kazakhstan lui permirent de mesurer l'échec de la politique économique et le renforcèrent dans la conviction que la communication directe, plutôt que la simple exhortation d'en haut, était nécessaire pour promouvoir le changement[22].

Son habileté exceptionnelle, sa souplesse d'esprit et sa liberté de parole, son empressement à s'engager dans des discussions franches plutôt que de rabâcher la ligne du parti en firent un interlocuteur séduisant également hors d'Union soviétique, même par le truchement des interprètes. Lors d'une visite en Grande-Bretagne, l'année où il devint secrétaire général, la Première ministre britannique Margaret Thatcher, à mille lieues de lui sur le plan idéologique, apprécia sa personnalité, qui contrastait agréablement avec le « ventriloquisme guindé de l'apparatchik soviétique moyen ». Elle aima l'aplomb, la compétence et l'humour avec lesquels il discutait de sujets controversés de haute politique sans s'aider de notes préparées. L'excellente impression que fit sa femme Raïssa, intelligente et cultivée, contribua aussi à faire de cette rencontre de personnages à ce point opposés une grande réussite. « Un homme avec qui je pouvais faire des affaires[23] », conclut Mme Thatcher d'une formule mémorable. Les qualités qui la séduisirent ouvrirent également la voie à de bonnes relations, chaleureuses et amicales même, avec d'autres dirigeants occidentaux de la droite conservatrice, à commencer par Ronald Reagan, George H. W. Bush et Helmut Kohl.

Impatient de prendre le pouvoir pour introduire des changements politiques aussi bien qu'économiques, Gorbatchev était bien conscient de ne pouvoir procéder impétueusement. De plus, bien qu'attaché à une réforme systématique, structurelle, avant qu'il ne devienne secrétaire général, ses idées étaient loin de former une stratégie cohérente. Ayant accédé au pouvoir et mesuré combien la situation économique était mauvaise, il reconnut plus tard avoir perdu du temps en cherchant d'abord à « nous extraire de cette ornière par les vieilles méthodes avant d'engager des réformes significatives[24] ». Au début de son mandat de secrétaire général, il n'avait donc guère à sa disposition que des slogans, en eux-mêmes puissants mais se prêtant à des interprétations très diverses, et des orientations pour agir, sans moyen évident de les mettre en œuvre dans un système bureaucratique labyrinthique habitué à bloquer les initiatives. En avril 1985, il parla de l'« accélération du développement social et économique du pays tout en cherchant à améliorer la vie de notre société dans tous ses aspects ». Personne n'aurait pu trouver à redire à une déclaration d'intention aussi vague, parfaitement compatible avec les idéaux soviétiques traditionnels mais ne méritant guère le nom de « politique stratégique » que Gorbatchev prétendit lui donner plus tard[25].

Un mois après, il clarifia ses buts, quoique toujours en termes généraux : il fallait moderniser l'économie en changeant les structures de gestion, libérer les initiatives de la base et limiter le contrôle du centre à la direction stratégique[26]. Mais c'est à Leningrad (la ville retrouva par la suite son ancien nom de Saint-Pétersbourg), le 17 mai, que Gorbatchev introduisit pour la première fois le terme qui devait bientôt symboliser sa campagne de réformes : *perestroïka*, « reconstruction ». « De toute évidence, nous devons tous engager la reconstruction, déclara-t-il. Tout le monde doit adopter de nouvelles approches et comprendre qu'aucune autre voie ne nous est offerte[27]. » Avec le recul, Gorbatchev vit dans ce discours le « premier événement de la *glasnost* », ou « ouverture » – terme qui devait définir le remarquable changement que le monde extérieur commençait à percevoir en Union soviétique[28]. De même que la perestroïka, la glasnost devait prendre un élan irrésistible. Mais ce ne fut pas immédiatement visible. Les deux premières années, Gorbatchev lutta pour triompher des principaux obstacles sur la voie d'un changement de fond. Ainsi qu'il le reconnut plus tard, il obtint au cours de cette période étonnamment peu de résultats concrets, notamment dans le domaine pressant de l'économie.

Dans les premiers mois, il connut davantage de réussite pour remodeler sa base centrale de pouvoir, jouant d'une grande finesse tactique pour écarter la vieille garde de ses anciennes positions de force au Politburo et remplacer de nombreux cadres régionaux et municipaux aux échelons inférieurs. Il fit venir des conseillers et des acolytes favorables à la réforme. Il remplaça Andreï Gromyko, l'inflexible et inamovible ministre des Affaires étrangères de soixante-seize ans, par Edouard Chevardnadze, le chef du parti en Géorgie, qui devait être un allié décisif et loyal dans l'amélioration rapide des relations avec l'Occident[29]. Ardent promoteur d'un changement radical qui avait été dix années durant ambassadeur au Canada, Alexandre Iakovlev joua un rôle essentiel, influençant et façonnant les idées de Gorbatchev sur la réforme et les appuyant au Comité central. Nikolaï Ryjkov remplaça Nikolaï Tikhonov, quatre-vingts ans, à la présidence du Conseil des ministres, avec la responsabilité générale de l'économie. Egor Ligatchev, auquel Andropov avait confié l'important département de l'organisation au Comité central, fut élevé au rang de membre à part entière du Politburo[30]. Plus tard, Ryjkov et Ligatchev devaient tous deux s'opposer à Gorbatchev quand ses réformes se firent plus radicales. Les premières années, cependant, ils lui apportèrent un soutien capital. Une autre promotion se révéla fatidique. Chef du parti à Sverdlovsk (qui retrouva par la suite son ancien nom d'Ekaterinbourg), Boris Eltsine fut élu, contre l'avis de Ryjkov, secrétaire du Comité central ; en juillet 1985, il avait remplacé Victor Grichine, conservateur intransigeant, puissant obstacle à tout changement, au poste crucial de chef du parti à Moscou. Il serait la Némésis de Gorbatchev. En 1985, toutefois, il était lui aussi un farouche partisan des réformes.

Face à l'armée, avec laquelle il n'avait jamais eu de liens étroits, Gorbatchev devait procéder prudemment[31]. En mai 1987, quand un jeune Allemand de l'Ouest traversa l'espace aérien soviétique pour atterrir sur la place Rouge, le scandale lui offrit l'occasion de procéder à des changements de personnel, essentiels pour essayer de réduire les dépenses militaires. Le ministre de la Défense, le maréchal Sergueï Sokolov, et le chef des défenses aériennes, le général Alexandre Koldounov, furent contraints de démissionner, tandis qu'une centaine de responsables militaires opposés aux réformes de Gorbatchev et à ses ouvertures pour une nouvelle entente avec les États-Unis étaient pressés de prendre leur retraite.

Mettre en œuvre des réformes sérieuses dans n'importe quelle partie du système soviétique demeurait cependant une tâche ardue. Gorbatchev était tributaire d'une panoplie de bureaucrates du parti et du gouvernement chargés de transformer ses intentions en actions concrètes[32]. Les exhortations d'en haut, que Gorbatchev répétait lors de ses visites dans les différentes parties du pays, ne suffisaient pas à surmonter le conservatisme chronique à tous les échelons du système politique et économique[33]. Voici près de soixante-dix ans que les cadres faisaient marcher le système à leur avantage. Il restait poussif et haletant, tel qu'il l'était depuis des décennies. La corruption, l'inefficacité, les rapports falsifiés, racontant aux superviseurs, aux gestionnaires et aux patrons du parti ce qu'ils avaient envie d'entendre, restaient endémiques dans un système dysfonctionnant, capable de résister à toutes les velléités de réforme. D'où l'absence sinistre de progrès économiques significatifs. Les mois suivants, Gorbatchev fut consterné d'apprendre que « l'inertie prévalait ; la politique de la perestroïka n'avait aucun impact sur la vie des villes et des entreprises ». Il reconnut que la perestroïka s'était « enlisée » : « l'énorme appareil de l'État et du parti faisait barrage »[34].

Tout cela avant que le terrible choc de la catastrophe nucléaire de Tchernobyl, le 26 avril 1986, ne mît en lumière, aux yeux de Gorbatchev, « nombre de maux dont souffrait notre système : dissimulation des accidents et des processus négatifs, irresponsabilité et incurie, négligence dans le travail, ivrognerie généralisée ».

Cela le rendit plus résolu que jamais à poursuivre la perestroïka, à promouvoir un changement radical : c'était un « nouvel argument de poids en faveur de réformes profondes[35] ». Et l'acceptabilité des réformes était bien plus répandue dans une population dont la catastrophe avait sérieusement entamé la croyance dans le système existant.

En 1987, la politique de réformes de Gorbatchev était à la croisée des chemins. Allait-elle se transformer en une tentative audacieuse qui n'aurait finalement pas réussi à ébranler durablement les structures enracinées de l'Union soviétique ? Ou continuer d'avancer dans les domaines inconnus d'une transformation fondamentale, avec tous les risques que cela impliquait ? La marche en avant était imprévisible. Plus tard, alors que le système implosait, Gorbatchev laissa entendre que les processus mêmes du changement qu'il avait engagé ne laissaient plus le moindre choix. On lui prête ce constat : « Je suis condamné à aller de l'avant. Si je bats en retraite, je périrai, et la cause avec moi[36] ! »

Était-ce une exagération ? Soutenus par les réformateurs qu'il avait nommés à des postes clés au sein du parti et de l'État, les premiers changements furent populaires dans le pays. Lui-même jouissait encore du prestige et du pouvoir considérable de secrétaire général du Parti communiste. Subsistait cependant un fort résidu d'opposition conservatrice à ses réformes, notamment la majeure partie de la direction militaire (principale bénéficiaire du système). Déposer Gorbatchev et le remplacer à la tête de l'URSS eût été une initiative difficile et hasardeuse. Restait la possibilité que Gorbatchev et ses principaux lieutenants décident de freiner les réformes et de consolider le pouvoir pour se contenter de changements relativement mineurs et acceptent qu'il était impossible de modifier fondamentalement le régime.

Entre 1987 et 1989, Gorbatchev accéléra et radicalisa plutôt sa campagne de réformes. Bien entendu, il avait son cercle de partisans. Mais les décisions majeures furent, sans nul doute, les siennes. Il fut le moteur du changement. Et lui-même changeait. Le désir de réforme se mua en détermination à transformer le système soviétique[37]. Son analyse avait été qu'il fallait assouplir les rigidités inhérentes à l'économie et aux structures sous-jacentes du pouvoir, et que cela ne pourrait se faire que par un certain degré de décentralisation et de libéralisation. Le frein desserré, cependant, la marche vers la libéralisation se transforma presque inévitablement en poussée toujours plus forte de la base vers la démocratisation. Gorbatchev s'en félicita : cette dernière devait d'abord se faire *au sein* du parti. Mais il ne tarda pas à se rendre compte que la démocratisation impliquait de briser le monopole du Parti communiste sur tous les postes de pouvoir pour les ouvrir au pluralisme.

La radicalisation des réformes commença début 1987. Au plénum du Comité central de janvier, Gorbatchev critiqua hardiment la bonne vieille doctrine du parti puis plaida la nécessité de la perestroïka, qui allait « s'étrangler et suffoquer » si la démocratie ne libérait pas la « force créatrice la plus puissante du socialisme : la liberté du travail et la liberté de pensée dans un pays libre »[38]. Il prôna des élections à bulletin secret à tous les niveaux. Certes, ce n'était pas un pluralisme à l'occidentale. Mais l'organisation d'élections ouvertes de candidats issus du parti marquait une nette rupture avec la pratique passée.

Les réformes économiques significatives se révélèrent toujours hors d'atteinte. Il y eut des avancées limitées vers la libéralisation. La loi sur l'entreprise d'État de 1987 donna aux directeurs d'usine plus de liberté par rapport au centre et le pouvoir de fixer le niveau des salaires et le prix des produits ; dans les faits, elle n'eut guère d'effet, sinon de faire monter les prix de biens de qualité encore médiocre[39]. La loi sur les coopératives de mai 1988 permit la création de l'équivalent de petites sociétés privées, mais sans grande incidence sur l'économie obéissante[40]. Gorbatchev était loin de penser uniquement à l'économie. « Dans la chaleur des batailles politiques, reconnut-il plus tard, nous avons perdu de vue l'économie, et le peuple ne nous a jamais pardonné les pénuries d'articles du quotidien ni les queues pour les produits essentiels[41]. »

Il est douteux qu'il aurait pu faire plus. Politiquement, il restait sur une corde raide. Même des alliés importants comme Ryjkov et Ligatchev voulaient freiner les réformes. Au printemps de 1988, l'opposition conservatrice, jusqu'au sein de la direction, publia dans la presse une attaque cinglante contre la ligne réformiste. D'autres voulaient au contraire accélérer les réformes. Au premier rang des radicaux se trouvait Boris Eltsine. Quelques mois auparavant, Gorbatchev avait déjà rompu avec un Eltsine arrogant, impulsif, abrasif et assoiffé de pouvoir, réclamant de plus en plus une réforme plus rapide et d'une tout autre ampleur. Le 21 octobre 1987, au plénum du Comité central, il avait critiqué le manque d'avancée de la perestroïka et dénoncé ce qu'il tenait pour un regain du culte de la personnalité. La pique visait directement Gorbatchev, bien entendu. Les membres présents s'en étaient pris à Eltsine, et Gorbatchev n'avait rien fait pour tempérer les invectives. Eltsine démissionna du Politburo et, les semaines suivantes, fut démis de son puissant poste de patron du parti à Moscou. Gorbatchev et Eltsine ne s'étaient jamais bien entendu. Désormais, cependant, une franche inimitié les opposait. Eltsine devait se révéler un ennemi dangereux.

Dans les mois précédant la XIXe conférence du parti, fin juin 1988, les discussions dans l'entourage de Gorbatchev aiguisèrent ses objectifs réformistes. À la conférence, il usa de son autorité de secrétaire général – qui n'avait probablement jamais été aussi forte – pour imposer des changements qui n'étaient visiblement pas au goût de nombre des cinq mille délégués. Il proposa d'« approfondir la perestroïka », y compris en politique étrangère, mais aussi de « démocratiser la société soviétique » et de « réformer le système politique »[42]. Au cœur de ses propositions, il y avait la réduction du pouvoir du parti et le rôle renforcé d'un Soviet suprême transformé en quasi-Parlement et dont les deux tiers des membres devaient être élus au suffrage universel[43]. Il employa l'expression « pluralisme socialiste » pour décrire la démocratisation souhaitée de l'opinion et de l'expression – encore très loin de ce qu'elles étaient dans le libéralisme occidental[44]. À la fin de l'année, le changement des structures du parti et l'amputation du nombre des apparatchiks avaient été approuvés. Une nouvelle loi électorale, assortie d'amendements constitutionnels, fixa les élections au printemps de 1989[45].

En 1988, Gorbatchev franchit le point de non-retour. Dès lors, l'élan qu'il avait libéré emporta le processus de transformation, et lui avec. Il n'était plus maître des événements. Ses deux dernières années et demie de pouvoir allaient voir enfler une vague de changement radical qui devait finalement détruire l'Union soviétique. Dès 1988, les feux de détresse étaient allumés. Il existait des signes inquiétants de troubles au Kazakhstan et dans le Caucase. La « question des nationalités » devenait sérieuse[46]. Dans le même temps, la situation économique se dégradait à vue d'œil, et les queues toujours plus longues faisaient partie du quotidien.

Réduire la menace nucléaire

Quand Gorbatchev prit le pouvoir, les conditions préalables du changement époustouflant qui allait caractériser les quelques années suivantes étaient tout sauf prometteuses. Depuis 1979, l'Union soviétique s'était enlisée dans la guerre en Afghanistan. Les relations avec les États-Unis étaient mauvaises. L'Occident avait répliqué au stationnement des missiles SS-20 en Europe de l'Est en déployant à l'Ouest ses Pershing et missiles de croisière en 1983. Cette même année, le président Reagan, faucon en matière de politique étrangère et dénonçant en l'Union soviétique un « empire du mal », lança un nouveau programme nucléaire américain, l'Initiative de défense stratégique (IDS), dite aussi couramment « guerre des étoiles », afin d'installer dans l'espace un système de défense imprenable. Signe de la montée des tensions internationales, le 1er septembre 1983, les Soviétiques abattirent un avion de ligne coréen qui avait pénétré à tort dans leur espace aérien et qu'ils croyaient engagé dans une opération de reconnaissance militaire. La direction soviétique commença aussi par imaginer qu'un exercice de l'OTAN, en novembre 1983, était le prélude à une frappe nucléaire[47]. Le danger d'une guerre nucléaire – fût-elle le fruit d'un malentendu – était évident.

Sur la scène des relations entre superpuissances, rien ne présageait ni, *a fortiori*, ne prédéterminait l'extraordinaire évolution de la politique étrangère soviétique qui allait bientôt avoir un impact spectaculaire en Europe et dans le reste du monde. Dans un premier temps, face à ce qu'elle tenait pour une dangereuse escalade de Washington, Moscou ne changea pas de cap mais durcit sa politique. Il fallait non pas réduire, mais augmenter les dépenses militaires en vue de rattraper les progrès techniques américains. Si la vieille garde avait conservé ses positions de pouvoir, la ligne dure aurait sans aucun doute persisté. À court ou moyen terme, les anciennes priorités de la politique extérieure soviétique n'auraient connu aucun changement substantiel. Les intérêts acquis de l'armée y eussent veillé.

La politique étrangère était cependant un domaine où Gorbatchev avait les coudées libres pour imprimer sa marque personnelle. Il pouvait opérer essentiellement à travers le ministère des Affaires étrangères, entre les mains de l'un de ses collègues les plus fiables et aux vues similaires, Edouard Chevardnadze. La pensée novatrice de Gorbatchev en ce domaine était une bouffée d'air frais. Son désir de réunions fréquentes avec les autres dirigeants était en soi inédit. Jusque-là, les sommets entre dirigeants soviétiques et américains étaient restés rares. Dans les sept années où il dirigea l'URSS, Gorbatchev rencontra neuf fois le président des États-Unis, dont trois sur le sol américain, et à de nombreuses reprises des dirigeants européens[48]. Qu'il ait été fêté et loué lors de ses visites, où on le tenait pour un homme d'État d'une stature mondiale indéniable, ne pouvait que nourrir sa confiance déjà inextinguible.

Dans la refonte totale de la politique étrangère soviétique qui s'ensuivit, le rôle personnel de Gorbatchev fut essentiel, avec le loyal et capable Chevardnadze à ses côtés. Et il put compter sur l'appui solide de son cercle restreint de conseillers politiques, notamment de son plus proche collaborateur, Anatoli Tcherniaev. Les conservateurs étaient affaiblis et, de même qu'en politique intérieure, sauf un retour à la ligne dure de la guerre froide traditionnelle, n'avaient rien à proposer. La nouvelle doctrine de son équipe prit forme au fil du temps. Mais il ne fait pas de doute que Gorbatchev fut l'architecte et la force motrice de la transformation.

Il avait d'emblée reconnu que tout progrès des réformes à l'intérieur supposait de réduire le niveau excessivement élevé des dépenses militaires – objectif à son tour lié aux priorités de la politique extérieure soviétique. Le retard technologique sur les États-Unis, révélé par l'introduction de l'IDS, le renforça dans le sentiment de l'urgence d'une nouvelle approche. Plutôt que d'essayer de rivaliser dans le domaine des dépenses militaires (compétition que l'Union soviétique n'avait aucun espoir de gagner), *freiner* la course aux armements nucléaires semblait être une politique logique et bien plus profitable pour peu qu'elle fût possible. Tchernobyl amplifia vivement son inquiétude face aux risques croissants de catastrophe nucléaire si l'on ne suivait pas cette voie. Ainsi se dessina bientôt la base d'une politique extérieure novatrice visant à améliorer les relations avec les États-Unis, moyennant une désescalade de la course aux armements et un ample désarmement nucléaire des deux superpuissances. Tout progrès en ce sens, Gorbatchev en était certain, reposait sur ses relations personnelles avec le président américain.

Dès son premier sommet avec Reagan à Genève en novembre 1985, Gorbatchev sut établir un rapport solide avec un président américain d'abord sceptique. La personnalité des deux hommes contribua largement à aplanir les différends idéologiques. L'alchimie personnelle, plus tard aussi avec Bush, fut cruciale. Mme Thatcher s'était employée à convaincre Reagan que Gorbatchev était un dirigeant soviétique d'une nouvelle espèce. Le deuxième sommet, en octobre 1986 à Reykjavik, se termina cependant sur une note acide. Les deux parties avaient été tout près de s'accorder sur une ample réduction mutuelle de leurs arsenaux nucléaires. À un moment, Gorbatchev ayant suggéré une réduction de 50 % des « armes offensives stratégiques » d'ici à 1991, et l'élimination du reste à l'horizon 1996, le président Reagan, d'après les minutes du sommet, déclara que, « pour sa part, il trouverait formidable que nous éliminions toutes les armes nucléaires ». Gorbatchev acquiesça volontiers[49]. Si près d'aboutir et pourtant si loin : le sommet se solda par un échec.

La pierre d'achoppement fut le refus de Reagan d'interdire les travaux sur l'IDS dans l'espace et de les limiter aux laboratoires.

Quand la poussière fut retombée, néanmoins, on put constater que Reykjavik avait non seulement accru le respect mutuel entre Gorbatchev et Reagan, mais aussi ouvert la voie à l'acquis majeur du sommet de Washington, en décembre 1987 : le traité sur les forces nucléaires à portée intermédiaire, qui retira d'Europe les SS-20 soviétiques, ainsi que les Pershing et les missiles de croisière occidentaux. (Le programme IDS ne fut pas immédiatement aboli, mais perdit des soutiens aux États-Unis après la fin de la guerre froide et fut officiellement arrêté en 1993, après avoir de fait atteint son objectif.) Le sommet Gorbatchev-Reagan du printemps 1988 à Moscou mit en évidence le nouveau climat d'amitié plus qu'il n'apporta de résultats tangibles – bien que le symbolisme des dirigeants de deux pays qui avaient été si longtemps de dangereux adversaires se tenant sur la place Rouge, bras dessus, bras dessous, montrait à quel point les choses avaient évolué en si peu de temps[50].

En décembre 1988, le discours de Gorbatchev aux Nations unies apporta une démonstration convaincante de son attachement sincère au désarmement et à la paix. Il annonça sa décision de réduire les forces armées soviétiques d'un demi-million d'hommes et le retrait de six divisions blindées d'Europe centrale d'ici à 1991. Il souligna que l'humanité devait se fixer pour « but commun » d'instaurer un monde pacifique. Il ne fut pas question de lutte des classes ou de marxisme-léninisme. La presse américaine applaudit : « à couper le souffle », « héroïque », « un des discours les plus éloquents jamais prononcés aux Nations unies »[51].

Les relations personnelles toujours plus chaleureuses qui s'étaient nouées entre Gorbatchev et Reagan se prolongèrent avec le président George H. W. Bush – après dissipation du scepticisme de la nouvelle administration américaine à propos du dirigeant soviétique. Gorbatchev et Bush devaient bien s'entendre sur les grands problèmes de l'heure. Quand ils se retrouvèrent pour ce qui devait être un nouveau sommet crucial, à bord d'un navire soviétique par une mer agitée au large de Malte en décembre 1989, un changement capital était en cours. Gorbatchev avait retiré les troupes soviétiques d'Afghanistan

– réduction des pertes attendue de longue date dans une défaite douloureuse tacitement acceptée. Et, en Allemagne, l'ouverture du mur de Berlin, un mois avant le sommet, avait déclenché un effet domino : l'effondrement de la puissance soviétique dans les États satellites d'Europe centrale.

À peine quelques années plus tôt, la crise en République démocratique allemande (RDA) aurait considérablement amplifié les tensions entre superpuissances, non ouvert la voie à un rapprochement. De fait, à Malte, Gorbatchev et Bush se montrèrent soucieux d'éviter tout malentendu au sujet de l'unification allemande – qui commençait à dominer l'ordre du jour dans les affaires européennes. Gorbatchev assura qu'« en aucun cas l'Union soviétique ne lancerait une guerre » et qu'elle cesserait publiquement de considérer les États-Unis comme un ennemi. Bush lui rendit la pareille, offrant de coopérer sur les problèmes économiques et de soutenir la perestroïka. Le sommet cimenta les relations qui ne cessaient de s'améliorer entre les superpuissances. Aux yeux de Gorbatchev, Malte consacrait la fin de la guerre froide[52].

Abattre le Rideau de fer

Les six pays d'Europe centrale – République démocratique allemande, Pologne, Tchécoslovaquie, Hongrie, Roumanie et Bulgarie – étaient d'une immense importance symbolique pour l'Union soviétique à laquelle ils étaient attachés politiquement, idéologiquement, économiquement et militairement. L'« amitié fraternelle » de ces pays était un produit de la conquête soviétique dans la « Grande Guerre patriotique ». Ils formaient un bloc solide et uni face au bloc hostile allié aux États-Unis, de l'autre côté du Rideau de fer. Et ils mettaient en évidence le statut de superpuissance de l'Union soviétique.

Dans les années 1980, les satellites d'Europe centrale contribuaient cependant aux problèmes économiques déjà graves de l'URSS. Gorbatchev comprit qu'ils étaient un poids pour l'économie soviétique[53]. Leurs économies – lourdement endettées, très inefficaces – avaient désespérément besoin d'être modernisées mais n'en avaient pas les moyens. C'était une mauvaise réclame pour le socialisme de type soviétique. Elles avaient accumulé une dette envers l'Occident dans le sillage de la crise pétrolière de la décennie précédente, laquelle avait aussi aggravé leur dépendance à l'égard des importations de pétrole subventionnées depuis l'URSS. Quand le cours du baril finit par baisser, les recettes que l'Union soviétique tiraient de ses satellites diminuèrent. Dans les satellites, comme en URSS, l'état de l'économie était donc préoccupant quand Gorbatchev accéda au pouvoir. La survie des satellites dépendait entièrement du soutien soviétique, tant militaire qu'économique. Leurs régimes existaient parce que l'Union soviétique les avait créés et soutenus par la force militaire ou en menaçant d'y recourir. Dans les années 1980, toutefois, une intervention militaire pour étayer des régimes vacillants – comme cela s'était produit en Allemagne de l'Est en 1953, en Hongrie en 1956 ou en Tchécoslovaquie en 1968 – ne semblait plus possible. Cette solution fut écartée en 1981 pour résoudre la crise polonaise. Les satellites étaient donc un problème croissant. En même temps, il était impensable de les laisser partir, de permettre au bloc soviétique de se désintégrer.

À l'arrivée de Gorbatchev au pouvoir, ce n'était pas un danger immédiat. En 1988, cependant, les signes d'une crise imminente se multipliaient. En octobre, Gorbatchev reçut un mémorandum pressant demandant des conseils sur la conduite à tenir si un (ou plusieurs) pays du bloc était menacé de « faillite » ou d'« instabilité sociale ». On l'encourageait à discuter du problème au Politburo. Préoccupé par d'autres sujets, il ne perçut visiblement pas l'urgence. Sa priorité absolue était l'aggravation des difficultés en URSS. Quatre mois passèrent avant qu'ait lieu une discussion sans conséquence. Début 1989, les analyses envisageaient deux scénarios : un « nouveau modèle de socialisme », permettant aux communistes de garder le contrôle, ou l'« effondrement de l'idée socialiste »[54]. Gorbatchev exclut l'intervention militaire sans agir pour autant.

Les pays du bloc soviétique avaient réagi diversement à l'accélération du changement en Union soviétique sous

Gorbatchev. Sous l'indicible tyrannie de Nicolae Ceauşescu, la Roumanie continua de suivre sa voie, partiellement à distance de Moscou – une forme de communisme national despotique –, et se refusa absolument à toute idée de réforme. La Bulgarie rendit un hommage du bout des lèvres aux réformes, mais dans la seule intention de conserver le monopole du pouvoir du Parti communiste[55]. En Tchécoslovaquie, les dirigeants conservateurs étaient eux aussi opposés à tout ce qui risquait de menacer leur pouvoir. En RDA, on jugeait la réforme inutile. Suivant le verdict lapidaire d'Erich Honecker, qui dirigeait le pays, la perestroïka ne convenait pas à l'Allemagne de l'Est[56]. Il y eut bien des mouvements de mécontentement populaire dans ces deux pays mais, à moins que Moscou ne cesse de soutenir leurs régimes, l'opposition était beaucoup trop faible pour les renverser. En Hongrie et en Pologne, en revanche, l'opposition populaire s'amplifiait depuis des années dans le cadre de systèmes communistes monolithiques et avait acquis une force nouvelle du fait des changements engagés en Union soviétique. Les régimes des deux pays s'étaient sentis obligés d'offrir des concessions.

Les premières années de Gorbatchev aux commandes avaient déjà commencé à miner les régimes des pays du bloc soviétique. Mais leur pouvoir restait fort. Il ne fut totalement sapé que le jour où Gorbatchev fit clairement comprendre que son pays ne ferait plus rien pour le soutenir. Ce rejet déterminant de la « doctrine Brejnev » d'intervention pour soutenir un régime communiste mit du temps à faire son effet – pour les dirigeants (et les citoyens) du bloc soviétique comme pour les observateurs occidentaux. Les propos d'abord ambivalents de Gorbatchev ne s'éclairèrent que progressivement pour les dirigeants des pays satellites. Les États du bloc avaient « le droit de choisir » leur destin[57]. Ce fut décisif : la population de ces États s'enhardit, les élites au pouvoir s'affaiblirent.

Les pressions pour le pluralisme politique avaient si bien progressé en Hongrie qu'en janvier 1989 le Parti communiste accepta officiellement la fin du régime de parti unique. En Pologne, les prisonniers politiques arrêtés en vertu de l'état de siège de 1981 avaient été amnistiés en 1986. Malgré des réformes partielles, la forte dégradation de l'économie avait provoqué en 1988 une vague de grèves qui força à son tour la main du régime et, l'année suivante, accrut la pression pour un changement démocratique. Dans tout le bloc soviétique, la phase la plus fondamentale survint dans le courant de l'automne 1989 sous l'aiguillon des événements spectaculaires en RDA. Voici deux ans que Gorbatchev tenait Erich Honecker, le dirigeant est-allemand, pour un dinosaure politique opposé aux réformes nécessaires. Mais il ne fit rien pour l'écarter du pouvoir et demeura passif face à la dégradation de la situation[58]. Toutefois, il apparut clairement que, sans le soutien de Moscou (qui avait été exclu), la police allemande n'interviendrait pas pour empêcher les manifestations toujours plus vastes en faveur de la réforme, encouragées par l'extraordinaire changement de cap de la politique soviétique sous Gorbatchev. La pression sur le système s'amplifia irrésistiblement jusqu'au 9 novembre 1989 : moment symbolique de l'ouverture du mur de Berlin.

Fin 1989, alors que le pouvoir communiste s'effondrait dans les États satellites, l'Empire soviétique en Europe centrale était mort. À la longue, sans aucun doute, les problèmes structurels du bloc soviétique l'auraient rendu insoutenable. Mais que le changement soit survenu à ce moment-là, et aussi rapidement, tient à l'empressement de Gorbatchev à l'épouser et à retirer le bouclier de l'intervention soviétique. La fin de quarante-cinq années de domination soviétique en Europe centrale fut à l'évidence le résultat du « facteur Gorbatchev[59] ».

Les changements sismiques en Europe centrale eurent pour conséquence de ressusciter un immense problème d'une importance historique et internationale : la question allemande. Les semaines suivant l'ouverture du mur de Berlin en apportèrent des signes indubitables : pour les dirigeants ouest-allemands – et de plus en plus pour la population de part et d'autre de la ligne de division –, l'unification de l'Allemagne cessait d'être un rêve lointain pour devenir une possibilité imminente. Deux ans plus tôt, Gorbatchev avait évoqué l'hypothèse d'une Allemagne unifiée « dans une centaine d'années[60] ». La perspective de plus en plus certaine que cela se produise dans un avenir proche était très peu à son goût, comme à celui de la plupart des citoyens soviétiques, trop conscients des atrocités que l'Allemagne avait infligées à leur pays dans le passé récent. Il réagit assez négativement au discours du 28 novembre 1989 où Helmut Kohl suggéra, contre toute attente, la possibilité d'une « confédération » de la RFA et de la RDA – étape qui conduisait à l'évidence à l'unification[61]. Et, comme l'observa un de ses assistants, il mit du temps à reconnaître la rapidité de l'enchaînement inexorable des événements[62]. Début 1990, les pressions pour la réunification venant des deux parties de l'Allemagne étaient désormais irrésistibles. Gorbatchev reconnut alors qu'il ne pouvait contenir l'immense vague.

Il exclut cependant catégoriquement l'extension potentielle de l'OTAN à l'ex-RDA, avant de changer d'avis à l'occasion d'une visite aux États-Unis en mai 1990. Peut-être du fait de ses soucis croissants à l'intérieur, les Américains le trouvèrent moins « impérieux » qu'auparavant. Et, à l'improviste, au cours de ses discussions avec le président Bush, il fit une concession majeure : c'était à l'Allemagne unifiée de décider si elle voulait faire partie de l'OTAN ou non. Initiative personnelle de Gorbatchev, la percée étonna Bush et son entourage. Jusque-là, il n'avait pas voulu en entendre parler avec ses conseillers autour de la table des négociations. Les Américains imaginèrent longtemps après qu'il aurait pu s'en tenir avec succès à une Allemagne réunifiée, mais neutre. Lui-même évoqua plus tard cette concession comme la simple reconnaissance qu'un peuple souverain doit pouvoir décider par lui-même : principe élémentaire de la démocratie[63]. Sa réflexion avait parcouru un long chemin en très peu de temps. La conscience de la faiblesse soviétique avait nourri sa conviction sincère et de plus en plus forte qu'essayer de résister à l'exigence de changement populaire était à la fois indésirable et vain. Quand Kohl se rendit à Moscou, à la mi-juillet 1990, garantissant que l'Allemagne ne créerait aucune menace pour la sécurité de l'Union soviétique, Gorbatchev déclara au chancelier allemand ravi : « L'Allemagne unie peut être membre de l'OTAN[64]. »

L'argent fut un lubrifiant. La situation financière désespérée de l'Union soviétique rendit Gorbatchev ouvert à l'offre de prêts allemands. En septembre, des négociations rudes se soldèrent par la promesse de 15 milliards de crédits pour financer le retrait des troupes soviétiques du territoire de la RDA[65]. Ce n'était qu'un début. Au milieu de l'année 1991, les crédits allemands, les garanties de crédits et les aides pour retirer les troupes soviétiques et les réinstaller en Union soviétique et couvrir les dettes de l'Allemagne de l'Est s'élevaient à un total de 60 milliards de marks[66]. Entre-temps, le 3 octobre 1990, l'unification allemande était devenue réalité. La survie de Gorbatchev en tant que dirigeant de l'URSS ne tenait qu'à un fil.

Désintégration

Entre l'automne 1989 et l'automne 1991, le pouvoir de Gorbatchev déclina puis finit par s'effondrer complètement. S'il se battit jusqu'à la fin, il fut de plus en plus ballotté par les événements plutôt qu'il ne les dirigea. Sa soif inextinguible de réformes avait libéré des forces qui ne pouvaient être ni maîtrisées ni arrêtées. La boîte de Pandore était bel et bien ouverte.

Économiquement, en 1991, l'Union soviétique était à genoux. L'économie obéissante était gravement affaiblie, mais les avancées en direction d'une économie de marché n'avaient pas pénétré assez profond pour la miner. Les vieilles vérités avaient été amplement critiquées, mais les structures fondées sur leurs préceptes demeuraient largement en place. Au fil de plusieurs années de tentatives de changement, de réformes bloquées, de confusion et de démotivation générales, l'économie était devenue grossièrement dysfonctionnelle. D'où le rationnement des denrées alimentaires et de désastreuses pénuries de carburants, de médicaments et d'autres produits de première nécessité, provoquant de manière compréhensible une colère croissante contre le gouvernement et le parti, et contre Gorbatchev lui-même. Forte durant les premières années de réforme, sa popularité s'effondra en 1990.

Entre l'automne 1990 et le printemps 1991, il essaya vainement de repousser la grogne des conservateurs. Il resta coincé entre ceux-ci – rebutés par des réformes qui, à leurs yeux, n'avaient conduit qu'à la catastrophe, furieux de la perte de l'Empire soviétique en Europe centrale et espérant encore une restauration de l'ancien système – et les radicaux qui, sous la houlette d'Eltsine, affûtaient leurs attaques politiques et personnelles contre Gorbatchev. Apparaissant comme un sérieux prétendant pour défier la suprématie de ce dernier, Eltsine était sorti considérablement renforcé des élections au Congrès des députés du peuple de mars 1989, où près de 90 % des Moscovites avaient soutenu sa candidature face à l'opposition concertée de l'appareil du parti. Son triomphe marqua un grand pas en avant dans la transformation de la République russe en principal adversaire du pouvoir et, en fin de compte, de l'existence même de l'Union soviétique.

En 1991, les chances de survie de l'URSS étaient aussi gravement menacées par les revendications croissantes d'indépendance émanant des républiques théoriquement autonomes. En pratique, l'Union soviétique était une fédération dominée par la Russie et à laquelle la quasi-totalité des républiques avaient appartenu pendant près de soixante-dix ans. Les pays baltes (Lituanie, Lettonie et Estonie) formaient une exception. Incorporés de force à l'Union soviétique de Staline en 1940, ils réclamaient désormais leur indépendance. En janvier 1991, la répression soviétique violente – contre la volonté de Gorbatchev, mais révélant sa faiblesse politique croissante – se solda par un bain de sang en Lituanie et en Lettonie, provoquant une vague de protestation populaire à Moscou comme dans les pays baltes. En 1990, il y avait eu aussi des troubles violents dans les républiques d'Asie centrale et au Caucase, conduisant là encore au déploiement brutal des troupes soviétiques. La Géorgie fut le théâtre de grandes manifestations pour l'indépendance. Un mouvement indépendantiste apparut même en Ukraine, partie intégrante dès l'origine de l'Union soviétique. Le danger se précisait.

À cette date, le centre du système commençait à imploser. La République russe était le noyau vital de l'Union soviétique, de loin la plus grande république. C'est précisément là, sous la houlette d'Eltsine, que la pression montait : les intérêts nationaux de la Russie devaient avoir la priorité sur les intérêts de l'Union.

Le pouvoir de Gorbatchev reposait sur ses fonctions de secrétaire général du Parti communiste. Or, ce qui cinq années plus tôt aurait paru inimaginable devint réalité en avril 1990 : le Parti communiste perdit le monopole du pouvoir. Un mois auparavant, Gorbatchev avait été élu au nouveau poste de président de l'Union soviétique. Il disposait désormais de nouveaux droits étendus en tant que chef de l'État, mais son pouvoir réel s'amenuisait à vue d'œil. Gorbatchev avait choisi une voie d'accès rapide à la présidence : il s'était fait élire par le Congrès des députés du peuple, non par le suffrage populaire. Alors rival déclaré de Gorbatchev, Eltsine évita cette erreur. En juin 1991, il veilla à obtenir un mandat populaire en se faisant élire au suffrage direct à la présidence de la Russie[67]. Depuis plus d'un an, il avait cultivé sa popularité en défendant à la moindre occasion les intérêts de son pays aux dépens de l'Union soviétique dans son ensemble. En 1991, il accepta de travailler avec Gorbatchev à un traité visant à remplacer la subordination des Républiques soviétiques par une nouvelle union d'États souverains. Mais c'était un choix purement tactique. Le temps jouait pour lui, non pour Gorbatchev.

Au milieu de l'été, les faucons et même certains déçus parmi les responsables nommés par Gorbatchev en avaient assez. Jusque-là, la dextérité politique de ce dernier lui avait permis de repousser toute velléité de l'écarter du pouvoir. Mais l'opposition montait. Apparemment, il ne perçut pas le danger qui se profilait quand un journal réactionnaire publia une tribune, « Un mot au peuple », signée de responsables militaires et économiques ainsi que d'intellectuels intransigeants. L'assaut contre la nouvelle politique était frontal : « Notre Mère-patrie se meurt, se disloque et s'enfonce dans les ténèbres et le néant. » Il visait sans conteste Gorbatchev, en dénonçant ceux « qui n'aiment pas leur pays, courbent l'échine devant des patrons étrangers et quémandent conseils et bénédictions à l'étranger[68] ».

Les conjurés frappèrent en août, alors qu'il était en vacances en Crimée. Fomentée par un groupe de comploteurs qui avaient eu la confiance de Gorbatchev – dont son vice-président Guennadi Ianaïev, son Premier ministre Valentin Pavlov, les ministres de l'Intérieur et de la Défense, le chef du KGB et son propre chef d'état-major –, la tentative de coup d'État tourna vite au fiasco. Eût-elle réussi qu'elle aurait pu provoquer jusqu'à une guerre civile en Russie. En fait, la détermination de Gorbatchev, la bêtise des conjurés et la résistance populaire courageuse à Moscou menée par Boris Eltsine lui-même condamnèrent le putsch à échouer en trois jours. Gorbatchev survécut, mais mortellement affaibli : bel et bien dans l'ombre d'Eltsine désormais. S'il résista un temps, la fin était en vue. Il était prisonnier des événements.

Eltsine suspendit et, bientôt, interdit le Parti communiste en Russie. Il forma un nouveau gouvernement, dont il devint Premier ministre, pour introduire sans retard une économie de marché en bonne et due forme. Les plans de Gorbatchev pour créer une union d'États indépendants étaient voués aux oubliettes. L'une après l'autre, les républiques non russes proclamèrent leur indépendance avec l'appui d'Eltsine. Le coup fatal à la jadis puissante Union soviétique fut le référendum du 1er décembre 1991, où l'écrasante majorité des Ukrainiens votèrent pour l'indépendance. Une semaine après, la Russie, l'Ukraine et le Bélarus décidèrent de former une vague Communauté des États indépendants (que huit autres républiques dirent bientôt vouloir rejoindre) pour remplacer l'Union soviétique. Le 25 décembre, dans une allocution télévisée, Gorbatchev démissionna de la présidence de l'Union soviétique – poste qui avait été vidé de tout pouvoir, représentant un pays qui avait quasiment cessé d'exister. Ses pouvoirs furent transférés à un Boris Eltsine triomphant. Six jours plus tard, l'Union soviétique était officiellement dissoute.

Gorbatchev s'était métamorphosé : l'homme qui croyait sincèrement aux dogmes du communisme était devenu un démocrate à l'occidentale. Il choisit pour son peuple la liberté plutôt que la soumission, mais il tarda à comprendre, s'il le comprit jamais, que les structures de l'URSS étaient incompatibles avec une social-démocratie fondée sur le choix personnel, les libertés individuelles et l'indépendance politique. Tout cela séduisait la grande majorité de la population – du moins jusqu'à l'effondrement de son niveau de vie. Mais avec le temps, et si on laissait prospérer ces tendances, comme elles le firent de plus en plus sous Gorbatchev, elles ne pourraient que dissoudre inexorablement les liens qui maintenaient ensemble le système politique soviétique.

Héritage

Sans Gorbatchev, les citoyens de l'Union soviétique fussent restés privés des libertés civiles fondamentales. Sans Gorbatchev, il est douteux que les États d'Europe centrale appartenant à l'ex-bloc soviétique auraient pu gagner leur liberté à la faveur de révolutions (presque) sans effusion de sang. Sans Gorbatchev, le rapprochement avec les États-Unis eût été peu probable, le danger de conflit nucléaire se serait accru. Les changements, en Union soviétique et à l'extérieur, que Gorbatchev lui-même promut, ou qu'il inspira, furent monumentaux. Plus que tout autre homme, il laissa, fin 1991, un pays et un continent transformés.

Dans son discours d'adieu au peuple soviétique au moment de quitter le pouvoir au seuil de la dissolution de l'Union soviétique, il n'adopta aucunement un mode défensif, loin de là. Ses réformes, déclara-t-il, étaient nécessaires et justifiées. Elles avaient surmonté le totalitarisme, mis en place le pluralisme démocratique, introduit des libertés libérales et, ce qui n'était pas le moins important, éloigné la menace de guerre nucléaire. La liste de ses réalisations trouvait cependant peu d'échos chez la plupart des citoyens. Fin 1991, ils lui reprochaient leur misère économique, la perte d'un empire, l'abandon de tout ce que la glorieuse victoire de 1945 avait apporté (moyennant un sacrifice colossal) et la « braderie » au profit de l'Occident. Il avait hérité d'une superpuissance. Un peu plus de six ans après, elle avait disparu.

En réalité, c'est Eltsine, non Gorbatchev, qui s'employa à détruire l'Union soviétique. Gorbatchev avait fait son possible pour la sauver. Il n'en est pas moins compréhensible que ce soit surtout lui que les anciens citoyens soviétiques aient blâmé de la destruction de l'URSS. Pour utiliser une analogie médicale, ses réformes, avant tout l'introduction d'élections disputées en 1989, avaient laissé le patient sous assistance respiratoire. Eltsine le débrancha.

En Russie même, l'héritage immédiat de Gorbatchev fut la désastreuse ère Eltsine. La dérégulation imprudemment précipitée des prix dans une économie de marché libéralisée provoqua en 1992 une inflation galopante qui emporta l'épargne de nombreux citoyens russes. Cette même année, le commencement de la privatisation accélérée céda les énormes actifs de l'État à des prix sacrifiés, favorisant l'émergence d'oligarques super-riches recourant à une violence de type mafieux au point de transformer la Russie en État criminalisé. En 1993, dans un climat de désarroi économique et d'opposition politique croissante, Eltsine recourut même à l'armée contre son propre Parlement pour renforcer son pouvoir personnel[69]. Eltsine incarna l'humiliation de la Russie par son comportement d'ivrogne et le mépris condescendant qu'il inspirait de plus en plus aux dirigeants étrangers. Un autre leadership aurait pu offrir aux citoyens soviétiques une meilleure voie, mais Eltsine était le seul chef de file proposé à l'époque. L'Ouest aurait-il pu aider davantage ? Peut-être, même si le soutien nécessaire pour renflouer une économie dans un état catastrophique aurait été gigantesque en comparaison du plan Marshall. Que cela ait pu marcher est une autre question.

Vladimir Poutine, à la tête de la Russie à partir de 1999, proposa un contre-coup aux années Eltsine désordonnées, dissolues et désastreuses. Cependant, le retour au régime autocratique d'un « homme fort » (quoique derrière une façade quasiment démocratique), l'invocation des valeurs russes dans un contraste délibéré avec l'Occident et la volonté de restaurer le statut de grande puissance de la Russie furent une réaction à Eltsine, mais aussi à l'ère Gorbatchev. Ce dernier voua un mépris absolu à son successeur pour avoir laissé le pays dans un état chaotique. Envers Poutine, il se montra plus ambigu. Il le loua de sauver la Russie du chaos d'Eltsine. Après celui-ci, il estimait nécessaire une « certaine dose d'autoritarisme[70] ». Bien que plus critique envers Poutine à mesure que le pays s'enfonça dans l'autoritarisme pur et dur, il ne lui retira jamais entièrement son soutien, allant jusqu'à approuver l'annexion de la Crimée en 2014[71].

Gorbatchev fut un responsable politique, un homme d'État et un dirigeant de l'Union soviétique hors pair. Que la transformation qu'il initia n'ait pas été uniquement son œuvre est une évidence. Il n'en fut pas moins la force motrice décisive. Sans lui, une bonne partie de ce qui s'est produit ne serait jamais arrivé. Après Gorbatchev, l'Europe – et le monde en général – a certainement connu des problèmes graves suscitant une angoisse profonde. Si le choix leur en était donné, cependant, peu de gens, surtout ceux qui se souviennent de ce qu'il en était, voudraient revenir à l'époque à laquelle Gorbatchev, plus que quiconque, a mis fin. Dans son cas, on peut être catégorique : un individu a changé l'histoire, et pour le meilleur.

Bonn, le 23 juin 1975 : Helmut Kohl, le chef de l'Union chrétienne-démocrate (CDU), salue la foule. L'année suivante, il s'inclina devant Helmut Schmidt aux élections fédérales ; suivirent plusieurs années d'opposition avant qu'il n'accède finalement à la chancellerie en 1982.

12

Helmut Kohl

Chancelier de l'Unité, force motrice de l'intégration européenne

Helmut Kohl, « le chancelier de l'Unité », est assuré de sa place dans l'histoire allemande et européenne. Il fut chancelier de l'Allemagne de l'Ouest entre 1982 et 1990, puis de l'Allemagne réunifiée de 1990 à 1998 – plus longtemps qu'aucun chancelier depuis Bismarck. À sa mort, en 2017, à l'âge de quatre-vingt-sept ans, les dirigeants du monde entier le couvrirent d'hommages : « un des plus grands leaders de l'Europe d'après guerre », « un grand Européen », « un grand homme d'État » ; « un grand homme politique en des temps exceptionnels » ; « un géant de l'Europe unie », « une figure dominante de l'histoire allemande et européenne »[1]. Lorsqu'il quitta le pouvoir, l'Allemagne et, plus largement, l'Europe avaient été transformées. Mais fit-il vraiment l'histoire, ou est-ce l'histoire qui le fit ? Eût-il quitté le pouvoir avant l'automne 1989 que l'on aurait jugé ses réalisations assez modestes, éclipsées par celles de ses prédécesseurs immédiats, Helmut Schmidt et Willy Brandt, sans parler de Konrad Adenauer, le premier chancelier ouest-allemand. Même dans ce qui était encore la RFA, on n'aurait pas salué en lui un chancelier exceptionnel. Jusque-là, hors d'Allemagne, il n'avait pas vraiment imprimé sa marque. Le genre d'hommages rendus à sa disparition eût été impensable. Il dut presque entièrement sa stature internationale, son héritage et sa réputation durable aux bouleversements de 1989-1990 et à leur impact sur le « projet » d'intégration européenne.

En toute équité, on peut néanmoins s'interroger sur le rôle personnel qu'il a joué dans cette transformation. Quelle fut sa contribution aux changements qui ont balayé l'Europe, et plus particulièrement l'Allemagne, dans ces années remarquables ? Quelle fut sa part dans la marche accélérée à l'intégration européenne à la conférence de Maastricht qui suivit l'unification allemande et par la suite ? Fut-il à peine plus que l'agent de forces irrésistibles ? Ou l'histoire aurait-elle suivi un cours différent sans lui ?

Personnalité et début de carrière

Helmut Kohl fut indubitablement un personnage. Même dans une salle bondée, il sortait du lot. Sa taille – un mètre quatre-vingt-treize pour cent trente kilos – lui conférait une présence imposante, parfois même intimidante. On le surnomma souvent « le géant » (*der Riese*). Son embonpoint croissant lui valut d'être surnommé « la poire » (*die Birne*). Sa physionomie et sa stature étaient pain béni pour les caricaturistes.

La proximité de Kohl avec la région d'Allemagne où il grandit, le Pfalz (le Palatinat), dans le sud-ouest du pays, belle région viticole à la frontière avec la France, marqua sa personnalité. Une émotion positive sans mélange, la conscience d'appartenir à une localité particulière et un lien fort à ses coutumes et ses traditions – *Heimatgefühl* – sont souvent très connotés en Allemagne. Le Palatinat lui procura un sentiment de solidité et de sécurité mais aussi sa base politique. Plus encore, il contribua largement à façonner son univers mental.

Bien plus tard, en tant que chancelier fédéral et homme d'État international, il devait retourner tous les week-ends dans sa maison d'Oggersheim (banlieue aisée de Ludwigshafen), dans le Palatinat, offrant à ses hôtes éminents du monde entier les plaisirs du Land. Dans son auberge préférée de Deidesheim, au cœur des vignes, il tenait régulièrement sa cour dans un coin réservé. Il trouvait son inspiration dans les discussions – qu'il dominait invariablement – au sein du cercle de ses proches fidèles. Ses origines palatines l'aidaient aussi à rompre la glace et à nouer des relations avec les autres responsables politiques, au pays comme à l'étranger.

La première fois qu'il rencontra le dirigeant est-allemand Erich Honecker, à Moscou, en 1983, Kohl commença par mentionner le nom de gens du Palatinat qu'Honecker avait connus avant la guerre, quand il y était cadre du mouvement de la jeunesse communiste. Il suggéra en plaisantant de se parler dans le dialecte palatin pour éviter d'être compris d'oreilles indiscrètes[2]. Son accent régional, sa façon de s'exprimer sans fioritures, parfois gauche, et son goût des produits régionaux comme le *Saumagen* (panse de porc farcie et épicée) le rendaient chaleureux, mais conduisaient aussi ceux qui se croyaient plus raffinés à le snober. L'image de simple politicien de province valut à Kohl le dédain de ses adversaires, notamment de son prédécesseur immédiat, le chancelier Helmut Schmidt, cosmopolite chevronné et rompu aux usages du monde. Jusqu'aux événements de 1989-1990, Kohl demeura un personnage largement sous-estimé de la vie politique allemande[3].

Il était né en 1930 à Ludwigshafen, seule grande ville industrielle du Palatinat, sur la rive gauche du Rhin, qui devint le siège du géant de la chimie BASF. Sa famille appartenait à la bourgeoisie catholique. Son père, Hans, officier durant la Première Guerre mondiale, était fonctionnaire dans l'administration des finances à Ludwigshafen. Cäcilie, sa mère, venait d'une banlieue de la ville qui avait conservé son caractère rural après avoir été engloutie par la métropole industrielle en expansion à la fin du XIXe siècle. Helmut était le benjamin de trois enfants, de huit années plus jeune que sa sœur, et de cinq ans le cadet de son frère.

La Seconde Guerre mondiale – surtout, comme pour la plupart des Allemands, dans ses derniers mois traumatiques – le marqua de manière indélébile. Appelé en tant qu'officier de réserve, son père servit dans les campagnes de Pologne et de France. Patriote, il n'était pas nazi. Les convictions catholiques familiales firent obstacle à l'adhésion pleine et entière à l'idéologie antichrétienne du régime hitlérien. Dès 1941, les parents d'Helmut furent de plus en plus assurés de la défaite de l'Allemagne et en craignirent les conséquences. Comme beaucoup d'autres, ils imputèrent toujours plus à Hitler le désastre imminent. Helmut n'avait que treize ans quand, le 6 septembre 1943, un raid aérien massif laissa Ludwigshafen en ruine. À la fin de la guerre, la présence de l'industrie lourde en avait fait l'une des villes allemandes les plus bombardées. La peur des raids faisait partie de la vie quotidienne. En octobre 1944, la mort de Walter, le frère d'Helmut, dans un raid aérien fut un grand choc pour la famille. Dans le même temps, les raids perturbaient de plus en plus la scolarité d'Helmut. Comme tous les garçons, il fut enrôlé dans la *Jungvolk*, organisation de préparation obligatoire aux Jeunesses hitlériennes. La guerre finie, il dut se débrouiller pour rentrer chez lui depuis un camp d'entraînement prémilitaire des Jeunesses hitlériennes, près de Berchtesgaden, où il avait été envoyé en février 1945. Il lui fallut cinq semaines pour ce faire, mais il retrouva ses parents en vie, et leur maison toujours debout.

L'expérience de ces mois ne le quitta jamais. Les révélations des procès de Nuremberg, en 1946, lui ouvrirent pleinement les yeux sur la catastrophe du nazisme. Cette année-là, âgé de seize ans, il contribua à fonder la section de jeunesse de la nouvelle Union chrétienne-démocrate (CDU). Sous la République de Weimar, ses parents avaient voté pour le Zentrum, parti catholique. Pour eux, comme pour Helmut, la logique voulait donc qu'après la guerre ils soutinssent la CDU – parti attaché aux principes chrétiens, et pas uniquement catholiques. Le premier mentor politique d'Helmut fut un prêtre : Johannes Finck avait lui-même été un dirigeant du Zentrum dans le Palatinat avant la prise du pouvoir par les nazis. Son influence persuada le garçon que la solidarité sociale fondée sur des idéaux chrétiens était l'espoir du futur.

Dès 1949, encore au lycée, il se fit connaître dans les milieux politiques de Ludwigshafen. Dans les années 1950, étudiant à Francfort puis à Heidelberg, il gagna sa vie pendant les vacances en travaillant dans les usines chimiques de sa ville natale. Il pensait déjà à une carrière politique. Son énergie, son dynamisme et ses talents d'organisateur le firent vite remarquer et le rendirent très utile à la CDU locale. Il se montra habile à cultiver un réseau de compagnons politiques partageant ses vues. En 1955, il faisait partie de la direction de la CDU en Rhénanie-Palatinat. Quatre ans plus tard, il devint le plus jeune élu du parlement de l'État (*Landtag*). À cette époque, il gagnait largement sa vie grâce à un poste bien rémunéré que lui avaient offert les patrons de l'industrie chimique locale, qui voyaient le parti à tirer de ses relations politiques. Il pourrait être un lobbyiste utile. Il associa son travail pour l'industrie chimique et ses activités politiques jusqu'en 1969, où il fut élu ministre-président (Premier ministre) de Rhénanie-Palatinat[4].

Entre-temps, il avait épousé Hannelore Renner en 1960 et avait eu deux fils (Walter, en 1963, et Peter, deux ans plus tard). À moins de quarante ans, sa carrière politique était un succès. Très ambitieux, il se faisait un nom dans la CDU au niveau fédéral. En 1973, il était le président du parti – poste qu'il conserva jusqu'en 1998 – et sa figure dominante.

Le système fédéral offrait la possibilité – moindre dans un système très centralisé – de se constituer une solide base provinciale appelée à servir de tremplin vers la scène politique nationale et le pouvoir. Au milieu des années 1970, après quasiment trois décennies entièrement passées à construire sa carrière politique, Helmut Kohl était prêt à briguer le pouvoir suprême : la chancellerie fédérale. Cela faisait des années qu'il s'imaginait chancelier[5]. Le problème était que l'emprise sur le pouvoir des sociaux-démocrates, au gouvernement depuis 1969, paraissait solide – aussi longtemps que le soutien de leurs partenaires libéraux-démocrates dans la coalition leur était acquis.

Conditions préalables

Si habile et politiquement aguerri que fût Kohl, sa personnalité et la direction de la CDU ne suffisaient pas en soi à le conduire au sommet. Pour atteindre cet objectif, les conditions devaient changer. Le choc pétrolier de 1973 avait moins frappé l'Allemagne de l'Ouest que presque tous les autres pays européens, mais la vie politique démocratique suit souvent des cycles. Les partis au gouvernement s'enferrent. La confiance en eux des corps publics influents, et notamment dans leurs propres rangs, s'érode. Le vent du changement se lève. La dynamique s'enclencha à la fin des années 1970, et en 1982 Kohl était au seuil de la chancellerie.

N'ayant pas réussi à chasser Helmut Schmidt du pouvoir aux élections de 1976, il démissionna de ses fonctions de ministre-président de Rhénanie-Palatinat pour se concentrer sur l'animation de l'opposition de la CDU au Parlement fédéral. Son rival au sein de l'Union chrétienne, le roi sans couronne de Bavière Franz-Josef Strauss, fut désigné candidat à la chancellerie aux élections de 1980. Son échec face à Schmidt fit de Kohl le leader incontesté de l'opposition au gouvernement de centre-gauche. Quand l'occasion se présenta, deux ans plus tard, il était prêt à succéder à Schmidt.

Malgré un certain mécontentement, peu cherchaient une rupture radicale. Bien entendu, il y avait des difficultés, dont les problèmes de sécurité immédiats associés aux activités terroristes de Baader-Meinhof et les ajustements à plus long terme à la fermeture des vieilles industries. La peur ravivée de la guerre nucléaire suscitait aussi une grande angoisse. Mais l'économie ouest-allemande était forte, le gouvernement stable, le système politique solide et soudé, le débat entre les partis politiques se déroulait de façon respectueuse et civilisée. La démocratie reposait sur des fondements robustes. L'Union chrétienne avait le soutien de près de la moitié des électeurs, mais cela ne suffisait pas à former un gouvernement. Il fallait trouver un partenaire de coalition. Tant que le partenaire le plus probable, le Parti libéral-démocrate (FDP), n'était pas prêt à apporter son soutien à l'Union, la coalition sociale-libérale d'Helmut Schmidt restait intacte.

Sous la surface, malgré tout, les difficultés se multipliaient et allaient finalement propulser Helmut Kohl à la chancellerie. Le chômage et l'inflation augmentèrent dans les années 1970. Bien que modeste en comparaison de la situation en Grande-Bretagne, la « stagflation » réveilla de vieilles inquiétudes en RFA et se révéla rebelle aux remèdes économiques keynésiens traditionnels. Le sentiment d'un changement de cap nécessaire s'amplifia après la seconde crise pétrolière de 1979 qui affecta la RFA plus fortement que la première. Avec la croissance économique qui s'enlisait, la poussée du chômage, l'inflation qui restait haute, la baisse des salaires réels, la multiplication des faillites et l'endettement toujours plus lourd de l'État, le gouvernement de coalition se trouvait face à des problèmes redoutables. Pour sortir l'économie du marasme, les libéraux-démocrates recherchaient un remède néo-libéral passant par un plus grand recours aux forces du marché, la dérégulation et une réduction des dépenses. La rupture avec le SPD (le Parti social-démocrate) et son insistance traditionnelle sur l'intervention de l'État et la protection de hauts niveaux de dépenses sociales était inévitable. Deux ans après sa réélection de 1980, Helmut Schmidt avait perdu le soutien de ses partenaires au sein de la coalition[6]. En 1982, le FDP tourna casaque. Avec une base de soutien populaire assez réduite – juste moins de 11 % en 1980 –, il quitta le SPD pour soutenir l'Union chrétienne. Par une manœuvre politique, plutôt qu'une victoire électorale incontestable, Helmut Kohl devint chancelier de la République fédérale d'Allemagne[7]. Il devait le rester seize ans – plus longtemps encore qu'Adenauer. Personne ne l'aurait prévu.

Chancelier fédéral

Dans ses premières années à la chancellerie, entre 1982 et 1989, rien ne laissait deviner ce qui devait se produire. Rien n'indiquait, ou pas grand-chose, que Kohl avait l'étoffe d'un chancelier exceptionnel. En vérité, il paraissait souvent se conformer à l'opinion dédaigneuse de ses adversaires politiques – partagée par une grande partie de la population – selon laquelle il était un personnage plutôt médiocre, dépourvu de charisme et n'ayant pas la stature de ses prédécesseurs, Willy Brandt et Helmut Schmidt.

Il était cependant animé d'une soif de pouvoir inextinguible, et le gouvernement était pour lui un vecteur de pouvoir personnalisé[8]. Présence dynamique au sein du parti, il énergisait la direction par sa détermination, motivait les militants par des discours qui, sans être des chefs-d'œuvre rhétoriques, profitaient de sa façon de s'exprimer impulsive et émotionnelle, voire sentimentale. Il éprouvait certainement la nécessité de rénover et de revitaliser la CDU, d'élargir son attrait à toutes les couches de la société et de moderniser le conservatisme allemand. Paradoxalement, son style de leadership était au fond d'un autre âge, toujours plus autoritaire, et reposait largement sur des liens de loyauté personnelle. Sa longue chancellerie touchant à sa fin, on l'appelait « le patriarche[9] ». De fait, d'un ton condescendant, il désignait celle qui devait finalement lui succéder à la tête de la CDU et à la chancellerie, Angela Merkel, comme *das Mädchen*, « la fille ».

Ses premières années virent une augmentation sensible du nombre d'adhésions à son parti. Il y construisit le consensus qui assura la base de son pouvoir à la chancellerie. Sa politique intérieure s'en tint à un conservatisme modéré traditionnel, qui lui permit d'associer les ailes libérale et conservatrice de son parti. Il prétendit promouvoir un changement radical[10]. En réalité, il n'y eut pas de changement de cap spectaculaire. C'était peu excitant, mais pas forcément impopulaire pour autant. Le passé récent des Allemands avait été riche en drames et en inquiétudes. Une période de monotonie était d'une certaine manière bienvenue, tant que la stabilité économique perdurait et que rien ne venait troubler ses soubassements : prospérité et protection sociale.

Sous le gouvernement Kohl, comme dans une bonne partie de l'Europe, l'heure était à la restriction des dépenses publiques, aux efforts pour contenir la croissance des dépenses sociales, à une plus grande flexibilité du travail, aux incitations fiscales pour améliorer la compétitivité et aux premiers pas vers la privatisation. Idéologiquement, cependant, il n'adhérait pas au modèle monétariste adopté aux États-Unis sous Reagan et en Grande-Bretagne sous Margaret Thatcher. Il préféra plutôt adapter l'approche corporative éprouvée de l'« économie sociale de marché » – avec un accent plus fort mais pas écrasant sur le « marché » – aux impératifs de l'économie mondiale secouée par les crises des années 1970[11]. L'économie industrielle de l'Allemagne de l'Ouest, nécessairement modernisée après la guerre, avait valu aux citoyens une prospérité sans précédent. Quels que fussent les problèmes du moment, il n'y avait aucune urgence à changer les fondamentaux – qui, de fait, survécurent, au fond, intacts au choc pétrolier. Il n'y eut pas de malaise économique profond analogue à celui qui, au cours des années 1970, avait révélé les problèmes sous-jacents de l'économie britannique : manque d'investissements et d'innovations, industries peu compétitives et mauvaises relations sociales. Sous le nouveau gouvernement de coalition conduit par les conservateurs après 1982, la RFA ne vit donc pas de rupture avec le passé immédiat, aucune plongée dans le genre de conflit politique et social que connut la Grande-Bretagne.

Dans les premières années, tout au moins, il n'y eut pas de dissension sérieuse au sein du gouvernement Kohl. Nombre de ses ministres restèrent en fonction tout au long des années 1980 : le fait est d'autant plus remarquable que, pour la plupart, ils n'appartenaient pas à son cercle rapproché, qu'il avait dû faire une place à ses partenaires de la coalition et trouver des portefeuilles ministériels pour le parti-frère, la CSU (Union chrétienne-sociale) bavaroise, dans la formation de son gouvernement[12]. Il mit des hommes compétents aux postes clés : Gerhard Stoltenberg aux Finances, Norbert Blüm au Travail et aux Affaires sociales, et surtout le redoutable chef du FDP, Hans-Dietrich Genscher, aux Affaires étrangères, fort de son expérience dans le gouvernement Schmidt. Le secrétaire général de la CDU, Heiner Geißler, veilla à ce que le parti servît docilement le chancelier. Que le gouvernement, dont la voix collective était grandement diminuée, n'ait pas connu de scissions majeures tient largement au style de gouvernement de Kohl : étrange combinaison de décision quasiment autoritaire, de délire de contrôle et du genre d'affabilité qui allait de pair avec l'exigence d'une loyauté inconditionnelle et la reconnaissance de qui était le patron[13].

Le gouvernement ne revint pas sur les avancées sociales du temps de la coalition sociale-libérale. Les droits des travailleurs furent généralement maintenus, par exemple, mais non sans lutte des syndicats. En 1984, après sept semaines de grève de l'union des métallurgistes réclamant la réduction de la semaine de travail à 35 heures et un lock-out patronal affectant 250 000 ouvriers, le gouvernement trouva un compromis avec les métallos sur une semaine de 38,5 heures, créant un précédent pour les autres branches de l'industrie. Les syndicats ne furent pas sérieusement affaiblis comme l'avait espéré le gouvernement. Si ce dernier réussit à réduire le montant des indemnités versées aux grévistes, l'épisode ne devait pas miner le rôle des syndicats en tant qu'agent efficace et stabilisateur des relations sociales[14]. L'État accrut en fait ses aides pour lutter contre les difficultés nées du déclin des mines et de l'acier dans les grandes régions industrielles. Dans un cadre général de réduction des dépenses sociales, il prit des mesures pour améliorer les allocations chômage et les prestations de garde d'enfants. Un schéma de changements modestes adossés à une solide base de continuité.

Les conservateurs ouest-allemands avaient parlé de « tournant » (*die Wende*) à propos du changement de gouvernement de 1982. Mis à part le fait que la même expression fut par la suite employée plus généralement, et de manière bien plus appropriée, pour définir l'impact de la transformation spectaculaire de l'Allemagne et de l'Europe entre 1989 et 1991, elle était très exagérée pour décrire ce qui se passa sous Kohl après 1982. Ce fut tout au plus un demi-tournant[15].

Kohl avait hérité d'une économie affectée par les difficultés mondiales de la décennie précédente mais néanmoins foncièrement solide et en bonne position pour se redresser vite et bien. Il eut aussi la chance de son côté. Lors de son accession à la chancellerie, la reprise économique amorcée aux États-Unis en 1982 commença à rejaillir sur l'Europe. La politique monétaire freina l'inflation aux États-Unis et en Europe occidentale. Les exportations allemandes reprirent, dégageant en 1989 des excédents plus élevés que jamais. Kohl lui-même n'y était pas pour grand-chose. Certes, il pouvait s'attribuer le mérite de diriger un gouvernement qui assura les conditions d'une économie florissante. Mais on voit mal comment, dans les années 1980, un chancelier ouest-allemand, quel qu'il fût, n'aurait pas veillé à une croissance économique substantielle.

En 1983, une première élection, visant à donner un mandat à la nouvelle coalition, avait été un succès pour Kohl, qui consolida sa position au Parlement fédéral. Ses partenaires du FDP, auquel beaucoup reprochaient le changement de gouvernement de l'année précédente, en sortirent perdants, tout comme les sociaux-démocrates (en partie du fait d'une nouvelle force politique, les Verts). Quatre ans plus tard, cependant, l'électorat montra qu'il était peu impressionné par les premières années de Kohl à la chancellerie. Suivant les enquêtes d'opinion, la plupart des Allemands de l'Ouest n'avaient pas une bonne opinion de lui[16]. Son parti perdit des sièges, mais pas assez pour chasser la coalition du pouvoir puisque le FDP récupéra la plupart des sièges perdus aux élections précédentes tandis que le SPD subit de nouvelles pertes, mineures, et que les Verts – bénéficiant de l'hostilité à l'énergie nucléaire et au stationnement des Pershing sur le sol allemand – continuèrent à progresser. Kohl resta donc chancelier, mais pas sur la base d'un succès électoral retentissant.

Dans le domaine des affaires étrangères aussi, la continuité s'imposa largement. Le plus marquant, avant 1989, fut l'effort de Kohl pour nouer des relations serrées avec François Mitterrand : base cruciale, reconnue depuis Adenauer, d'une nouvelle Europe où des relations cordiales et une coopération étroite entre pays européens élimineraient conflits et inimitiés. Chez Kohl, élevé en catholique et en conservateur, cette approche allait tout naturellement de pair avec un rejet frontal du socialisme et, évidemment, du communisme soviétique. Au-delà, on a du mal à définir une position idéologique tranchée. Il lui arriva de se montrer maladroit et insensible. En 1984, s'adressant au Parlement israélien, la Knesset, il parla de la « grâce d'une naissance tardive ». Il voulait simplement dire que la chance d'être né trop jeune pour être complice des crimes nazis ne lui donnait pas moins le devoir de veiller à ce qu'ils ne se reproduisent jamais. Paraissant laisser entendre que la génération d'après guerre pouvait se délester du poids du passé allemand, l'expression suscita l'embarras en Israël et en RFA[17].

Comme si cela ne suffisait pas, l'« affaire Bitburg », un an plus tard, renforça l'impression. Quarante ans après la fin de la guerre, Kohl voulut faire un geste de réconciliation en visitant un cimetière militaire en Allemagne aux côtés du représentant de l'ennemi du temps de guerre, le président américain Ronald Reagan. L'épisode faisait suite à la cérémonie émouvante de l'année précédente, quand Kohl et Mitterrand avaient commémoré les terribles pertes allemandes et françaises de la bataille de Verdun (1916) par une manifestation symbolique d'amitié (même si la photo des deux hommes se tenant par la main parut un peu étrange). Cimenter l'amitié et la réconciliation germano-américaines après la guerre semblait être pareillement une bonne idée. Moins heureuse fut cependant la décision d'organiser la cérémonie dans un cimetière militaire près de Bitburg où étaient enterrés des membres de la Waffen-SS. Sans surprise, cela suscita un tollé aux États-Unis, et le président fut la cible des critiques pour son empressement apparent à honorer des SS – peut-être même les responsables du massacre de soldats américains au cours de l'offensive des Ardennes en décembre 1944. Kohl fut décontenancé. Il n'arrangea pas les choses en assurant que l'annulation de la cérémonie froisserait les « sentiments de notre peuple[18] ». La cérémonie se déroula donc comme prévu, la visite de Reagan sur le site de l'ancien camp de concentration de Bergen-Belsen atténuant à peine les dégâts en termes de relations publiques. L'épisode parut signifier que l'Allemagne de l'Ouest tentait maladroitement de se défaire de l'ombre épaisse du passé nazi – interprétation accréditée par la grande controverse publique qui agita les historiens allemands en 1986 sur la place de l'Holocauste dans l'histoire et l'identité nationale allemandes.

Une fois de plus, en octobre 1986, Kohl montra à quel point il pouvait être maladroit dans le domaine des relations extérieures. Lors d'un entretien accordé au magazine *Newsweek*, il réussit à insulter le nouveau dirigeant soviétique, Mikhaïl Gorbatchev, l'homme qui, plus que quiconque avant lui, laissait espérer une réelle amélioration des relations entre l'URSS et l'Occident. Étonnamment, il compara Gorbatchev au ministre de la Propagande nazi, Joseph Goebbels, « lui aussi expert en relations publiques[19] ». Comme il était prévisible, l'URSS eut une réaction furieuse. Mais l'Ouest, également, fut passablement dérouté par la maladresse de Kohl. Ce dernier blâma la presse. Habile et diplomate aguerri, Hans-Dietrich Genscher ne tarda pas à réparer les pots cassés avec Moscou. Il perçut plus tôt que Kohl tout l'intérêt qu'il y avait à nouer de bonnes relations avec le nouveau dirigeant soviétique, notamment sur la question cruciale du désarmement nucléaire.

Les relations avec l'URSS s'améliorèrent considérablement sitôt que Kohl, en octobre 1987, accepta de retirer les missiles Pershing du sol allemand dans le cadre d'un accord élargi pour débarrasser le monde des missiles américains et soviétiques à portée intermédiaire. Venue de Gorbatchev, l'initiative avait le soutien de l'administration Reagan. Kohl ne pouvait guère s'opposer à ce que les deux superpuissances avaient convenu. Il fit savoir à Washington sa gêne face aux pressions le poussant à revoir sa politique de défense fondée sur le stationnement des Pershing en réponse aux SS-20 déployés par le pacte de Varsovie en Europe de l'Est. Ce n'en fut pas moins une étape importante et pas facile à franchir. Elle se heurta à une opposition au sein de l'Union chrétienne, et Kohl dut aussi vaincre la résistance de son ministère de la Défense[20]. Il n'en prit pas moins acte du changement de situation en modifiant sa politique de défense. Cela contribua amplement à instaurer une base de confiance dans les relations avec Gorbatchev.

La première visite de Kohl à Moscou, en octobre 1988, avec une délégation de membres de son gouvernement et des représentants du grand patronat, fut un grand pas dans cette direction, facilité par 3 milliards de marks de crédits pour soutenir une économie soviétique défaillante[21]. Gorbatchev revint plus tard sur la portée de sa rencontre avec Kohl :

> La confiance mutuelle qui s'installa spontanément entre nous était sans doute due au fait que nous donnions tous deux une large portée à notre « mandat politique ». Il ne s'agissait pas d'établir des relations de bon voisinage entre l'URSS et l'Allemagne fédérale, mais d'instaurer une paix durable dans toute l'Europe. La sensibilité du chancelier lui faisait envisager ce problème d'une manière personnelle, comme celui de l'avenir de sa famille et de ses enfants[22].

La visite de Gorbatchev à Bonn, en juin 1989, étoffa ses bons rapports personnels avec Kohl. Ils devaient devenir décisifs au moment de l'effondrement de la République démocratique allemande (RDA), en 1989-1990.

C'est seulement à ce tournant que put commencer à prendre forme la perspective d'une nouvelle Europe. Helmut Kohl allait jouer dans ce processus un rôle important. Jusque-là, cependant, et malgré sa foi indubitable dans le « projet européen », signifiant au fond pour lui une union politique et un État fédéral européen[23], ses contributions ne doivent pas être surestimées. Il était assurément un Européen fervent, d'émotion autant que de raison, mais, avant la chute du mur, les grandes avancées furent le fait d'autres responsables. Le gouvernement de Margaret Thatcher fut pour beaucoup dans la décision majeure de 1986 de créer un Marché unique, accomplissant une percée fondamentale en direction de l'intégration économique. Et le rôle de Jacques Delors fut essentiel pour donner un nouvel élan au cadre politique encalminé des Communautés européennes. Kohl ne joua qu'un rôle secondaire.

Si Kohl avait quitté le pouvoir au printemps 1989, il serait parti à un moment où sa fortune politique et sa popularité déclinaient. La postérité aurait vu en lui un « chef de parti exemplaire, mais un chancelier quelconque[24] ». Elle aurait certes pris acte de ses réformes modérées en politique intérieure et, surtout, de son acceptation de progrès notables vers le désarmement nucléaire en Europe. On aurait aussi salué son soutien ferme et constant au renforcement de l'intégration européenne. Mais les éloges eussent été limités et discrets. Les hommages qui plurent sur lui de tous côtés dans les années suivantes eussent été inimaginables.

Artisan de l'histoire

En octobre 1989, les vents de changement que Gorbatchev faisait souffler en Europe de l'Est touchèrent la RDA avec une grande force. Au début du mois, Gorbatchev avait été chaleureusement reçu à Berlin-Est et avait pris clairement ses distances avec la direction est-allemande. À cette époque, des dizaines de milliers de citoyens manifestaient pour un changement de système. Fortement influencé par Moscou, le régime rechignait à recourir à la force et, visiblement, vacillait. Le moment décisif survint cependant de manière inattendue : le 9 novembre, pour la première fois depuis 1961, le régime laissa les citoyens est-allemands franchir librement le mur de Berlin pour se rendre à l'Ouest.

« Chancelier, le mur tombe ! » C'est ainsi qu'un de ses collaborateurs lui apprit la nouvelle[25]. Kohl n'était même pas en Allemagne à ce moment-là. Il s'attendait si peu à ces événements capitaux qu'il était parti en visite officielle en Pologne et se trouvait à Varsovie quand la nouvelle sensationnelle lui parvint. Il n'en réagit pas moins promptement. Il rentra aussitôt et, le lendemain, s'adressa à la foule immense qui se pressait devant l'hôtel de ville de Berlin-Ouest. À ses côtés, Genscher, Willy Brandt (qui, près de deux décennies auparavant, avait fait les premiers pas pour trouver un accommodement avec la République démocratique allemande) et le maire de Berlin-Ouest, Walter Momper. Malgré l'euphorie, il appela au calme[26]. Brandt, cependant, avait déjà prononcé les mots les plus éloquents : « Ce qui va ensemble grandit maintenant ensemble… Les parties de l'Europe grandissent ensemble. » C'était une pensée inspirante, pas une prophétie clairvoyante. Personne ne savait comment les choses allaient tourner[27].

Kohl tenait cependant son second jeu de conditions préalables. Le premier avait marqué ses débuts à la chancellerie, après 1982. En novembre 1989, il hérita de circonstances nouvelles et stimulantes, qu'il n'avait rien fait pour créer mais qui lui donnèrent l'occasion de faire l'histoire. Il s'y attela dès ce mois-ci. Les contraintes étaient évidentes. Le destin des deux Allemagnes ne concernait pas les seuls Allemands. C'était une préoccupation internationale impliquant les anciens Alliés du temps de guerre. Les quatre puissances garantes de l'ordre d'après guerre avaient encore leur mot à dire, bien que la Grande-Bretagne et la France, beaucoup moins que les deux superpuissances. Gorbatchev et George H. W. Bush, le successeur de Reagan, conseillaient la prudence face à l'émotion et à l'excitation : parler de réunification risquait de déstabiliser la situation. Mitterrand et, surtout, Thatcher étaient opposés à tout changement du *statu quo*. L'histoire leur faisait craindre la puissance et les ambitions d'une Allemagne réunifiée ; un pays unifié, très agrandi, n'aurait pas seulement un poids prépondérant en Europe : il risquait de réveiller un nationalisme de longue date en sommeil. De son côté, le nouveau leader est-allemand, Hans Modrow, rejetait avec véhémence toute idée de réunification, alors même qu'une majorité de l'opinion, en RDA et en RFA, y était favorable. Kohl devait donc manœuvrer prudemment. Plus vite que quiconque, cependant, il perçut la possibilité d'un changement d'époque et prit l'initiative. N'ayant pas de vision claire, il écouta son instinct politique, plutôt qu'il ne suivit un plan d'action. Improvisant pas à pas, il saisit l'occasion qui se présenta subitement et inopinément à lui. Il flaira la chance, sentit l'esprit grisant de ces semaines et le transforma en démarches encore incomplètes qui commencèrent néanmoins bientôt à pointer dans une seule direction.

Sa première grande intervention fut son discours du 28 novembre 1989 où il proposa un « Plan en dix points » pour surmonter la division de l'Allemagne et de l'Europe. Il parla de « structures confédératives entre les deux États en Allemagne », mais prit soin de ne pas réveiller des peurs à l'étranger ni d'attiser, à l'intérieur, l'espérance d'une unification rapide. Autrement dit, la « confédération » serait une relation à long terme, non une route directe vers l'unification (même si celle-ci restait le but ultime, comme c'était explicitement le cas depuis la fondation de la République fédérale d'Allemagne). Le discours était surtout l'œuvre d'un collaborateur de longue date de Kohl, Horst Teltschik, qui y avait travaillé avec les habituelles plumes de la chancellerie[28]. Apparemment, Teltschik avait perçu que Kohl commençait déjà à penser en termes de possible réunification. En privé, l'ancien ministre de la Défense Rupert Scholz avait encouragé Kohl en ce sens une semaine avant le discours. Scholz, déclara-t-il plus tard, conseilla un « programme échelonné » vers l'unification, en commençant peut-être par des « structures confédératives »[29]. Si le discours fut le fruit d'un travail en équipe, ses passages clés reflètent l'apport personnel du chancelier. Et, fait caractéristique de son style de leadership, le cabinet, y compris le ministre des Affaires étrangères Genscher, fut tenu à l'écart. Seul le président américain fut consulté en amont. Que Bush n'ait pas été d'emblée foncièrement opposé au principe de l'unification fournit à Kohl l'encouragement dont il avait besoin pour donner suite à son initiative[30].

Parmi les dirigeants européens, les réactions au discours furent largement négatives. L'Union soviétique se montra particulièrement dédaigneuse. Le discours de Kohl n'en marqua pas moins un tournant important. En privé, il parlait de « structures confédératives » appelées à durer des années – peut-être jusqu'à vingt-cinq ans. En réalité, dans les deux Allemagnes – de l'Est comme de l'Ouest – comme à l'étranger, les pensées ne tardèrent pas à évoluer de la coexistence amicale des deux États à la perspective croissante d'une unification dans un avenir prévisible[31].

La rencontre, début décembre, entre Gorbatchev et Bush mit en évidence la résistance persistante à toute avancée vers une unification rapide, et l'opposition vint en particulier de Thatcher et de Mitterrand, mais aussi d'un certain nombre d'autres dirigeants ouest-européens. En tout état de cause, les relations personnelles de Kohl avec Margaret Thatcher n'étaient pas très bonnes. Elles étaient bien plus chaleureuses avec François Mitterrand, qu'il amadoua en assurant que toute Allemagne unie future serait ancrée dans une intégration européenne plus étroite. De plus, les dirigeants étrangers avaient bien conscience des pressions populaires croissantes pour l'unification dans les deux parties de l'Allemagne et admettaient qu'ils ne pouvaient guère priver les Allemands de ce qu'ils jugeaient axiomatique dans d'autres cas : le droit à l'autodétermination pour façonner leur destin national.

Kohl fut aussi porté par les pressions de la base. Cela apparut clairement le 19 décembre 1989, quand il prononça un discours vibrant devant une foule immense face aux ruines de la Frauenkirche de Dresde. Il parla du développement de « structures confédératives », puis ajouta : « Permettez-moi de dire aussi ceci, ici, en ces lieux si riches en traditions. Mon but demeure, si l'heure historique le permet, l'unité de notre nation[32]. » C'était ce que la foule voulait entendre ; elle scanda en chœur « Allemagne patrie unie ». Kohl fut profondément ému par cet accueil. Il en parla comme d'une « expérience cruciale[33] » dans le processus d'unification. Il quitta Dresde désormais prêt à croire que « l'heure historique » ne pouvait être plus longtemps retardée.

Ses antennes étaient particulièrement sensibles aux mouvements de fond de l'opinion dans les deux parties de l'Allemagne. Ses discours saisissaient l'atmosphère en même temps qu'ils aiguillonnaient les désirs exprimés de façon toujours plus pressante : les signes abondants et patents d'un effondrement de la RDA devaient conduire à l'unification allemande dans un avenir proche, non pas lointain. Son sentiment que « l'heure historique » approchait et qu'il fallait la saisir, plutôt que lui résister, fit à son tour passer le message à Bush et, surtout, à Gorbatchev : les superpuissances devaient prendre les initiatives décisives pour canaliser l'élan irrésistible dans un cadre d'action politique. Kohl ne fut pas seul à reconnaître la vague de fond en vue de l'unification. Avant la chute du mur, les manifestants est-allemands avaient scandé « nous sommes le peuple ». À la fin de l'année, c'était devenu « nous sommes un seul peuple ». Le dirigeant est-allemand Hans Modrow reconnut que le courant était désormais irrésistible. En janvier 1990, il persuada Gorbatchev que « la réunification de l'Allemagne était inévitable[34] ». Rétrospectivement, elle paraît inévitable dès le premier jour. Cependant, pour ceux qui vécurent les événements à l'époque, comme citoyens ordinaires ou responsables politiques, que le cours des événements conduisait rapidement à l'unification ne devint une évidence que dans les semaines suivant la chute du mur. Kohl avait largement contribué à cet élan.

Le changement d'attitude de Gorbatchev fut essentiel pour la suite des événements. Le 10 février à Moscou, lors d'une rencontre avec Kohl, il accepta la proposition américaine d'une conférence internationale des quatre anciennes puissances d'occupation et des deux États allemands (formule rapidement connue sous l'appellation de 2 + 4) chargée de tracer la route vers l'unification. La question de l'OTAN demeurait cependant une énorme pierre d'achoppement. En réponse au Plan en dix points de Kohl, les États-Unis avaient insisté : l'Allemagne réunifiée devait appartenir tout entière à l'OTAN. Gorbatchev ne voulait pas en entendre parler et campa de nouveau sur ses positions en février 1990. Pour l'Union soviétique, c'était une affaire de prestige. Accepter l'extension de l'OTAN équivalait à admettre clairement que l'URSS avait perdu la guerre froide[35]. Or, la position de Gorbatchev, perçut Bush, s'affaiblissait pour ainsi dire à vue d'œil. Les Américains insistaient désormais sur l'élargissement de l'OTAN au territoire de la République démocratique allemande. Persuader Gorbatchev de revenir sur son intransigeance serait d'autant moins facile qu'on lui avait auparavant donné la ferme impression que l'OTAN ne serait pas élargie. Une fois de plus, Kohl prit une initiative capitale. Le mark, il le savait, était un atout de taille à la table des négociations. La chancellerie était parfaitement au courant de la situation financière délicate de l'Union soviétique, qui dès janvier avait demandé une aide en denrées alimentaires et avait été subventionnée à hauteur de 200 millions de marks. Lorsqu'il retrouva le président américain le 24-25 février, Kohl suggéra que l'aide financière à l'Union soviétique pouvait être un élément clé : « Finalement, c'était une question de prix[36]. » Il fallait pousser l'Union soviétique à le dire.

C'est début mai que l'URSS sollicita de la RFA des crédits massifs pour faire face à une situation financière de plus en plus désastreuse. À la fin du mois, Gorbatchev céda aux demandes allemandes concernant l'OTAN[37]. Kohl en eut la confirmation en juillet lors de sa visite à Moscou. En septembre, Kohl et Gorbatchev convinrent d'un crédit gratuit à hauteur de 15 milliards de marks pour couvrir le retrait des troupes soviétiques du territoire de la RDA. Le plus gros obstacle à l'unification était surmonté. L'autre principal problème international – que l'Allemagne renonce à revendiquer les anciennes provinces orientales appartenant à la Pologne depuis la guerre – avait été réglé entretemps : l'Allemagne de l'Ouest s'y était engagée en mars 1990. Finaliser les détails prit du temps. Sur la scène intérieure, c'était un problème délicat, que Kohl géra habilement, même si, en coulisses, les négociations diplomatiques complexes furent surtout l'œuvre de Genscher. La frontière entre l'Allemagne et la Pologne, le long de la ligne Oder-Neisse, fut solennellement confirmée en juin 1991 (puis ratifiée en octobre)[38].

Dans les premiers mois de 1990, il devint plus clair que jamais que la RDA était au bord de l'effondrement économique aussi bien que politique. Kohl refusait de soutenir le système vacillant par une injection massive d'aide financière (tout en accordant une aide d'urgence en matière d'approvisionnement médical). Pendant ce temps, des centaines de milliers d'Allemands de l'Est affluaient vers l'opulente Allemagne de l'Ouest, soumettant l'économie des deux pays à des tensions. Le 6 février, Kohl décida d'offrir à la RDA une union monétaire, obtenant promptement le soutien de son cabinet et du groupe parlementaire pour cette étape cruciale en direction de l'union politique[39]. Du jour où Gorbatchev donna son feu vert lors de sa rencontre avec Kohl à Moscou, les pressions pour accélérer le mouvement s'amplifièrent.

Les élections du 18 mars en RDA furent un triomphe pour Kohl. Au cours de la campagne, il avait reçu un accueil chaleureux de la part des dizaines de milliers d'Allemands de l'Est qui affluaient à ses rassemblements – tout spécialement attirés par la pensée qu'ils auraient bientôt des marks ouest-allemands dans les poches. Le nouveau gouvernement est-allemand ne perdit pas une minute pour accepter l'unité allemande dès que possible en accédant à la condition mise par la RFA : l'union se ferait par l'incorporation des cinq nouveaux Länder reconstitués de la RDA – abolis en 1952 puis rétablis en juillet 1990 – dans la République fédérale en vertu de l'article 23 de la constitution ouest-allemande. La direction est-allemande associa cette intégration à son empressement antérieur à entrer dans l'union monétaire sur la base d'un taux de change de un deutschemark pour un mark de l'Est. C'était là une question majeure, où Kohl joua une fois de plus un rôle personnel essentiel.

Le véritable taux de change était de 1/8 ou 1/9. Un taux de conversion de 1/1 n'était donc pas seulement extraordinairement généreux, mais aussi potentiellement déstabilisateur. À pareil taux, l'économie de la RDA en quasi-faillite ne serait plus du tout compétitive, avec pour conséquence un chômage massif lié à la fermeture des usines et la nécessité d'un soutien financier énorme de l'Allemagne de l'Ouest. La Bundesbank et le ministre des Finances de Kohl, Theo Waigel, conseillèrent donc vivement un taux de change de 1/2. Au départ, Kohl se laissa persuader par leurs arguments. Mais quand il y eut des fuites dans la presse, il y eut une réaction furieuse des électeurs est-allemands à qui on avait clairement laissé entendre avant le scrutin que le taux serait conforme à leur souhait le plus vif : 1/1. Assez naturellement, les gens voyaient l'avantage personnel d'un meilleur taux, sans se préoccuper (ou avoir conscience) des implications économiques plus larges. Ce taux reçut l'aval de tous les partis de RDA, du SPD ouest-allemand, des syndicats et des experts en politique sociale. Dans la perspective des élections locales imminentes en RDA, Kohl se rétracta et appuya le taux de change de 1/1 pour l'épargne et les pensions jusqu'à 4 000 marks de l'Est (6 000 pour les plus de soixante ans) et de 1/2 pour les épargnes plus importantes et les dettes des entreprises. Sa décision paya aux élections de RDA. En RFA, en revanche, sa popularité chuta, les trois quarts des citoyens jugeant excessives les demandes de la RDA concernant l'union économique[40].

Kohl reconnut plus tard que son gouvernement avait sous-estimé l'impact négatif sur l'économie de la RDA[41]. Le coût de l'unification devait se révéler exorbitant et affaiblit l'économie allemande tout au long des années 1990. Sur l'économie de l'ex-RDA, l'effet fut traumatique. Les industries moribondes s'effondrant, le chômage monta en flèche. Les citoyens est-allemands payèrent leurs nouvelles libertés au prix fort : pertes d'emploi et perspectives économiques inquiétantes. Ceux qui n'avaient pas d'épargne pour profiter d'un taux de change à ce point favorable furent très durement touchés. À l'époque, cependant, ce qui comptait, c'était que la voie de l'unité allemande fût claire une fois l'union monétaire entrée en vigueur, le 1er juillet 1990. Fin août, les complexités légales et administratives étaient aplanies, largement grâce au travail remarquable du ministre de l'Intérieur, Wolfgang Schäuble. (Longtemps considéré comme le « prince héritier » de Kohl, Schäuble fut victime, une fois l'unification accomplie, d'une tentative d'assassinat par un déséquilibré : grièvement blessé, il resta partiellement paralysé.) La RDA devait encore quitter officiellement le pacte de Varsovie et les quatre puissances d'occupation résilier leurs responsabilités. Le 3 octobre 1990, au milieu d'une immense foule en liesse à Berlin, Helmut Kohl put savourer son triomphe historique en tant que « chancelier de l'Unité ». Un an plus tôt, ce n'aurait guère été imaginable.

Les événements stupéfiants qui, en onze mois seulement, avaient conduit de l'ouverture du mur de Berlin à l'unification allemande étaient devenus possibles grâce à l'extraordinaire transformation de l'Union soviétique après 1985, avec les réformes de Gorbatchev, et, parallèlement, son spectaculaire changement d'attitude envers ses satellites d'Europe centrale et orientale. À compter de la chute du mur, le président Bush apporta un soutien sans faille aux initiatives qui aboutirent à l'unification, et l'administration américaine insista tout particulièrement sur l'extension de l'OTAN à toute l'Allemagne. Mais reste le rôle joué par Helmut Kohl lui-même. Il sentit d'instinct la possibilité d'un changement fondamental. Le Plan en dix points de novembre 1989, la réaction à l'atmosphère grisante de Dresde le mois suivant, la suggestion à Bush en février qu'une grosse injection d'argent – un pot-de-vin, en fait – pourrait triompher des objections soviétiques à l'extension de l'OTAN (puis la délicate négociation au téléphone), le triomphe électoral de mars 1990 en RDA et la décision d'adopter un taux de change de 1/1 introduit en juillet : tout cela fut l'œuvre personnelle de Kohl (formidablement épaulé par ses ministres et ses conseillers). Il faut aussi prendre en compte sa personnalité dans la façon dont il sut instaurer une relation de confiance, voire d'amitié, avec Bush comme avec Gorbatchev.

Dans le drame qui prit fin avec l'unification allemande, Gorbatchev fut le facilitateur, Bush le supporteur, et Kohl l'activateur. Figure solide et rassurante tout au long des mois critiques, Kohl lui-même surfa sur la forte marée du sentiment populaire. À partir de décembre 1989 au plus tard, il eût été impossible d'arrêter les pressions pour l'unification qui s'étaient déjà amplifiées dans les deux parties de l'Allemagne. On imagine qu'un autre chancelier ouest-allemand aurait agi comme lui, mais ce n'est que conjecture. Ce qui est arrivé doit beaucoup à Helmut Kohl.

Intégration européenne : les limites du pouvoir

Indiscutablement, il n'avait jamais manqué d'aplomb. Mais avec les applaudissements de tous côtés qui parvenaient à ses oreilles, il arpenta désormais la scène politique allemande, et au-delà, avec une assurance que seul peut procurer un grand succès incontesté. Tout semblait possible. L'optimisme était dans l'air. Celui de Kohl ne fut jamais plus fort. Et l'Allemagne avait acquis une importance centrale dans la nouvelle Europe.

Son éducation dans le Land de Rhénanie-Palatinat, géographiquement proche de la France – longtemps ennemie jurée de l'Allemagne –, son expérience, enfant, des horreurs de la guerre et la reconnaissance lucide de ce que son pays avait détruit en Europe sont autant d'éléments qui nourrirent sa foi ardente dans l'intégration européenne. Jadis destructrice, la nouvelle Allemagne, aux yeux de Kohl, ne devait pas laisser passer la chance de mener la campagne pour l'unité européenne. Pour lui, construire la nouvelle Europe était d'autant plus une mission que la politique intérieure, après l'unification, devint moins palpitante, moins spectaculaire, plus querelleuse et plus chargée de difficultés qu'on aurait pu l'imaginer dans l'euphorie d'octobre 1990.

Jacques Delors, le président de la Commission européenne, avait insufflé une nouvelle vie à la Communauté européenne dès avant la chute du mur de Berlin. Pour lui, le Marché unique (finalement entré en vigueur en 1993) devait servir de tremplin à l'union politique. Cela devait pouvoir se faire en une dizaine d'années. Au début des années 1990 s'était présentée une occasion unique et imprévue de former une « union plus étroite » que jamais. L'unification allemande, l'effondrement de l'Union soviétique et la fin de la guerre froide donnèrent un formidable élan à la marche vers l'intégration européenne. Kohl fut en pointe.

Quand les dirigeants de la Communauté européenne se réunirent à Maastricht en décembre 1991 pour esquisser le projet de la nouvelle Union européenne, la vision de Kohl pour l'Europe avait déjà pris forme. Elle était optimiste et ambitieuse. Le chancelier croyait ardemment à l'union politique européenne et jugeait favorables les perspectives d'y parvenir. Pour lui, l'union politique signifiait la création d'un État fédéral européen, plus ou moins sur le modèle de la République fédérale d'Allemagne : « Jamais dans ma vie je n'ai été à ce point motivé par un but précis », déclara-t-il aux dirigeants de son parti au printemps 1991. « Mon premier but, après l'unité allemande, est de promouvoir la construction des États-Unis d'Europe. » Ce devait être essentiellement un projet ouest-européen. Il était ouvert à un élargissement ultérieur aux États d'Europe de l'Est, mais pas avant très longtemps. Il imaginait que la structure sous-jacente de l'État fédéral européen serait en place dès 1994. Ce devait être une transformation irréversible[42].

L'union politique devait découler de l'union monétaire. Sans union politique, déclara Kohl au Bundestag en 1991, l'union monétaire ne serait pas viable à long terme[43]. Et celle-ci devait se construire aux conditions allemandes : discipline budgétaire, priver les banques nationales de la responsabilité de renflouer les États imprudents dans leurs dépenses et création d'une Banque centrale européenne indépendante chargée de superviser la politique monétaire et la stabilité des prix. De fait, le projet de Banque centrale européenne prit la Bundesbank pour modèle[44]. Cependant, la marche vers l'union monétaire – dont on parlait par intermittence depuis des années – fut loin d'être directe. Devait-elle effectivement précéder l'union politique ? Ou au contraire la suivre, comme le soutenait entre autres le président de la Bundesbank[45] ? Pour ce qui est de l'union politique, Kohl ne tarda pas à comprendre que négocier l'unification allemande était simple en comparaison de cet objectif.

Accomplir l'union politique en Europe se révéla bientôt irréalisable. Elle n'était qu'une utopie, voire, pour certains, une dystopie. Il aurait fallu que les États-nations conservent certains pouvoirs (comme, par exemple, la Bavière et la Saxe en République fédérale) mais transfèrent une bonne partie de leur souveraineté et nombre de leurs pouvoirs essentiels, notamment la politique étrangère et la défense, à un gouvernement central européen. Il n'est pas certain que la Cour constitutionnelle allemande l'eût accepté[46]. En fait, ses rencontres avec d'autres dirigeants européens, à commencer par le personnage clé qu'était François Mitterrand, dont le soutien plein et entier était nécessaire pour que le projet prît forme, firent comprendre à Kohl que l'union politique n'était qu'une chimère. Attendre de la France, *a fortiori* de la Grande-Bretagne, qu'elle transmît des pouvoirs significatifs en matière de politique étrangère et de défense à un gouvernement européen, sans aller plus loin, était en soi voué à l'échec. La plupart, sinon la totalité, des États membres ne manqueraient probablement pas d'élever de fortes objections aux modalités pratiques d'une union politique très certainement dominée par l'Allemagne. S'il ne fut pas officiellement abandonné, le but de l'union politique ne devint en pratique qu'un outil rhétorique[47]. Il y eut une conséquence évidente. L'union monétaire ne précéderait ni ne suivrait l'union politique : elle devrait en être un substitut.

Au niveau européen, les pouvoirs de Kohl avaient donc des limites évidentes dès lors qu'ils se heurtaient aux intérêts des autres États européens. Où il put composer avec ces intérêts, non travailler contre eux, ses résultats dans les délibérations de Maastricht furent loin d'être négligeables. En l'occurrence, cependant, l'acteur clé fut Mitterrand. Mais le président français et, plus encore, la Première ministre britannique, Margaret Thatcher, s'étaient vivement inquiétés des implications de l'unification allemande pour la paix et la sécurité en Europe. Une réaction alarmiste, mais historiquement compréhensible. À l'époque de la conférence de Maastricht, Mme Thatcher avait quitté le pouvoir. Mitterrand était encore là, et dans une position charnière. Pour le président français, dont le pays avait été envahi trois fois par son voisin d'outre-Rhin entre 1870 et 1940, lier étroitement l'Allemagne à la nouvelle Europe avait une valeur axiomatique. Cela entrait pour beaucoup dans l'intérêt français sous-jacent pour l'union monétaire ; dans une direction différente, cela servait aussi Kohl dans la poursuite de son objectif. À Maastricht, l'accord pour introduire une monnaie commune, d'abord sans nom mais bientôt baptisée euro, fut le fruit de cette rencontre des intérêts français et allemands. Kohl se félicita que les dispositions structurelles pour la nouvelle monnaie portent la marque de son pays.

Signé en février 1992, le traité de Maastricht inscrivit indéniablement la question de l'intégration européenne sur un nouveau plan, tout en restant en deçà de ce que Kohl avait voulu. Et le rejet de l'union monétaire au Danemark et en Grande-Bretagne (avec les autres exemptions de diverses clauses du traité) mais aussi l'accueil froid que reçut le traité dans un certain nombre d'autres pays, dont la France, montrèrent combien l'Europe était loin de l'union politique que Kohl avait envisagée.

Le déclin du pouvoir

Le pouvoir et l'influence d'Helmut Kohl furent à leur apogée de 1989 à 1992, entre l'ouverture du mur de Berlin et la signature du traité de Maastricht. Bien entendu, en tant que « chancelier de l'Unité » triomphant, son prestige international était au plus haut. Sur la scène intérieure, sa domination était incontestée au sein de son parti. Néanmoins, sa popularité ne tarda pas à décliner pour diverses raisons : notamment, le coût élevé de l'unification pour l'économie allemande et la décision de remplacer l'iconique mark allemand – symbole de la prospérité et de la stabilité de l'après-guerre – par une monnaie européenne commune.

Au début des années 1990, la promesse de Kohl aux Allemands de l'Est – que l'unification leur apporterait des « paysages florissants » – sonnait fâcheusement creux. À court terme, tout au moins, le prix économique de l'unification fut très lourd pour eux. En fait, dans l'Allemagne entière, l'économie souffrit le plus clair des années 1990. L'État s'endetta, le chômage augmenta, la croissance chuta, les exportations déclinèrent tandis que l'économie avait du mal à rester compétitive du fait du coût élevé du travail et de la protection sociale. Bien entendu, le plaisir et la fierté de l'unification demeuraient, même si on se plaignait de son coût jusque dans les parties les plus prospères de l'ancienne Allemagne de l'Ouest. Et l'objectif d'une intégration européenne plus étroite bénéficiait d'un très large soutien. Si cher au cœur de Kohl, cependant, ce thème était rarement dominant dans l'opinion publique allemande des années 1990 – en dehors de la forte objection naissante au sacrifice du cher deutschemark sur l'autel de l'union monétaire européenne. Également affectée par la discorde et les querelles au sein de la coalition avec le FDP – surtout après la démission, en 1992, de son chef et très estimé ministre des Affaires étrangères, Hans-Dietrich Genscher –, la popularité de Kohl déclina fortement, plus à l'Ouest qu'à l'Est. Les élections de 1994 approchant, un tiers seulement de l'électorat désirait le voir rester à la chancellerie[48]. L'Union chrétienne, qui s'était languie dans le marasme, n'en gagna pas moins les élections.

Il ne faut pas sous-estimer la contribution personnelle de Kohl à une réussite qui, à peine quelques mois plus tôt, avait paru improbable. Il motiva son parti et, dans une campagne largement centrée sur son leadership, respira la confiance et l'optimisme. Lui-même fit inlassablement campagne, prononçant plus d'une centaine de discours, souvent en plein air devant des foules de plus de dix mille personnes, mais qui ne lui réservaient plus un accueil aussi extatique que quatre ans auparavant[49]. Sa stature internationale et, contrairement à ses jeunes années, sa maîtrise de la télévision étaient deux avantages, surtout face à la personnalité incolore du principal leader de l'opposition, le SPD Rudolf Scharping. Kohl bénéficia aussi de facteurs étrangers à son équation personnelle. Le premier est que le SPD était divisé et sa direction, faible. Son aile gauche permit à Kohl de le dénigrer en l'associant cyniquement et efficacement au marxisme. Il accusa le SPD de vouloir accéder au pouvoir avec les communistes – le Parti du socialisme démocratique (PDS), successeur de l'ancien Parti communiste de RDA : reprenant une formule de Kurt Schumacher, le premier chef du SPD après la guerre, il les taxa absurdement de « fascistes peints en rouge » (*rot lackierte Faschisten*)[50]. Le second facteur est qu'une reprise économique s'amorça quelques mois avant l'élection, permettant à Kohl de soutenir – pas simplement devant les électeurs est-allemands – qu'il avait toujours suivi la bonne politique.

Le rebond économique fut de courte durée. Mais le regain d'optimisme dans le pays se produisit au moment idéal pour Kohl. À l'issue du scrutin, il resta chancelier. Malgré tout, l'élection n'avait pas été un succès sans mélange. Les voix se portant sur les partis de l'Union avaient baissé de 2,4 % ; le FDP, partenaire de la coalition, avait reculé d'un peu plus de 4 %, tandis que le SPD et les Verts progressaient légèrement. La coalition n'en disposa pas moins d'une courte majorité au Parlement fédéral. Une nouvelle victoire pour Kohl, mais ce devait être son dernier triomphe électoral.

En 1998, lors des élections générales suivantes, les problèmes économiques étaient de nouveau une grosse préoccupation. Visiblement, le gouvernement Kohl s'essoufflait, mais la campagne lui redonna un peu d'allant. Il sillonna le pays, s'exprimant devant d'immenses rassemblements. Il calcula qu'à la fin de la campagne un demi-million d'électeurs avaient suivi ses meetings[51]. S'il rencontrait toujours le même succès auprès des fidèles de son parti, il n'était plus capable de convaincre les hésitants et les indécis. Sa personnalité ne pouvait plus compenser la nouvelle récession économique et les perspectives assombries. Face aux problèmes économiques structurels, sa magie électorale d'antan n'opérait plus. Il ne pouvait combattre le sentiment indéfinissable qu'il était temps de changer après une si longue période de gouvernement CDU. De surcroît, en 1998, il se retrouva face à un redoutable prétendant à la chancellerie, bien plus jeune, dynamique et télégénique : Gerhard Schröder. Beaucoup voyaient en lui le visage du futur : un homme capable – comme Blair en Grande-Bretagne, dont il s'inspirait – de maîtriser les problèmes économiques et de conduire l'Allemagne dans le nouveau millénaire qui approchait rapidement. Au début de la campagne, les sondages indiquaient que deux fois plus d'électeurs préféraient voir Schröder, plutôt que Kohl, à la chancellerie[52].

En 1994, Kohl avait eu la chance de bénéficier de la récente reprise (en fait, éphémère) de l'économie. À la fin des années 1990, cependant, l'Allemagne, traditionnel moteur économique de l'Europe, était peu compétitive, avec des coûts du travail et de protection sociale élevés mais aussi le fardeau financier persistant de l'unification. Le niveau du chômage – officiellement plus de 4 millions en 1996, en réalité plus élevé – était le signe le plus inquiétant des problèmes économiques ; il fut aussi un thème central de la campagne. Kohl n'avait pas de grand programme concret à proposer. L'état des finances nationales imposait de donner la priorité au rééquilibrage du budget par une baisse des dépenses, y compris une réduction politiquement risquée des prestations sociales. En 1996, la baisse des prestations maladie avait été suivie d'une inflexion dans la popularité de Kohl. L'introduction annoncée de l'euro ajouta à ses épreuves. Seuls 21 % des Allemands y étaient favorables, contre 52 % hostiles[53]. Sa popularité chuta, surtout à l'Est. Dans ses meetings électoraux, les huées remplaçaient la liesse d'autrefois.

Beaucoup reprochaient personnellement à Kohl le malaise économique et son manque d'énergie et de vision pour en sortir. Paradoxalement, aidés par les sommes énormes déversées à l'Est au cours des huit dernières années, les anciens citoyens de la RDA voyaient enfin leur vie commencer à s'améliorer substantiellement. Les chantiers étaient le signe d'investissements d'un montant impressionnant. Naturellement subsistaient de gros problèmes. Le chômage était beaucoup plus élevé qu'en Allemagne occidentale, le niveau de vie généralement inférieur. Le sentiment persistait que l'Ouest plus opulent négligeait l'Est. Kohl ne put rien faire pour changer cette mentalité ni, en fait, persuader une majorité d'électeurs, à l'Ouest, qu'il était capable de relancer l'économie et de garantir des niveaux de vie supérieurs.

L'élection fut un désastre pour Kohl. L'Union chrétienne ne recueillit que 35 % des voix. Les 41 % du SPD (à la tête d'une coalition avec les Verts) firent de Schröder le nouveau chancelier. Kohl paya naturellement les pots cassés. Non sans raison, on le jugea personnellement responsable de la défaite. Il était devenu plus fermé aux conseils, excessivement confiant dans ses capacités, prétendait-on. Sa volonté de rester au pouvoir après seize ans à la chancellerie et son refus de laisser la place à un successeur quand sa popularité était bien moindre que celle de Wolfgang Schäuble, longtemps considéré comme son dauphin préféré, apparaissaient comme une grave erreur. Comme tant d'autres dirigeants demeurés longtemps au pouvoir, il avait rechigné à l'abandonner. Et il s'était incrusté. Le verdict était clair : l'ère Kohl était terminée.

Son départ, après avoir dominé de si longues années la scène politique allemande, donna lieu à une cérémonie impressionnante et émouvante, suivie par des millions de téléspectateurs, devant la cathédrale de Spire inondée de lumière – bâtiment splendide qui symbolisait la riche histoire du Palatinat et où, jadis, avaient été inhumés les empereurs Hohenstaufen. Ce fut la fin d'une carrière qui l'avait conduit de débuts modestes à un triomphe inimaginable.

Héritage

Helmut Kohl contribua amplement au changement fondamental et durable de l'Allemagne et de l'Europe. C'est un bel héritage. Bien entendu, il était chef du gouvernement quand des événements spectaculaires qu'il n'avait ni organisés ni prévus lui donnèrent l'occasion d'apporter une contribution personnelle unique à la transformation historique. Mais qu'il l'ait saisie fait de lui un acteur important de l'histoire. L'Allemagne et l'Europe actuelles sont largement son œuvre.

La « République de Berlin » – ainsi qu'on devait appeler le système politique allemand une fois achevé le déplacement du gouvernement, initié par Kohl un an avant son départ, de Bonn vers la nouvelle capitale fédérale – est en soi un monument durable. Il avait prévu qu'une Allemagne unifiée, économiquement solide – l'État le plus grand et le plus peuplé –, forte de sa situation géographique au cœur du continent européen redeviendrait, avec des objectifs certes pacifiques et internationalistes, la force dominante en Europe, tournée vers l'Ouest aussi bien que vers l'Est. Petite ville du Rhin qui avait si bien servi le régime modeste de l'Allemagne de l'Ouest pendant de longues décennies, Bonn n'était plus une capitale à la mesure du rôle central de l'Allemagne unie en Europe.

Dans ce contexte européen élargi, le principal héritage de Kohl reste l'euro, inauguré juste avant son départ. Avec François

Mitterrand, il en fut le grand architecte. Ce faisant, il avait atteint un de ses objectifs premiers : veiller à ce que l'avenir de l'Allemagne soit lié à sa place dans une Europe plus intégrée. Les fondations de l'Europe étaient si solides, déclara-t-il dans une longue interview accordée à la presse un an après avoir quitté le pouvoir, qu'on ne pourrait les changer fondamentalement. Comment pouvait-il en être sûr ? « L'introduction de l'euro, avec toutes ses conséquences pour l'avenir de l'Europe », répondit-il. « Avec cela, l'Europe a franchi le Rubicon. […] Il était crucial pour moi que nous réalisions l'introduction de l'euro – et je suis convaincu que cela n'aurait pas été possible sans moi à la chancellerie de la République fédérale d'Allemagne[54]. » Était-ce une exagération ? Une monnaie unique de l'Union européenne – de longue date présente à l'esprit des tenants de l'intégration – aurait sans doute vu le jour à un moment ou à un autre. Mais Kohl avait sans doute raison de soutenir que, sans ses liens étroits avec Mitterrand, l'accord sur l'euro n'aurait très certainement pas été trouvé à Maastricht. Quoi qu'il ait pu se passer par la suite, ce fut un tournant pour l'Europe.

La tragédie – politique et personnelle – enveloppa les dernières années d'Helmut Kohl après son départ, jusqu'à sa mort en 2017. Sa réputation souffrit terriblement, surtout en Allemagne, quand il fut impliqué dans un gros scandale de dons en 1999, et refusa obstinément de livrer le nom de ceux qui avaient financé illégalement son parti. (Depuis 1991, un donateur inconnu avait secrètement versé des millions de marks à la CDU, sans qu'on ait pu établir que Kohl en ait personnellement bénéficié. Malgré tout, l'enquête criminelle ne s'arrêta qu'en 2001, quand Kohl consentit à payer trois cent mille marks, pour moitié à l'État et pour moitié à des organisations caritatives.) En 2000, la CDU, qu'il avait dirigée un quart de siècle, révoqua le titre de président honoraire qu'elle lui avait décerné à son départ[55]. Que certains anciens membres de son entourage et piliers de sa base de pouvoir aient approuvé cette décision lui apparut comme une forme d'impardonnable déloyauté. Il rompit avec nombre des anciens fidèles, dont Wolfgang Schäuble et Angela Merkel. Ses Mémoires reflètent la conviction qu'on avait injustement sali sa réputation et que ses grandes réalisations historiques n'avaient pas été reconnues comme elles le méritaient[56]. Il avait unifié l'Allemagne, mais avait le sentiment que le pays ne lui était pas assez reconnaissant. Il vivait mal d'être rejeté, jusque dans son parti, quand les hommages pleuvaient de la part des dirigeants étrangers.

S'y ajouta une tragédie personnelle. Sa femme, Hannelore, se suicida en 2001, à l'âge de soixante-huit ans. Le scandale du financement avait aggravé sa dépression chronique, et elle souffrait de plus en plus d'une allergie à la lumière douloureuse et invalidante que les médecins étaient incapables de soigner[57]. Lors de son enterrement, Helmut apparut comme un homme brisé. Près de sept ans plus tard, en février 2008, une mauvaise chute à son domicile le laissa partiellement paralysé, condamné au fauteuil roulant, avec des dommages cérébraux et des troubles de la parole. Au cours de son hospitalisation, à la stupeur générale, il se remaria, avec Maike Richter, qui avait travaillé à la chancellerie et était de trente-quatre ans sa cadette. Elle édifia autour de l'ancien chancelier un mur protecteur si hermétique qu'il excluait pratiquement tout le monde : pas seulement les journalistes trop curieux, mais aussi la quasi-totalité des anciens membres de son cercle politique, ses amis et même, à leur grand chagrin, ses deux fils[58]. La vie politique avait totalement consumé Helmut Kohl. À la fin, elle dévora sa propre famille.

Conclusion

Artisans de l'histoire – en leur temps

Ce livre se proposait d'étudier comment douze chefs d'État et de gouvernement européens d'origines diverses et de systèmes politiques différents ont pu conquérir et exercer le pouvoir, et dans quelle mesure ce pouvoir a transformé l'Europe au XXe siècle. Si ces individus ont bel et bien fait l'histoire, c'est, à chaque fois, parce que le leader a été le produit d'un ensemble de circonstances unique qui a rendu possibles l'acquisition et l'exercice spécifiques du pouvoir. Hors du contexte particulier, on peut suggérer (même si la nature des choses exclut toute certitude) qu'ils n'auraient pas laissé de marque spéciale sur l'histoire. Leur aptitude à exploiter avec tant de réussite des conditions qu'ils n'avaient guère, voire aucunement, contribué à créer les a fait sortir du lot et les a rendus capables de présider à des changements fondamentaux (parfois très destructeurs). Je voulais donc évaluer le rôle de la personnalité dans le changement historique en observant non seulement les actions personnelles du leader, mais aussi les conditions *impersonnelles*, *structurelles*, qui rendirent possible l'impact de l'individu.

Certains de ces dirigeants étaient des dictateurs, d'autres des démocrates. Avaient-ils quoi que ce soit en commun, si ce n'est d'avoir exercé le pouvoir dans leurs pays respectifs ? Les dictateurs échappent-ils autant aux contraintes qu'il le paraît, et en ce cas comment accèdent-ils à cette position ? Les démocrates sont-ils aussi limités dans leur pouvoir que l'impliquent les dispositifs constitutionnels ? Sinon, quand et comment la personnalité et les circonstances l'emportent-elles sur les restrictions théoriques à l'exercice du pouvoir ? L'introduction a exposé la nature du problème, et j'y ai esquissé un certain nombre de propositions ou d'hypothèses sur l'interaction des conditions structurelles et du pouvoir individuel. Dans cette conclusion, je cherche à voir à quel point les études de cas présentées ici cadrent avec ces généralisations.

Comme je l'ai indiqué dans l'introduction, Karl Marx recourut à la notion d'« équilibre des classes » pour conceptualiser les conditions préalables qui permirent à Louis Bonaparte, qu'il tenait pour un néant, d'exercer le pouvoir en France au milieu du XIXe siècle. Il entendait par là que, quand ni la classe révolutionnaire ni la classe dirigeante n'était assez forte pour l'emporter, l'espace s'ouvrait à un « outsider » totalement dénué de qualités personnelles pour s'emparer du pouvoir de l'État. Cette notion est cependant de peu d'utilité dans les études de cas ci-dessus, à l'exception peut-être de l'Espagne des années 1930.

Il n'y avait pas d'équilibre des classes à la prise du pouvoir des dirigeants communistes (Lénine, Staline, Tito). Ici, la classe dirigeante avait déjà été détruite (même s'il fallut une guerre civile féroce sous Lénine pour achever sa destruction en Russie). De toute évidence, cette notion n'est pas non plus pertinente dans le cas de Gorbatchev. Officiellement, les distinctions de classe n'existaient pas dans la « dictature du prolétariat ». En réalité, une couche d'apparatchiks, à qui leur service de l'État et du parti conférait des privilèges et des avantages matériels, se distinguait de l'immense majorité de la population, sous Gorbatchev comme pendant toute la durée du système soviétique. Mais ce n'était pas un « équilibre des classes ».

Ce ne fut pas non plus une condition préalable du pouvoir pour Mussolini et Hitler. Le pouvoir politique de la classe ouvrière avait été radicalement affaibli dès avant leur prise du pouvoir. Les dictateurs nouvellement installés achevèrent la destruction par une répression sauvage. Dans le cas de Franco, la prise du pouvoir se fit à l'issue d'une guerre civile horrifiante qui laissa la classe ouvrière entièrement à la merci du dictateur et de la classe dirigeante espagnole victorieuse. Les leaders démocrates

(Churchill, de Gaulle, Adenauer, Thatcher et Kohl) bénéficièrent diversement de la structure du pouvoir politique et social dominante sans qu'on puisse parler d'« équilibre des classes ». Bien entendu, de Gaulle et Adenauer arrivèrent au pouvoir après que la guerre eut détruit les systèmes politiques existants, mais les structures sociales traditionnelles sous-jacentes n'avaient été que partiellement détruites avec eux.

Pour avoir récemment vu comment, subitement, la pandémie du coronavirus a pu bouleverser les sociétés à travers le monde, nous n'avons pas vraiment besoin qu'on nous rappelle l'importance des déterminants impersonnels du changement historique (même si le rôle du leadership individuel, comme celui de Trump ou du président brésilien Jair Bolsonaro, pourrait aggraver sensiblement ses effets nuisibles). Le XXe siècle, où le rôle de fortes personnalités paraît si grand, a été aussi fondamentalement façonné par des schémas de changement cruciaux, parfois cachés, sous le drame apparent des grands événements politiques. La population européenne a continué d'augmenter, par exemple, tout au long du siècle malgré le déclin des taux de natalité et les très lourdes pertes dues à la guerre, la maladie, la famine et le génocide. La baisse des taux de mortalité (tendance qui remonte à la seconde moitié du XIXe siècle), en partie du fait des progrès stupéfiants de la médecine, en a été la principale raison. L'industrialisation et l'urbanisation ont eu des conséquences majeures pour le gagne-pain de millions et de millions de gens, mais les tendances ont continué inexorablement malgré les efforts de certains responsables politiques pour les promouvoir ou au contraire les freiner. Dans la seconde moitié du siècle, alors que la croissance urbaine se poursuivait, la désindustrialisation (avec son lot de changements politiques et sociaux profonds) s'est produite indépendamment de la nature du leadership politique – même si, comme en témoigne la Grande-Bretagne sous Thatcher, celui-ci a affecté la façon dont elle s'est opérée.

Les deux guerres mondiales ont été le principal moteur du changement d'époque. La complexité, tant personnelle qu'impersonnelle, de leurs causes et de leur conduite est évidente. Si la Première Guerre mondiale défie tous les efforts pour en imputer la responsabilité à un seul personnage, les origines de la seconde paraissent plus claires. Toutefois, si important que fût son rôle, Hitler est loin d'avoir été l'unique cause, y compris de la guerre européenne qui ne devint réellement mondiale qu'en décembre 1941 avec l'entrée du Japon et des États-Unis dans le conflit. De même, l'issue des deux guerres mondiales n'est pas entièrement imputable à des agents humains. Si les actions des chefs de guerre ont évidemment ouvert la voie au succès ou à l'échec militaire, la victoire dépendait largement de forces échappant à leur contrôle individuel : puissance économique, géographie, relations internationales, échelle de la production d'armements et capacité d'entretenir d'immenses forces armées bien plus longtemps que l'ennemi ne le pouvait.

Les deux guerres ne furent pas seulement source de destructions immenses. Elles stimulèrent l'innovation technologique (dont le moteur à réaction, la technologie spatiale et la fission nucléaire) et les progrès médicaux (par exemple, les techniques de la chirurgie reconstructrice). Elles détruisirent des monarchies et des empires, donnèrent naissance au communisme et au nationalisme extrême, mais mobilisèrent aussi des mouvements démocratiques. La fin de la Seconde Guerre mondiale libéra une croissance économique sans précédent, marqua la naissance de l'État-providence, stimula des niveaux de prospérité inédits et aboutit à une paix durable en Europe. D'autres grandes tendances séculaires – par exemple, l'influence déclinante des Églises chrétiennes, la demande d'égalité des femmes, l'insistance sur les droits de l'homme, l'impact des migrations de masse, l'essor de l'informatique et, de plus en plus, les effets du changement climatique – ont été décisives dans l'histoire de l'Europe au XXe siècle, mais n'ont été au mieux que partiellement affectées par le rôle des dirigeants politiques.

Malgré tout, sans l'impact des dirigeants étudiés dans ce livre (et d'autres), la vie de millions d'Européens au XXe siècle aurait été profondément différente. Loin d'avoir été purement accessoire dans le cours de l'histoire, le leadership en fut une composante clé. Ce sont d'abord des forces impersonnelles échappant à tout contrôle individuel qui rendirent possible l'impact de ces dirigeants. Leur personnalité put alors jouer un rôle majeur.

La guerre fut le facilitateur le plus important. Sans la Première Guerre mondiale, les chances de Lénine (et de son successeur, Staline), de Mussolini et de Hitler de prendre les rênes de leurs États eussent été quasi nulles. Sans la Seconde Guerre mondiale, il est très peu probable que Churchill, de Gaulle ou Tito auraient accédé au pouvoir. La guerre et son lot de dévastations furent la cause la plus évidente de la crise extrême qui donna naissance au type de dirigeant pouvant le mieux incarner la demande d'une solution forte à la crise ou offrir un espoir de salut national. La guerre créa aussi la part de chance qui a eu parfois des conséquences fatidiques extraordinaires. Comment Lénine aurait-il pu accéder au pouvoir en 1917 si l'armée allemande n'avait pas été disposée à le laisser rentrer en Russie ?

Dans des circonstances données, la personnalité a pu évidemment se révéler décisive. Les individus étudiés dans ces pages n'étaient pas interchangeables. Une autre personnalité aurait produit une histoire – parfois radicalement – différente. Peut-être est-ce patent dans le cas des dictateurs. Le leadership de Hitler a rendu l'Holocauste possible. S'il n'avait pas été à la tête de l'État allemand, l'anéantissement physique des Juifs d'Europe n'aurait probablement pas eu lieu. Le rôle essentiel de la personnalité ne vaut pas moins pour les leaders démocratiques. La nomination de Churchill – au grand dam de l'establishment politique – et non de Halifax (choix préféré de beaucoup) au poste de Premier ministre en mai 1940 changea l'histoire, et pas simplement en Grande-Bretagne. En 1949, l'élection de justesse d'Adenauer à la chancellerie en Allemagne de l'Ouest a eu des répercussions majeures pour l'Europe, comme pour son pays, dans la guerre froide. Dans les années 1980, l'impact qu'a eu Thatcher sur la Grande-Bretagne, l'Europe ou le monde n'aurait pas été le même avec un autre Premier ministre. Et il est à peine imaginable qu'un autre que Gorbatchev aurait pu initier et poursuivre la politique qui aboutit à l'effondrement de l'Union soviétique et à la fin de la guerre froide. Helmut Kohl se distingue des autres personnages étudiés à au moins deux égards. Son accession à la chancellerie en RFA ne fut pas le produit d'une grande crise. Et, avant que les circonstances extérieures n'affectent le cours de son mandat, en 1989, sa personnalité n'avait qu'une dimension nationale. Or, on l'a vu, dans les conditions extraordinaires qui prévalurent en Allemagne et en Europe à la suite de la chute du mur de Berlin, Kohl joua un rôle capital sur la scène internationale. Notamment par ses manières affables, il sut établir des rapports personnels et gagner la confiance et l'affection des chefs des superpuissances et en Europe (à l'exception de Mme Thatcher). Ils avaient le sentiment de pouvoir compter sur lui, en particulier sur son attachement au rôle clé de l'Allemagne dans une Europe pacifique. De ce point de vue, sa personnalité fut aussi un facteur crucial.

Existe-t-il des éléments communs aux douze individus qui ont fait l'histoire examinés dans ce livre ? Peu de traits personnels unissent ces figures si disparates. Leurs origines sociales étaient très différentes, comme l'était leur enfance. Mieux vaut résister à la tentation de rechercher des explications psychologiques ou des racines dans le passé et l'histoire familiale. Outre que ces individus ne se sont jamais allongés sur le divan d'un psychanalyste pour permettre d'établir un diagnostic averti et que les hypothèses, après plusieurs décennies, ne sauraient être plus que des conjectures, réduire les évolutions profondément complexes qui accompagnent et façonnent les actions d'un dirigeant à une seule expérience de vie supposée déterminante serait court-circuiter toute explication du changement historique digne de ce nom.

Un certain nombre de traits de caractère semblables sont peut-être pourtant discernables. Chacun des dirigeants étudiés a fait montre d'un degré de résolution hors du commun, avant et après son accession au pouvoir. Chacun a fait preuve d'une opiniâtreté et d'une force de caractère extraordinaires pour surmonter les épreuves et les revers, d'une volonté implacable de réussir et d'un degré d'égocentrisme exigeant une loyauté extrême et subordonnant tout et tout le monde à la réalisation des objectifs visés. Tous étaient des individus « déterminés ». Ils avaient le sentiment – certains le dirent – d'avoir reçu pour mission d'accomplir une « destinée ». Peu de gens ont des sentiments de ce genre. Chacun, à des degrés très divers, était instinctivement autoritaire, prêt et résolu à commander. Cela allait souvent de pair avec des manifestations intimidantes d'intolérance et de colère.

Bien entendu, les régimes dictatoriaux offraient un large champ au despotisme : aucun ne fut aussi tyrannique que Staline, mais Hitler, Mussolini, Franco et Tito furent aussi des autocrates à un degré extrême. Les dirigeants démocratiques devaient refréner leurs penchants autoritaires et opérer davantage par la persuasion, même si de Gaulle (si tant est qu'on puisse réellement le qualifier de démocrate) se conduisit de façon impérieuse, qu'Adenauer se comporta parfois en autocrate, et que Thatcher se montra souvent dédaigneuse envers ses opposants (et certains de ses proches collègues). Churchill était habituellement courtois même si, sous l'effet du stress, il pouvait être fâcheusement cassant avec ses collègues et subordonnés. Même les dirigeants démocratiques ont leur part de cruauté. Chez les dictateurs, c'est une qualification pour la tâche. Démocratiques ou dictatoriaux, les leaders devaient être aussi capables d'inspirer et de motiver leur entourage. Ils excellaient à faire passer un nombre limité d'idées faciles à comprendre dans une langue qui captait des attitudes, aspirations et préjugés largement partagés. Inutile enfin de souligner que chacun des dirigeants étudiés ici avait un goût prononcé pour le pouvoir et, une fois celui-ci acquis, se montra extrêmement réticent à l'abandonner.

Dans d'autres contextes que ceux où ils jouèrent un rôle aussi important, ces traits personnels auraient été pourtant inefficaces. Lénine serait probablement resté un théoricien en exil plutôt qu'un praticien de la révolution si la Russie n'avait pas vacillé sous l'effet désastreux de la Première Guerre mondiale. On n'aurait jamais entendu parler de Hitler sans l'effet calamiteux de la guerre sur l'Allemagne. Franco serait demeuré un chef militaire de premier plan si la guerre civile espagnole ne l'avait poussé à assumer un leadership politique. Sans l'invasion allemande, de Gaulle aurait probablement poursuivi une carrière de haut gradé dans l'armée, inconnu du grand public comme tant d'autres. Sans la guerre, Churchill ne serait sans doute pas sorti du désert politique, comme il disait. Thatcher et Kohl, en revanche, s'élevèrent par les circuits traditionnels de la politique des partis dans les démocraties libérales occidentales. Théoriquement, tous deux auraient pu devenir chefs de gouvernement dans d'autres circonstances. Toutefois, la crise du gouvernement et de l'économie en Grande-Bretagne permit à Thatcher de se hisser au premier plan quand son sexe et sa classe sociale auraient pu être des obstacles insurmontables. De tous les dirigeants examinés, Kohl est probablement celui qui se serait sans doute hissé au sommet du mât glissant vers le pouvoir à la faveur d'une victoire électorale normale. En fin de compte, cependant, la crise joua aussi son rôle. Le sentiment répandu que le gouvernement de coalition de longue date en place n'était pas capable de maîtriser les problèmes économiques structurels révélés par la crise pétrolière de 1979 fut également pour lui un élément décisif. Autrement dit, dans le cas de Thatcher et de Kohl aussi, le type de leader fut le produit de conditions particulières.

Il est temps maintenant d'examiner l'applicabilité des sept propositions générales sur le leadership personnel esquissées dans l'introduction.

Le champ de l'impact individuel est plus grand pendant ou immédiatement après de vastes bouleversements politiques, lorsque les structures du pouvoir s'effondrent ou sont détruites.

C'est largement synonyme des conditions dans lesquelles le pouvoir dictatorial, avec peu de contraintes, peut opérer. Malgré tout, quelques réserves s'imposent. Les bouleversements massifs intervenus en Russie à la suite de la destruction révolutionnaire du régime tsariste assurèrent la base du pouvoir de Lénine. Mais, si forte que fût son autorité personnelle, lui-même n'échappait pas à toute contrainte. Dans ses rapports avec ses subordonnés du Parti bolchevique, il dut opérer par la persuasion et la force de ses arguments. Le pouvoir despotique de Staline n'émergea que progressivement du maelstrom des bouleversements révolutionnaires accompagnés des luttes de factions qui suivirent la mort de Lénine. Son contrôle de l'appareil du parti lui permit de dominer les structures gouvernementales bolcheviques – Congrès, Comité central, Politburo –, plus faibles qu'il ne le semblait. Leur érosion, avec l'amplification massive de la terreur, élimina toutes les contraintes enserrant son pouvoir personnalisé.

La liberté d'action de Mussolini resta limitée dans la période des plus grands bouleversements de l'immédiat après-guerre – les années de sa conquête du pouvoir. Elle ne s'accrut considérablement qu'une fois surmontée la crise interne du régime, dans les années 1924-1925. À la fin des années 1930, son champ d'action indépendante, en tout cas en matière de politique étrangère, se trouva contraint (même s'il ne le reconnut pas) par sa dépendance croissante envers l'Allemagne. Dans les années des plus grands troubles d'après guerre, Hitler avait échoué. Son ascension au pouvoir se fit une décennie plus tard. La crise générale et prolongée de l'État et de la société précédant la prise du pouvoir avait affaibli les partis d'opposition tout en lui permettant de construire un immense parti attaché à son chef. Même alors, si le président Hindenburg n'avait pas cédé aux pressions du cercle rapproché de ses conseillers, Hitler n'aurait pu devenir chancelier. Sitôt au pouvoir, cependant, il supprima les contraintes internes beaucoup plus rapidement que ne l'avait fait Mussolini. En éliminant la menace potentielle que représentait son aile paramilitaire dans le courant de l'été 1934 et en s'empressant de remplacer Hindenburg à la tête de l'État, Hitler assit son pouvoir absolu.

Le pouvoir démocratique bénéficie dans l'ensemble de la stabilité et de la continuité, non des bouleversements et des ruptures. Et surtout, il est soumis à des contraintes constitutionnelles. Même quand, comme dans le cas de De Gaulle et d'Adenauer, la démocratie surgit de bouleversements considérables, le pouvoir restait limité par la constitution, quels que fussent les penchants autoritaires du chef. En 1944, à la Libération, de Gaulle s'empressa de souligner l'illégitimité du régime de Vichy mais aussi la continuité légale de l'État français. Il s'aperçut bientôt, à son grand chagrin, que son aura de chef de guerre ne se traduisait pas en liberté d'action politique dans la démocratie reconstituée. La crise algérienne, qui lui valut d'être rappelé à la tête de l'État en 1958, lui donna de plus larges pouvoirs sous la nouvelle constitution de la Ve République mais, quoique largement libéré de la contrainte parlementaire, il resta lié par la constitution et loin d'être libre d'agir en dictateur.

L'accession d'Adenauer à la chancellerie suivit la destruction totale de l'État allemand en 1945. Cependant, la prémisse même de son acquisition du pouvoir était le retour à un gouvernement fondé sur l'État de droit. En tant que bourgmestre de Cologne avant la prise du pouvoir par les nazis, il avait été un acteur habile dans les contraintes de la démocratie. Il mit ses compétences au service de la chancellerie fédérale. La nécessité d'opérer collégialement, dans un système démocratique, freina ses indubitables tendances autoritaires. Il atteignit ses objectifs en alliant force de persuasion et manipulation habile de la machinerie des partis politiques. Dans ce cas, les immenses bouleversements et la destruction du régime existant aboutirent au renforcement des contraintes du pouvoir, non à leur élimination.

La quête résolue d'objectifs faciles à définir et l'intransigeance idéologique, accompagnée d'acuité tactique, permettent à une personne en particulier de se démarquer et de trouver des soutiens.

À l'exception d'Helmut Kohl, cette généralisation se rapporte à chacun des individus examinés ici, quoique surtout aux dictateurs. Kohl possédait certainement du flair tactique, mais, avant que s'offre à lui l'occasion de travailler à l'unification allemande dans l'automne 1989, il n'avait pas été un chancelier remarquable. Son cheminement, jusque-là, avait été assez conventionnel. Il avait obstinément cherché à se hisser au sommet de son parti, puis à devenir chancelier fédéral. Ses objectifs une fois au pouvoir étaient cependant limités ; ses ambitions, celles d'un leader démocratique conservateur classique dans la politique des partis. Il n'avait pas d'objectifs clairement identifiables et n'était en rien rigide idéologiquement. Dans son cas, la chance lui sourit, en en faisant un acteur majeur de la scène mondiale dans le dessein d'unir l'Allemagne. Les autres leaders démocratiques incarnaient plus nettement un seul objectif clair : la victoire dans la guerre et la préservation de la liberté (Churchill) ; la libération de la France (de Gaulle) ; la reconstruction de la démocratie en tissant des liens avec l'Ouest (Adenauer) ; et le renouveau de la « grandeur » britannique à travers la liberté du marché pour remplacer les « chaînes » économiques du « socialisme » (Thatcher).

Pour les dictateurs fascistes, les objectifs idéologiques clairs ne devinrent apparents qu'une fois le pouvoir conquis et consolidé. Mais ils ne furent pas nécessairement décisifs pour gagner le soutien des masses. Mussolini fut tactiquement habile, mais idéologiquement opportuniste. Sa marche vers le pouvoir reposa davantage sur la dissimulation idéologique que sur la clarté. Il joua avec succès sur les deux tableaux : révolutionnaire pour les radicaux paramilitaires et défenseur de l'ordre pour l'élite libérale et conservatrice. Les obsessions personnelles de Hitler – « élimination » des Juifs et conquête de l'« espace vital » – ne furent pas au centre de son ascension vers le pouvoir. Dans les années de son stupéfiant triomphe électoral, entre 1930 et 1933, sa rhétorique était moins centrée sur les Juifs qu'elle ne l'était une décennie auparavant, quand son aventure avait tourné au fiasco, tandis que l'acquisition de l'« espace vital » dans un avenir indéfini était sans rapport avec les préoccupations de la plupart des Allemands au beau milieu d'une crise politique et économique fulgurante. Dans cette crise générale, il promit à maintes reprises de balayer le système de gouvernement en place et de détruire les ennemis de l'intérieur. Il assortit ses diatribes de vagues notions concernant la future « communauté du peuple » et la reconstruction de la fierté et de la force nationales. Loin de l'aider, des objectifs idéologiques plus précis et clairs l'eussent desservi. Pour Mussolini comme pour Hitler, l'exécration absolue d'un système de gouvernement largement réputé en faillite, la peur attisée de la gauche révolutionnaire et la promesse d'une renaissance nationale pour créer une société entièrement nouvelle, forte et dynamique, importaient bien davantage que des objectifs clairs pour gagner le pouvoir. Cela façonna le climat dans lequel la personnalité du chef pourrait jouer un rôle décisif.

En Espagne, le conflit de classe âpre et violent au cours des cinq années précédant la guerre civile engendra de nombreux symptômes semblables de crise nationale. Franco ne bénéficiait pas d'une base de soutien massive avant la guerre civile, quand son sentiment personnel d'une croisade nationaliste pour écraser la gauche une fois pour toutes et restaurer la gloire de l'Église catholique ne le distinguait pas parmi ceux qui combattaient à ses côtés. L'adulation qu'il inspira après la guerre lui vint largement de son succès militaire, plutôt que de ses talents de démagogue. Une fois le pouvoir conquis, il n'eut pas d'objectifs idéologiques clairs au-delà du combat constant contre les ennemis supposés (de l'intérieur et de l'extérieur), la défense des idéaux nationalistes et son maintien au pouvoir.

Les dirigeants communistes – Lénine, Staline et Tito – devaient tous manifester publiquement leur révérence pour la doctrine de Karl Marx et de Friedrich Engels. Staline et Tito y ajoutèrent une obéissance rituelle à Lénine. Les préceptes idéologiques du marxisme-léninisme eurent cependant plus d'importance dans la formation et l'intégration de la cohorte essentielle des dirigeants du Parti bolchevique que pour attirer les masses. La construction d'une large base de soutien se fit non pas avant, mais *après* l'acquisition du pouvoir.

Les circonstances de la prise du pouvoir et de sa première phase de consolidation conditionnent fortement son exercice personnel et son ampleur.

Cette proposition vaut généralement pour les dictateurs. La consolidation du pouvoir dictatorial, communiste ou fasciste, s'accompagna d'abord d'une répression féroce des adversaires. Lénine exigea l'expansion de la terreur contre les ennemis des soviets au cours de la guerre civile. En tant que successeur de Lénine, sa victoire dans la bataille idéologique sur le développement de l'économie donna à Staline une plateforme pour construire la base imprenable de son pouvoir, qu'il élargit moyennant une terreur extrême visant toutes les sources de menace internes, réelles ou imaginaires.

Les premiers succès de Mussolini et de Hitler, notamment dans leur offensive contre la gauche, renforcèrent leur emprise sur le pouvoir. Mussolini n'assit pleinement sa domination personnelle qu'après avoir « dompté » les chefs provinciaux du parti au milieu des années 1920 (la monarchie continuant malgré tout de représenter un autre foyer de légitimité). Hitler acheva de conquérir un pouvoir personnel absolu dans le courant de l'été 1934 en éliminant le danger potentiel que représentaient ses turbulentes formations paramilitaires. Quant à la prise du pouvoir par Franco, elle fut celle du vainqueur de la guerre civile. De ce fait, nul ne pouvait défier sa suprématie. Il recourut implacablement à la terreur contre les ennemis de l'intérieur (surtout durant la guerre civile et les années suivantes). Toutefois, son autorité reposait largement sur sa capacité à manipuler les secteurs de l'élite dirigeante dont son leadership satisfaisait les intérêts. Il en va largement de même pour Tito, auquel ses exploits en temps de guerre permirent de conquérir une base de pouvoir incontestable, qu'il put étendre par la corruption (notamment, comme tous les dictateurs, en choyant le parti, l'armée et les services de sécurité), la manipulation avec la tactique du « diviser pour régner » envers ses subalternes et, bien entendu, la répression.

La proposition ne s'applique qu'avec un correctif au pouvoir personnel des leaders démocratiques. En général, ceux-ci accèdent à de hautes fonctions à travers un système de règles où ils se font élire chefs de parti ou de gouvernement puis sont obligés de procéder par la collaboration, plutôt que par diktats. Thatcher et Kohl devinrent chefs de gouvernement à travers des structures politiques bien établies. Dans les deux cas, le contexte de la conquête et de la consolidation du pouvoir dans l'État ne fut pas essentiel à l'expansion ultérieure de leur pouvoir personnalisé, qui dériva largement d'événements imprévus. Le triomphe des Falklands donna sans conteste un énorme coup de pouce à la stature et à l'autorité de Mme Thatcher. L'affaissement puis l'effondrement de la République démocratique allemande conférèrent à Kohl une nouvelle autorité – plus de sept années après qu'il était devenu un chancelier plutôt ordinaire.

Les urgences produisent cependant un schéma différent, même pour les leaders démocratiques. En Grande-Bretagne, la crise d'avril-mai 1940 offrit à Churchill une occasion inattendue de prendre le pouvoir. En temps de guerre, les contraintes démocratiques étaient limitées. Malgré tout, quelle que fût son assurance instinctive, Churchill agit dans le cadre d'un gouvernement collectif. De Gaulle et Adenauer durent largement recommencer à zéro et forger des systèmes au lieu d'en hériter. Dans ces cas, on peut dire que la proposition tient. Adenauer disposait d'une base partisane solide mais ne fut élu chancelier que de justesse en 1949. Il élargit progressivement son emprise d'abord précaire sur le pouvoir grâce à la réussite de sa politique (et au « miracle économique »), dominant la nouvelle démocratie de façon si personnelle qu'on devait parler de « démocratie du chancelier ». Les instincts autoritaires de De Gaulle furent toujours patents. Son triomphe dans la Seconde Guerre mondiale ne lui valut pas le pouvoir politique qu'il espérait. Le contexte de son retour au pouvoir en 1958 – avec l'instabilité chronique de la IVe République et la crise algérienne – lui permit de faire de la Ve République naissante l'instrument de son pouvoir étendu – quoique dans un cadre démocratique qui devait finalement conduire à sa défaite en 1969.

La dernière étude de cas, celle de Gorbatchev, est en un sens une anomalie. Gorbatchev ne fut pas un dictateur, même s'il arriva au pouvoir à travers un système dictatorial. En tant que produit convaincu des structures léninistes du pouvoir, il n'était pas non plus un démocrate (même si, à sa façon, il le devint). Son poste de secrétaire général élu du Parti communiste lui conféra d'emblée une immense influence, mais avec un agenda de réformes très contesté. Il opéra par la force de la persuasion. Son pouvoir personnel ne s'élargit que progressivement à la faveur de la popularité initiale de ses réformes. Celles-ci eurent cependant pour effet de miner peu à peu son autorité au point de se solder par l'effondrement de son pouvoir personnel et, en fin de compte, sa démission forcée. On pourrait donc dire que les conditions de son arrivée au pouvoir et de la consolidation initiale de celui-ci éliminèrent des contraintes, mais que son exercice même le soumit avec le temps à des restrictions qui allaient briser ce pouvoir.

Dans tous les systèmes, y compris les démocraties, la personnalité d'un leader capable de consolider et d'élargir son influence sur une longue période de temps risque d'éroder les limites à son exercice du pouvoir.

La concentration du pouvoir renforce l'impact potentiel de l'individu, avec souvent des conséquences négatives, parfois catastrophiques.

Cela paraît évident pour les dictateurs. Ça l'est moins pour les dirigeants démocratiques examinés plus haut.

La durée du leadership de Lénine fut trop courte pour juger si cette proposition est applicable dans son cas. Après tout, la dernière année, il fut handicapé par une série d'attaques et n'était plus assez puissant pour empêcher que la succession échût à Staline alors même que les plus hauts échelons du parti eurent connaissance de ses mises en garde relatives aux penchants dangereux du prétendant au pouvoir. Lénine eût-il vécu plus longtemps, et en bonne santé, que, avec son aura de père de la révolution bolchevique, le « centralisme démocratique » (telle était l'appellation de la doctrine en Union soviétique) aurait encore renforcé son pouvoir personnel. Les massacres perpétrés par l'État stalinien n'auraient probablement pas eu lieu si Lénine était demeuré plus longtemps en place, même si son bilan laisse penser qu'un fort niveau de violence contre les ennemis présumés de l'intérieur aurait continué. Après avoir vaincu ses principaux rivaux au milieu des années 1920, Staline concentra sans relâche le pouvoir entre ses mains. Non seulement rien ne freinait ce pouvoir, mais le système tout entier, avec des conséquences mortelles extrêmes, contribua à mettre en œuvre l'extraordinaire paranoïa du chef.

La concentration du pouvoir entre les mains de Mussolini et de Hitler leur permit de prendre personnellement les décisions qui conduisirent à la guerre et au désastre complet pour leurs pays. Leur autorité devint si incontestable au fil des années de formation de leurs dictatures que les personnes inquiètes ou critiques à l'égard de stratégies éminemment dangereuses n'avaient aucun moyen de les arrêter. Du moins, avant que la catastrophe nationale qui se profilait n'inspire à l'élite fasciste italienne un empressement désespéré à renverser Mussolini et à une poignée d'officiers allemands courageux d'essayer d'assassiner Hitler, le caractère intouchable du chef tenait en partie au fait que les dictatures bénéficiaient de larges bases intégrées de soutien ou, tout au moins, de consentement. Il n'existait pas de cadres institutionnels pour une décision collective, et l'opposition n'avait quasiment plus d'espace pour s'organiser. Les dictateurs veillèrent aussi à satisfaire les piliers essentiels de leur régime : parti, armée et services de sécurité. La concentration du pouvoir rendit l'Espagne tributaire de celui de Franco et la Yougoslavie, de celui de Tito. La différence ici est que, une fois consolidé le pouvoir dictatorial, son exercice servit largement à son maintien comme une fin en soi, plutôt qu'à atteindre des buts idéologiques plus larges susceptibles d'entraîner ces pays dans la guerre et la destruction. Franco, il est vrai, ne fut empêché d'entrer dans la Seconde Guerre mondiale que par l'incapacité économique et militaire de l'Espagne.

La concentration du pouvoir est bien moins applicable aux chefs démocratiques, même pour ceux qui, tel de Gaulle, aspiraient à un large exercice personnel du pouvoir. Quels que fussent leurs penchants directifs, Adenauer, Thatcher, Kohl et (dans une bien moindre mesure) de Gaulle lui-même étaient entourés de formes collectives de leadership, de contraintes institutionnelles et de structures d'opposition qui, en général, aboutirent à des décisions plus rationnelles qu'on ne peut l'espérer dans des systèmes dictatoriaux taillés sur mesure. La propension de Churchill aux décisions impétueuses fut plus marquée dans les affaires militaires que sur la scène intérieure. Dans les deux cas, il acceptait, quoique parfois à contrecœur, les avis de ses conseillers.

Le leadership démocratique se heurte à de nombreux obstacles que les hommes au pouvoir trouvent souvent agaçants. Il peut être miné de l'intérieur au risque de ne pouvoir se défendre contre un défi autoritaire : ainsi en Allemagne, entre 1930 et 1933. Et il n'est certainement pas à l'abri de lignes d'action malencontreuses et de décisions délétères. Largement soutenue de tous les côtés de l'échiquier politique et par la population avant l'automne 1938, la politique d'apaisement de Chamberlain en est un exemple flagrant. Par leur nature même, cependant, les contraintes constitutionnelles et, dans une certaine mesure, les formes de décision collectives impliquent que le leadership démocratique est beaucoup moins enclin que la dictature à produire des décisions aux conséquences catastrophiques.

Ici aussi, Gorbatchev fait exception aux normes du leadership aussi bien dictatorial que démocratique. Malgré diverses formes d'opposition, la concentration du pouvoir entre les mains du dirigeant soviétique lui donnait d'énormes moyens pour faire avancer ses réformes. Celles-ci se révélèrent économiquement néfastes pour de nombreux citoyens. Elles affaiblirent puis finirent par détruire le pouvoir soviétique qui était pour beaucoup une source de grande fierté. D'un autre côté, ces réformes libérèrent des millions de gens en URSS et dans les États satellites soumis depuis des décennies à la domination soviétique.

Même les dirigeants politiques puissants subissent les contraintes écrasantes des forces armées en temps de guerre.

Quelles que soient les contraintes des forces armées, la guerre, si elle aboutit à des conquêtes territoriales, ouvre un champ à l'expansion du pouvoir politique au-delà des limites du possible en temps de paix, même pour une dictature. La conquête barbare de l'Éthiopie hissa le pouvoir et le prestige de Mussolini à de nouveaux sommets en Italie. Par ses offensives impitoyables contre ses ennemis politiques au cours de la guerre civile espagnole, Franco put se construire une base de pouvoir inattaquable. Et, surtout, l'asservissement de la Pologne puis la guerre contre l'Union soviétique offrirent à Hitler les conditions pour élaborer et mettre en œuvre sa politique d'anéantissement des Juifs d'Europe. Le « Plan général pour l'Est » préparait un génocide beaucoup plus large encore pour éliminer des millions de Slaves afin d'établir un empire racial allemand. Mais si la guerre, aussi longtemps qu'elle parût déboucher sur des victoires et des conquêtes, élargissait le champ d'une inhumanité extrême, même les dictateurs était contraints de se soumettre aux aléas de forces militaires échappant à leur contrôle.

Parmi les cas examinés, seuls Adenauer, Kohl et Gorbatchev ne furent jamais des chefs de guerre. Lénine liquida aussi vite que possible, à un coût initial énorme pour la Russie, la participation à la Première Guerre mondiale dont il avait hérité en prenant le pouvoir. Franco et Tito arrivèrent au pouvoir à la faveur de la guerre mais par la suite, en tant que chefs d'État, restèrent à l'écart de tout conflit armé extérieur. Les autres études de cas soulignent la relative autonomie des forces armées.

Hitler et Mussolini furent de terribles chefs militaires dont les interventions, qu'il s'agisse de décisions tactiques ou stratégiques, se révélèrent désastreuses une fois que la Seconde Guerre mondiale s'enlisa en un long conflit qui mit en évidence des faiblesses fondamentales en matière d'armements, de planification et de ressources économiques. Si fort que fût leur pouvoir à l'intérieur, ils furent contraints par les limites intrinsèques de leurs pays pour mener une guerre mondiale contre des forces armées bien plus puissantes. De plus en plus, leur propre influence politique se trouva inexorablement subordonnée à l'issue de campagnes militaires qu'une fois lancées ils ne pouvaient plus contrôler. Quel que fût leur acharnement à essayer de satisfaire les exigences parfois impossibles de Hitler, les généraux allemands ne purent empêcher l'effondrement militaire qui entraîna le système politique avec lui. Dès le début plus faible militairement et humilié par une escalade de désastres, le régime de Mussolini fut détruit de l'intérieur en 1943 du fait de l'insuffisance de ses forces armées.

Dans leurs décisions, les dirigeants alliés furent eux-mêmes contraints par l'état des forces armées. Churchill se heurta à plusieurs reprises à ses chefs militaires et, quels que fussent ses vœux, dut accéder à leurs demandes. Plus tard, au cours de la guerre, il déplora son impuissance croissante à déterminer la stratégie alliée ainsi que sa subordination aux impératifs du leadership militaire américain. Staline commença le conflit de façon totalement catastrophique en ne voulant pas écouter les alertes relatives à l'invasion allemande et en soumettant l'Armée rouge à d'immenses défaites inutiles. Plus tard, il abandonna souvent le pouvoir opérationnel et les décisions tactiques à ses chefs militaires, même s'il continua à intervenir quand il l'estimait nécessaire et conserva le contrôle stratégique général.

Le pouvoir de De Gaulle en tant que chef des Français Libres ne prit une importance stratégique que lorsque le contrôle de Vichy sur l'empire se relâcha et que les Alliés eurent établi leur suprématie. Des événements militaires sur lesquels il n'avait aucune prise lui permirent d'élargir la base de son pouvoir dans la seconde moitié de la guerre. Malgré tout, à sa grande irritation, il ne fut guère consulté lors de la préparation du débarquement de Normandie en 1944. D'où le long hiatus où il fut incapable de traduire son pouvoir militaire en pouvoir politique. Dans la crise de 1958, il fut rappelé au gouvernement dans l'idée qu'il pourrait apporter la victoire en Algérie. Or, il n'était pas maître du rapport de forces militaire dans la colonie. L'armée française se révéla bientôt incapable, dans un cadre tolérable, de gagner la guerre coloniale. De Gaulle montra ses qualités de chef politique en le reconnaissant, malgré la forte opposition de ceux, surtout dans l'armée, qui eurent le sentiment d'une trahison.

Mme Thatcher fit montre de son audace politique en lançant l'offensive pour reprendre les îles Falklands après l'invasion argentine de 1982. Au cours de la campagne, c'est elle qui prit les décisions essentielles avec le soutien de son Cabinet de guerre. Dans cette guerre courte, cependant, la Première ministre s'appuya surtout sur les chefs militaires, plutôt que sur la classe politique. Une fois lancés, les événements militaires acquirent leur élan propre, sur lequel Londres n'avait qu'une prise limitée. La grande nervosité de Mme Thatcher tout au long du conflit témoigne de l'issue incertaine de l'opération et montre combien son pouvoir politique dépendait de celui des forces armées britanniques. La victoire fut pour elle un triomphe et marqua un tournant dans sa fortune. Elle n'aurait pu survivre politiquement à une défaite dans la guerre des Falklands.

Le pouvoir et la marge de manœuvre du chef dépendent dans une large mesure du fondement institutionnel et de la force relative du soutien, d'abord parmi les circuits secondaires du pouvoir, mais aussi dans le grand public.

Les études de cas semblent le démontrer amplement : dictateur ou chef d'un gouvernement démocratique, un individu, si puissant soit-il, a besoin d'un appareil subordonné dévoué à la mise en œuvre de ses ordres sans trop d'opposition, voire aucune. On peut parfois parler de « cartel de pouvoir ». Non qu'il y ait égalité de statut ou de décision. Cela signifie simplement que le leader ne jouit que d'une liberté relative, et non absolue, par rapport à l'élite du pouvoir qui soutient le régime.

Dès son ascension, puis avec la prise du pouvoir, le futur dictateur se construit une base de soutiens attirés par sa personnalité, son message idéologique et la probabilité de succès d'un chef de mouvement ou de faction. C'est ce que Max Weber a appelé la « communauté charismatique ». Ses membres sont généralement les fidèles d'une époque antérieure. Hermann Göring, Joseph

Goebbels, Heinrich Himmler et Hans Frank restèrent des lieutenants clés de Hitler du début des années 1920 jusqu'aux derniers jours. Lazare Kaganovitch et Viatcheslav Molotov furent des agents serviles de Staline des années 1920 jusqu'à sa mort. L'allégeance à Tito des trois autres membres du « quatuor » après l'installation de sa dictature – Edvard Kardelj, Aleksandar Ranković et Milovan Djilas – remontait aux années de guerre même si, par la suite, Tito se fâcha avec les deux derniers. Un soupçon de déloyauté, comme dans ce cas, conduisit à la rupture brutale de tous les liens qui avaient pu exister. Staline fut sans égal dans la boucherie de subalternes qu'il imaginait déloyaux. Hitler montra incontestablement sa brutalité avec l'exécution en 1934 du chef des SA, Ernst Röhm, un de ses compagnons les plus importants depuis les premières années du mouvement nazi et qu'il soupçonnait de comploter contre lui, même si les purges ne furent pas vraiment un trait caractéristique de son régime.

Dans les dictatures, le « cartel de pouvoir » comprend invariablement ceux qui détiennent les instruments de la sécurité d'État. S'ils deviennent puissants au point de menacer le dictateur, un dirigeant fort les élimine. Sous l'effet de sa paranoïa déchaînée, Staline fit exécuter deux chefs de la sécurité – loyaux mais dont il se méfiait de plus en plus. Dans les derniers jours de sa vie, Hitler limogea le chef des SS, Heinrich Himmler, dont la loyauté, avant la fin imminente du régime, avait pourtant été un pilier essentiel du pouvoir du dictateur.

Aucun dictateur ne peut laisser un acolyte se construire une autre base susceptible de miner son propre pouvoir. Tout signe perçu de déloyauté, ou tout simplement de moindre utilité, pouvait avoir des conséquences sinistres. « Diviser pour régner » a été une stratégie utile à un dictateur déjà fort pour s'assurer la loyauté de ses subalternes en les obligeant à se disputer ses faveurs. Tito y recourut en expert. Staline préférait la peur pure et simple, même aux plus hauts échelons de son régime. Staline et Hitler détruisirent tous deux, ou laissèrent s'atrophier, les institutions gouvernementales qui auraient pu permettre l'expression collective d'une opposition ou d'une critique. Mussolini, en revanche, tout en dominant les structures du gouvernement et du parti, ne les détruisit pas. Le Grand Conseil fasciste, formé de personnages éminents du parti qui depuis vingt ans ou plus avaient été des piliers de la dictature, scella le destin du Duce en se retournant contre lui en 1943. Hitler ne laissa jamais se former le moindre corps collectif de ce genre dans le Parti nazi.

Dans chacune des dictatures examinées, les résultats et les succès perçus soudèrent le « cartel de pouvoir » au chef, dissuadèrent l'opposition et élargirent la base du soutien populaire qui, à son tour, renforça la sécurité du leader contre toute contestation interne au sein même de la cohorte des dirigeants. En partie par peur, mais surtout pour assurer ou étendre leur pouvoir et leur ascension, les dirigeants subordonnés s'attachaient toujours plus solidement au chef pour démontrer leur loyauté et leur fiabilité. Cela eut cependant pour effet de renforcer la position du dictateur et de le libérer davantage des contraintes intérieures pesant sur son action. Si réelle que pût être la base de popularité, le contrôle exclusif de l'appareil de propagande permettait d'orchestrer un culte de la personnalité qui élevait le chef très au-dessus de ses subordonnés. Le chef, qui promettait et apportait des succès, pouvait ainsi élargir son pouvoir et ses possibilités d'attacher ses partisans à ses propres décisions politiques – quand bien même il ne les avait guère consultés et si coûteuses et désastreuses qu'elles pussent se révéler.

Ni démocrate ni dictateur (quoique fruit d'un système dictatorial), Gorbatchev occupe une fois de plus une place unique dans notre galerie de portraits. Il ne disposait pas d'un « cartel de pouvoir » préfabriqué. Il ne pouvait pas compter sur le soutien des échelons supérieurs de la direction soviétique dont il hérita et dont le conservatisme invétéré représentait un obstacle de taille à son programme de réforme. Il put néanmoins se servir de son pouvoir et du clientélisme, en tant que chef du parti, pour installer assez vite à des postes importants des réformateurs partageant ses dispositions. Ceux-ci formèrent un nouveau corps essentiel de dirigeants qui lui permit de faire avancer ses réformes, même si les obstacles restaient grands. Quand, après l'avoir fortement soutenu, certains membres de cette élite rompirent avec lui à la fin des années 1980 à propos de la rapidité et de la nature des réformes, son pouvoir s'en trouva gravement affaibli. La popularité dont il avait bénéficié au début s'effondra avec la forte aggravation de la crise politique et économique en 1989-1990.

Dans les démocraties, les structures du pouvoir subsidiaire sont, bien entendu, foncièrement différentes. La réussite ou l'échec des dirigeants se mesurent habituellement à leur capacité de gagner les élections, où sont régulièrement et routinièrement testés les niveaux de soutien. Le leadership de Churchill en temps de guerre, où nombre des règles normales de la démocratie étaient suspendues, fut une exception. En 1945, quand les élections démocratiques recommencèrent, Churchill, bien que héros de guerre, dut mener campagne en simple chef de parti – et perdit.

Le succès électoral permit aux dirigeants démocratiques examinés ici d'accroître leur marge de manœuvre pour mener à bien des politiques difficiles. Adenauer remporta quatre victoires électorales de suite, Kohl aussi, Thatcher trois. Chacun d'eux n'en avait pas moins besoin d'un entourage loyaliste, attiré par sa personnalité et son programme et sous-tendant sa primauté. Dans les dernières années de sa présidence, de Gaulle pouvait encore s'appuyer sur des loyautés personnelles forgées à l'époque des Français Libres. Au Parlement, ses partisans affichèrent même leur loyauté en se déclarant « gaullistes ». À son retour au pouvoir, en 1951, Churchill s'entoura lui aussi de fidèles du temps de guerre tandis que sa stature unique lui assurait naturellement une grande loyauté personnelle. Dans ses dernières années de Premier ministre, cependant, la politique partisane traditionnelle reprit le dessus. Autrement dit, il lui fallut s'appuyer surtout sur l'appareil du parti et ses collègues ministres dont la loyauté fut mise à l'épreuve par le déclin évident de ses facultés mentales et physiques. Le jour où il ne serait plus à même d'exercer efficacement ses fonctions, et malgré sa répugnance à se retirer, les structures bien établies du gouvernement veillaient à ce qu'il pût être remplacé de façon normale, sans bouleversement.

La maîtrise de l'appareil du parti a été la base du pouvoir d'Adenauer et de Kohl. Tous deux purent cependant aussi compter sur une solide phalange intérieure de soutiens personnels, remontant pour partie aux années antérieures à leur accession à la chancellerie, ce qui leur donnait une bonne caisse de résonance pour prendre des décisions importantes. Le jour où ils perdirent le soutien du cartel de pouvoir, ce fut la fin. À contrecœur, il leur fallut céder la place. Le cas de Mme Thatcher est différent : si dans l'opposition elle avait déjà attiré des conseillers qui l'appuyèrent et l'encouragèrent dans ses objectifs radicaux, elle n'hérita pas d'une solide base de soutien ministériel. Elle dut au contraire affronter une forte opposition dans ses premières années au gouvernement et ne réussit que progressivement, surtout après la guerre des Falklands, à constituer un cabinet de partisans inconditionnels, voire serviles. Sa forme de « communauté charismatique » n'était cependant pas solide au point de ne pas se retourner contre elle quand ses décisions politiques devinrent un passif électoral. Son sentiment de trahison, quand elle fut écartée du pouvoir en novembre 1990, fut le signe qu'elle avait brouillé les lignes entre la loyauté personnelle et l'intérêt politique des collègues ministres et de son parti.

Le gouvernement démocratique limite au maximum la liberté d'action de l'individu et sa capacité à déterminer un changement historique.

De toutes les propositions, c'est la plus simple. À l'évidence, l'obligation d'agir à travers des formes de gouvernement collectif, qui peuvent exprimer une opposition, voire faire obstruction à la mise en œuvre d'une politique, limite la liberté d'action du dirigeant. Les dictateurs ne connaissent pas ce genre de problèmes. Le leadership démocratique, collectif, est souvent lourd et gênant, il ralentit la prise de décision et, bien entendu, n'est pas toujours solide – qu'il s'agisse des décisions elles-mêmes ou de la mise en œuvre de la politique qui en découle. Néanmoins, mûrement réfléchies, soigneusement élaborées, les options politiques retenues ont beaucoup plus de chances de réussir que les oukases dictatoriaux. Le risque de décisions inconsidérées, ou même catastrophiques, est d'autant plus grand que le leader est moins contraint.

Les exemples de leadership esquissés plus haut suggèrent pourtant qu'au moins certains leaders démocratiques remarquables du XXe siècle avaient un tempérament d'autocrate et que, dans certaines circonstances, leurs tendances autoritaires furent même un avantage. Dans les moments de grande crise, notamment en pleine guerre, les processus de décision lents et souvent lourds sont habituellement inappropriés. Parmi les cas traités ici, Churchill, de Gaulle et Thatcher eurent tous trois à prendre des décisions rapides qui, par leur nature même, court-circuitaient les procédures démocratiques. Malgré tout, ni Churchill, dans la décision capitale de continuer le combat en mai 1940, ni Thatcher, en décidant une opération militaire pour reprendre les Falklands, n'agirent isolément en quasi-dictateurs. Avant de trancher, ils prirent conseil, quoique dans un cercle restreint. Adenauer, dans son rejet capital de la « note » de Staline en 1952, et Kohl, en novembre 1989, quand il prit l'initiative d'ouvrir la porte à une unification rapide, évitèrent eux aussi tout semblant de large consultation démocratique. Les décisions étaient trop sensibles et appelaient une réponse si prompte qu'un grand débat préalable fut jugé inadéquat, voire nuisible.

De retour au pouvoir, en 1958, de Gaulle s'assura que la nouvelle constitution lui donnait le droit d'assumer des pouvoirs personnels presque illimités en cas d'urgence nationale, et il dirigea son gouvernement de façon si impérieuse que seuls comptaient ses décrets. Si autocratiques que fussent ses manières, la France n'en demeura pas moins un État constitutionnel. Le débat politique se poursuivit avec force. Si les partis parlementaires avaient perdu les pouvoirs d'obstruction dont ils avaient souvent joué sous la IVe République, la France était encore une démocratie. À diverses reprises, de Gaulle recourut avec succès au référendum, ce qui lui permit de contourner l'opposition parlementaire pour faire passer ses politiques. En 1969, quand il comprit que ses décisions ne jouissaient plus du soutien populaire, il quitta brusquement le pouvoir. Tel est, au fond, le test des leaders démocratiques : sont-ils prêts à partir s'ils sont battus ou ne peuvent plus compter sur leur base ? Les leaders démocratiques évalués ici ont tous répugné à quitter le pouvoir. Mais, au bout du compte, tous se sont retirés… et pacifiquement.

Quand Helmut Kohl quitta le pouvoir en 1998, le XXe siècle était presque terminé. De nouveaux leaders entraient en scène : Tony Blair en Grande-Bretagne, Gerhard Schröder suivi par – la remarquable (et durable) – Angela Merkel en Allemagne, Nicolas Sarkozy puis François Hollande en France allaient tous être des acteurs majeurs des grandes démocraties ouest-européennes. La personnalité reste sans doute un facteur d'une importance majeure pour l'exercice du pouvoir : les talents rhétoriques et la force de persuasion dynamique de Tony Blair, l'assurance posée et le pragmatisme de Merkel l'ont démontré.

Quelle que soit sa personnalité, cependant, même l'opérateur politique le plus habile bataille pour résoudre les énormes difficultés structurelles qu'il rencontre au quotidien – et des problèmes d'une tout autre nature que ceux qu'ont connus ses prédécesseurs au XXe siècle. Essayer d'y répondre dans le cadre de cycles électoraux à court terme exigeant un ajustement constant aux fluctuations de l'opinion publique, elle-même fortement influencée par les informations qui arrivent en continu du monde entier et de puissants réseaux sociaux, est un défi redoutable pour les dirigeants démocratiques du XXIe siècle. Plus le fonctionnement de la démocratie paraît insuffisant, plus s'amplifie la demande d'un leadership fort. À l'image de la société, la politique parlementaire s'embourbe souvent dans des divisions irréductibles, mais aussi dans un climat d'hostilité, où les adversaires sont transformés en ennemis. Dès que les démocraties sont en difficulté, les tentations autoritaires rôdent. Comme certaines études de cas présentées dans ce livre le démontrent, elles ont détruit des démocraties par le passé. Cela pourrait recommencer. Et comme ce livre le montre aussi, quand les leaders forts arrivent au pouvoir, avec la capacité de supprimer les contraintes constitutionnelles, leurs actions se révèlent souvent désastreuses.

La démocratie libérale à l'occidentale est certainement devenue plus difficile à gérer. Le populisme, qui élève la nation au-dessus de tout, est une force politique capable d'éroder les bonnes vieilles valeurs démocratiques et se révèle difficile à combattre. L'attrait émotionnel de la politique identitaire – puits profond que peut exploiter le populisme – se prête mal à des discussions rationnelles et dépassionnées. En partie motivés par les inégalités accrues des niveaux de vie (largement produites par la mondialisation et, plus encore, l'économie néolibérale), se nourrissant des problèmes des migrations de masse et capables d'exploiter le nouveau potentiel de mobilisation des réseaux sociaux, les mouvements populistes ont miné les structures traditionnelles de la gouvernance démocratique et entamé la légitimité de l'élite politique. De grands mouvements de contestation – comme Extinction Rebellion, les Gilets Jaunes, MeToo et Black Lives Matter – se sont révélés difficiles à contenir par les méthodes policières traditionnelles et leurs garanties démocratiques. Le risque est que, ne pouvant atteindre leurs objectifs déclarés, ils soient contreproductifs et provoquent un retour de bâton susceptible d'alimenter des tendances autoritaires et de promouvoir un populisme de droite. En Hongrie, Viktor Orbán s'est enorgueilli de ce qu'il a appelé la « démocratie illibérale » ; la dérive autoritaire de son pays est devenue une épine dans le flanc de l'Union européenne. La Pologne s'est elle aussi servie de la démocratie pour devenir plus autoritaire. Dans ces cas-là, des politiciens démocratiquement élus, et jouissant d'un large soutien populaire, détruisent eux-mêmes la démocratie.

Les leaders des démocraties libérales européennes doivent aussi affronter leur faiblesse relative croissante face aux puissants dirigeants autoritaires de quelques-uns des plus grands pays du monde. L'émergence au XXIe siècle de Vladimir Poutine en Russie, Recep Tayyip Erdoğan en Turquie, Narendra Modi en Inde, et surtout Xi Jinping en Chine a fait basculer le rapport de forces, sur la scène politique internationale, vers de nouvelles formes d'autoritarisme moderne. Parmi celles-ci, l'autoritarisme chinois paraît le plus susceptible de créer à l'avenir les problèmes géopolitiques les plus graves. Xi est assurément un homme très puissant. Le danger potentiel dépasse cependant son pouvoir personnel. Dans une bien plus large mesure que les dirigeants autoritaires mentionnés (et d'autres encore), Xi dirige un *système* de gouvernement bien établi, et jusqu'ici couronné de succès, qui repose non sur la personnalité d'un individu, mais sur un mélange unique de pouvoir politique, économique, idéologique et militaire. Le système a les moyens de survivre à l'impact personnel de Xi. Il semble avoir des assises plus solides, être plus capable de se reproduire et, en définitive, être plus puissant que ne l'était l'Union soviétique, perçue comme le plus grand danger géopolitique pendant une bonne partie du XXe siècle.

À certains égards, la démocratie est en recul. Les quatre années de la présidence de Donald Trump aux États-Unis ont montré de manière alarmante à quel point une personnalité pouvait défier (voire fausser) les structures de la principale démocratie du monde. La constitution américaine a survécu de justesse aux coups de boutoir de Trump, et ses contre-pouvoirs tant vantés se sont révélés plus faibles qu'on ne l'avait présumé. Les pouvoirs exécutifs pseudo-monarchiques du président sont si étendus qu'entre de mauvaises mains ils peuvent mettre en danger la démocratie. Trump l'a montré. On ne saurait encore mesurer pleinement les dommages que sa personnalité narcissique et son leadership autocratique ont infligés aux États-Unis, et à la démocratie dans d'autres parties du monde. Il est arrivé au pouvoir en promettant de défendre la grandeur de l'Amérique. Il l'a quitté en laissant un pays paraissant globalement affaibli, aux prises avec les forces de l'autoritarisme, surtout en Chine, mais pas uniquement.

Les traits de caractère des dirigeants autoritaires du XXe siècle et les structures qui ont sous-tendu leurs régimes transparaissent parfois chez leurs homologues du XXIe siècle. On ne saurait bien entendu savoir comment et dans quelle mesure, dans les années à venir, ceux-ci détermineront des développements mondiaux qui, à leur tour, façonneront le futur de l'Europe. On peut conjecturer, non sans vraisemblance, que ce futur sera façonné par les actions des dirigeants politiques mais aussi par les tourbillons et courants socio-économiques et culturels à long terme, sans compter les préoccupations mondiales nées du changement climatique, et par des événements imprévisibles que même l'individu le plus puissant sera incapable de dominer. Comme au XXe siècle, cependant, et dans le contexte qui rend possible leur exercice du pouvoir, la personnalité des dirigeants politiques leur inspirera des décisions qui affecteront directement la vie de millions de gens.

Les individus examinés dans ces pages ont tous fait l'histoire. Le rôle du leadership a manifestement été un facteur important du changement historique. Tout comme les traits de personnalité qui ont forgé leurs formes de leadership. Cela ne signifie pas qu'il faille les qualifier de « grands ». La « grandeur », ai-je suggéré dans l'introduction, est une notion qu'il vaut mieux rejeter quand on s'intéresse au leadership politique. L'impact historique est tout autre chose. L'impact maximal, particulièrement dans la première moitié du XXᵉ siècle, a sans doute été le fait de ceux qu'on peut juger, pour des raisons morales, les plus répugnants : Hitler, Staline, Lénine. Cependant, il est hors de doute que les actions des douze dirigeants brièvement examinés dans ce livre ont eu un immense impact sur leurs sociétés, sur l'Europe et, au moins dans certains cas, sur le monde. Ils ont laissé des héritages importants, parfois funestes. Ils ont été des transformateurs.

Si puissant qu'ait été l'individu, l'héritage finit par s'estomper – même si cela demande parfois beaucoup de temps. (On pourrait soutenir que seule une poignée de chefs religieux ont laissé derrière eux un héritage intemporel.) L'héritage de Lénine a duré jusqu'à l'effondrement de l'Union soviétique en 1991. Celui de Staline a entraîné l'assujettissement de la majeure partie de l'Europe orientale pendant plus de quatre décennies, alors même que le culte de la personnalité qui l'entourait fut dénoncé par Khrouchtchev dès 1956. Dans ces cas, la longévité de l'impact a dépendu de la façon dont le leadership de l'individu s'est inscrit dans un système de gouvernement qui s'est doté de fondations robustes. Quand, en revanche, la légitimité du système était en fait superficielle et largement tributaire d'un seul homme, comme dans la Yougoslavie communiste – reposant censément sur la doctrine marxiste, mais en fait uniquement sur son leader, Tito –, sa durée de vie a été brève une fois le chef disparu. Les dictatures fascistes ultra-répressives d'Italie et d'Allemagne étaient inséparables de leurs dirigeants. Quand les forces armées ont abattu le leader et son régime, l'unique héritage immédiat a été la destruction. Les systèmes de Hitler, de Mussolini et de Franco sont morts avec eux, nonobstant le goût minoritaire persistant pour le néofascisme. La souillure morale est, bien entendu, une autre affaire. L'opprobre moral de Hitler a perduré jusqu'à ce jour (et pas uniquement en Allemagne, loin de là), alors que celui de Mussolini – qui n'a jamais été aussi prononcé – s'est estompé. Près d'un demi-siècle plus tard, l'Espagne est toujours aux prises avec l'héritage moral du régime de Franco.

Les dirigeants qui arrivent au pouvoir dans des systèmes démocratiques trouvent habituellement leur héritage éphémère – sous-produit naturel d'une révision significative de la politique suivie, voire de son inversion, quand un parti d'opposition et son leader leur succèdent. Dans une certaine mesure, tout au moins, l'héritage pourrait cependant être amputé d'autres manières, par l'effet de puissants courants de changement historique à long terme que l'individu ne saurait contrôler. Tous deux produits d'une ère coloniale, Churchill et de Gaulle plaçaient l'empire au centre de la puissance et de la grandeur de leurs pays et se battirent pour le conserver. Churchill vécut cependant assez longtemps pour voir le déclin inexorable de l'Empire britannique. Quant à de Gaulle, il présida lui-même à la liquidation de l'Empire français. Les mouvements anticoloniaux qui provoquèrent la chute des empires eurent leurs propres chefs charismatiques, mais les pressions que ces derniers exprimèrent n'étaient pas leur propre création. Elles représentaient des forces irrépressibles nées du rejet croissant de la dépendance coloniale. Qu'ils aient voulu, comme Hitler ou Mussolini, asseoir brutalement l'impérialisme, ou, comme Churchill et de Gaulle, le préserver, les dirigeants européens se sont heurtés à la résistance incontrôlable de peuples qui, malgré la répression la plus brutale, n'étaient pas disposés à accepter le régime que leur imposaient les conquérants.

Chacun des douze dirigeants explorés dans ce livre a apporté une contribution unique (dans certains cas, désastreuse) à la fabrique du XXe siècle européen. Mais ils n'ont pas été simplement des créateurs du siècle, ils ont aussi été créés par lui – autrement dit, par les conditions spécifiques qui leur ont permis d'exercer leur forme de pouvoir. La majorité d'entre eux ont été, d'une manière ou d'une autre, les produits de la nature dramatiquement destructrice et transformatrice de la première moitié du siècle.

Pour ce qui est de leur signification historique, Lénine, Staline et Hitler ont sans doute été les plus importants. Lénine a été le cerveau de l'instauration d'un système politique et économique entièrement nouveau qui a transformé de fond en comble son pays et créé la base d'un fossé idéologique en Europe. Staline a fait avancer ce système avec une brutalité inimaginable, transformant l'Union soviétique en un Béhémot industriel et militaire capable d'arracher la victoire dans la Seconde Guerre mondiale et d'étendre le régime soviétique à la moitié de l'Europe. Ce fut largement une réaction aux horreurs incroyables de la guerre déclenchée par l'Allemagne hitlérienne en Europe orientale et en Union soviétique occidentale. Le principal auteur de ce conflit et des immenses destructions – matérielles et humaines – qu'il causa sur la majeure partie du continent fut Hitler. Si l'ampleur sans précédent des dévastations est la marque première de l'époque, l'impact de Hitler se distingue tout particulièrement.

La seconde moitié du siècle a été beaucoup plus constructive, plus prospère et, surtout, plus pacifique, même si elle a été dominée par la guerre froide et ses risques de catastrophe nucléaire. Dans les années 1980, alors que les effets de la guerre froide prélevèrent leur tribut sur l'économie moribonde de l'Union soviétique, se matérialisèrent des conditions qui permirent à Mikhaïl Gorbatchev de jouer un rôle personnel crucial dans l'histoire soviétique, mais aussi européenne. S'il a détruit l'URSS, mettre fin à la guerre froide et inaugurer une ère nouvelle sur le continent (et mondialement), avec ses propres énormes problèmes, certes, mais tangiblement différents des précédents, a été probablement l'épisode central, et le plus décisif, de l'Europe depuis les lendemains de la Seconde Guerre mondiale. Et dans le processus complexe qui a abouti à la chute du Rideau de fer et à la réunification des deux moitiés du continent européen, les actions de Mikhaïl Gorbatchev ont été d'une importance capitale.

Qu'il s'agisse de personnalité ou d'utilisation du pouvoir, on peut difficilement imaginer plus grand contraste qu'entre Hitler et Gorbatchev. De façons absolument différentes, Hitler, dans la première moitié du siècle, Gorbatchev, dans la seconde, sont la manifestation la plus nette de l'importance de l'individu dans la production de changements historiques uniques.

Notes

Introduction. Individu et changement historique

1. Naturellement, les politologues se sont souvent penchés sur les questions de leadership politique, bien qu'en général pour tenter de construire des modèles abstraits ou des types. Parmi ces travaux, dont beaucoup sont excellents, voir les références in R. A. W. Rhodes et Paul 't Hart, *The Oxford Handbook of Political Leadership*, Oxford, Oxford University Press, 2016, notamment p. 89, 150, 157, 210-211, 220, 230, 322-323, 343, 382-384 et chap. 22-28.

2. Voir, par exemple, E. H. Carr, *What Is History ?*, Londres, 1re éd. 1961, 2e éd. 1984, republié avec une introduction de Richard J. Evans, Londres, Penguin, 2018, chap. 2, « Society and the Individual », et l'introduction d'Evans, p. XVI-XVII ; en français, *Qu'est-ce que l'histoire ?*, trad. M. Sissung, Paris, La Découverte, 1988, chap. 2, « La société et l'individu ».

3. Léon Tolstoï, *La Guerre et la Paix*, trad. Henri Mongault, Paris, Gallimard, « Bibliothèque de la Pléiade », 1952, p. 790-793, 1485, 1489-1490, 1557-1603.

4. Imanuel Geiss, « Die Rolle der Persönlichkeit in der Geschichte : zwischen Überbewerten und Verdrängen », in Michael Bosch (dir.), *Persönlichkeit und Struktur in der Geschichte*, Düsseldorf, 1977, p. 23.

5. Volker R. Berghahn et Simone Lässig (dir.), *Biography between Structure and Agency*, New York et Oxford, Berghahn Books, 2008, p. 19.

6. Hans-Peter Schwarz, *Das Gesicht des Jahrhunderts. Monster, Retter und Mediokritäten*, Berlin, Siedler, 1998, p. 18. Margaret MacMillan, *History's People. Personalities and the Past*, Londres, Profile Books Ltd, 2017, réunit cinq essais thématiques visant à situer le rôle joué par de grands dirigeants du passé dans le contexte élargi des structures et courants économiques, sociaux et culturels qui façonnent le changement historique.

7. Jean-Baptiste Decherf, *Le Grand Homme et son pouvoir. Histoire d'un imaginaire de Napoléon à de Gaulle*, La Tour-d'Aigues, Éditions de l'Aube, 2017, p. 7-59, explore les racines et l'histoire de l'image du « grand homme ».

8. Thomas Carlyle, *On Heroes, Hero-Worship, and the Heroic in History*, Londres, 1841, reprint, n. d., p. II ; en français, *Les Héros. Le culte des héros et l'héroïque dans l'histoire*, trad. et introd. J. B. J. Izoulet-Loubatières, Paris, Armand Colin, 1888, p. 3-4.

9. *Ibid.*, p. CXXVI et trad. p. 321.

10. Sa biographie « héroïque » de Frédéric le Grand aurait ému Hitler aux larmes à l'approche du drame final dans le bunker de Berlin en 1945. H. R. Trevor-Roper, *The Last Days of Hitler* (1947), Londres, 1973, p. 140 ; en français, *Les Derniers Jours de Hitler*, préf. André François-Poncet, Genève, Famot, 1975 ; Paris, Tallandier, 2013, p. 201.

11. Jacob Burckhardt, *Weltgeschichtliche Betrachtungen* (1re éd., Berlin-Stuttgart, 1905, cité ici à partir de l'éd. de C. H. Beck, avec postface de Jürgen Osterhammel), Munich, 2018, p. 217-219 ; en français, *Considérations sur l'histoire universelle*, trad. Sven Stelling-Michaud, Genève, Droz, 1965 ; rééd. Paris, Éditions Allia, 2001, p. 206.

12. *Ibid.*, p. 219 et trad. p. 207.

13. *Ibid.*, p. 238, 246 et trad. p. 225-226.

14. *Ibid.*, p. 258 et trad. p. 245.

15. *Ibid.*, p. 250-251 et trad. p. 238.

16. *Ibid.*, p. 222-223 et trad. p. 214-215.

17. Lucy Riall, « The Shallow End of History ? The Substance and Future of Political Biography », *Journal of Interdisciplinary History*, vol. 40, n° 3, 2010, p. 375-397 ; *id.*, *Garibaldi : Invention of a Hero*, New Haven et Londres, Yale University Press, 2007, p. 390-397.

18. Lucy Riall, *Garibaldi*, *op. cit.*, p. 387.

19. *Ibid.*, p. 397.

20. Joachim C. Fest, *Hitler*, Londres, Weidenfeld and Nicolson, 1974, p. 3-9 ; en français, *Hitler*, trad. Guy Fritsch-Estrangin *et al.*, 2 vol., Paris, Gallimard, 1973, vol. 1, p. VII-XVI ; *id.*, « On Remembering Adolf Hitler », *Encounter*, n° 41, octobre 1973, p. 19.

21. Geoffrey Best, *Churchill. A Study in Greatness*, Londres, Hambledon Continuum, 2001, p. 329-330, soulignant que « son titre à la grandeur repose sur des réalisations dans les domaines de la guerre et de la politique », affirme qu'« il a fait ce que […] les plus grands des hommes peuvent faire : il a modifié le cours apparent de l'histoire ». Geoffrey Wheatcroft, *Churchill's Shadow*, Londres, Penguin, 2021, aux chap. 19-21, montre l'extraordinaire diffusion du « mythe » Churchill longtemps après sa mort.

22. Andrew Roberts, *Churchill. Walking with Destiny*, Londres, Viking, 2019, p. 786-789 ; en français, *Churchill*, préf. et trad. Antoine Capet, Paris, Perrin, 2020, chap. 28.

23. Max Weber, *Economy and Society*, éd. Günther Roth et Claus Wittich, Berkeley, Los Angeles et Londres, 1978, p. 1449-1453. Arthur Schweitzer,

The Age of Charisma, Chicago, Nelson-Hall, 1984, applique le concept de Weber à divers leaders politiques modernes.

24. Frank Dikötter, *How to Be a Dictator. The Cult of Personality in the Twentieth Century*, Londres, Bloomsbury, 2019, fournit un certain nombre d'exemples éloquents ; en français, *Comment devenir dictateur. Le culte de la personnalité au XXe siècle*, trad. Omblage, Paris, Les Arènes, 2022.

25. Karl Marx, *Le 18 Brumaire de Louis Bonaparte*, in *id.*, *Œuvres IV, Politique 1*, éd. Maximilien Rubel, Paris, Gallimard, « Bibliothèque de la Pléiade », 1994, p. 437.

26. *Ibid.*, p. 487-489.

27. Archie Brown, *The Myth of the Strong Leader. Political Leadership in the Modern Age*, Londres, Basic Books, 2014, p. 24, 61.

28. Heather Elizabeth Mitterer, « The Role of Personality in Leader Effectiveness », 22 janvier 2014, https://sites.psu.edu/leadership/2014/01/22/the-role-of-personality-in-leader-effectiveness/, consulté en novembre 2021.

29. Michael Mann, *The Sources of Social Power*, vol. 3, *Global Empires and Revolution, 1890-1945*, Cambridge, Cambridge University Press, 2012, p. 5-13.

30. Max Weber, *op. cit.*, p. 53.

31. Michael Mann, *op. cit.*, p. 13.

32. Voir Archie Brown, *op. cit.*, p. 45.

33. Ruth Ben-Ghiat, *Strongmen. Mussolini to the Present*, New York, W. W. Norton & Company, 2020, situe Trump et d'autres leaders populistes actuels dans une lignée généalogique remontant aux principaux dictateurs du XXe siècle.

Chapitre 1. Vladimir Ilitch Lénine
Leader révolutionnaire, fondateur de l'État bolchevique

1. Robert Service, *Lenin. A Biography*, Londres, Macmillan, 2000, p. 134-135, sur le changement de nom ; en français, *Lénine*, trad. Martine Devillers-Argouarc'h, Paris, Perrin, 2012, p. 221.

2. Hans-Peter Schwarz, *Das Gesicht des Jahrhunderts*, *op. cit.*, p. 231.

3. Geoffrey Hosking, *Russia and the Russians*, Londres, Allen Lane, 2001, p. 362-385.

4. Michael Mann, *Global Empires and Revolution, 1890-1945*, *op. cit.*, p. 174-190, surtout p. 182-183, 188-199.

5. Robert Service, *Lenin*, *op. cit.*, p. 232 et trad. p. 391.

6. Dmitri Volkogonov, *Lenin. Life and Legacy*, Londres, HarperCollins, 1995, p. 110, 156 ; version française partielle, *Le Vrai Lénine*, trad. Serge Quadruppani et Dimitri Sesemann, Paris, Robert Laffont, 1995, p. 130, 176.

7. Robert Service, *Lenin*, *op. cit.*, p. 204, 212, 247, 274 et trad. p. 327.

8. Michael Mann, *op. cit.*, p. 175.

9. *Ibid.*, p. 184.

10. Victor Sebestyen, *Lenin the Dictator. An Intimate Portrait*, Londres, Orion Publishing, 2017, p. 22-23. En français, John Reed, *Dix Jours qui ébranlèrent le monde*, trad. Vladimir Pozner, Paris, Seuil, 1986, p. 176-177.

11. Victor Sebestyen, *op. cit.*, p. 156-157.

12. Robert Service, *Lenin*, *op. cit.*, p. 200, 232 et trad. p. 320, 360.

13. *Ibid.*, p. 19, 22 et trad. p. 52, 59 ; Robert Payne, *The Life and Death of Lenin*, New York, Simon and Schuster, 1964, p. 14.

14. Quatorze grandes villes européennes, selon Robert Service, *Lenin*, *op. cit.*, p. 197 et trad. p. 315.

15. Victor Sebestyen, *op. cit.*, p. 30, 184-187.

16. Résumés in Robert Payne, *op. cit.*, p. 147-154 ; Victor Sebestyen, *op. cit.*, p. 138-141 ; Robert Service, *Lenin*, *op. cit.*, p. 135-139 et trad. p. 223-234.

17. Robert Service, *Lenin*, *op. cit.*, p. 152-153 et trad. p. 244-250.

18. *Ibid.*, p. 171, 176 et trad. p. 274-282.

19. Geoffrey Hosking, *Russia and the Russians*, *op. cit.*, p. 361.

20. Robert Service, *Lenin*, *op. cit.*, p. 259 et trad. p. 408.

21. *Ibid.*, p. 263-265 et trad. p. 414-419 ; Martin McCauley (éd.), *The Russian Revolution and the Soviet State, 1917-1921. Documents*, Londres, Macmillan, 1975, p. 54-55.

22. Lars T. Lih, « "All Power to the Soviets !" Biography of a Slogan », *International Relations*, 24 juillet 2017, https://socialistproject.ca/2017/07/b1454/, consulté en novembre 2021.

23. Robert Service, *Lenin*, *op. cit.*, p. 269 et trad. p. 425.

24. Dmitri Volkogonov, *op. cit.*, chap. 5, donne des portraits de chacun d'eux.

25. Michael Mann, *op. cit.*, p. 185-186.

26. Geoffrey Hosking, *A History of the Soviet Union*, Londres, Fontana Press, 1985, p. 43.

27. Victor Sebestyen, *op. cit.*, p. 337 pour les citations.

28. Leonard Schapiro, *1917*, Londres, Penguin, 1985, p. 131-132 ; en français, *Les Révolutions russes de 1917*, trad. Anne Krief, Paris, Flammarion, 1987, p. 200-201.

29. Isaac Deutscher, *The Prophet Armed. Trotsky, 1879-1921*, Oxford, Oxford University Press, 1970, p. 311-312 ; en français, *Trotsky. Le Prophète armé*, trad. Paulette Péju et Étienne Bolo, Paris, Julliard, 1962, p. 413-414.

30. Robert Service, *Lenin*, *op. cit.*, p. 308-309 et trad. p. 482-485.

31. Isaac Deutscher, *op. cit.*, p. 325 et trad. p. 429-430 ; Robert Service, *Trotsky. A Biography*, Londres, Macmillan, 2009, p. 191 ; en français, *Trotsky*, trad. Martine Devillers-Argouarc'h, Paris, Perrin, 2011, p. 297.

32. Robert Gellately, *Lenin, Stalin and Hitler. The Age of Social Catastrophe*, Londres, Jonathan Cape, 2007, p. 42-43.

33. Robert Service, *A History of Twentieth-Century Russia*, Londres, Allen Lane, 1998, p. 73.

34. Leonard Schapiro, *op. cit.*, chap. 9-10 ; Robert Service, *Lenin*, *op. cit.*, p. 314-319 et trad. p. 495-500.

35. Victor Sebestyen, *op. cit.*, p. 381 ; ainsi que Robert Payne, *op. cit.*, p. 426.

36. Leonard Schapiro, *op. cit.*, p. 147-149 et trad. p. 223-224 ; Robert Service, *Russia*, *op. cit.*, p. 74-75.

37. Orlando Figes, *A People's Tragedy. The Russian Revolution, 1891-1924*, Londres, Jonathan Cape, 1996, p. 631, 642 ; en français, *La Révolution russe. La tragédie d'un peuple*, trad. Pierre-Emmanuel Dauzat, Paris, Denoël, 2007, p. 777-778, 789-790 ; Robert Gellately, *op. cit.*, p. 46-48.

38. Orlando Figes, *A People's Tragedy*, *op. cit.*, p. 630-631 et trad. p. 777.

39. Dmitri Volkogonov, *op. cit.*, p. 313 (ainsi que 306, 311) et trad. p. 261, 302, 304.

40. Orlando Figes, *A People's Tragedy*, *op. cit.*, p. 627-629 et trad. p. 772-776.

41. Dmitri Volkogonov, *op. cit.*, p. 148-149.

42. Evan Mawdsley, *The Russian Civil War*, Londres, Birlinn, 2000, p. 7, sur les effectifs de l'armée.

43. Robert Service, *Lenin*, *op. cit.*, p. 336-340 (citation p. 339) et trad. p. 523-530 (citation p. 528) ; Evan Mawdsley, *op. cit.*, p. 42-46.

44. Robert Service, *Trotsky*, *op. cit.*, p. 216 et trad. p. 334.

45. Robert Service, *Lenin*, *op. cit.*, p. 403 et trad. p. 634-635.

46. Orlando Figes, *A People's Tragedy*, *op. cit.*, p. 618, 622-623 et trad. p. 762, 767-768 ; *id.*, *Revolutionary Russia, 1891-1991*, Londres, Pelican Books, 2014, p. 153.

47. Robert Service, *Lenin*, *op. cit.*, p. 363 et trad. p. 566 ; Robert Gellately, *op. cit.*, p. 53.

48. Dmitri Volkogonov, *op. cit.*, p. 233-234 et trad. p. 247-248.

49. *Ibid.*, p. 235-240 et trad. p. 248-252.

50. Orlando Figes, *A People's Tragedy*, *op. cit.*, p. 640, 647, 649 (et 627-649) et trad. p. 787-788, 786, 798-799 (et 772-799 sur l'expansion de la terreur).

51. Robert Service, *Lenin*, *op. cit.*, p. 443 (et d'autres aperçus du plaidoyer de Lénine pour la Terreur p. 395, 411-412, 431, 435, 444) et trad. p. 683 (et 684).

52. Orlando Figes, *Revolutionary Russia*, *op. cit.*, p. 159.

53. Robert Service, *Lenin*, *op. cit.*, p. 408-409 et trad. p. 628-631 ; Dmitri Volkogonov, *op. cit.*, p. 388 et trad. p. 351 ; Victor Sebestyen, *op. cit.*, p. 460-461 ; Robert Payne, *op. cit.*, p. 525 ; Robert Service, *Trotsky*, *op. cit.*, p. 272-278 et trad. p. 419-426.

54. Evan Mawdsley, *op. cit.*, p. 349-361.

55. Robert Service, *Lenin*, *op. cit.*, p. 412, 418-419 et trad. p. 632, 644-645.

56. Geoffrey Hosking, *A History of the Soviet Union*, *op. cit.*, p. 134-135.

57. Orlando Figes, *Revolutionary Russia*, *op. cit.*, p. 166-167, 190.

58. Robert Service, *Lenin*, *op. cit.*, p. 422-433 et trad. p. 651-672.

59. Orlando Figes, *Revolutionary Russia*, *op. cit.*, p. 189-194.

60. Ce paragraphe s'appuie sur Robert Service, *Lenin*, *op. cit.*, chap. 26-27.

61. Stephen Kotkin, *Stalin. Paradoxes of Power, 1878-1928*, Londres, Penguin, 2015, p. 498-501.

62. Archie Brown, *The Myth of the Strong Leader*, *op. cit.*, p. 217.

63. Robert Service, *Lenin*, *op. cit.*, p. 475-481 et trad. p. 717-741 sur les derniers mois et la mort.

64. Jan Plamper, *The Stalin Cult*, New Haven et Londres, Yale University Press, 2012, p. 22.

65. Arthur Schweitzer, *The Age of Charisma*, *op. cit.*, p. 167.

66. Moshe Lewin, *The Making of the Soviet System*, Londres, Methuen, 1985, p. 57-71 ; en français, *La Formation du système soviétique*, trad. Pierre-Emmanuel Dauzat, Paris, Gallimard, « Tel », 2013, p. 87-109.

67. Jan Plamper, *op. cit.*, p. 24.

68. Orlando Figes, *Revolutionary Russia*, *op. cit.*, p. 181-182.

69. « Russians Say Lenin Played Positive Role : Poll », https://www.rferl.org/a/russia-lenin-positive-role-levada-poll/28441045.html, consulté en novembre 2021.

70. Alice Underwood, « Why Lenin's Corpse Lives On in Putin's Russia », https://www.wilsoncenter.org/blog-post/why-lenins-corpse-lives-putins-russia, consulté en novembre 2021.

Chapitre 2. Benito Mussolini
Icône du fascisme

1. Outre-Atlantique, Mussolini jouit d'une « grande popularité » aux États-Unis. John P. Diggins, *Mussolini and Fascism. The View from America*, Princeton, Princeton University Press, 1972, p. 23.

2. Winston S. Churchill, *The Second World War*, vol. 2, *Their Finest Hour*, Londres, 1949, p. 548.

3. Denis Mack Smith, *Mussolini*, Londres, 1983, XIV, p. 122 ; citation in A. J. P. Taylor, *The Origins of the Second World War*, Harmondsworth, Penguin, 1964, p. 85 ; R. J. B. Bosworth, *Mussolini*, Londres, Arnold, 2002, p. 424.

4. R. J. B. Bosworth, *The Italian Dictatorship*, Londres, Arnold, 1998, p. 76-81, sonde la persistance d'une opinion méprisante et dédaigneuse à l'égard de Mussolini, perçu tel un « dictateur de camelote » ou un « César de carnaval » – en fait une coquille vide qui a des prétentions.

5. Luisa Passerini, *Mussolini Immaginario*, Rome et Bari, Einaudi, 1991, p. 70-76, 99-101.

6. Hans Woller, *Mussolini. Der erste Faschist*, Munich, C. H. Beck, 2016, p. 57-58.

7. Hans Woller, *Mussolini*, *op. cit.*, p. 59-60 ; R. J. B. Bosworth, *Mussolini*, *op. cit.*, p. 110 ; Denis Mack Smith, *op. cit.*, p. 33.

8. Emilio Gentile, « Paramilitary Violence in Italy : the Rationale of Fascism and the Origins of Totalitarianism », in Robert Gerwarth et John Horne (dir.), *War in Peace. Paramilitary Violence in Europe after the Great War*, Oxford, Oxford University Press, 2012, p. 89.

9. Adrian Lyttelton, *The Seizure of Power. Fascism in Italy, 1919-1929*, Londres, 1987, p. 77 ; Robert O. Paxton, *The Anatomy of Fascism*, Londres, Allen Lane, 2004, p. 117-118 ; en français, *Le Fascisme en action*, trad. William Olivier Desmond, Paris, Seuil, 2004, p. 199-200.

10. Dominique Kirchner Reill, *The Fiume Crisis*, Cambridge, Mass., Harvard University Press, 2020, p. 16-21.

11. Emilio Gentile, « Paramilitary Violence in Italy », *op. cit.*, p. 89-92 ; Michael Mann, *Fascists*, Cambridge, Cambridge University Press, 2004, p. 100-118 ; Wolfgang Schieder (dir.), *Faschismus als soziale Bewegung*, Hambourg, Hoffmann und Campe, 1976, p. 75.

12. Roger Griffin, *The Nature of Fascism*, Londres, Pinter Publishers, 1991, p. 26-27.

13. Michael R. Ebner, *Ordinary Violence in Mussolini's Italy*, New York, Cambridge University Press, 2011, p. 25-34 ; Matteo Millan, « The Institutionalisation of Squadrismo », *Contemporary European History*, vol. 22, n° 4, 2014, p. 556 ; Jens Petersen, « Violence in Italian Fascism, 1919-1925 », in Wolfgang J. Mommsen et Gerhard Hirschfeld (dir.), *Social Protest, Violence and Terror in Nineteenth- and Twentieth-Century Europe*, Londres, Macmillan, 1982, p. 280-294, donne des statistiques sur l'escalade de la violence.

14. Adrian Lyttelton, *The Seizure of Power*, *op. cit.*, p. 44-46 ; Denis Mack Smith, *op. cit.*, p. 52, pour le rejet du programme de 1919.

15. Paul Corner, *Fascism in Ferrara, 1915-1925*, Oxford, Oxford University Press, 1975, p. 170-176.

16. Frank M. Snowden, *The Fascist Revolution in Tuscany, 1919-22*, Cambridge, Cambridge University Press, 1989, p. 60-61, 102, 147.

17. Emilio Gentile, « Fascism in Power: the Totalitarian Experiment », in Adrian Lyttelton (dir.), *Liberal and Fascist Italy*, Oxford, Oxford University Press, 2002, p. 144.

18. MacGregor Knox, *To the Threshold of Power, 1922/33*, Cambridge, Cambridge University Press, 2007, p. 328 ; Hans Woller, *Mussolini*, *op. cit.*, p. 72-74 ; R. J. B. Bosworth, *Mussolini*, *op. cit.*, p. 157-162 ; Pierre Milza, *Mussolini*, Paris, Fayard, 1999, p. 282-289.

19. MacGregor Knox, *To the Threshold of Power*, *op. cit.*, p. 329.

20. Marco Tarchi, « Italy: Early Crisis and Fascist Takeover », in Dirk Berg-Schlosser et Jeremy Mitchell (dir.), *Conditions of Democracy in Europe, 1919-1939 : Systematic Case Studies*, Basingstoke, Palgrave, 2000, p. 304-313.

21. MacGregor Knox, *To the Threshold of Power*, *op. cit.*, p. 268-281, 327.

22. Giulia Albanese, *The March on Rome: Violence and the Rise of Italian Fascism*, Londres, Routledge, 2019, p. x, xiii, 74-77, 86-87.

23. Denis Mack Smith, *op. cit.*, p. 62-63.

24. Giulia Albanese, *op. cit.*, p. 91-92.

25. Hans Woller, *Mussolini*, *op. cit.*, p. 67.

26. Wolfgang Schieder (dir.), *Faschismus als soziale Bewegung*, *op. cit.*, p. 80-83, pour l'essor du parti et son caractère social changeant.

27. Adrian Lyttelton, « Fascism in Italy: the Second Wave », in George L. Mosse (dir.), *International Fascism: New Thoughts and New Approaches*, Londres, Sage, 1979, p. 45, 48.

28. R. J. B. Bosworth, *Mussolini*, *op. cit.*, p. 199 ; Adrian Lyttelton, *The Seizure of Power*, *op. cit.*, p. 250.

29. Adrian Lyttelton, « Fascism in Italy », *op. cit.*, p. 47-48.

30. R. J. B. Bosworth, *Mussolini*, *op. cit.*, p. 203 ; Adrian Lyttelton, *The Seizure of Power*, *op. cit.*, p. 265-266 ; Pierre Milza, *op. cit.*, p. 345-350.

31. Hans Woller, *Mussolini*, *op. cit.*, p. 115-117.

32. Matteo Millan, *op. cit.*, p. 550 ; Adrian Lyttelton, *The Seizure of Power*, *op. cit.*, p. 269-307, traite en détail du secrétariat de Farinacci et du déclin du parti ; Pierre Milza (*op. cit.*), au chap. 12, décrit les composantes de la structure du pouvoir sous Mussolini.

33. Michael R. Ebner, *op. cit.*, p. 48-71.

34. Emilio Gentile, « Fascism in Power », *op. cit.*, p. 169.

35. Amedeo Osti Guerrazzi, « Das System Mussolini. Die Regierungspraxis des Diktators 1922 bis 1943 im Spiegel seiner Audienzen », *Vierteljahrshefte für Zeitgeschichte*, vol. 66, n° 2, 2018, p. 217-225.

36. Hans Woller, *Mussolini*, *op. cit.*, p. 118-119.

37. Emilio Gentile, *La Religion fasciste* (1993), trad. Julien Gayrard, Paris, Perrin, 2002, p. 260-265.

38. Stephen Gundle, Christopher Duggan et Giuliana Pieri (dir.), *The Cult of the Duce. Mussolini and the Italians*, Manchester, Manchester University Press, 2015, notamment p. 2-4, 27-40 ; Christopher Duggan, *Fascist Voices*, Londres, Bodley Head, 2012, p. XI, 230, 241, 279 ; Piero Melograni, « The Cult of the Duce in Mussolini's Italy », in George L. Mosse (dir.), *International Fascism*, *op. cit.*, p. 73-90 ; Frank Dikötter, *How to Be a Dictator*, *op. cit.*, p. 14-19 et trad. chap. 1 ; Hans Woller, *Mussolini*, *op. cit.*, p. 114-115 ; Pierre Milza, *op. cit.*, p. 555-562 ; Paul Corner, *The Fascist Party and Popular Opinion in Mussolini's Italy*, Oxford, Oxford University Press, 2012, p. 210-211, 280 ; *id.* (dir.), *Popular Opinion in Totalitarian Regimes*, Oxford, Oxford University Press, 2009, p. 122-146.

39. Paul Corner (dir.), *Popular Opinion*, *op. cit.*, p. 138-141 ; John Gooch, *Mussolini's War*, Londres, Allen Lane, 2020, p. 33.

40. Denis Mack Smith, *op. cit.*, p. 220-221.

41. MacGregor Knox, *Mussolini Unleashed, 1939-1941*, Cambridge, Cambridge University Press, 1986, p. 9-10.

42. Ciano, *Journal politique, 1937-1943*, trad. Emmanuel Mattiato, Paris, Perrin, 2015-18 juin 1938, 17 juillet 1938, 4 novembre 1938 et 27 mars 1939.

43. L'expression fut d'abord utilisée in Hans Mommsen, *Beamtentum im Dritten Reich*, Stuttgart, 1966, p. 98 n. 26.

44. MacGregor Knox, *Common Destiny. Dictatorship, Foreign Policy, and War in Fascist Italy and Nazi Germany*, Cambridge, Cambridge University Press, 2000, p. 142-143.

45. Christian Goeschel, *Mussolini and Hitler*, New Haven et Londres, Yale University Press, 2018, p. 45-52.

46. *Ibid.*, p. 89-90.

47. Ciano, *Journal politique*, *op. cit.*, 15 mars 1939.

48. MacGregor Knox, *Common Destiny*, *op. cit.*, p. 137-144 ; John Gooch, *op. cit.*, p. 15-17.

49. John Gooch, *op. cit.*, p. 33.

50. Joe Maiolo, *Cry Havoc: The Arms Race and the Second World War, 1931-1941*, Londres, John Murray, 2010, p. 196-202 ; John Gooch, *op. cit.*, p. 55-56 ; MacGregor Knox, *Common Destiny*, *op. cit.*, p. 150-151.

51. Paul Corner (dir.), *Popular Opinion*, *op. cit.*, p. 138-141 ; Christian Goeschel, « Mussolini, Munich and the Italian People », in Julie Gottlieb, Daniel Hucker et Richard Toye (dir.), *The Munich Crisis. Politics and the People*, Manchester, Manchester University Press, 2021, p. 156-158, 161, 165-166.

52. Hans Woller, *Geschichte Italiens im 20. Jahrhundert*, Munich, C. H. Beck, 2010, p. 153-161 ; Hans Woller, *Mussolini*, *op. cit.*, p. 164-171 ; R. J. B. Bosworth, *Mussolini*, *op. cit.*, p. 338-344.

53. Michele Sarfatti, *The Jews in Mussolini's Italy*, Madison, Wisconsin University Press, 2006, p. x, 42-43, 53-54.

54. Ciano, *Journal politique*, *op. cit.*, 24 août 1939.

55. MacGregor Knox, *Mussolini Unleashed*, *op. cit.*, p. 104-105.

56. Hans Woller, *Mussolini*, *op. cit.*, p. 209.

57. MacGregor Knox, *Mussolini Unleashed*, *op. cit.*, p. 18-30.

58. Hans Woller, *Mussolini*, *op. cit.*, p. 200.

59. John Gooch, *op. cit.*, p. 296, 350.

60. Filippo Focardi, « Italy's Amnesia over War Guilt: The "Evil Germans" Alibi », *Mediterranean Quarterly*, vol. 25, n° 4, 2014, p. 8 ; Hans Woller, *Mussolini*, *op. cit.*, p. 233-234.

61. Claudia Baldoli, « Spring 1943: the Fiat Strikes and the Collapse of the Italian Home Front », *History Workshop Journal*, vol. 72, n° 1, 2011, p. 181-189 ; John Gooch, *op. cit.*, p. 365.

62. R. J. B. Bosworth, *Mussolini*, *op. cit.*, p. 403-404.

63. Hans Woller, *Mussolini*, *op. cit.*, p. 298-301 ; MacGregor Knox, « Das faschistische Italien und die "Endlösung" 1942/43 », *Vierteljahrshefte für Zeitgeschichte*, vol. 55, 2007, p. 53-55, 77-79, 91-92 ; Meir Michaelis, *Mussolini and the Jews*, New York, Oxford University Press, 1978, p. 323, 348-350, 389-390, 408-414.

64. Claudio Pavone, *Une guerre civile. Essai historique sur l'éthique de la Résistance italienne* (1991), trad. Jérôme Grossman et Bernard Droz, Paris,

Seuil, 2005, chap. 5 ; Hans Woller, *Geschichte Italiens*, *op. cit.*, p. 197-198 ; H. James Burgwyn, *Mussolini and the Salò Republic, 1943-1945*, Cham, Palgrave Macmillan, 2018, p. 335-336.

65. Hans Woller, *Die Abrechnung mit dem Faschismus in Italien 1943-1948*, Munich, R. Oldenbourg, 1996, p. 279.

66. Paul Ginsborg, *A History of Contemporary Italy. Society and Politics, 1943-1988*, New York, St. Martin Griffin, 2003, p. 92.

67. Hans Woller, *Die Abrechnung mit dem Faschismus*, *op. cit.*, p. 271-273 ; Filippo Focardi et Lutz Klinkhammer, « The Question of Fascist Italy's War Crimes: the Construction of a Self-acquitting Myth (1943-1948) », *Journal of Modern Italian Studies*, vol. 9, n° 3, 2004, p. 330-348.

68. Le degré de soutien au dictateur suscita des contestations surtout après la publication du volume 4, *Mussolini il duce. Gli anni del consenso 1929-1936*, Turin, Einaudi, 1974. Wolfgang Schieder en critiqua fortement la méthode, l'approche et l'évaluation, in *Faschistische Diktaturen*, Göttingen, Wallstein, 2008, p. 50-55.

69. Michael A. Ledeen, « Renzo De Felice and the Controversy over Italian Fascism », *Journal of Contemporary History*, vol. 11, 1976, p. 269-282 ; Renzo De Felice et Michael A. Ledeen, *Fascism : An Informal Introduction to Its Theory and Practice*, Londres (1976), 2017.

70. Stephen Gundle, Christopher Duggan et Giuliana Pieri (dir.), *op. cit.*, p. 252-254.

71. Ruth Ben-Ghiat, in *Strongmen*, *op. cit.*, p. 79-83 et 244-245, mesure l'attrait d'« hommes forts » tels que Silvio Berlusconi et Matteo Salvini.

72. Angelo Amante, « Half of Italians Want "Strongman" in Power, Survey Shows », https://www.reuters.com/article/us-italy-politics-survey-idUSKBN1YA1X5/, consulté en novembre 2021.

73. Hans Woller, *Mussolini*, *op. cit.*, p. 317-323 ; R. J. B. Bosworth, *Mussolini*, *op. cit.*, p. 413-419.

74. https://en.wikipedia.org/wiki/Benito_Mussolini, consulté en novembre 2021.

Chapitre 3. Adolf Hitler
Instigateur de la guerre et du génocide

1. Jeremy Noakes et Geoffrey Pridham (dir.), *Nazism, 1919-1945*, vol. 3, Exeter, University of Exeter Press, 1988, p. 764-775 (et 740). Pour ce chapitre, on trouvera les références complètes dans ma biographie en deux volumes : Ian Kershaw, *Hitler, 1889-1936: Hubris* et *Hitler, 1936-1945: Nemesis*, Londres, Allen Lane, 1998 et 2000 ; en français, *Hitler. 1889-1936 : Hubris* et *Hitler. 1936-1945 : Némésis*, trad. Pierre-Emmanuel Dauzat, Paris, Flammarion, 1999 et 2000. Il existe d'autres biographies substantielles : Alan Bullock, *Hitler. A Study in Tyranny*, 2e éd., Harmondsworth, 1962 ; en français, *Hitler*

ou les mécanismes de la tyrannie, trad. Gérard Colson, Verviers, Gérard & Cie, 1962 ; Joachim C. Fest, *Hitler*, *op. cit.* ; Volker Ullrich, *Hitler*, Londres, 2 vol., 2016 et 2020 ; en français, premier volume, *L'Ascension, 1889-1939*, trad. Olivier Mannoni, Paris, Gallimard, 2017 ; Peter Longerich, *Hitler: A Life*, Londres, Oxford University Press, 2019 ; en français, *Hitler*, trad. Tilman Chazal *et al.*, Paris, Héloïse d'Ormesson, 2017. Brendan Simms, *Hitler: Only the World Was Enough*, Londres, Allen Lane, 2019, est le seul à soutenir que l'obsession idéologique centrale de Hitler était le capitalisme américain.

2. Les diverses attitudes envers Hitler sont résumées in Ian Kershaw, *The « Hitler Myth »: Image and Reality in the Third Reich*, Oxford, Oxford University Press, 1987, p. 264-266 ; en français, *Le Mythe Hitler. Image et réalité sous le IIIe Reich*, trad Paul Chemla, Paris, Flammarion, « Champs », 2013, p. 321-326.

3. Hans Mommsen, « Nationalsozialismus », in *Sowjetsystem und demokratische Gesellschaft*, vol. 4, Fribourg, 1971, colonne 702.

4. Claudia Schmölders, *Hitlers Gesicht*, Munich, C. H. Beck, 2000, p. 7-14.

5. Eberhard Jäckel et Axel Kuhn (dir.), *Hitler. Sämtliche Aufzeichnungen 1905-1924*, Stuttgart, DVA, 1980, p. 69.

6. Thomas Weber, *Hitler's First War*, Oxford, Oxford University Press, 2010, p. 250-255, 345-346 ; en français, *La Première Guerre d'Hitler*, trad. Michel Bessières, Paris, Perrin, 2012, fin du chap. 10 et épilogue.

7. Jeremy Noakes et Geoffrey Pridham (dir.), *Nazism, 1919-1945*, vol. 1, Exeter, University of Exeter Press, 1983, p. 13.

8. L'édition qui fait autorité est désormais celle de l'Institut für Zeitgeschichte de Munich : *Hitler. Mein Kampf. Eine kritische Edition*, éd. Christian Hartmann *et al.*, Munich, 2016.

9. Point souligné dans la première analyse systématique de *Mein Kampf* par Eberhard Jäckel, *Hitlers Weltanschauung. Entwurf einer Herrschaft*, Tübingen, Wunderlich, 1969, p. 140-141 ; en français, *Hitler idéologue*, trad. Jacques Chavy, Paris, Calmann-Lévy, 1973 ; rééd. Gallimard, 1995, p. 147-148 ; et plus récemment par Laurence Rees, *Hitler and Stalin*, Londres, Viking, 2020, p. 1-2.

10. Lothar Machtan, *The Hidden Hitler*, Londres, 2001, p. 88-93 (citation p. 93) ; en français, *La Face cachée d'Adolf Hitler*, trad. Odile Demange, Paris, L'Archipel, 2002.

11. Anton Joachimsthaler, *Hitlers Liste*, Munich, Herbig, 2003, fait litière de nombreuses légendes infondées et éclaire, tout spécialement, ses relations avec les femmes.

12. Otto Gritschneder, *Der Hitler-Prozeß und sein Richter Georg Neithardt*, Munich, C. H. Beck, 2001, p. 51.

13. Gregor Strasser recourut à une terminologie féodale – « duc et vassal » – pour décrire en 1927 la relation du chef et de ses partisans comme l'essence du Parti nazi. Jeremy Noakes et Geoffrey Pridham (dir.), *Nazism*, vol. 1, *op. cit.*, p. 54.

14. Kurt Sontheimer, *Antidemokratisches Denken in der Weimarer Republik*, Munich, Nymphenburger, 1962, p. 271.

15. Richard J. Evans, *The Coming of the Third Reich*, Londres, Allen Lane, 2003 ; en français, *Le Troisième Reich, 1933-1939*, trad. Barbara Hochstedt, Paris, Flammarion, 2009, offre un guide complet et lucide de la crise à plusieurs étages.

16. Martin Broszat, *German National Socialism, 1919-1945*, Santa Barbara, 1966, p. 58-59.

17. Heinrich August Winkler, *Weimar 1918-1933. Die Geschichte der ersten deutschen Demokratie*, Munich, C. H. Beck, 1993, chap. 14-18, est un excellent guide des complexités de l'aggravation de la crise politique, finalement mortelle.

18. Dietrich Orlow, *The History of the Nazi Party, 1919-1933*, Newton Abbot, 1971, p. 294-296.

19. Benjamin Carter Hett, *Burning the Reichstag*, Oxford et New York, Oxford University Press, 2014, jette de nouveaux doutes sur la théorie, défendue de longue date, suivant laquelle un jeune ex-communiste hollandais, Marinus van der Lubbe, aurait été l'unique auteur.

20. D'éminents spécialistes de droit constitutionnel soulignèrent cette interprétation : Jeremy Noakes et Geoffrey Pridham (dir.), *Nazism, 1919-1945*, vol. 2, Exeter, University of Exeter Press, 1984, p. 200, 476, 486.

21. *Ibid.*, p. 200.

22. Franz Neumann, *Behemoth: the Structure and Practice of National Socialism*, Londres, 1942, p. 75 ; en français, *Béhémoth. Structure et pratique du national-socialisme*, trad. Gilles Dauvé et Jean-Louis Boireau, Paris, Payot, 1987, p. 94, fut l'un des premiers à souligner l'importance du pouvoir charismatique de Hitler ; Laurence Rees, *The Dark Charisma of Adolf Hitler*, Londres, Ebury, 2012, évalue son impact.

23. Jeremy Noakes et Geoffrey Pridham (dir.), *Nazism*, vol. 2, *op. cit.*, p. 207.

24. Heike B. Görtemaker, *Hitlers Hofstaat*, Munich, C. H. Beck, 2019, explore la composition et la nature du cercle du Berghof.

25. Leonidas E. Hill (éd.), *Die Weizsäcker-Papiere 1933-1950*, Francfort, Propyläen, 1974, p. 162.

26. Helmut Krausnick et Hans-Heinrich Wilhelm, *Die Truppe des Weltanschauungskrieges*, Stuttgart, DVA, 1981, p. 86.

27. Christopher R. Browning, *The Origins of the Final Solution*, Jérusalem, Yad Vashem, 2004, p. 241 ; en français, *Les Origines de la Solution finale. L'évolution de la politique antijuive des nazis*, trad. Jacqueline Carnaud et Bernard Frumer, Paris, Les Belles Lettres, 2007, p. 261.

28. Gerald Fleming, *Hitler und die Endlösung*, Wiesbaden, Limes, 1982, p. 86 ; en français, *Hitler et la Solution finale*, trad. Catherine d'Aragon, préf. Alfred Grosser, postface de Saul Friedländer, Paris, Commentaire/Julliard, 1988, p. 73.

29. Elke Fröhlich (éd.), *Die Tagebücher von Joseph Goebbels*, partie 2, vol. 2, Munich, 1996, p. 498 ; passage absent de la traduction française : *Journal, 1940-1943*, trad. Olivier Mannoni, Paris, Tallandier, 2009.

30. Jeremy Noakes et Geoffrey Pridham (dir.), *Nazism, 1919-1945*, vol. 3, Exeter, University of Exeter Press, 1988, p. 1049.

31. Peter Longerich, *The Unwritten Order: Hitler's Role in the Final Solution*, Londres, Tempus, 2001, p. 106.

32. Par exemple, Peter Witte *et al.*, *Der Dienstkalender Heinrich Himmlers 1941/42*, Hambourg, Christians Verlag, 1999, p. 294, note l'accord de Hitler, le 18 décembre 1941, pour l'exécution des Juifs en tant que partisans. Voir Gerald Fleming, *op. cit.*, p. 62-68, 163-165 et trad. p. 78-89 et 148-151, à propos de Himmler invoquant l'autorisation de Hitler pour ses actions.

33. Peter Longerich, *The Unwritten Order*, *op. cit.*, p. 119.

34. Nicolaus von Below, *Als Hitlers Adjutant 1937-45*, Mayence, 1980, p. 398 ; en français, *À la droite d'Hitler. Mémoires, 1937-1945*, trad. Denis-Armand Canal, Paris, Perrin, 2019, p. 500.

35. Ralf Dahrendorf, *Society and Democracy in Germany*, Londres, Weidenfeld & Nicolson, 1968, p. 402, 404.

36. Mary Fulbrook, *Reckonings*, Oxford, Oxford University Press, 2018, p. 245-258.

Chapitre 4. Joseph Staline

Terreur de son peuple, héros de la « Grande Guerre patriotique »

1. Nikita Khrouchtchev, *Souvenirs*, Paris, Robert Laffont, 1971, p. 545.

2. La section qui suit s'appuie largement sur Robert Service, *Stalin. A Biography*, Londres, Macmillan, 2004 ; en français, *Staline*, trad. Martine Devillers-Argouarc'h, Paris, Perrin, 2013 ; Robert C. Tucker, *Stalin as Revolutionary, 1879-1929*, Londres, Chatto & Windus, 1974 ; Simon Sebag Montefiore, *Stalin. The Court of the Red Tsar*, Londres, Weidenfeld & Nicolson, 2003 ; en français, *Staline : la cour du tsar rouge*, trad. Florence La Bruyère et Antonina Roubichou-Stretz, Paris, Éditions des Syrtes, 2005 ; Edvard Radzinsky, *Stalin*, New York, Doubleday, 1996 ; en français, *Joseph Staline*, trad. Anne Coldefy-Faucard, Paris, Le Cherche Midi, 2011 ; et l'étude exhaustive et plus récente de Stephen Kotkin, *Stalin. Paradoxes of Power, 1878-1928*, *op. cit.*

3. Robert Service, *Stalin*, *op. cit.*, p. 10-11 et trad. p. 28-30, résume le problème.

4. Laurence Rees, *Hitler and Stalin. The Tyrants and the Second World War*, Londres, Viking, 2020, p. XXVI.

5. Nikita Khrouchtchev, *op. cit.*, p. 333.

6. Stephen Kotkin, *Stalin. Waiting for Hitler, 1929-1941*, Londres, Allen Lane, 2018, p. 234-235, 492-493.

7. Simon Sebag Montefiore, *op. cit.*, p. 305-306 et trad. p. 471-476.

8. *Ibid.*, p. 259-261 et trad. p. 311-312.

9. Stephen Kotkin, *Stalin. Paradoxes of Power*, *op. cit.*, p. 422.

10. Evan Mawdsley, *The Stalin Years. The Soviet Union, 1929-1953*, Manchester, Manchester University Press, 1998, p. 80.

11. Voir Robert Service, *Stalin*, *op. cit.*, p. 165-166 et trad. p. 243-245.

12. Adam B. Ulam, *Stalin. The Man and His Era*, Boston, Beacon Press, 1989, p. 218-219 ; en français, *Staline. L'homme et son temps*, Paris, Calmann-Lévy et Gallimard, 1977, 2 vol. ; Robert C. Tucker, *Stalin as Revolutionary*, *op. cit.*, p. 288-2899. Pour le texte français du Testament, voir https://www.marxists.org/francais/lenin/works/1923/12/vil19231225.htm.

13. Que Lénine, rendu presque totalement invalide par une série d'attaques, ait réellement écrit ou dicté le document reste douteux. On a soupçonné la main de sa femme, Kroupskaïa, cherchant à brouiller les eaux de la succession en dénigrant Staline aussi bien que d'autres prétendants. Stephen Kotkin, *Stalin. Paradoxes of Power*, *op. cit.*, p. 498-501.

14. Voir Robert Service, *Stalin*, *op. cit.*, p. 147 et trad. p. 207 : « S'il était mort en septembre [1917], personne n'aurait écrit sa biographie. » La date fatidique aurait pu aussi bien être 1924 et le Testament, de Lénine.

15. Voir Moshe Lewin, *The Making of the Soviet System*, *op. cit.*, chap. 11 et trad. « L'arrière-plan social du stalinisme ».

16. Robert Service, *A History of Twentieth-Century Russia*, *op. cit.*, p. 162.

17. Pour un exposé clair des rivalités, voir Robert C. Tucker, *Stalin as Revolutionary*, *op. cit.*, p. 299-303.

18. Stephen Kotkin, *Stalin. Paradoxes of Power*, *op. cit.*, p. 662-676 ; Alec Nove, *Stalinism and After*, Londres, George Allen & Unwin, 1981, p. 29-37.

19. Hans Mommsen, « Cumulative Radicalisation and Progressive Self-Destruction as Structural Determinant of the Nazi Dictatorship », in Ian Kershaw et Moshe Lewin (dir.), *Stalinism and Nazism: Dictatorships in Comparison*, Cambridge, Cambridge University Press, 1997, p. 75-87.

20. Moshe Lewin, « Bureaucracy and the Stalinist State », in Ian Kershaw et Moshe Lewin (dir.), *op. cit.*, p. 62-63 à propos d'une croissance de 15 % de la bureaucratie entre 1928 et 1939.

21. Stephen Kotkin, *Stalin. Waiting for Hitler*, *op. cit.*, p. 162 ; Moshe Lewin, *The Soviet Century*, Londres, Verso, 2005, p. 84-89 ; en français, *Le Siècle soviétique*, trad. Denis Paillard et Florence Prudhomme, Paris, Fayard, 2003, p. 115-122 ; Richard Overy, *The Dictators. Hitler's Germany, Stalin's Russia*, Londres, Allen Lane, 2004, p. 65, 169.

22. Le culte de Staline fit son apparition en 1929 à l'occasion de la célébration du cinquantième anniversaire du dictateur. Il resta relativement discret trois années durant, peut-être pour éviter le lien entre Staline et les bouleversements de la collectivisation, puis il revint en force à compter du milieu de l'année 1933. Jan Plamper, *The Stalin Cult*, *op. cit.*, p. 29, 36.

23. Robert C. Tucker, *Stalin in Power. The Revolution from Above, 1928-1941*, New York, W. W. Norton & Company, 1990, p. 444.

24. Stephen Kotkin, *Stalin. Waiting for Hitler*, *op. cit.*, p. 497.

25. Stephen Kotkin, *Stalin. Paradoxes of Power*, *op. cit.*, p. 739.

26. Stephen Kotkin, *Stalin. Waiting for Hitler*, *op. cit.*, p. 131.

27. Archie Brown, *The Myth of the Strong Leader*, *op. cit.*, p. 256.

28. Robert Service, *A History of Twentieth-Century Russia*, *op. cit.*, p. 215.

29. Stephen Kotkin, *Stalin. Waiting for Hitler*, *op. cit.*, p. 391-393, 479, 542, 586, 618-619, 740.

30. Lew Besymenski, *Stalin und Hitler. Das Pokerspiel der Diktatoren*, Berlin, Aufbau, 2004, p. 282-290.

31. Richard Overy, *Russia's War, 1941-1945*, Londres, Penguin, 1999, p. 117.

32. *Ibid.*, p. 287-288.

33. Laurence Rees, *War of the Century*, Londres, BBC Books, 1999, p. 323 *sq.* ; *id.*, *Hitler and Stalin*, *op. cit.*, p. 390-391 ; Robert Service, *Stalin*, *op. cit.*, p. 512 et trad. p. 689.

34. Laurence Rees, *War of the Century*, *op. cit.*, p. 152-153.

35. Jörg Baberowski, *Scorched Earth. Stalin's Reign of Terror*, New Haven et Londres, Yale University Press, 2016, p. 362-371 ; Sean McMeekin, *Stalin's War*, Londres, Allen Lane, 2021, p. 317.

36. Jörg Baberowski, *op. cit.*, p. 376-377.

37. *Ibid.*, p. 316-317.

38. *Ibid.*, p. 328-334, 382-384 ; Sean McMeekin, *op. cit.*, p. 146-149.

39. Geoffrey Roberts, *Stalin's Wars*, New Haven et Londres, Yale University Press, 2006, p. 22.

40. *Ibid.*, p. 20-22.

41. Simon Sebag Montefiore, *op. cit.*, p. 334 et trad. p. 398-399 ; Dmitri Volkogonov, *Stalin. Triumph and Tragedy*, Londres, Weidenfeld & Nicolson, 1991, p. 413 ; en français, *Staline. Triomphe et tragédie*, trad. Yvan Mignot, Paris, Flammarion, 1991, p. 330 ; Geoffrey Hosking, *A History of the Soviet Union*, Londres, Fontana Press, 1985, p. 272 ; Edvard Radzinsky, *op. cit.*, p. 472 et trad. p. 547.

42. Edvard Radzinsky, *op. cit.*, p. 472-473 et trad. p. 547-548 ; Jörg Baberowski, *op. cit.*, p. 358.

43. Laurence Rees, *War of the Century*, *op. cit.*, p. 70-73 ; Ian Kershaw, *Fateful Choices. Ten Decision that Changed the World, 1940-1941*, Londres, Penguin, 2008, p. 289-290 ; en français, *Choix fatidiques. Dix décisions qui ont changé le monde*, trad. Pierre-Emmanuel Dauzat, Paris, Seuil, 2009, p. 418-419.

44. Laurence Rees, *War of the Century*, *op. cit.*, p. 63-64, pour sa responsabilité dans la désastreuse perte de Kiev, où six cent mille soldats de l'Armée rouge tombèrent entre les mains des Allemands.

45. John Erickson, *The Road to Stalingrad*, Londres, 1975 (éd. de 1998), p. 335, 337-338 ; David M. Glanz et Jonathan House, *When Titans Clashed.*

How the Red Army Stopped Hitler, Kansas, University Press of Kansas, 1995, p. 105-106.

46. John Erickson, *op. cit.*, p. 347, 349.

47. G. Zhukov, *Reminiscences and Reflections*, Moscou, 1985, vol. 2, p. 71-75, 86 ; en français, Joukov, *Mémoires*, trad. S. Obolensky, Paris, Fayard, 1970, vol. 2, p. 11-17 et 27 ; Laurence Rees, *War of the Century*, *op. cit.*, p. 123-124 ; Geoffrey Roberts, *op. cit.*, p. 122-126 ; Laurence Rees, *Hitler and Stalin*, *op. cit.*, p. 196-202.

48. G. Zhukov, *op. cit.*, p. 79 et trad. p. 19 ; John Erickson, *op. cit.*, p. 370-371.

49. G. Zhukov, *op. cit.*, p. 87-100 et trad. p. 28-37.

50. Geoffrey Roberts, *op. cit.*, p. 159-162 ; David M. Glanz et Jonathan House, *op. cit.*, p. 129, 198-201, 259, 266 ; Laurence Rees, *Hitler and Stalin*, *op. cit.*, p. 369-370.

51. Laurence Rees, *World War Two Behind Closed Doors. Stalin, the Nazis and the West*, Londres, BBC Books, 2008, p. 211, 240-242 ; Sean McMeekin, *op. cit.*, p. 507-511, 600-602.

52. Edvard Radzinsky, *op. cit.*, p. 497 et trad. p. 578.

53. Hans-Peter Schwarz, *Das Gesicht des Jahrhunderts*, *op. cit.*, p. 260-261 ; Richard Overy, *Russia's War*, *op. cit.*, p. 291.

54. *War Diaries, 1939-1945. Field Marshal Lord Alanbrooke*, éd. Alex Danchev et Daniel Todman, Londres, Weidenfeld & Nicolson, 2001, p. 301 (14 août 1942).

55. Robert Service, *Stalin*, *op. cit.*, p. 512 et trad. p. 689 ; Simon Sebag Montefiore, *op. cit.*, p. 436-437 et trad. p. 523.

56. Robert Service, *Stalin*, *op. cit.*, p. 583 et trad. p. 786-787.

57. *Ibid.*, p. 561, 563-564 et trad. p. 751-752 et 759-760.

58. *Ibid.*, p. 630 et trad. p. 849 *sq.*

59. Moshe Lewin, *The Making of the Soviet System*, *op. cit.*, p. 9 et trad. p. 16 ; voir aussi *id.*, *The Soviet Century*, *op. cit.*, p. 10-11 et trad. p. 22-23.

60. Archie Brown, *op. cit.*, p. 255.

61. Sean McMeekin, *op. cit.*, p. 652-655.

62. Robert Service, *Stalin*, *op. cit.*, p. 635-636 et trad. p. 857-859.

63. Geoffrey Roberts, *op. cit.*, p. 3.

Chapitre 5. Winston Churchill
Héros de guerre britannique

1. David Reynolds, *In Command of History*, Londres, Allen Lane, 2004, p. XXI : « Churchill l'historien a façonné notre image du Churchill Premier ministre. Et c'était sa ferme intention. »

2. Roy Jenkins, *Churchill*, Londres, Macmillan, 2001, p. 593.

3. Archie Brown, *The Myth of the Strong Leader*, *op. cit.*, p. 88 ; Roy Jenkins, *op. cit.*, p. 775-777.

4. Andrew Roberts, *Churchill*, *op. cit.*, p. 904-906 et trad. chap. 34.
5. *Ibid.*, p. 113 et trad. chap. 5.
6. Thomas Jones, *A Diary with Letters, 1931-1950*, Oxford, Oxford University Press, 1954, p. 204.
7. Andrew Roberts, *Churchill*, *op. cit.*, p. 210-211 et trad. chap. 10.
8. *Ibid.*, p. 294, 310, 314-316 et trad. chap. 13.
9. Hans-Peter Schwarz, *Das Gesicht des Jahrhunderts*, *op. cit.*, p. 373.
10. Geoffrey Best, *Churchill. A Study in Greatness*, *op. cit.*, p. 138.
11. Andrew Roberts, *Churchill*, *op. cit.*, p. 183 et trad. fin du chap. 8.
12. N. J. Crowson, *Facing Fascism. The Conservative Party and the European Dictators, 1935-1940*, Londres, Routledge, 1997, p. 185.
13. Clive Ponting, *1940. Myth and Reality*, Chicago, I. R. Dee, 1993, p. 57.
14. Winston S. Churchill, *The Second World War*, vol. 1, *The Gathering Storm*, Londres, 1948, p. 601 ; en français, version abrégée postérieure, *Mémoires de guerre*, vol. 1, *1919-février 1941*, trad. François Kersaudy, Paris, Tallandier, « Texto », 2015, livre I, « Les étapes sur la voie du désastre », fin du chap. 22, « La chute du gouvernement ».
15. Andrew Roberts, *« The Holy Fox ». The Life of Lord Halifax*, Londres, Phoenix, 1997, p. 197.
16. Roy Jenkins, *op. cit.*, p. 577-582 ; Andrew Roberts, *Churchill*, *op. cit.*, p. 494-500 concernant le débat, et trad. 1re partie, début du chap. 20, « À la conquête de Downing Street, mai 1940 ».
17. Clive Ponting, *op. cit.*, p. 57.
18. Roy Jenkins, *op. cit.*, p. 583-585 ; Andrew Roberts, *Churchill*, *op. cit.*, p. 507, 500-511 et trad. 1re partie, chap. 20, « À la conquête de Downing Street, mai 1940 » ; Clive Ponting, *op. cit.*, p. 65-66 ; Andrew Roberts, *« The Holy Fox »*, *op. cit.*, chap. 21.
19. Clive Ponting, *op. cit.*, p. 103-311 ; John Lukacs, *Five Days in London. May 1940*, New Haven et Londres, Yale University Press, 2001 ; Ian Kershaw, *Choix fatidiques*, *op. cit.*, chap. 1.
20. Clive Ponting, *op. cit.*, p. 110-111.
21. Andrew Roberts, *« The Holy Fox »*, *op. cit.*, p. 220.
22. Le Foreign Office (ministère des Affaires étrangères), sans l'approbation de Churchill, envisageait encore jusqu'à la mi-juin des possibilités d'approche par la Suède pour un compromis de paix. Clive Ponting, *op. cit.*, p. 111-119.
23. Max Hastings, *Finest Years. Churchill as Warlord, 1940-1945*, Londres, Harper Press, 2009, p. 76-77, 93, pour des exemples.
24. Ce paragraphe s'appuie en grande partie sur Richard Toye, *The Roar of the Lion. The Untold Story of Churchill's World War II Speeches*, Oxford, Oxford University Press, 2015, p. 227-232 ; également Andrew Roberts, *Churchill*, *op. cit.*, p. 535-536, 715-716 et trad. 1re partie, chap. 20, et 2e partie, chap. 22.

25. Andrew Roberts, *Churchill*, *op. cit.*, p. 572, 747 et trad. 2e partie, chap. 22, 23, 26.

26. Richard Toye, *op. cit.*, p. 206.

27. Lord Moran, *Winston Churchill. The Struggle for Survival, 1940-1965*, Londres, Constable, 1966, p. 292.

28. Andrew Roberts, *Churchill*, *op. cit.*, p. 689-690 et trad. 2e partie, chap. 25 ; Max Hastings, *op. cit.*, p. 211-212.

29. War Diaries, 1939-1945. Field Marshal Lord Alanbrooke, *op. cit.*, p. xx-xxi.

30. Andrew Roberts, *Churchill*, *op. cit.*, p. 734 et trad. 2e partie, chap. 25.

31. Roy Jenkins, *op. cit.*, p. 622-624 ; Andrew Roberts, *Churchill*, *op. cit.*, p. 573-574 et trad. 2e partie, chap. 22.

32. Roy Jenkins, *op. cit.*, p. 777-778 ; Max Hastings, *op. cit.*, p. 246-247 ; Andrew Roberts, *Churchill*, *op. cit.*, p. 715 et trad. 2e partie, chap. 31. L'estimation la plus détaillée de l'efficacité du bombardement se trouve chez Richard Overy, *The Bombing War. Europe 1939-1945*, Londres, Allen Lane, 2013 ; en français, *Sous les bombes : nouvelle histoire de la guerre aérienne, 1939-1945*, trad. Séverine Weiss, Paris, Flammarion, 2014.

33. John Colville, *The Fringes of Power. Downing Street Diaries, 1939-1955*, Londres, Hodder & Stoughton, 1985, p. 183 ; *War Diaries*, *op. cit.*, p. 251.

34. Max Hastings, *op. cit.*, p. xx ; Andrew Roberts, *Churchill*, *op. cit.*, p. 736 et trad. 2e partie, chap. 23.

35. Max Hastings, *op. cit.*, p. 43-44.

36. Hans-Peter Schwarz, *Das Gesicht des Jahrhunderts*, *op. cit.*, p. 384.

37. Max Hastings, *op. cit.*, p. 124-130 ; Andrew Roberts, *Churchill*, *op. cit.*, p. 683 et trad. 2e partie, chap. 23 et 24.

38. Roy Jenkins, *op. cit.*, p. 642 ; Max Hastings, *op. cit.*, p. 117 ; John Colville, *op. cit.*, p. 315.

39. *War Diaries*, *op. cit.*, p. 282-286 ; Max Hastings, *op. cit.*, p. 312-314.

40. Max Hastings, *op. cit.*, p. 478-482.

41. *Ibid.*, p. 493-496.

42. *War Diaries*, *op. cit.*, p. 458-459 ; Max Hastings, *op. cit.*, p. 409-421.

43. John Colville, *op. cit.*, p. 574.

44. Andrew Roberts, *Churchill*, *op. cit.*, p. 812, et trad. 1re partie, chap. 19.

45. Laurence Rees, *World War Two Behind Closed Doors. Stalin, the Nazis and the West*, *op. cit.*, p. 155-163.

46. Andrew Roberts, *Churchill*, *op. cit.*, p. 884 et trad. 2e partie, chap. 28.

47. Max Hastings, *op. cit.*, p. 359-360.

48. Laurence Rees, *op. cit.*, p. 214.

49. Lord Moran, *op. cit.*, p. 141.

50. Laurence Rees, *op. cit.*, p. 221, 239, 309, 315-317.

51. Diana Preston, *Eight Days at Yalta*, Londres, Picador, 2019, p. 117, 245 ; Max Hastings, *op. cit.*, p. 551.

52. Geoffrey Roberts, *Stalin's Wars*, *op. cit.*, p. 220-221.

53. Geoffrey Best, *op. cit.*, p. 332.
54. Roy Jenkins, *op. cit.*, p. 792 ; Archie Brown, *op. cit.*, p. 89.
55. Ainsi que le montre clairement Paul Addison, *The Road to 1945 : British Politics and the Second World War*, Londres, Cape, 1975.
56. Paul Addison, « The Three Careers of Winston Churchill », *Transactions of the Royal Historical Society*, vol. 11, 2001, p. 183.
57. David Carlton, *Churchill and the Soviet Union*, Manchester, Manchester University Press, 2000, p. 131, 136, 141-143.
58. Hugo Young, *This Blessed Plot. Britain and Europe from Churchill to Blair*, Londres, Macmillan, 1998, p. 6, 10-18 (citation p. 13).
59. *Ibid.*, p. 19-22.
60. Roy Jenkins, *op. cit.*, p. 818.
61. Andrew Roberts, *Churchill*, *op. cit.*, p. 948-949 et trad. 2e partie, chap. 33.
62. Winston Churchill, *Une histoire des peuples de langue anglaise*, trad. Armel Guerne, Paris, Plon, 1957, 4 vol. ; rééd. Paris, Metvox, 2017.
63. Andrew Roberts, *Churchill*, *op. cit.*, p. 963 et trad. 2e partie, chap. 34.
64. Paul Addison, « The Three Careers of Winston Churchill », *op. cit.*, p. 185.
65. Andrew Roberts, *Churchill*, *op. cit.*, p. 959 et trad. 2e partie, chap. 34. La perte de l'empire, insiste John Charmley in *Churchill, The End of Glory*, Londres, Hodder & Stoughton, 1993, allait contre ce que Churchill s'était efforcé de préserver, mais il exagère en imputant ce processus inexorable à l'échec de son leadership.
66. Andrew Roberts, *Churchill*, *op. cit.*, p. 943-944 et trad. 2e partie, chap. 33.
67. Roy Jenkins, *op. cit.*, p. 818.
68. Edward Heath, « A "Euro-sceptic"? Churchill? Never », *Independent*, 27 septembre 1996, https://www.independent.co.uk/archive, consulté en novembre 2021.
69. Andrew Roberts, *Churchill*, *op. cit.*, p. 960 et trad. 2e partie, chap. 32 et 33.
70. Hugo Young, *op. cit.*, p. 6.
71. L'appréciation critique de l'héritage de Churchill que livre Geoffrey Wheatcroft dans *Churchill's Shadow*, *op. cit.*, a été publiée après la rédaction de ce chapitre.

Chapitre 6. Charles de Gaulle
Restaurer la grandeur de la France

1. Allocution prononcée à l'ENA, le 17 novembre 1959, in *De Gaulle. Discours et messages*, cinq volumes, ici vol. 3, *Avec le Renouveau, 1958-1962*, Paris, Plon, 1970, p. 145.

2. Hans-Peter Schwarz, *Das Gesicht des Jahrhunderts*, *op. cit.*, p. 208.
3. *Ibid.*, p. 216.
4. Julian Jackson, *A Certain Idea of France. The Life of Charles de Gaulle*, Londres, Allen Lane, 2019, p. 305 ; en français, *De Gaulle. Une certaine idée de la France*, trad. Marie-Anne de Béru, Paris, Seuil, 2019, chap. 12, § Nouveau conflit avec les Alliés.
5. Charles de Gaulle, *Mémoires de guerre. L'Appel*, in *Mémoires*, Paris, Gallimard, « Bibliothèque de La Pléiade », 2000, p. 5.
6. Jean Lacouture, *De Gaulle*, vol. 1, *Le Rebelle (1890-1944)*, Paris, Seuil, 1984, chap. 1, § L'étoile ; Julian Jackson, *op. cit.*, p. 19 et trad. chap. 1, § La Génération de 1905.
7. Hans-Peter Schwarz, *Das Gesicht des Jahrhunderts*, *op. cit.*, p. 208.
8. Charles de Gaulle, *Mémoires de guerre*, t. 2, *L'Unité (1942-1944)*, 1956, in *Mémoires*, *op. cit.*, p. 570.
9. Julian Jackson, *op. cit.*, p. 29 et trad. chap. 2, § L'enthousiasme dont j'avais rêvé.
10. Winston S. Churchill, *The Second World War*, vol. 2, *Their Finest Hour*, *op. cit.*, p. 142 ; en français, *Mémoires de guerre*, t. 1, *1919-Février 1941*, trad. François Kersaudy, Paris, Tallandier, « Texto », 2009, chap. 6.
11. John Colville, *The Fringes of Power. Downing Street Diaries, 1939-1955*, *op. cit.*, p. 159-160.
12. Charles de Gaulle, *Mémoires*, *op. cit.*, p. 71 ; Jean Lacouture, *De Gaulle*, vol. 1, *op. cit.*, chap. 2, § Face au désastre ; Julian Jackson, *op. cit.*, p. 119 et trad. chap. 5, § « Au bord de l'abîme » ; Paul-Marie de La Gorce, *De Gaulle*, Paris, Perrin, 1999, p. 252.
13. Hans-Peter Schwarz, *Das Gesicht des Jahrhunderts*, *op. cit.*, p. 204.
14. Charles de Gaulle, *Mémoires*, *op. cit.*, p. 72-73 ; Jean Lacouture, *De Gaulle*, vol. 1, *op. cit.*, p. 223-226 ; Julian Jackson, *op. cit.*, p. 3-6 et trad., introduction, § « Au commencement était l'Action » ; Paul-Marie de La Gorce, *op. cit.*, p. 254-255 ; Éric Roussel, *Charles de Gaulle*, Paris, Gallimard, 2002, p. 126-131.
15. Daniel Cordier, *Alias Caracalla*, Paris, Gallimard, 2009, p. 107-108.
16. Rod Kedward, *La Vie en bleu. France and the French since 1900*, Londres, Allen Lane, 2006, p. 278.
17. Charles de Gaulle, *Mémoires*, *op. cit.*, p. 126-129, 220-223 ; Jean Lacouture, *De Gaulle*, vol. 1, *op. cit.*, chap. 3, § Un amiral à la mer.
18. Julian Jackson, *op. cit.*, p. 162 et trad. chap. 7, § Un hiver à Londres.
19. Jean Lacouture, *De Gaulle*, vol. 1, *op. cit.*, chap. 3, § Charles-le-Seul ; Éric Roussel, *op. cit.*, p. 154-156.
20. Julian Jackson, *op. cit.*, p. 186 et trad. chap. 7, § « Il se pourrait que nous découvrions que de Gaulle est fou », et chap. 9, § Crise avec les Alliés, § Le quotidien à Londres.
21. Rod Kedward, *op. cit.*, p. 276.
22. Julian Jackson, *op. cit.*, p. 133-134, 149 et trad. chap. 9, § Le quotidien à Londres.

23. Charles de Gaulle, *Mémoires*, *op. cit.*, p. 116, 137, 200-202, 297-298 ; David Schoenbrun, *The Three Lives of Charles de Gaulle*, Londres, Hamilton, 1966, chap. 5, p. 97-140.

24. Julian Jackson, *op. cit.*, 153, et trad. chap. 6, § S'émanciper.

25. Charles de Gaulle, *Mémoires*, *op. cit.*, p. 274-276, 305-310, 327-330, 333-334, 343-350, 355-383, 401-414, etc., pour les tensions.

26. David Schoenbrun, *op. cit.*, p. 94-95.

27. Julian Jackson, *op. cit.*, p. 158-159 et trad. chap. 1, § Une voix venue de Londres.

28. Joseph Bergin, *A History of France*, Londres, Palgrave Macmillan, 2015, p. 230.

29. Charles de Gaulle, *Mémoires*, *op. cit.*, p. 233-236 ; Julian Jackson, *op. cit.*, p. 198-200 et trad. chap. 8, § La naissance du gaullisme ; Jean Lacouture, *De Gaulle*, vol. 1, *op. cit.*, chap. 3, § Mais qu'est-ce que la Résistance ? ; Paul-Marie de La Gorce, *op. cit.*, p. 353-359 ; Éric Roussel, *op. cit.*, p. 267-269.

30. Jean Lacouture, *De Gaulle*, vol. 1, *op. cit.*, chap. 4, § Les soutiers et le timonier ; Paul-Marie de La Gorce, *op. cit.*, p. 457-458 ; Éric Roussel, *op. cit.*, p. 362-363 ; Julian Jackson, *op. cit.*, p. 271 et trad. chap. 11, § De Gaulle contre la Résistance.

31. Charles de Gaulle, *Mémoires*, *op. cit.*, p. 370-377, 381-384, 392-402, 411-414, 485.

32. *Ibid.*, p. 486-492, ; Jean Lacouture, *De Gaulle*, vol. 1, *op. cit.*, chap. 12, § À l'approche du Jour-J ; Julian Jackson, *op. cit.*, p. 312-313 et trad. chap. 13, § Intermède ; Paul-Marie de La Gorce, *op. cit.*, p. 516-518 ; Éric Roussel, *op. cit.*, p. 425-428.

33. Julian Jackson, *op. cit.*, p. 315 et trad. chap. 13, § Paris !

34. Jean Lacouture, *De Gaulle*, vol. 1, *op. cit.*, chap. 4, § Le plébiscite ?

35. Charles de Gaulle, *Mémoires*, *op. cit.*, p. 570 ; Éric Roussel, *op. cit.*, p. 450 ; Jean Lacouture, *De Gaulle*, vol. 1, *op. cit.*, chap. 4, § Le sacre ; Julian Jackson, *op. cit.*, p. 328 et trad. chap. 13, § Paris !

36. Julian Jackson, *op. cit.*, p. 329 et trad. chap. 13, § Paris ! ; Jean Lacouture, *De Gaulle*, vol. 1, *op. cit.*, chap. 4, § Le sacre, p. 577-578 ; Charles de Gaulle, *Mémoires*, *op. cit.*, p. 572-575.

37. Charles de Gaulle, *Mémoires*, *op. cit.*, p. 645-665 ; Julian Jackson, *op. cit.*, p. 356 et trad. chap. 14, § Voyage à Moscou ; Éric Roussel, *op. cit.*, p. 470-477 ; Paul-Marie de La Gorce, *op. cit.*, p. 678-682 ; Jean Lacouture, *De Gaulle*, vol. 2, *Le Politique, 1944-1959*, Paris, Seuil, 1985, chap. 1, § Le rang. Staline afficha ouvertement le caractère meurtrier de son régime, se vantant devant de Gaulle de sa brutalité. Laurence Rees, *World War Two Behind Closed Doors. Stalin, the Nazis and the West*, *op. cit.*, p. 331.

38. Diana Preston, *Eight Days at Yalta*, *op. cit.*, p. 117.

39. Charles de Gaulle, *Mémoires*, *op. cit.*, p. 824-827 ; Robert Gildea, *France since 1945*, Oxford, Oxford University Press, 2002, p. 37 ; David Schoenbrun, *op. cit.*, p. 79, 83 pour son point de vue établi de longue date sur le leadership et la personnalité.

40. Charles de Gaulle, *Mémoires*, *op. cit.*, p. 828-829, 870.

41. Max Weber, *Economy and Society*, *op. cit.*, p. 1449-1453 (partie qui n'a pas été traduite en français). Arthur Schweitzer, *The Age of Charisma*, *op. cit.*, p. 288-296, présente de Gaulle en chef charismatique, mais seulement dans le contexte de la guerre. Voir aussi David Schoenbrun, *op. cit.*, p. 179. Jean-Baptiste Decherf, in *Le Grand Homme et son pouvoir. Histoire d'un imaginaire de Napoléon à de Gaulle*, *op. cit.*, p. 220-226, relève que de Gaulle, en néo-romantique, était convaincu d'accomplir son destin de héros national.

42. Robert Gildea, *op. cit.*, p. 38.

43. Julian Jackson, *op. cit.*, p. 389 et trad. chap. 15, § Le retour dans l'arène : de Bayeux à Épinal ; Jean Lacouture, *De Gaulle*, vol. 2, *op. cit.*, chap. 2, § Un ermite et § La tapisserie de Bayeux (dont le texte du discours) ; Éric Roussel, *op. cit.*, p. 534-535 ; Paul-Marie de La Gorce, *op. cit.*, p. 749-750.

44. Rod Kedward, *op. cit.*, p. 381.

45. Julian Jackson, *op. cit.*, p. 395 et trad. chap. 16, § Un nouveau 18 juin.

46. Robert Gildea, *op. cit.*, p. 45.

47. Charles de Gaulle, *Lettres, notes et carnets (1941-1958)*, Paris, Robert Laffont, 2010, p. 1116-1122 (13 juin 1953).

48. Julian Jackson, *op. cit.*, p. 434-440 et trad. chap. 17, § Cahier photos ; Jean Lacouture, *De Gaulle*, vol. 2, *op. cit.*, p. 154-155, 188-189, chap. 2, § Le 17 Brumaire ; Paul-Marie de La Gorce, *op. cit.*, p. 825-829.

49. Charles de Gaulle, *Discours et messages*, vol. 3, *op. cit.*, p. 4-11.

50. Robert Gildea, *op. cit.*, p. 50-51 ; Rod Kedward, *op. cit.*, p. 339 ; Joseph Bergin, *op. cit.*, p. 245.

51. Natalya Vince, *The Algerian War, the Algerian Revolution*, Cham, Palgrave Macmillan, 2020, est un guide précieux dans la jungle de l'interprétation historiographique.

52. Julian Jackson, *op. cit.*, p. 549 et trad. chap. 20, § Hiatus, § « La République algérienne, laquelle existera un jour », § Retombées.

53. Julian Jackson, *op. cit.*, p. 487-488 et trad. chap. 19, § « Je vous ai compris », et Éric Roussel, *op. cit.*, p. 603, soulignent tous deux l'ambiguïté volontaire. Voir aussi Jean Lacouture, *De Gaulle*, vol. 2, *op. cit.*, chap. 3, § Le retour. Paul-Marie de La Gorce, *op. cit.*, p. 923, pour le texte du discours de De Gaulle.

54. Robert Gildea, *op. cit.*, p. 32.

55. Alain Peyrefitte, *C'était de Gaulle*, Paris, Gallimard, « Quarto », 2002, p. 1056 (23 juillet 1962).

56. Julian Jackson, *op. cit.*, p. 641-642 et trad. chap. 19, § Le plan Rueff ; Jean Lacouture, *De Gaulle*, vol. 2, *op. cit.*, chap. 3, § « Faites-moi de bonnes finances » ; Paul-Marie de La Gorce, *op. cit.*, p. 1034-1038 ; Éric Roussel, *op. cit.*, p. 622-623.

57. Julian Jackson, *op. cit.*, p. 638-640 et trad. chap. 24, § De Gaulle au travail.

58. *Ibid.*, p. 639 et trad. chap. 24, § De Gaulle au travail. Le Conseil des ministres n'avait été que de « façade » déjà quand de Gaulle était Premier ministre, avant de devenir président. Serge Berstein et Pierre Milza, *Histoire de la France au XXe siècle*, vol. 3, *1958 à nos jours*, Paris, Perrin, 2009, p. 12.

59. Julian Jackson, *op. cit.*, p. 562-565 et trad. chap. 21, § « Le Coup d'État permanent » ; Serge Berstein et Pierre Milza, *op. cit.*, p. 39-49.

60. Julian Jackson, *op. cit.*, p. 669-671 et trad. chap. 21, § « Le Coup d'État permanent » ; Robert Gildea, *op. cit.*, p. 58-59 ; Serge Berstein et Pierre Milza, *op. cit.*, p. 62-63.

61. Rod Kedward, *op. cit.*, p. 392-394.

62. Jacques Foccart, *Journal de l'Élysée*, vol. 2, *Le Général en Mai (1968-1969)*, Paris, Fayard et Jeune Afrique, 1998, p. 679 ; Jean Lacouture, *De Gaulle*, vol. 3, *Le Souverain, 1959-1970*, Paris, Seuil, 1986, chap. 27, p. 757-758 ; Paul-Marie de La Gorce, *op. cit.*, p. 1317-1319 ; Éric Roussel, *op. cit.*, p. 906-907.

63. Charles de Gaulle, *Lettres, notes et carnets (1958-1970)*, *op. cit.*, p. 1960 ; Jean Lacouture, *De Gaulle*, vol. 3, *op. cit.*, chap. 28, § Le maître de La Boisserie.

64. Titre du livre d'Eugen Weber, *The Hollow Years. France in the 1930s*, New York, W. W. Norton & Company, 1996 ; en français, *La France des années 1930. Tourments et perplexités*, trad. Pierre-Emmanuel Dauzat, Paris, Fayard, 1995.

65. Julian Jackson, *op. cit.*, p. 480-481 et trad. chap. 29, § Vedette de télévision.

66. Jean-Baptiste Decherf, *op. cit.*, p. 14, 220-240.

67. Julian Jackson, *op. cit.*, p. 781 et trad. chap. 30, § Le dernier grand Français.

68. *Ibid.*, p. XXIX.

Chapitre 7. Konrad Adenauer
Construire l'Allemagne de l'Ouest

1. Hans-Peter Schwarz, *Adenauer*, vol. 1, *Der Aufstieg*, Munich, DTV, 1994, p. 128.

2. *Ibid.*, p. 347.

3. *Ibid.*, p. 344-345.

4. Klaus-Jörg Ruhl, *Neubeginn und Restauration*, Munich, DTV, 1982, p. 43.

5. Klaus-Dietmar Henke, *Die amerikanische Besetzung Deutschlands*, Munich, R. Oldenbourg, 1996, p. 367-372 ; Hans-Peter Schwarz, *Adenauer*, vol. 1, *op. cit.*, p. 429-434.

6. Hans-Peter Schwarz, *Adenauer*, vol. 1, *op. cit.*, p. 467-473 ; Christopher Knowles, « How It Really Was. Konrad Adenauer and His Dismissal

as Mayor of Cologne by the British in 1945 », blog, 30 mars 2008, https://howitreallywas.typepad.com/how_it_really_was/2008/03/konrad-adenauer.html, consulté en novembre 2021.

7. Hans-Peter Schwarz, *Adenauer*, vol. 1, *op. cit.*, p. 473, 477-478, 500-503, 508-509.

8. *Ibid.*, p. 432, 436, 619.

9. Andrea Hoffend, « Konrad Adenauer und das faschistische Italien », *Quellen und Forschungen aus italienischen Bibliotheken und Archiven*, vol. 75, 1995, p. 481. Merci à Christian Goeschel de cette référence.

10. Hans-Peter Schwarz, *Adenauer*, vol. 1, *op. cit.*, p. 293-295, 333.

11. Karl Dietrich Bracher, *The German Dilemma*, Londres, Weidenfeld & Nicolson, 1974, p. 152.

12. Hans-Peter Schwarz, *Adenauer*, vol. 1, *op. cit.*, p. 522-527 ; Ulrich Herbert, *Geschichte Deutschlands im 20. Jahrhundert*, Munich, C. H. Beck, 2014, p. 586-587 ; Dennis L. Bark et David R. Gress, *A History of West Germany*, vol. 1, *From Shadow to Substance, 1945-1963*, Oxford, Basil Blackwell, 1989, p. 113-114.

13. Hans-Peter Schwarz, *Adenauer*, vol. 1, *op. cit.*, p. 567, 619.

14. Dennis L. Bark et David R. Gress, *op. cit.*, p. 236-244, 250-251.

15. Hans-Peter Schwarz, *Adenauer*, vol. 1, *op. cit.*, p. 909-917 ; Dennis L. Bark et David R. Gress, *op. cit.*, p. 298-300 ; Heinrich August Winkler, *Germany: The Long Road West, 1933-1990*, Oxford, Oxford University Press, 2000, p. 136-138 ; Klaus-Jörg Ruhl (dir.), *« Mein Gott. Was soll aus Deutschland werden ? » Die Adenauer-Ära*, Munich, DTV, 1985, p. 130-131, 143-134 ; Ulrich Herbert, *op. cit.*, p. 637-638.

16. Elisabeth Noelle et Erich Peter Neumann (dir.), *The Germans. Public Opinion Polls, 1947-1966*, Allensbach et Bonn, Verlag für Demoskopie, 1967, p. 471.

17. Voir Hans-Peter Schwarz, *Adenauer*, vol. 1, *op. cit.*, p. 520-524 ; Dennis L. Bark et David R. Gress, *op. cit.*, p. 299-300 ; Wolfram F. Hanrieder, *Germany, America, Europe*, New Haven et Londres, Yale University Press, 1989, p. 155-157 ; Ulrich Herbert, *op. cit.*, p. 638 ; Heinrich August Winkler, *op. cit.*, p. 137-138 ; Arnulf Baring, *Im Anfang war Adenauer*, Munich, DTV, 1971, p. 246-254 ; Klaus-Jörg Ruhl (dir.), *« Mein Gott »*, *op. cit.*, p. 122-152. Rolf Steininger in *Eine Chance zur Wiedervereinigung ? Die Stalin-Note vom 10. März 1952*, Bonn, Neue Gesellschaft, 1985, p. 75, prétend qu'il y avait une chance.

18. Wolfram F. Hanrieder, *op. cit.*, p. 154.

19. Hans-Peter Schwarz, *Adenauer*, vol. 1, *op. cit.*, p. 926.

20. Ulrich Herbert, *op. cit.*, p. 636, 639 ; Konrad Adenauer, *Erinnerungen*, 4 vol., Stuttgart, DVA, 1965-1968, vol. 1, p. 570, 563, vol. 2, p. 298, 301-304.

21. Dennis L. Bark et David R. Gress, *op. cit.*, p. 330-333 ; Heinrich August Winkler, *op. cit.*, p. 151-152.

22. Dennis L. Bark et David R. Gress, *op. cit.*, p. 270 ; Heinrich August Winkler, *op. cit.*, p. 133.

23. Alan S. Milward, *The European Rescue of the Nation-State*, Londres, Routledge, 1992, p. 136-137.

24. Dennis L. Bark et David R. Gress, *op. cit.*, p. 381.

25. Hans-Peter Schwarz, *Adenauer*, vol. 2, *Der Staatsmann, 1952-1967*, Munich, DTV, 1994, p. 287-291 (citation, p. 291).

26. *Ibid.*, p. 285.

27. Elisabeth Noelle et Erich Peter Neumann (dir.), *op. cit.*, p. 505.

28. Dennis L. Bark et David R. Gress, *op. cit.*, p. 427 ; Heinrich August Winkler, *op. cit.*, p. 167-168.

29. Dennis L. Bark et David R. Gress, *op. cit.*, p. 431-434 ; Wolfram F. Hanrieder, *op. cit.*, p. 13-14.

30. Dennis L. Bark et David R. Gress, *op. cit.*, p. 454-457.

31. *Ibid.*, p. 494 [pour le texte de la conférence de presse https://www.lemonde.fr/archives/article/1962/05/16/le-general-de-gaulle-definit-les-objectifs-de-la-politique-francaise-devant-le-fait-atomique-bull-se-degager-vis-a-vis-des-peuples-d-outremer-bull-construire-l-europe-bull-creer-un_3134657_1819218.html].

32. Klaus-Jörg Ruhl (dir.), *« Mein Gott »*, *op. cit.*, p. 466-470 [pour le texte du traité https://www.france-allemagne.fr/Traite-de-l-Elysee-22-janvier-1963.html] ; Dennis L. Bark et David R. Gress, *op. cit.*, p. 516-517 ; Heinrich August Winkler, *op. cit.*, p. 198 ; Hans-Peter Schwarz, *Adenauer*, vol. 2, *op. cit.*, p. 810-826.

33. Hans-Peter Schwarz, *Adenauer*, vol. 2, *op. cit.*, p. 814-815.

34. Dennis L. Bark et David R. Gress, *op. cit.*, p. 496.

35. *Ibid.*, p. 518 ; Heinrich August Winkler, *op. cit.*, p. 197-198.

36. Hans-Peter Schwarz, *Adenauer*, vol. 2, *op. cit.*, p. 824-826.

37. Elisabeth Noelle et Erich Peter Neumann (dir.), *op. cit.*, p. 195, 200, 241, 243 ; Anna J. et Richard L. Merritt (dir.), *Public Opinion in Occupied Germany. The OMGUS Surveys, 1945-1949*, Urbana, University of Illinois Press, 1970, p. 30-31.

38. Elisabeth Noelle et Erich Peter Neumann (dir.), *op. cit.*, p. 240-241.

39. Hans-Peter Schwarz, *Adenauer*, vol. 2, *op. cit.*, p. 796.

40. Heinrich August Winkler, *op. cit.*, p. 184-185.

41. *Ibid.*, p. 162.

42. *Ibid.*, p. 167.

43. *Ibid.*, p. 155-156.

44. Norbert Frei, *Adenauer's Germany and the Nazi Past: the Politics of Amnesty and Integration*, New York, Columbia University Press, 2002, p. 311.

45. Anna J. et Richard L. Merritt (dir.), *op. cit.*, p. 93-94, 121-123, 161 ; Mary Fulbrook, *Reckonings*, Oxford, Oxford University Press, 2018, p. 216-219.

46. Heinrich August Winkler, *op. cit.*, p. 155.

47. Ulrich Herbert, *op. cit.*, p. 663-665.

48. Ekart Conze *et al.*, *Das Amt und die Vergangenheit*, Munich, Karl Blessing, 2010, p. 493.

49. Mary Fulbrook, *op. cit.*, p. 250-251.

50. Hans-Peter Schwarz, *Adenauer*, vol. 1, *op. cit.*, p. 658.

51. Mary Fulbrook, *op. cit.*, p. 242.

52. Reinhard-M. Strecker in *Hans Globke. Aktenauszüge. Dokumente*, Hambourg, Rütten & Loening, 1961, réunit tous les matériaux antijuifs auxquels Globke avait collaboré. Ce dernier fut condamné à mort par contumace dans un grand procès organisé en RDA. Mary Fulbrook, *op. cit.*, p. 242.

53. Elisabeth Noelle et Erich Peter Neumann (dir.), *op. cit.*, p. 296.

54. Pertti Ahonen, *After the Expulsion. West Germany and Eastern Europe, 1945-1990*, Oxford, Oxford University Press, 2003, p. 104-105, 110-113 ; Heinrich August Winkler, *op. cit.*, p. 139.

55. Hans-Peter Schwarz, *Adenauer*, vol. 2, *op. cit.*, p. 530.

56. Klaus-Jörg Ruhl (dir.), *« Mein Gott »*, *op. cit.*, p. 231-245 pour les propositions de réformes sociales.

57. Heinrich August Winkler, *op. cit.*, p. 193-195 ; Ulrich Herbert, *op. cit.*, p. 756-769.

58. Hans-Peter Schwarz, *Adenauer*, vol. 2, *op. cit.*, p. 868, citant *Die Zeit*, 18 octobre 1963.

59. https://en.wikipedia.org/wiki/Unsere_Besten ; « First German Chancellor wins TV Search for Greatest German », *Independent*, 1er décembre 2003, https://www.independent.co.uk/news/world/europe/first-german-chancellor-wins-tv-search-for-greatest-german-94160.html, consulté en novembre 2021.

60. Hans-Peter Schwarz, *Adenauer*, vol. 1, *op. cit.*, p. 902-903 ; Heinrich August Winkler, *op. cit.*, p. 149.

61. Hansard, Foreign Affairs, House of Commons Debate, 11 mai 1953, vol. 515, colonnes 889-890, https://api.parliament.uk/historic-hansard/commons/1953/may/11/foreign-affairs, consulté en novembre 2021 ; traduction allemande, Klaus-Jörg Ruhl (dir.), *« Mein Gott »*, *op. cit.*, p. 164.

Chapitre 8. Francisco Franco
Le croisé nationaliste

1. Hans-Peter Schwarz, *Das Gesicht des Jahrhunderts*, *op. cit.*, p. 198.

2. Pour la jeunesse et la carrière de Franco avant la guerre civile, voir Paul Preston, *Franco. A Biography*, Londres, Harper Collins, 1993, chap. 1 à 4, et Stanley G. Payne et Jesus Palacios, *Franco. A Personal and Political Biography*, Madison, University of Wisconsin Press, 2014, chap. 1 à 4.

3. Paul Preston, *Franco*, *op. cit.*, p. 12.

4. *Ibid.*, p. 323 ; Enrique Moradiellos, *Franco. Anatomy of a Dictator*, Londres, I. B. Tauris, 2018, p. 29.

5. Paul Preston, *A People Betrayed. A History of Corruption, Political Incompetence and Social Division in Modern Spain, 1874-2018*, Londres, Harper Collins, 2020, p. 7, 189-222.

6. Mary Vincent, *Spain, 1833-2002. People and State*, Oxford, Oxford University Press, 2007, p. 99.

7. Paul Preston, *A People Betrayed*, *op. cit.*, p. 61, 81.

8. Mary Vincent, *op. cit.*, p. 104-107 ; Frances Lannon, « Iberia », in Robert Gerwarth (dir.), *Twisted Paths. Europe, 1914-1945*, Oxford, Oxford University Press, 2008, p. 143-145.

9. Walther Bernecker, « Spain: The Double Breakdown », in Dirk Berg-Schlosser et Jeremy Mitchell (dir.), *Conditions of Democracy in Europe, 1919-39*, Basingstoke, Macmillan, 2000, p. 405-406.

10. Paul Preston, *A People Betrayed*, *op. cit.*, p. XII-XIII ; Walther Bernecker, *op. cit.*, p. 410-412.

11. Alejandro Quiroga et Miguel Ángel del Arco (dir.), *Right-Wing Spain in the Civil War Era*, Londres et New York, Continuum, 2012, p. 52.

12. Paul Preston, *A People Betrayed*, *op. cit.*, p. 228-229 ; Mary Vincent, *op. cit.*, p. 120-122 ; Stanley G. Payne, *A History of Fascism, 1914-45*, Londres, UCL Press, 1995, p. 254.

13. Paul Preston, *A People Betrayed*, *op. cit.*, p. 237 ; Mary Vincent, *op. cit.*, p. 122.

14. Michael Mann, *Fascists*, Cambridge, Cambridge University Press, 2004, p. 329.

15. Mary Vincent, *op. cit.*, p. 134.

16. Matthew Kerry, *Unite, Proletarian Brothers! Radicalism and Revolution in the Spanish Second Republic*, Londres, University of London Press, 2020, chap. 6 (p. 153-180). Je remercie le Dr Kerry pour ses informations sur les victimes du soulèvement. Également, Paul Preston, *Franco*, *op. cit.*, p. 104-107 ; Mary Vincent, *op. cit.*, p. 133-134.

17. Enrique Moradiellos, *op. cit.*, p. 33.

18. Helen Graham, *The Spanish Republic at War, 1936-1939*, Cambridge, Cambridge University Press, 2002, p. 76.

19. Paul Preston, *Franco*, *op. cit.*, p. 124, 129-130, 131-132 ; Stanley G. Payne et Jesus Palacios, *op. cit.*, p. 114-115, 505.

20. Paul Preston, *Franco*, *op. cit.*, p. 134-135.

21. Stanley G. Payne et Jesus Palacios, *op. cit.*, p. 119-120.

22. *Ibid.*, p. 505.

23. Paul Preston, *Franco*, *op. cit.*, p. XVIII.

24. *Ibid.*, p. 164.

25. *Ibid.*, p. 182-185 ; Stanley G. Payne et Jesus Palacios, *op. cit.*, p. 143-147.

26. Enrique Moradiellos in *op. cit.*, 2e partie (p. 57-147), expose l'origine et l'exploitation du culte du Caudillo.

27. Paul Preston, *Franco*, *op. cit.*, p. 187-189.

28. Stanley G. Payne et Jesus Palacios, *op. cit.*, p. 168.

29. Paul Preston, *The Spanish Holocaust. Inquisition and Extermination in Twentieth-Century Spain*, Londres, HarperCollins, 2012, p. 151-153, 191-192,

229-235 ; en français, *Une guerre d'extermination : Espagne, 1936-1945*, trad. Laurent Bury et Patrick Hersant, Paris, Belin/Humensis, 2016, rééd. Paris, Tallandier, « Texto », 2019, p. 247-249, 307-308, 360-370 *sq.* ; Mary Vincent, *op. cit.*, p. 139-140.

30. Paul Preston, *Comrades. Portraits from the Spanish Civil War*, Londres, HarperCollins, 1999, p. 54 ; *id.*, *The Spanish Holocaust*, *op. cit.*, et trad. Prologue.

31. Zara Steiner, *The Triumph of the Dark. European International History, 1933-1939*, Oxford, Oxford University Press, 2011, p. 192, 196-197, 220, 231.

32. Paul Preston, *The Spanish Holocaust*, *op. cit.*, et trad. Prologue ; estimations plus basses in Stanley G. Payne et Jesus Palacios, *op. cit.*, p. 198-199, 203 ; chiffres encore différents in Heinrich August Winkler, *Geschichte des Westens. Die Zeit der Weltkriege*, Munich, C. H. Beck, 2011, p. 817.

33. Paul Preston, *The Spanish Holocaust*, *op. cit.*, p. 505-506 et trad. p. 727-728.

34. Michael Richards, *A Time of Silence. Civil War and the Culture of Repression in Franco's Spain, 1936-1945*, Cambridge, Cambridge University Press, 1998, p. 47.

35. Paul Preston, *The Spanish Holocaust*, *op. cit.*, et trad. Prologue.

36. *Ibid.*, p. 119 et trad. p. 201.

37. Stanley G. Payne et Jesus Palacios, *op. cit.*, p. 193-195.

38. Stanley G. Payne, *Falange. A History of Spanish Fascism*, Stanford, Stanford University Press, 1961, p. 158-176 ; Sheelagh M. Ellwood, *Spanish Fascism in the Franco Era*, Basingstoke, Macmillan, 1987, p. 40-45 ; Enrique Moradiellos, *op. cit.*, p. 99-100, 127-129.

39. Paul Preston, *Franco*, *op. cit.*, p. 344-345.

40. Paul Preston, *A People Betrayed*, *op. cit.*, p. 358-359.

41. Stanley G. Payne, *The Franco Regime, 1936-1975*, Madison, University of Wisconsin Press, 1987, p. 282, 333 ; Xavier Moreno Juliá, *The Blue Division. Spanish Blood in Russia, 1941-1945*, Eastbourne, Sussex Academic Press, 2015, p. 67, 70-71, 288, 297, 303-304 ; Xosé M. Núñez Seixas, « Spain », in Jochen Böhler et Robert Gerwarth (dir.), *The Waffen-SS – A European History*, Oxford, Oxford University Press, 2017, p. 99-100.

42. Paul Preston, *Franco*, *op. cit.*, p. 517-525 ; Stanley G. Payne, *The Franco Regime*, *op. cit.*, p. 337.

43. Stanley G. Payne, *The Franco Regime*, *op. cit.*, p. 397-398.

44. Stanley G. Payne et Jesus Palacios, *op. cit.*, p. 299, 316.

45. Stanley G. Payne, *The Franco Regime*, *op. cit.*, p. 397.

46. *Ibid.*, p. 469-470.

47. Mary Vincent, *op. cit.*, p. 167.

48. Stanley G. Payne, *The Franco Regime*, *op. cit.*, p. 437-438, 470-471.

49. Enrique Moradiellos, *op. cit.*, p. 76-80, 188-189.

50. Sasha D. Pack, « Tourism and Political Change in Franco's Spain », in Nigel Townson (dir.), *Spain Transformed. The Late Franco Dictatorship, 1959-75*, Londres, 2010, p. 55.

51. De manière problématique, Stanley G. Payne et Jesus Palacios in *op. cit.*, chap. 16 (p. 391-413), chap. 18 (p. 431-446) et p. 515-516, décrivent Franco en « modernisateur ultime » de l'Espagne et « dictateur du développement ».

52. Stanley G. Payne, *The Franco Regime*, *op. cit.*, p. 23, 234.

53. Paul Preston, *Franco*, *op. cit.*, p. 337.

54. *Ibid.*, p. 783.

55. Stanley G. Payne, *The Franco Regime*, *op. cit.*, p. 407-411.

56. Stanley G. Payne et Jesus Palacios, *op. cit.*, p. 365-366.

57. Stanley G. Payne, *The Franco Regime*, *op. cit.*, p. 400-401 ; Juan Pablo Fusi, *Franco. A Biography*, Londres, Unwin Hyman, 1985, p. 43.

58. Stanley G. Payne, *The Franco Regime*, *op. cit.*, p. 399 ; Paul Preston, *A People Betrayed*, *op. cit.*, chap. 12-15.

59. Enrique Moradiellos, *op. cit.*, p. 81-88.

60. *Ibid.*, p. 197, décrit Franco en « dictateur militaire bonapartiste ».

61. Juan Pablo Fusi, *op. cit.*, p. 45.

62. Juste avant sa mort, dans son dernier discours public le 1er octobre 1975, il s'insurgeait encore contre « une conspiration de francs-maçons gauchistes ». *Ibid.*, p. 167.

63. Paul Preston, *Franco*, *op. cit.*, p. 706-707 ; *id.*, *A People Betrayed*, *op. cit.*, p. 406-407 ; Stanley G. Payne, *The Franco Regime*, *op. cit.*, p. 405-407.

64. Paul Preston, *Franco*, *op. cit.*, p. 752.

65. Stanley G. Payne et Jesus Palacios in *op. cit.*, évoquant p. 520 un « modèle espagnol » de démocratisation dont ils attribuent un certain mérite à Franco, vont sans doute un peu loin.

66. Enrique Moradiellos, *op. cit.*, p. 3, 7-8 ; Julián Casanova, « Disremembering Francoism: What is at Stake in Spain's Memory Wars? », in Helen Graham (dir.), *Interrogating Francoism*, Londres, Bloomsbury, 2016, p. 206-207.

67. Paul Preston, *A People Betrayed*, *op. cit.*, p. 547.

68. Nigel Townson (dir.), *op. cit.*, Introduction, p. 8.

69. Mary Vincent, *op. cit.*, p. 240.

70. Paul Preston, *A People Betrayed*, *op. cit.*, p. 549.

71. D'après une estimation, l'Espagne de 1975 se trouvait « à peu près au niveau de développement socio-économique qui aurait été le sien si [Franco] n'avait jamais existé ». Edward Malefakis, « The Franco Dictatorship: A Bifurcated Regime? », in Nigel Townson (dir.), *op. cit.*, p. 253.

72. Nigel Townson (dir.), *op. cit.*, Introduction, p. 12-13 ; Pablo Martin Aceña et Elena Martínez Ruiz, « The Golden Age of Spanish Capitalism », in Nigel Townson (dir.), *op. cit.*, p. 45-46.

73. William J. Callahan, « The Spanish Church: Change and Continuity », in Nigel Townson (dir.), *op. cit.*, p. 191.

74. Julián Casanova le démontre clairement in Helen Graham (dir.), *Interrogating Francoism*, *op. cit.*, chap. 9.

75. Enrique Moradiellos, *op. cit.*, p. 5-6.

76. Paul Preston, *A People Betrayed*, *op. cit.*, p. 539-543.

77. C'est le titre de l'article d'Ernst Nolte, « Vergangenheit, die nicht vergehen will », *Frankfurter Allgemeine Zeitung*, 6 juin 1986, qui déclencha en Allemagne l'immense controverse connue sous le nom de « Querelle des historiens » (*Historikerstreit*) ; « Un passé qui ne veut pas passer », trad. Brigitte Vergne-Cain, in *Devant l'histoire. Les documents de la controverse sur la singularité de l'extermination des Juifs par le régime nazi*, Paris, Cerf, 1988, p. 29-35.

Chapitre 9. Josip Broz Tito
Roi sans couronne d'une Yougoslavie socialiste

1. Ce n'était pas un prénom rare dans la partie de la Croatie dont il était originaire, fit-il valoir. « Il m'est venu comme ça », dit-il. Vladimir Dedijer, *Tito Speaks. His Self Portrait and Struggle with Stalin*, Londres, Weidenfeld & Nicolson, 1953, p. 80-81 ; en français, *Tito parle...*, Paris, Gallimard, 1953, p. 99.

2. Citations de Milovan Djilas, *Tito. The Story from Inside*, New York, Harcourt, 1980, p. 4, 15, 33, 40, 46, 67, 116 ; en français, *Tito, mon ami, mon ennemi*, trad. Catherine Lécoanet, Régine Temam, Marie-France Thivot et Michel Barthélémy, Paris, Fayard, 1980, p. 7-8, 24, 50-51, 68, 100, 172-173 (trad. par endroits modifiée). Voir également Marie-Janine Calic, *Tito. Der ewige Partisan*, Munich, C. H. Beck, 2020, p. 95 ; Jože Pirjevec, *Tito*, Ljubljana, 2011, trad. Florence Gacouin-Marks et Laurent Guibelin, Paris, CNRS Éditions, 2017, p. 473.

3. Jože Pirjevec, *op. cit.*, p. 470.

4. Fitzroy Maclean, *Eastern Approaches*, Londres, Jonathan Cape, 1949, p. 308, 311, 325-326 ; en français, *Dangereusement à l'Est (1936-1945)*, trad. Andrée Martinerie, Paris, Viviane Hamy, 2015, p. 251, 253, 257, 265-266 (trad. ici légèrement modifiée).

5. Marie-Janine Calic, *Tito*, *op. cit.*, p. 96-101. Très improbable est l'hypothèse avancée in Jasper Ridley, *Tito. A Biography*, Londres, Constable, 1994, p. 344, suivant laquelle elle aurait survécu aux purges et vivait encore en URSS en 1990.

6. Vladimir Dedijer, *op. cit.*, p. 35 et trad. p. 51-52.

7. *Ibid.*, p. 90-91 et trad. p. 108.

8. Marie-Janine Calic, *Tito*, *op. cit.*, p. 101.

9. Jože Pirjevec, *op. cit.*, p. 54-56.

10. Marie-Janine Calic, *Tito*, *op. cit.*, p. 86-88, 96-101, 104 ; Jože Pirjevec, *op. cit.*, p. 64-65.

11. Edvard Radzinsky, *Stalin*, *op. cit.*, p. 412 et trad. p. 475.

12. En pratique, il l'était depuis 1937, à la suite de l'exécution de Gorkić. Jasper Ridley, *op. cit.*, p. 134-135.

13. Marie-Janine Calic, *Tito*, *op. cit.*, p. 105 ; Jože Pirjevec, *op. cit.*, p. 67.
14. Jasper Ridley, *op. cit.*, p. 245 pour leur première rencontre de 1944.
15. Milovan Djilas, *op. cit.*, p. 26-29 et trad. p. 42-47.
16. Marie-Janine Calic, *Tito*, *op. cit.*, p. 106 ; Jože Pirjevec, *op. cit.*, p. 70.
17. Leur importance pour Tito durant la guerre sauta aux yeux de Fitzroy Maclean, *op. cit.*, p. 326-328 et trad. p. 265-267.
18. Marie-Janine Calic, *Tito*, *op. cit.*, p. 145.
19. Chiffres in Jože Pirjevec, *op. cit.*, p. 101, 144 ; Marie-Janine Calic, *Tito*, *op. cit.*, p. 119, 149, 166, 179.
20. *Ibid.*, p. 136.
21. Hans-Peter Schwarz, *Das Gesicht des Jahrhunderts*, *op. cit.*, p. 584 ; Jože Pirjevec, *op. cit.*, p. 161.
22. Milovan Djilas, *op. cit.*, p. 12-13 et trad. p. 20-22.
23. Marie-Janine Calic, *Tito*, *op. cit.*, p. 132 (et p. 134 pour une carte des déplacements de Tito entre 1941 et 1944).
24. Milovan Djilas, *op. cit.*, p. 13 et trad. p. 21-22.
25. Jože Pirjevec, *op. cit.*, p. 164-169 ; Misha Glenny, *The Balkans, 1804-1999*, Londres, Granta, 1999, p. 532.
26. Fitzroy Maclean, *op. cit.*, p. 504-514 et trad. p. 401-408, décrit l'impact des troupes soviétiques.
27. Marie-Janine Calic, *Tito*, *op. cit.*, p. 168, 182.
28. Archie Brown, *The Myth of the Strong Leader*, *op. cit.*, p. 221.
29. Richard West, *Tito and the Rise and Fall of Yugoslavia*, Londres, Faber, 2009 (1996), p. 204-209 ; Jože Pirjevec, *op. cit.*, p. 200-201 ; Marie-Janine Calic, *Tito*, *op. cit.*, p. 206-207 ; Jasper Ridley, *op. cit.*, p. 260.
30. Marie-Janine Calic, *Tito*, *op. cit.*, p. 195.
31. *Ibid.*, p. 198.
32. Geoffrey Swain, *Tito. A Biography*, Londres, I. B. Tauris, 2011, p. 92, 187.
33. Robert Service, *Stalin. A Biography*, *op. cit.*, p. 631 et trad. p. 850.
34. Marie-Janine Calic, *Geschichte Jugoslawiens im 20. Jahrhundert*, Munich, C. H. Beck, 2010, p. 191 ; Marie-Janine Calic, *Tito*, *op. cit.*, p. 239, 243. Jože Pirjevec in *op. cit.*, p. 264, avance le chiffre de 31 000 à 32 000 détenus à Goli Otok et « autres camps du même type » mais ne donne ni sources ni détails pour en attester.
35. Jože Pirjevec, *op. cit.*, p. 202-203.
36. Marie-Janine Calic, *Tito*, *op. cit.*, p. 203.
37. Exemples in Jože Pirjevec, *op. cit.*, p. 249, 254, 263.
38. Milovan Djilas, *op. cit.*, p. 21, 31, 92-116 et trad. p. 35-36, 49, 137-173 ; Jože Pirjevec, *op. cit.*, p. 194-199 ; Geoffrey Swain, *op. cit.*, p. 183.
39. Marie-Janine Calic, *Tito*, *op. cit.*, p. 239-240.
40. Marie-Janine Calic, *Geschichte Jugoslawiens im 20*, *op. cit.*, p. 203.
41. *Ibid.*, p. 198-200 ; Richard West, *op. cit.*, p. 244.

42. Jože Pirjevec, *op. cit.*, p. 301-305 ; Marie-Janine Calic, *Geschichte Jugoslawiens im 20*, *op. cit.*, p. 192-193 ; *id.*, *Tito*, *op. cit.*, p. 248-249 ; Milovan Djilas, *op. cit.*, p. 4-76 et trad. p. 111-114.

43. Milovan Djilas, *op. cit.*, p. 161-162 et trad. p. 242.

44. Misha Glenny, *op. cit.*, p. 579, 581.

45. Jože Pirjevec, *op. cit.*, p. 394-406 ; Marie-Janine Calic, *Tito*, *op. cit.*, p. 323-326.

46. Misha Glenny, *op. cit.*, p. 582.

47. Jože Pirjevec, *op. cit.*, p. 401-402, 427-428.

48. Geoffrey Swain et Nigel Swain, *Eastern Europe since 1945*, Londres, Palgrave Macmillan, 4e éd., 2009, p. 151.

49. Marie-Janine Calic, *Tito*, *op. cit.*, p. 283.

50. Marie-Janine Calic, *Geschichte Jugoslawiens im 20*, *op. cit.*, p. 197 ; Jasper Ridley, *op. cit.*, p. 306-307.

51. Marie-Janine Calic, *Tito*, *op. cit.*, p. 293.

52. Jože Pirjevec, *op. cit.*, p. 340-343.

53. Marie-Janine Calic, *Tito*, *op. cit.*, p. 310-311.

54. Jože Pirjevec, *op. cit.*, p. 325-329.

55. Marie-Janine Calic, *Tito*, *op. cit.*, p. 286-288.

56. Jasper Ridley, *op. cit.*, p. 358.

57. Marie-Janine Calic, *Geschichte Jugoslawiens im 20*, *op. cit.*, p. 202.

58. Jože Pirjevec, *op. cit.*, p. 489-490.

59. Marie-Janine Calic, *Geschichte Jugoslawiens im 20*, *op. cit.*, p. 255-256.

60. Misha Glenny, *op. cit.*, p. 583-585.

61. Barbara Jelavich, *History of the Balkans. Twentieth Century*, vol. 2, Cambridge, 1983, p. 196, 397.

62. Marie-Janine Calic, *Geschichte Jugoslawiens im 20*, *op. cit.*, p. 253-254, 257-258 ; *id.*, *Tito*, *op. cit.*, p. 331-337 ; Geoffrey Swain, *op. cit.*, p. 181.

63. Jože Pirjevec, *op. cit.*, p. 481 *sq.* ; Misha Glenny, *op. cit.*, p. 576.

64. Jože Pirjevec, *op. cit.*, p. 420.

65. Marie-Janine Calic, *Tito*, *op. cit.*, p. 375.

66. Misha Glenny, *op. cit.*, p. 623.

67. Sans le leadership de Tito, la Croatie, en particulier, aurait bien pu suivre une autre voie. Dans « Reassessing Socialist Yugoslavia, 1956-90. The Case of Croatia », in Dejan Djokić et James Ker-Lindsay (dir.), *New Perspectives on Yugoslavia. Key Issues and Controversies*, Abingdon, Routledge, 2011, p. 117-129, Dejan Djokić souligne l'importance unique de Tito (Croate par son père) pour l'intégration de la Croatie dans l'État yougoslave après la guerre.

68. Marie-Janine Calic, *Geschichte Jugoslawiens im 20*, *op. cit.*, p. 286-287 ; *id.*, *Tito*, *op. cit.*, p. 380.

69. Marie-Janine Calic, *Tito*, *op. cit.*, p. 384-385 ; Mitja Velikonja, *Titostalgia – a Study of Nostalgia for Josip Broz*, Ljubljana, 2008, p. 129-134 ; Jasper Ridley, *op. cit.*, p. 420.

Chapitre 10. Margaret Thatcher
Régénération nationale

1. Hugo Young, *One of Us*, Londres, Macmillan, 1990, p. 383 ; John Campbell, *Margaret Thatcher*, vol. 2, *The Iron Lady*, Londres, Jonathan Cape, 2003, p. 303 ; Charles Moore, *Margaret Thatcher. The Authorized Biography*, vol. 1, *Not for Turning*, Londres, Allen Lane, 2013, p. 745, note.

2. Hugo Young, *op. cit.*, p. 393-413.

3. John Campbell, *Margaret Thatcher*, vol. 1, *The Grocer's Daughter* (La fille de l'épicier), Londres, Jonathan Cape, 2000, p. 19.

4. John Campbell, *Margaret Thatcher*, vol. 1, *op. cit.*, p. 2, 32, 446 ; Charles Moore, vol. 1, *op. cit.*, p. 8-9.

5. Hugo Young, *op. cit.*, p. 98.

6. John Campbell, *Margaret Thatcher*, vol. 1, *op. cit.*, p. 270-277 ; Charles Moore, *Margaret Thatcher*, vol. 1, *op. cit.*, p. 259-263 ; Hugo Young, *op. cit.*, p. 82.

7. Steve Richards, *The Prime Ministers. Reflections on Leadership from Wilson to May*, Londres, Atlantic Books, 2019, p. 151-158.

8. Peter Hennessy, *The Prime Minister. The Office and Its Holders since 1945*, Londres, Allen Lane, 2000, p. 408.

9. John Campbell, *Margaret Thatcher*, vol. 1, *op. cit.*, p. 264.

10. Andrew Gamble, « The Thatcher Myth », *British Politics*, vol. 10, n° 1, 2015, p. 9-10.

11. John Campbell, *Margaret Thatcher*, vol. 1, *op. cit.*, p. 414.

12. Charles Moore, *Margaret Thatcher*, vol. 1, *op. cit.*, p. 412-413.

13. Dominic Sandbrook, *Who Dares Wins. Britain, 1979-1982*, Londres, Allen Lane, 2019, p. 9, 48, 50, 57.

14. Robert Tombs in *The English and Their History*, Londres, Allen Lane, 2014, p. 759-761 et la partie 7 en général, illustre de manière convaincante l'illusion du déclin.

15. L'expression est de Geoffrey Howe, non de Thatcher : Nigel Lawson, *The View from No. 11*, Londres, Bantam Press, 1992, p. 100.

16. John Campbell, *Margaret Thatcher*, vol. 2, *op. cit.*, chap. 11, utilise l'expression à propos des relations de Mme Thatcher avec son cabinet.

17. Charles Moore, *Margaret Thatcher*, vol. 1, *op. cit.*, p. 533.

18. *Ibid.*, p. 641.

19. Peter Hennessy in *op. cit.*, p. 405-407, souligne leur importance.

20. Hugo Young, *op. cit.*, p. 212-216 ; John Hoskyns, *Just in Time. Inside the Thatcher Revolution*, Londres, Aurum, 2000, p. 275-285 ;

Margaret Thatcher, *The Downing Street Years*, Londres, Harper Collins, 1993, p. 132-139 ; en français, *10 Downing Street. Mémoires*, trad. Christophe Claro *et al.*, Paris, Albin Michel, 1993, p. 121-147.

21. Nigel Lawson, *op. cit.*, p. 98-89, 246 ; Robert Skidelsky, *Britain since 1900*, Londres, Vintage, 2014, p. 339.

22. Hugo Young, *op. cit.*, p. 203, 316, 318.

23. *The Economist*, 21 mai, 4 juin, cité in *ibid.*, p. 321.

24. George Eaton, « How Public Spending Rose under Thatcher », *New Statesman*, 8 avril 2013, https://www.newstatesman.com/politics/2013/04/how-public-spending-rose-under-thatcher, consulté en novembre 2021.

25. En pratique, la « stratégie financière à moyen terme » de 1980 n'a pas atteint son objectif de réduire la croissance de la masse monétaire chaque année, mais la crise économique provoquée par le gouvernement (et se soldant par une forte augmentation du chômage) fit baisser nettement l'inflation. Robert Skidelsky, *op. cit.*, p. 341.

26. Hugo Young, *op. cit.*, p. 144.

27. *Ibid.*, p. 193-195, 353.

28. Simon Rogers, « How Britain Changed under Margaret Thatcher. In 15 Charts », *Guardian*, 8 avril 2013 https://www.theguardian.com/politics/datablog/2013/apr/08/britain-changed-margaret-thatcher-charts, consulté en novembre 2021.

29. Hugo Young, *op. cit.*, p. 241.

30. Peter Hennessy, *op. cit.*, p. 412.

31. Hugo Young, *op. cit.*, p. 263 ; Margaret Thatcher, *op. cit.*, p. 177-179 et trad. p. 163, 166-167.

32. David Cannadine, *Margaret Thatcher. A Life and Legacy*, Oxford, Oxford University Press, 2017, p. 47.

33. Dominic Sandbrook, *op. cit.*, p. 761-764.

34. John Campbell, *Margaret Thatcher*, vol. 2, *op. cit.*, p. 135.

35. Charles Moore, *Margaret Thatcher*, vol. 1, *op. cit.*, p. 700-703 ; Margaret Thatcher, *op. cit.*, p. 205-208 et trad. p. 171, 173-176, 181, 184, 186 ; Peter Hennessy, *op. cit.*, p. 419.

36. Hugo Young, *op. cit.*, p. 275-276.

37. *Ibid.*, p. 276 ; Charles Moore, *Margaret Thatcher*, vol. 1, *op. cit.*, p. 712 ; John Campbell, *Margaret Thatcher*, vol. 2, *op. cit.*, p. 145-146 ; Margaret Thatcher, *op. cit.*, p. 214 et trad. p. 201.

38. David Cannadine, *op. cit.*, p. 49. Dominic Sandbrook, *op. cit.*, p. 834, indique de son côté 53 % au début du mois de juin.

39. Dominic Sandbrook, *op. cit.*, p. 837-838.

40. Margaret Thatcher, *op. cit.*, p. 139-143 et trad. p. 133-137 ; Nigel Lawson, *op. cit.*, p. 141, 144 ; John Hoskyns, *op. cit.*, p. 274-245, 289-291 ; Hugo Young, *op. cit.*, p. 366.

41. Robert Tombs, *op. cit.*, p. 817.

42. Steve Richards, *op. cit.*, p. 178.

43. Charles Moore, *Margaret Thatcher. The Authorized Biography*, vol. 2, *Everything She Wants*, Londres, Allen Lane, 2015, p. 146-147, pour l'estimation des pertes d'emplois en 1984-1985.

44. Charles Moore, *Margaret Thatcher*, vol. 2, *op. cit.*, p. 151 ; John Campbell, *Margaret Thatcher*, vol. 2, *op. cit.*, p. 359-360.

45. John Campbell, *Margaret Thatcher*, vol. 2, *op. cit.*, p. 796 ; Peter Hennessy, *op. cit.*, p. 428.

46. John Campbell, *Margaret Thatcher*, vol. 2, *op. cit.*, p. 273-279 ; Charles Moore, *Margaret Thatcher*, vol. 2, *op. cit.*, p. 117-135.

47. Margaret Thatcher, *op. cit.*, p. 463 et trad. p. 639 et 667 ; Hugo Young, *op. cit.*, p. 303 ; Charles Moore, *Margaret Thatcher*, vol. 2, *op. cit.*, p. 240.

48. John Campbell, *Margaret Thatcher*, vol. 2, *op. cit.*, p. 292 ; Charles Moore, *Margaret Thatcher*, vol. 2, *op. cit.*, p. 610.

49. John Campbell, *Margaret Thatcher*, vol. 2, *op. cit.*, p. 605 ; David Cannadine, *op. cit.*, p. 101-102.

50. David Cannadine, *op. cit.*, p. 98.

51. Charles Moore, *Margaret Thatcher*, vol. 2, *op. cit.*, p. 693 ; David Cannadine, *op. cit.*, p. 95.

52. Nigel Lawson, *op. cit.*, p. 574.

53. *Ibid.*, p. 561-562. Margaret Thatcher, *op. cit.*, p. 666-667 et trad. p. 541-542 ; Peter Hennessy, *op. cit.*, p. 428.

54. Nigel Lawson, *op. cit.*, chap. 71-77 (p. 888-971).

55. Charles Moore, *Margaret Thatcher. The Authorized Biography*, vol. 3, *Herself Alone*, Londres, Allen Lane, 2019, p. 561-566, 580-584, 587-592 ; John Campbell, *Margaret Thatcher*, vol. 2, *op. cit.*, p. 701-706 ; Anthony Seldon, *Major. A Political Life*, Londres, Phoenix, 1998, p. 110-116.

56. John Campbell, *Margaret Thatcher*, vol. 2, *op. cit.*, p. 744.

57. Voir David Cannadine, *op. cit.*, p. 96 ; John Campbell, *Margaret Thatcher*, vol. 2, *op. cit.*, p. 800 ; Peter Clarke, *Hope and Glory. Britain, 1900-1990*, Londres, Allen Lane, 1996, p. 400.

58. Charles Moore, *Margaret Thatcher*, vol. 3, *op. cit.*, p. 853.

59. *Ibid.*, p. 645-646.

60. *Ibid.*, p. 853.

Chapitre 11. Mikhaïl Gorbatchev
Démolisseur de l'Union soviétique, artisan d'une nouvelle Europe

1. William Taubman, *Gorbachev. His Life and Times*, New York, W. W. Norton & Company, 2017, p. 539.

2. *Ibid.*, p. 5.

3. *Ibid.*, p. 1-5.

4. Vladislav M. Zubok in « Gorbachev and the End of the Cold War: Perspectives on History and Personality », *Cold War History*, vol. 2, n° 2,

2002, p. 61-100, offre une analyse précieuse (citation p. 75). Merci à Christian Goeschel d'avoir attiré mon attention sur cet essai.

5. William Taubman, *op. cit.*, p. 36.

6. Archie Brown, *The Gorbachev Factor*, Oxford, Oxford University Press, 1996, p. 29.

7. William Taubman, *op. cit.*, p. 215-216 ; Archie Brown, *The Gorbachev Factor*, *op. cit.*, p. 92.

8. William Taubman, *op. cit.*, p. 125.

9. John Miller, *Mikhail Gorbachev and the End of Soviet Power*, Londres, Macmillan, 1993, p. 61.

10. Stephen Kotkin, *Armageddon Averted: The Soviet Collapse, 1970-2000*, Oxford, Oxford University Press, 2001, p. 27, 173-174.

11. Archie Brown, *The Myth of the Strong Leader*, *op. cit.*, p. 166.

12. Archie Brown, *The Gorbachev Factor*, *op. cit.*, p. 90-91.

13. Mikhaïl Gorbatchev, *Mémoires*, trad. Galia Ackerman, Pierre Lorrain et Michel Sevinski, Paris, Éditions du Rocher, 1997, p. 281-282.

14. John Miller, *op. cit.*, p. 62.

15. David Lane, « The Roots of Political Reform: The Changing Social Structure of the USSR », in Catherine Merridale et Chris Ward (dir.), *Perestroika. The Historical Perspective*, Londres, Edward Arnold, 1991, p. 95-113.

16. Archie Brown, *Seven Years That Changed the World*, Oxford, Oxford University Press, 2008, p. 32.

17. Archie Brown, *The Myth of the Strong Leader*, *op. cit.*, p. 165.

18. *Ibid.*, p. 167-168.

19. Mikhaïl Gorbatchev, *op. cit.*, p. 619-620.

20. William Taubman, *op. cit.*, p. 480.

21. Archie Brown, *The Myth of the Strong Leader*, *op. cit.*, p. 169-172.

22. Mikhaïl Gorbatchev, *op. cit.*, p. 263-266.

23. Margaret Thatcher, *The Downing Street Years*, *op. cit.*, p. 459-463 et trad. p. 403-410.

24. Mikhaïl Gorbatchev, *op. cit.*, p. 284 (trad. ici modifiée).

25. *Ibid.*, p. 221, 283-284 (trad. ici modifiée).

26. *Ibid.*, p. 263.

27. Robert Service, *A History of Twentieth-Century Russia*, *op. cit.*, p. 441.

28. Mikhaïl Gorbatchev, *op. cit.*, p. 263-264.

29. William Taubman, *op. cit.*, p. 207-210 ; Archie Brown, *Seven Years That Changed the World*, *op. cit.*, p. 64, 202 n. 28.

30. William Taubman, *op. cit.*, p. 198 *sq.*, 219-220 ; Archie Brown, *Seven Years That Changed the World*, *op. cit.*, p. 50, 64.

31. Archie Brown, *The Gorbachev Factor*, *op. cit.*, p. 71 ; John Miller, *op. cit.*, p. 54.

32. Archie Brown, *The Gorbachev Factor*, *op. cit.*, p. 131.

33. Archie Brown, *Seven Years That Changed the World*, op. cit., p. 13.

34. Mikhaïl Gorbatchev, *op. cit.*, p. 247-248 (trad. complétée).

35. *Ibid.*, p. 254. John Miller in *op. cit.*, p. 64-65, suggère que 1986 fut l'année cruciale où le réformateur Gorbatchev commença à défier radicalement le système. Le changement semble cependant avoir été plus progressif et cumulatif que soudain.

36. Robert Service, *A History of Twentieth-Century Russia*, *op. cit.*, p. 486.

37. Archie Brown, *The Gorbachev Factor*, *op. cit.*, p. 155.

38. William Taubman, *op. cit.*, p. 309 ; Archie Brown, *The Gorbachev Factor*, *op. cit.*, p. 166.

39. Robert Service, *A History of Twentieth-Century Russia*, *op. cit.*, p. 452 ; Archie Brown, *The Gorbachev Factor*, *op. cit.*, p. 147.

40. Archie Brown, *The Gorbachev Factor*, *op. cit.*, p. 145 ; Robert Service, *A History of Twentieth-Century Russia, op. cit.*, p. 460.

41. Archie Brown, *The Myth of the Strong Leader*, *op. cit.*, p. 166.

42. Archie Brown, *The Gorbachev Factor*, *op. cit.*, p. 178.

43. Robert Service, *A History of Twentieth-Century Russia*, *op. cit.*, p. 461.

44. Archie Brown, *Seven Years That Changed the World*, *op. cit.*, p. 110-111.

45. William Taubman, *op. cit.*, p. 317 *sq*.

46. *Ibid.*, p. 365-371.

47. Archie Brown, *The Gorbachev Factor*, *op. cit.*, p. 227.

48. *Ibid.*, p. 216.

49. William Taubman, *op. cit.*, p. 300.

50. *Ibid.*, p. 416.

51. Mikhaïl Gorbatchev, *op. cit.*, p. 577-583, citations p. 581.

52. William Taubman, *op. cit.*, p. 498.

53. Richard J. Crampton, *Eastern Europe in the Twentieth Century – and After*, Londres, Routledge, 1997, p. 407.

54. William Taubman, *op. cit.*, p. 480-481.

55. Mikhaïl Gorbatchev, *op. cit.*, p. 608 ; Ivan T. Berend, *Central and Eastern Europe, 1944-1993*, Cambridge, Cambridge University Press, 1996, p. 280.

56. Mikhaïl Gorbatchev, *op. cit.*, p. 607.

57. Archie Brown, *Seven Years That Changed the World*, *op. cit.*, p. 263.

58. Vladislav M. Zubok, *op. cit.*, p. 85-87.

59. Archie Brown, *The Gorbachev Factor*, *op. cit.*, p. 247-251 ; Vladislav M. Zubok, *op. cit.*, p. 85-93.

60. Archie Brown, *The Gorbachev Factor*, *op. cit.*, p. 244.

61. William Taubman, *op. cit.*, p. 493.

62. *Ibid.*, p. 488.

63. *Ibid.*, p. 552-553.

64. *Ibid.*, p. 564.

65. Archie Brown, *The Gorbachev Factor*, *op. cit.*, p. 246-247.

66. William Taubman, *op. cit.*, p. 569 et 767 n. 101.

67. Archie Brown, *The Gorbachev Factor*, *op. cit.*, p. 198-204, 289.

68. William Taubman, *op. cit.*, p. 586.

69. Robert Service, *A History of Twentieth-Century Russia*, *op. cit.*, p. 522-525.

70. William Taubman, *op. cit.*, p. 677, 685.

71. *The Sunday Times*, 23 mai 2016, p. 13 ; *Guardian*, 21, 22, 24 mars 2017 ; William Taubman, *op. cit.*, p. 676-681, 684-686.

Chapitre 12. Helmut Kohl
Chancelier de l'Unité, force motrice de l'intégration européenne

1. Wikipédia, entrée sur Helmut Kohl, https://en.wikipedia.org/wiki/Helmut_Kohl, consulté en novembre 2021.

2. Helmut Kohl, *Erinnerungen, 1982-1990*, Munich, Droemer, 2005, p. 270-273.

3. Gernot Sittner (éd.), *Helmut Kohl und der Mantel der Geschichte*, Munich, Süddeutsche Zeitung, 2016, p. 26.

4. Helmut Kohl, *Erinnerungen, 1930-1982*, Munich, Droemer, 2004, 1re partie (p. 15-108) ; Hans-Peter Schwarz, *Helmut Kohl. Eine politische Biographie*, Munich, Pantheon, 2014, 1re partie (p. 15-133).

5. Patrick Bahners, *Helmut Kohl. Der Charakter der Macht*, Munich, C. H. Beck, 2017, p. 21.

6. Helmut Kohl, *Erinnerungen, 1930-1982*, *op. cit.*, p. 596-597, 60-69, 621.

7. *Ibid.*, p. 629-644, 649.

8. Patrick Bahners, *op. cit.*, p. 120.

9. Gernot Sittner (éd.), *op. cit.*, p. 94.

10. Helmut Kohl, *Erinnerungen, 1982-1990*, *op. cit.*, p. 52.

11. *Ibid.*, p. 261-268.

12. *Ibid.*, p. 27-30, 120-124.

13. Hans-Peter Schwarz, *Helmut Kohl*, *op. cit.*, p. 309-321, surtout p. 312-316 ; Patrick Bahners, *op. cit.*, p. 112, 122-125, 162, 281 ; Gernot Sittner (éd.), *op. cit.*, p. 82-95, 196-201.

14. Edgar Wolfrum, *Die Bundesrepublik Deutschland, 1949-1990*, Stuttgart, Klett-Cotta, 2005, p. 450.

15. Hans-Peter Schwarz, *Helmut Kohl*, *op. cit.*, p. 326.

16. *Ibid.*, p. 383.

17. Edgar Wolfrum, *op. cit.*, p. 455 ; Helmut Kohl, *Erinnerungen, 1930-1982*, *op. cit.*, p. 43-44.

18. Ulrich Herbert, *Geschichte Deutschlands im 20. Jahrhundert*, *op. cit.*, p. 1018 ; Hans-Peter Schwarz, *Helmut Kohl*, *op. cit.*, p. 377-379 ; Patrick Bahners, *op. cit.*, p. 181.

19. Hans-Peter Schwarz, *Helmut Kohl*, *op. cit.*, p. 383.

20. *Ibid.*, p. 444-451 pour des détails.

21. *Ibid.*, p. 460.
22. Mikhaïl Gorbatchev, *Mémoires*, *op. cit.*, p. 553 ; voir aussi p. 627-631.
23. Hans-Peter Schwarz, *Helmut Kohl*, *op. cit.*, p. 398.
24. *Ibid.*, p. 491.
25. Helmut Kohl, *Erinnerungen, 1982-1990*, *op. cit.*, p. 965.
26. *Ibid.*, p. 970-971.
27. Peter Merseburger, *Willy Brandt, 1913-1992*, Munich, DVA, 2002, p. 837 ; Edgar Wolfrum, *op. cit.*, p. 537-538.
28. Helmut Kohl, *Erinnerungen, 1982-1990*, *op. cit.*, p. 990-995.
29. Hans-Peter Schwarz, *Helmut Kohl*, *op. cit.*, p. 531-533.
30. Ulrich Herbert, *op. cit.*, p. 1108 ; Helmut Kohl, *Erinnerungen, 1982-1990*, *op. cit.*, p. 996.
31. Hans-Peter Schwarz, *Helmut Kohl*, *op. cit.*, p. 534-535.
32. Helmut Kohl, *Erinnerungen, 1982-1990*, *op. cit.*, p. 1025.
33. *Ibid.*, p. 1020 ; Patrick Bahners, *op. cit.*, p. 138.
34. Mikhaïl Gorbatchev, *op. cit.*, p. 662.
35. Edgar Wolfrum, *op. cit.*, p. 542.
36. Helmut Kohl, *Vom Mauerfall zur Wiedervereinigung. Meine Erinnerungen*, Munich, Knaur Taschenbuch, 2009, p. 218 ; Hans-Peter Schwarz, *Helmut Kohl*, *op. cit.*, p. 570-572 ; Ulrich Herbert, *op. cit.*, p. 1123.
37. Ulrich Herbert, *op. cit.*, p. 1125-1126.
38. Heinrich August Winkler, *Geschichte des Westens. Vom Kalten Krieg zum Mauerfall*, Munich, C. H. Beck, 2014, p. 1064 ; Edgar Wolfrum, *op. cit.*, p. 544.
39. Helmut Kohl, *Vom Mauerfall zur Wiedervereinigung*, *op. cit.*, p. 194-196.
40. Hans-Peter Schwarz, *Helmut Kohl*, *op. cit.*, p. 585-587.
41. Helmut Kohl, *Vom Mauerfall zur Wiedervereinigung*, *op.* cit., p. 271-272.
42. Hans-Peter Schwarz, *Helmut Kohl*, *op. cit.*, p. 692, 712-713.
43. Heinrich August Winkler, *Geschichte des Westens. Die Zeit der Gegenwart*, Munich, C. H. Beck, 2015, p. 19.
44. Hans-Peter Schwarz, *Helmut Kohl*, *op. cit.*, p. 691-693.
45. Kenneth Dyson et Kevin Featherstone, *The Road to Maastricht: Negotiating Economic and Monetary Union*, Oxford, Oxford University Press, 1999, p. 32.
46. Le jugement ultérieur de la Cour constitutionnelle fédérale à propos du traité de Lisbonne de 2007 souligna les limites, dans le cadre de la Loi fondamentale (constitution), de la délégation de souveraineté, excluant de fait la possibilité que l'Union européenne devienne elle-même un État. Dieter Grimm, *Europa ja – aber welches ? Zur Verfassung der europäischen Demokratie*, Munich, C. H. Beck, 2016, p. 233.
47. Patrick Bahners, *op. cit.*, p. 293.
48. Hans-Peter Schwarz, *Helmut Kohl*, *op. cit.*, p. 736.

49. Gernot Sittner (éd.), *op. cit.*, p. 114-115.

50. Timothy Garton Ash, *History of the Present. Essays, Sketches and Despatches from Europe in the 1990s*, Londres, Allen Lane, 1999, p. 147.

51. Hans-Peter Schwarz, *Helmut Kohl*, *op. cit.*, p. 847. Sur le style de campagne de Kohl, voir aussi Gernot Sittner (éd.), *op. cit.*, p. 134-143.

52. Hans-Peter Schwarz, *Helmut Kohl*, *op. cit.*, p. 848.

53. *Ibid.*, p. 796 (et 831-832).

54. Gernot Sittner (éd.), *op. cit.*, p. 294.

55. Hans-Peter Schwarz, *Helmut Kohl*, *op. cit.*, p. 870-896, donne une idée de l'ampleur de « l'affaire ». Voir aussi Patrick Bahners, *op. cit.*, p. 191-195, 224-225, 240-241, 246-249, et https://www.dw.com/en/the-scandal-that-rocked-the-government-of-helmut-kohl/a-5137950, consulté en novembre 2021.

56. Gernot Sittner (éd.), *op. cit.*, p. 389.

57. Patrick Bahners, *op. cit.*, p. 253-257.

58. *Ibid.*, p. 267-270, 275, 303 ; Gernot Sittner (éd.), *op. cit.*, p. 394-403, notamment p. 399-400.

Remerciements

Les restrictions nées de la pandémie du coronavirus m'ont rendu particulièrement reconnaissant envers Laurence Rees pour ses encouragements, sa stimulation intellectuelle et ses précieux commentaires sur les premières moutures de ces chapitres, mais aussi pour son amitié durable. J'ai aussi une grande dette de gratitude envers Nick Stargardt et Christian Goeschel, qui ont ensuite lu et contribué à améliorer le tapuscrit achevé. Je dois également des remerciements à Robert Service, Stephen Smith, Geoffrey Hosking, Paul Preston, Mary Vincent et Matthew Kerry qui ont répondu à mes questions par leurs avis d'experts. Simon Winder a été, comme toujours, un éditeur exemplaire. La magnifique équipe de Penguin, notamment Eva Hodgkin et Rebecca Lee, s'est montrée utile, efficace et d'un grand soutien. Scott Moyers, chez Penguin à New York, m'a non seulement encouragé mais aussi fait des suggestions importantes. David Watson a été un préparateur méticuleux, sensible et engagé. Mark Wells a établi un excellent index. James Pullen, de la Wylie Agency à Londres, a été, tout du long, exemplaire.

Un inévitable effet secondaire du vieillissement est la perte de proches parents et d'amis chers. La mort de notre belle-fille Becky, à l'âge de quarante-deux ans seulement, a causé à notre famille une immense tristesse. Parmi nos nombreux amis allemands, Traude et Ulrich Spät avaient une place à part. J'ai donc été profondément affligé que Traude n'ait pas vu l'achèvement d'un livre pour lequel elle a manifesté dès le début un grand intérêt.

Ma famille a toujours été la base de tout le reste. Comme dans mes précédents livres, mon amour et ma gratitude incommensurables vont à Betty, à nos fils David et Stephen, et à nos petits-enfants, Sophie, Joe, Ella, Olivia et Henry.

Index des noms

Index des lieux

Table et crédits des illustrations

Table

RÉALISATION : NORD COMPO À VILLENEUVE-D'ASCQ
IMPRESSION : NORMANDIE ROTO IMPRESSION S.A.S. À LONRAI (61)
DÉPÔT LÉGAL : AOÛT 2023. N° 148852 (2302652)
IMPRIMÉ EN FRANCE